Bücherbox
Christa Zsilavecz
8472 Straß

W0033481

Barbara Sher

Ich könnte alles tun, wenn ich nur wüsste, was ich will

Weltbild

Zur Erinnerung an meinen geliebten Vater, Sam Sher.
Er hat unser Leben mit Licht erfüllt.

Genehmigte Lizenzausgabe für Verlagsgruppe Weltbild GmbH,
Steinerne Furt, 86167 Augsburg
Copyright der deutschsprachigen Ausgabe © 2005 Deutscher
Taschenbuch Verlag GmbH & Co. KG, München
Copyright der Originalausgabe © 1994 Barbara Sher
Originaltitel: I Could Do Anything If I Only Knew What It Was
Originalverlag: Dell Publishing, a division of Bantam Douleday Dell
Publishing Group, Inc., New York 1994
Umschlaggestaltung: Atelier Seidel, Teising
Illustration: Martina Kerl, Artpool München
Gesamtherstellung: GGP Media GmbH, Pößneck
Printed in the EU

ISBN 978-3-8289-5284-3
Alle Rechte vorbehalten.

2010   2009   2008
Die letzte Jahreszahl gibt die aktuelle Lizenzausgabe an.
Einkaufen im Internet: *www.weltbild.de*

| Inhalt

| Vorwort

Nicht zu wissen, was man mit seinem Leben anfangen soll, ist nicht angenehm. Es ist schmerzlich, die eigene Richtung nicht zu finden. In meinem ersten Buch ›Wishcraft‹ habe ich ein erfülltes Leben als ein Leben definiert, in dem man das bekommt, was man sich wünscht, und das Buch zeigt, wie man Schritt für Schritt selbst die größten Träume verwirklichen kann. Aber immer wieder haben mich Leserinnen und Leser angerufen und gesagt: »›Wishcraft‹ ist ein tolles Buch, aber ich kann es nicht anwenden, weil ich kein Ziel für mich finden kann. Ich weiß einfach nicht, was ich will.«

Das machte mich neugierig. Ich wollte genau wissen, worin das Problem bestand, und habe mich mit Menschen, die nicht herausfinden konnten, was sie wollten, zusammengesetzt. Sie erzählten mir ihre Geschichten, ich stellte ihnen einige Fragen, und nach kurzer Zeit ergab sich – bei *allen* – dasselbe Bild: Jeder Einzelne meiner Klienten war, ohne es zu ahnen, in einen inneren Kampf verstrickt.

Ihnen war nie aufgefallen, dass sie tief in ihrem Inneren genau wussten, was sie wollten, ihre Wünsche aber durch einen inneren Konflikt verdeckt wurden. Als sie das eigentliche Problem erkannten, waren die meisten sehr überrascht – und auch erleichtert. Wir mussten nun lediglich noch ein Programm entwickeln, mit dem wir jeden einzelnen dieser Konflikte umgehen konnten, was sich als erstaunlich einfach erwies. Bereits nach ein oder zwei Sitzungen »erwachten« meine Klienten und wurden aktiv!

Das war wundervoll. Ich entschloss mich, diese Erkenntnisse und Strategien in einem Buch zusammenzufassen, damit alle, die Hilfe suchten, sie finden konnten.

Dieses Buch halten Sie in Ihren Händen.

Haben Sie Probleme damit, das zu tun, was Sie tun wollen, weil Sie nicht herausfinden können, was es ist? Dann sollten Sie wissen, dass nicht nur Sie dieses Problem haben. Es beschäftigt viele Menschen, und es gibt einen Weg, es zu lösen. Sie werden sich selbst in diesen Seiten wiedererkennen und Techniken erlernen, die Ihnen weiterhelfen. Es kann gut sein, dass Sie sich in mehreren Kapiteln dieses Buches wiederfinden. Sie sollten alle lesen. Die meisten von uns sind komplexe Wesen mit vielen Facetten, und die Übung, die für Sie den Durchbruch bringen könnte, kann in jedem der 14 Kapitel auf Sie warten.

Sich durch dieses Buch zu arbeiten wird spannend, erhellend, manchmal schmerzhaft und oft sehr lustig sein. Zu erkennen, was wirklich in Ihnen vorgeht, ist ein nicht immer einfacher Prozess, aber Sie werden dadurch innerlich stärker und können insgesamt enorm davon profitieren.

Sie *können* alles tun, wenn Sie wissen, was Sie wollen. Und Sie werden es in Kürze herausfinden.

| Einführung

Dieses Buch soll Ihnen dabei helfen, ein gutes Leben zu haben. Damit meine ich keine Swimmingpools, keine Villen oder Privatflugzeuge – es sei denn, diese Dinge sind Ihre große Leidenschaft. Aber da Sie nach einem Buch mit dem Titel ›Ich könnte alles tun, wenn ich nur wüsste, was ich will‹ gegriffen haben, sind Sie wahrscheinlich auf der Suche nach viel mehr als einem Swimmingpool.

Sie wollen ein Leben, das Sie lieben können.

Der Vater einer Freundin hat es treffend ausgedrückt, als er sagte: »Ein gutes Leben hat man, wenn man jeden Morgen aufsteht und es kaum erwarten kann, dass es losgeht.«

Trifft das auf Sie zu? Oder hört sich diese Vorstellung vom guten Leben wie ein unerreichbares Paradies an? Wenn Sie nicht zu den Menschen gehören, die morgens voller Vorfreude auf das, was kommt, aus dem Bett springen, dann sind Sie wahrscheinlich verzweifelt auf der Suche nach einem Ziel, das Sie so erfüllt, wie es der Vater meiner Freundin beschreibt. Sie sehnen sich nach einer Arbeit, die aufregend ist und Sie vor Energie sprühen lässt; Sie möchten einen Platz finden, an dem Sie Spuren hinterlassen können. Albert Schweitzer fand seinen Platz und ebenso Golda Meir und auch das Kind im Nachbarhaus, das Tag und Nacht auf seiner Gitarre übte.

Diese Menschen wussten, wie man lebt. Sie glaubten mit ganzem Herzen an das, was sie taten. Sie *wussten*, dass ihre Arbeit wichtig war. Wenn man in der Nähe von Menschen ist, die ihre Herzenssehnsüchte ausleben, kann man eine große Lebendigkeit in ihren Gesichtern erkennen.

Das Leben ist einfach zu kurz, um es ohne eine solche Ausrichtung zu verbringen.

In den frühen achtziger Jahren führten zwei Psychologen aus

Harvard eine Studie mit Menschen durch, die sich selbst als glücklich bezeichneten. Und was hatten diese glücklichen Menschen gemeinsam? Geld? Erfolg? Gesundheit? Liebe?

Nichts davon.

Sie hatten lediglich zwei Dinge gemeinsam: Sie wussten genau, was sie wollten, und waren dabei, es zu verwirklichen. Genau das macht ein Leben stimmig: wenn es eine Richtung hat, wenn Sie genau auf das ausgerichtet sind, was Sie lieben.

Und ich meine wirklich *lieben*.

Ich spreche nicht davon, was Sie gut *können*. Es ist mir eigentlich egal, was Sie gut können oder welche Stärken Sie haben. Als allein erziehende Mutter von zwei kleinen Kindern hatte ich folgende Stärken: Ich konnte wie eine Besessene putzen, ich konnte mit Einkaufstüten beladen und den Kindern an der Hand in letzter Minute den Bus erwischen und ich konnte sparen, sparen, sparen.

Aber ich will keinen Beruf, bei dem diese Fähigkeiten benötigt werden. Ich glaube nicht, dass man ein gutes Leben führt, wenn man das tut, was man *kann*; man lebt gut, wenn man das tut, was man tun *will*. Ihre größten Begabungen kommen nicht unbedingt darin zum Ausdruck, was Sie gut können. Wir alle können einige Dinge gut, die wir nicht besonders mögen. *Und wir alle haben Talente, die wir noch nie eingesetzt haben.*

Sich von seinen Fähigkeiten und Stärken die Richtung vorgeben zu lassen ist inakzeptabel. Deshalb finden Sie hier auch keine Persönlichkeitstests oder Übungen zur Ermittlung Ihrer Stärken, um herauszufinden, was Sie tun sollten.

Ich *weiß* bereits, was Sie tun sollten.

Sie sollten das tun, was Sie lieben.

Was Sie lieben, ist auch das, wofür Sie begabt sind. Nur Liebe gibt Ihnen den Antrieb, länger bei einer Sache zu bleiben, so dass Ihre Begabung sich entwickeln kann. Auf diese Weise werden die wirklich großen Dinge dieser Welt erreicht – von Menschen, die nicht anders sind als Sie und ich, die wissen, was sie wollen, und sich mit voller Kraft dafür einsetzen.

Wenn Sie nicht wissen, was Sie wollen, kommen Sie nicht aus der Startposition heraus – und das ist entmutigend. Aber Sie sind nicht allein. Statistiken zeigen, dass viele Menschen in ihrem Beruf unglücklich sind. Aber nicht nur finanzielle Erwägungen hindern sie daran aufzuhören; viele wissen nicht, was sie stattdessen tun sollen. Was Sie vielleicht als Ihren kleinen privaten Alptraum ansehen, ist in Wahrheit ein erschreckend weit verbreitetes Phänomen.

Nun habe ich eine Überraschung für Sie.

Sie *wissen*, was Sie wollen.

Jeder weiß es. Deshalb sind Sie auch so unruhig, wenn Sie die richtige Spur nicht finden können. Sie spüren, dass es eine Arbeit gibt, für die Sie bestimmt sind. Und damit haben Sie Recht. Einstein war dazu bestimmt, physikalische Theorien zu entwerfen, Harriet Tubman, die Fluchthelferin von Sklaven aus den Südstaaten der USA, war dazu bestimmt, Menschen in die Freiheit zu führen, und Sie müssen *Ihrer* Bestimmung, *Ihrer* Vision folgen. Vartan Gregorian hat einmal gesagt: »Das Universum wird in seiner gesamten Geschichte niemanden mehr erleben, der so ist wie Sie.« Jeder von uns ist einzigartig. Jeder Mensch hat einen völlig eigenen Zugang zur Welt, und die Einzigartigkeit muss sich *immer* auf irgendeine Weise ausdrücken.

Aber viele von uns werden davon abgehalten. Jedes Mal wenn wir beschließen, unser Leben zu ändern, wir den Schläger in die Hand nehmen, um mitzuspielen, passiert etwas. Aus unerfindlichen Gründen schmilzt unsere Entschlossenheit dahin. Wir schauen den Schläger an und denken: »Dieses Spiel ist nicht das richtige.« Wir legen den Schläger wieder hin und fühlen uns unwohl, weil die Zeit verrinnt und wir Angst haben, »das Richtige« niemals zu finden.

Dafür gibt es zwei Gründe.

Ein Grund, warum es so schwer ist zu wissen, was man will, besteht darin, dass es heute so viele Möglichkeiten gibt. Das war nicht immer so. Unsere Eltern und deren Eltern hatten viel weniger Wahlmöglichkeiten und klarere Ziele. Es ist ein Verdienst unserer Kultur, dass viele von uns die Freiheit haben, sich ihre Arbeit im Leben auszusuchen.

Diese Freiheit ist etwas Wunderbares. Aber sie quält uns auch, weil wir uns selbst eigene Ziele setzen müssen.

Wussten Sie, dass es in Kriegszeiten viel weniger depressive Menschen gibt als in Friedenszeiten? Im Krieg ist alles wichtig. Tag für Tag weiß man, was man zu tun hat. Man hat vielleicht mehr Angst im Leben, aber der Kampf ums Überleben gibt einem eine Ausrichtung und Antrieb. Man verschwendet keine Zeit damit, sich über sein Selbstwertgefühl Gedanken zu machen oder darüber, was man mit dem Leben anfangen soll. Man versucht lediglich, am Leben zu bleiben, sein Heim zu retten oder den Nachbarn zu helfen. Filme über Menschen, deren Leben in Gefahr ist, schauen wir uns deshalb so gern an, weil alles, was die Figuren tun, wichtig ist und einen Sinn hat.

Wenn es keinen Notfall gibt, mit dem wir fertig werden müssen, dann brauchen wir Ziele, die einen Sinn haben. Man kann sich diese Ziele stecken, wenn man weiß, wie die eigenen Träume aussehen – aber es ist eine relativ neue Art zu leben. Früher bestimmten die Notwendigkeiten die Ziele. Mit der neuen Art zu leben haben wir noch relativ wenig Erfahrung.

Der zweite Grund, warum Sie nicht wissen, was Sie wollen, liegt darin, dass etwas in Ihnen Sie daran hindert, es herauszufinden. Ihre Träume werden von einem inneren Konflikt überdeckt. Und es ist nicht leicht, innere Konflikte zu erkennen. Oft verkleiden sie sich als Selbstvorwürfe: »Ich habe eben keine Talente.« – »Ich bin wohl zu faul.« – »Wenn ich intelligenter wäre, hätte ich mehr aus meinem Leben gemacht.«

Ich möchte Ihnen zeigen, dass keine dieser Aussagen richtig ist.

Das erste Ziel dieses Buches besteht darin, Ihren persönlichen inneren Konflikt zu beleuchten, so dass Sie ihn klar erkennen können. Sobald Ihnen bewusst wird, was Ihnen im Wege steht, verstehen Sie genau, warum Sie das Leben bisher nicht so gelebt haben, wie Sie es sich wünschen. Sie werden aufhören, sich selbst Vorwürfe zu machen. Sie werden erkennen, dass es *einen bestimmten Grund* dafür gibt, dass Sie nicht vorwärts kommen.

Unsere Kultur hält zahlreiche vereinfachende Vorwürfe parat wie etwa »Wenn man etwas wirklich haben will, dann schafft man es auch«, oder »Wer sich selbst im Weg steht, dem mangelt es an Charakterstärke.« Niemand stellt die augenfällige Frage: »Warum sollte jemand sich schaden wollen, indem er sich immer wieder selbst im Weg steht?« Man muss neugierig sein, um eine Antwort auf diese Frage zu erhalten, und Menschen, die andere verurteilen und bewerten, fehlt diese Neugier in der Regel.

In den folgenden Kapiteln werden wir Vorwürfe und Schuldzuweisungen beiseite lassen und sie gegen eine ehrliche, nicht urteilende Neugierde eintauschen. Ich habe großen Respekt vor aufrichtiger Neugierde – und sehr wenig Respekt vor Selbstgerechtigkeit. Brauchbare Antworten sind stets nachsichtig; nur sie helfen uns, Probleme zu lösen. *Sie basieren auf der Annahme, dass es für alles immer einen guten Grund gibt.* Es gibt sicherlich einen guten Grund dafür, dass Sie Ihre Ausrichtung verloren haben, und dieses Buch wird Ihnen helfen, sie wiederzufinden.

Bis es so weit ist, denken Sie bitte daran, dass Sie bisher keinesfalls faul, dumm oder feige gewesen sind. Selbst viele Lebenshilfeprogramme sind wertend. Sie gehen oftmals von der Annahme aus, dass Sie Ihre Ziele nicht erreicht haben, weil Sie zum Beispiel noch nicht die richtige Art zu denken entwickelt haben. Diesen Programmen zufolge müssen Sie erst dieses Problem lösen, bevor Sie bekommen können, was Sie sich wünschen.

Nun, das können Sie getrost vergessen.

Sie müssen kein besserer Mensch werden oder eine andere Einstellung entwickeln, um ein Leben zu führen, das Sie lieben. Sie sind gut genug, so wie Sie sind. Tatsächlich ist das Schlaueste, was Sie tun können, sofort loszulegen und die Dinge zu verfolgen, die Sie sich wünschen, *bevor* Sie irgendetwas an sich selbst verbessern. Wenn Sie Ihr Leben in die richtige Spur bringen, werden Sie in Bezug auf Ihre »negativen« Einstellungen sowieso wahre Wunder erleben.

Sie finden hier kein Programm, bei dem Sie strammstehen und ein anderer Mensch werden müssen. So einfach ist das Leben nicht. Ich glaube auch nicht daran, dass mit positivem Denken Probleme gelöst werden können. Die eigenen Gedanken aufzupeppen und vorzugeben, sich anders zu fühlen, als es tatsächlich der Fall ist, hält nicht lange genug vor, um jemanden ernsthaft weiterzubringen. Die kreative Visualisierung hat ebenfalls Grenzen. Ich kenne viele Menschen, die nicht visualisieren können. Andere geraten bereits in einen inneren Konflikt, wenn sie sich nur vorstellen, was sie sich wünschen. Und der Ratschlag, die »eigene Wirklichkeit zu erschaffen«, mag zunächst ermutigend klingen, hat aber den Nachteil, dass man sich selbst für alles verantwortlich machen kann, was schief läuft. Und das ist nicht fair. Niemand ist so mächtig, es allein mit dem Schicksal aufnehmen zu können – und es ist auch nicht nötig.

Sie sollten allerdings verstehen, warum Sie nicht wissen, was Sie wollen. Wenn Sie erst einmal die Ursache für Ihre Verwirrung erkennen, werden Sie auch fähig sein, etwas dagegen zu tun.

Das zweite Ziel dieses Buches besteht darin, Ihnen zu zeigen, was Sie dagegen tun können. In jedem Kapitel stelle ich Ihnen Techniken und Strategien vor, die Ihnen, wann immer es nötig ist, helfen, sich aus Ihrem inneren Konflikt zu befreien – jetzt und in Zukunft.

Die ersten drei Kapitel dieses Buches sind für *alle* Leser gedacht. Dort untersuchen wir Ihren Konflikt, um seine Struktur sichtbar werden zu lassen. Wenn Sie Ihr Problem grundsätzlich erkannt haben, können Sie ein Kapitel im Buch aufschlagen, das Lösungsstrategien für Ihren speziellen Konflikt bereithält.

Worum es bei Ihrem persönlichen Konflikt geht, ist nicht schwer zu erkennen, denn wenn Sie erst gelernt haben, genau hinzuhören, merken Sie, wie viel Lärm ein innerer Konflikt machen kann. Eine Seite des Konflikts setzt sich für das ein, was Sie gern hätten oder tun würden, und die andere Seite ist fest entschlossen, Sie davon abzubringen. Sie müssen lediglich der lauteren Stimme zuhören, denn diese führt Sie direkt zu den jeweiligen Lösungsstrategien.

Sagt Ihre Stimme etwas Ähnliches wie: »*Ich müsste meinen Job aufgeben, um zu bekommen, was ich wirklich will, und das kann ich nicht, weil ich sonst verhungern würde*«? Wenn ja, dann sollten Sie Kapitel 4, »Im sicheren Hafen bleiben«, lesen. Dort erfahren Sie, welches große Risiko Sie eingehen, wenn Sie Abenteuer vermeiden.

Sagt Ihre Stimme: »*Jedes Mal, wenn ich versuche, eins meiner Ziele zu verfolgen, werfe ich doch wieder die Flinte ins Korn, aber ich weiß nicht warum*«? Dann versuchen Sie es mit Kapitel 5, »Angst vor Erfolg: Geliebte Menschen hinter sich lassen«.

Wenn Ihre Stimme sagt: »*Ich will so viele verschiedene Dinge tun, dass ich mich nie für eine Sache werde entscheiden können*«, dann erfahren Sie in Kapitel 6, wie Sie alles schaffen können. (Sie lernen auch, sich auf eine einzige Sache zu konzentrieren, wenn das insgeheim Ihr Wunsch ist.)

Und wenn alle anderen meinen, dass Sie beruflich großen Erfolg haben, Sie selbst aber ganz und gar nicht glücklich damit sind? Sagt Ihre Stimme zum Beispiel: »*Ich kann meine erfolgreiche Karriere doch nicht einfach aufgeben. Und wovon soll ich leben, wenn ich es doch tue?*«, dann sollten Sie Ihre Möglichkeiten erneut betrachten und Kapitel 7, »Auf der Überholspur – im falschen Beruf«, lesen.

Wenn Sie eigentlich wissen, was Sie wollen, aber Ihre Stimme sagt: »*Ich will etwas, das ich nicht wollen sollte – es wird nicht anerkannt*«, dann ist Kapitel 8 für Sie das Richtige. Sie könnten ein so genanntes »Stammesproblem« mit Ihrer Familie, Freunden oder Ihrer Kultur haben. Sie wollen etwas, das Sie in Konflikt mit allem bringt, was man Ihnen beigebracht hat.

Wenn Sie gerade die Schule, ein Studium oder eine Berufsausbildung abgeschlossen haben und Ihre Stimme sagt: »*Ich habe Angst, mich für etwas zu entscheiden, da ich nicht weiß, ob ich jemals wieder da rauskomme*«, dann lesen Sie Kapitel 9, »Hilfe, ich bin noch nicht bereit für die Welt!« Es zeigt, wie Sie es vermeiden, in einem ungeliebten Job zu verharren, und stattdessen mit dem Leben beginnen.

Kapitel 10, »Neuorientierung: Ein ganz neues Spiel beginnt«, kann Ihnen helfen, wenn in Ihrem Leben gerade eine große Veränderung stattgefunden hat – wenn Sie beispielsweise aus dem Berufsleben ausgeschieden sind oder die Kinder gerade das Haus verlassen haben – und Sie eine Stimme hören, die sagt: »*Ich habe nicht die leiseste Ahnung, was ich jetzt tun soll.*«

Wenn Ihre Stimme sagt: »*Es hat doch keinen Sinn, ich werde nur enttäuscht werden. Nichts kann mehr so schön werden wie das, was ich hatte*«, dann blättern Sie zu Kapitel 11, »Ich hatte meinen Traum – und habe ihn verloren«. Sie werden feststellen, dass das Leben immer noch lebenswert ist.

Wenn Sie Ihre Stimme sagen hören: »*Ich habe schon so viel ausprobiert, aber für mich ist einfach nichts dabei*«, dann gehen Sie zu Kapitel 12, »Nichts interessiert mich wirklich«. Sie haben wahrscheinlich das Wünschen und Wollen verlernt.

Wenn Ihre Stimme sagt: »*Es ist nicht meine Schuld, dass ich nicht das tue, was ich will – die Welt gibt mir einfach nicht die Gele-*

genheit dazu«, dann sollten Sie Kapitel 13 durchlesen, »Wut auf ein gewöhnliches Leben«.

Und wenn Sie eine Stimme hören, die sagt: *»Ich versuche ein Ziel zu verfolgen, aber ich bin nicht mit dem Herzen bei der Sache und weiß nicht, woran das liegt«*, dann ist Ihre Situation nicht ganz so rätselhaft, wie Sie vielleicht glauben. Lesen Sie Kapitel 14, »Der rote Hering – oder der Versuch, etwas zu wollen, was man nicht wirklich will«. Sie könnten entdecken, dass Sie in Wahrheit etwas wollen, was Sie sich versagen oder sich auszureden versuchen.

Wenn Sie zurzeit nichts wahrnehmen, was auf einen inneren Konflikt hindeutet, machen Sie sich keine Sorgen. Spätestens am Ende des dritten Kapitels werden Sie die Stimme Ihres Konflikts hören können – das garantiere ich Ihnen.

In der heutigen Zeit muss jeder für sich herausfinden und entscheiden, welche Arbeit und welches Leben er haben möchte.

Die Tage, als man den Weg des geringsten Widerstandes ging und Karriere in einer Bank machte oder Jura studierte und das für das Ende der Berufswahl hielt, sind vorbei. Hochschulabsolventen müssen mittlerweile damit rechnen, in ihrem Arbeitsleben mehrere verschiedene Berufe auszuüben. Selbst große Unternehmen werden kleiner und das nicht nur aufgrund von Rezessionen. Die gesamte Wirtschaft tritt in eine neue Phase ein. Der globale Wettbewerb zwingt die Unternehmen, schlanker zu werden. Ein mittleres Management gibt es kaum noch. Sekretärinnen werden durch Technologie ersetzt. Die wenigsten Hochschulabgänger können noch mit guten Jobangeboten rechnen, der Rest muss sehen, wo er bleibt.

Wer wird diesen Wandel in der Arbeitswelt am besten überstehen? Jeder, der bereit ist, das, was er *liebt*, zu einer Nische zu entwickeln, in der er oder sie brillieren kann. *Niemals war es wichtiger, unsere Begabungen zu entdecken.*

Fangen wir also damit an. Lassen Sie uns herausfinden, warum Sie nicht wissen, was Sie wollen. Und lassen Sie uns dann etwas dagegen tun.

Kapitel 1
Welchen Erwartungen versuchen Sie zu entsprechen?

Was wird in Ihrem Leben von Ihnen erwartet? Welches Leben sollten Sie anderen zufolge führen? Eine interessante Frage, nicht wahr? Denn selbst wenn Sie nicht wissen, was Sie tun *wollen*, ist Ihnen wahrscheinlich sehr klar, was andere von Ihnen *erwarten*.

Ich beispielsweise sollte Hausfrau und Mutter werden und in einem Haus gleich neben dem meiner Eltern wohnen.

Alle Menschen, denen ich diese Frage stelle, scheinen eine Antwort parat zu haben:

»Ich sollte die Druckerei meines Vaters übernehmen.«

»Ich sollte reich heiraten und fünf Kinder bekommen.«

»Mein Vater wollte, dass ich Arzt werde.«

»Ich sollte auf keinen Fall etwas Besseres als mein Bruder werden.«

»Ich sollte etwas ganz Besonderes werden – aber ich habe nie herausbekommen, was das sein könnte.«

In jedem von uns befindet sich eine subtile Botschaft, was von uns erwartet wird. Manche bemerken es nicht, andere rebellieren dagegen und weigern sich, es zu befolgen. Aber insgeheim wissen wir alle ganz genau, was es ist. Und es hat großen Einfluss darauf, wie wir unser Leben führen.

Wie sieht es bei Ihnen aus? Was wird von Ihnen erwartet? Vielleicht sind Sie einer jener glücklichen Menschen, die wie Picasso genau wissen, dass sie zum Malen bestimmt sind. Die lautlose »Du-solltest-Botschaft« könnte direkt aus Ihrer eigenen Seele kommen und absolut treffend sein, sie könnte aber auch von woanders stammen und Sie in die falsche Richtung lenken.

Wenn Sie tatsächlich in die Irre geführt werden und weit davon entfernt sind zu wissen, was Sie wirklich wollen, dann kann es sehr schmerzlich sein, die Picassos dieser Welt dabei zu beobachten, wie sie froh und geschäftig ihr Leben leben. Und Sie fragen sich, warum Sie nicht auch zu diesen glücklichen Menschen gehören.

Wir alle wachsen in Familien, Gemeinschaften und Kulturen auf, die uns mit Botschaften überhäufen, was *sie* von uns erwarten. Manchmal sind diese Botschaften so deutlich wie Reklametafeln: »Heirate«, »Verdiene viel Geld«, »Baue ein Haus!«. Manchmal schleichen sie sich aber auch heimlich ein. Dann wohnen sie in uns, ohne dass wir sie richtig bemerken oder die Möglichkeit haben, sie genau anzusehen und sie dann bewusst zu akzeptieren oder abzulehnen.

Normalerweise vergessen wir, wann und wie die Botschaften den Weg in unser Inneres gefunden haben. Aber die »Du-solltest-Botschaften« sind vorhanden und wir reagieren unbewusst darauf. Manche Menschen gehorchen den Anweisungen, andere rebellieren gegen sie – aber alle reagieren darauf.

Denken Sie einen Moment über Ihr Leben nach. *Leben Sie so, wie es von Ihnen erwartet wird?*

Von mir wurde erwartet, dass ich neben meinen Eltern wohnen blieb und gleichzeitig das Leben einer Jetset-Journalistin führte, mit aufregenden Reisen und den heißesten Neuigkeiten über Stars und Sternchen. Es fiel mir allerdings ziemlich schwer, diesen Lebensplan zu erfüllen. Zum einen kann er gar nicht funktionieren, und zum anderen wollte ich ein solches Leben auch gar nicht. Ich bin zu abenteuerlustig, um bei meinen Eltern zu wohnen, aber nicht abenteuerlustig genug, um der High Society nachzuspionieren.

Aber genau wie Sie wurde auch ich in einer Welt groß, die mich mit Botschaften überhäufte, was falsch und richtig war – und ich wollte gern alles richtig machen. Und obwohl die Erwartungen gar nicht erfüllt werden konnten, bemühte ich mich viele Jahre, doch noch einen Weg zu finden, alles »richtig« zu machen. Die Vorstellungen, die an uns herangetragen werden, mögen sich widersprechen und absolut ungeeignet für uns sein, aber sie prägen sich tief ein und beeinflussen uns. Häufig arbeiten sie auch gegen uns. Vielleicht wissen Sie, was Sie wollen, sind erfüllt und begeistert von Ihrer Arbeit, haben aber trotzdem das nagende Gefühl, nicht das zu tun, was von Ihnen erwartet wird.

– Jack, 29 Jahre, ist ein Journalist, der aus Kriegsgebieten berichtet und seine Arbeit liebt. Er sagte mir: »Ich sollte eigentlich Arzt werden. Ein Journalist zu sein war irgendwie nie gut genug.«
– Benita, 36 Jahre, erfolgreiche Börsenmaklerin, sagte mir Folgendes: »Ich sollte einen erfolgreichen Mann heiraten, aber nicht selbst erfolgreich sein.«
– Und Susan, 47 Jahre, angesehene Schriftstellerin, sagte mir: »Ich sollte eine Schönheit werden, keine Intellektuelle. Schauen Sie mich an. Ich bin eine Versagerin!«

Es ist nicht schwer zu erkennen, wie sehr die »Du-sollst-Botschaften« diese drei Menschen verletzt haben. Leider ist es schwieriger, das bei sich selbst zu erkennen. Um Ihre eigene Situation zu ergründen, sollten Sie sich die folgende einfache Frage stellen:

»Wer sagt das?«

Wer sagt, dass Sie nicht tun sollten, was Sie tun? Beziehungsweise, wer sagt, dass Sie es tun sollen? Wer sagt das? Bitte seien Sie bei der Beantwortung dieser Frage sehr *konkret*. Wenn Sie sich von einschränkenden Erwartungen befreien möchten, müssen Sie zunächst genau nachvollziehen, auf welchem Wege Sie die Botschaften empfangen haben und von wem sie kamen. Fast unser gesamtes Umfeld, Freunde, Mitschüler und Lehrer, tragen bestimmte Vorstellungen an uns heran, aber von unserer

Familie stammen die meisten und bedeutsamsten Botschaften. Und bei den meisten Menschen ist das, was ihre Familie sich für sie wünscht und von ihnen erwartet, auch in der Gegenwart ununterbrochen präsent, indem sie sich ständig in einem inneren Monolog befinden. Sie denken: »Ich werde es ihnen schon zeigen« oder »Das wird ihnen bestimmt gefallen« oder »Oje, sie machen sich bestimmt Sorgen darüber, was ich tue. Ich rufe besser gleich mal an«. Was die Familie will, verleiht allem, was Sie tun, eine positive oder negative Bedeutung. *Selbst wenn Sie glauben, dass es Ihnen völlig egal ist, was sie denken.*

Wie war es bei Ihnen? Auf welche Weise bekamen Sie die Botschaften Ihrer Familie?

Sagte man Ihnen klipp und klar, was man von Ihnen erwartete?

»Du wirst Arzt. Jeder in unserer Familie wird Arzt.«

»Du musst Buchhalter im Familienunternehmen werden. Wir haben uns für die Firma abgerackert und dich auf die Universität geschickt. Du bist uns das jetzt schuldig.«

Oder wurden Ihnen die Botschaften auf subtilere Art und Weise vermittelt? Ließ man Sie wissen, was Sie *nicht* tun sollten?

Vielleicht wollten Sie gern Politiker werden, aber Ihr Vater verachtete diesen Berufsstand aus ganzem Herzen?

Möglicherweise träumten Sie davon, Schauspielerin zu werden und verkündeten dies im Alter von 14 Jahren, bekamen aber von Ihrer gesamten Familie zu hören, dass Ihnen das niemals gelingen würde, weil es eben ganz schwer ist und nur die wenigsten es schaffen. Viele Familien geben einem indirekt zu verstehen, was sie sich wünschen, indem sie über andere sprechen: »Der Junge von nebenan war ein schlaues Kerlchen, aber nun ist er auch nur ein kleiner Angestellter geworden. Der Sohn von Hubers hingegen hat es richtig gemacht; er ist Immobilienmakler und fährt ein dickes Auto. Und das mit 27 Jahren.« (Hören Sie die Botschaft?)

Vielleicht wurden auch keine Botschaften von Ihrer Familie ausgesprochen, und dennoch wussten Sie, was von Ihnen erwartet wurde.

Viele Eltern sagen: » Tu, was du möchtest. Hauptsache, du bist glücklich.« Wenn Ihre Eltern das wirklich so meinten, können Sie sich glücklich schätzen. Denn dann haben Sie nicht unter den Konflikten zu leiden, die so vielen das Leben schwer machen, während sie die Arbeit und das Glück ihres Lebens suchen.

Lassen Sie uns nun genauer untersuchen, was Ihre Familie von Ihnen erwartete.

Übung 1

Was meine Familie von mir erwartete

Nehmen Sie ein Blatt Papier und schreiben Sie darauf die Namen aller Mitglieder Ihrer Familie und anderer enger Bezugspersonen, die für Sie wichtig waren, als Sie heranwuchsen, Lehrer, Nachbarn, Cousinen, Freunde.

Schreiben Sie auf, was jede Person von Ihnen erwartet hat. Wenn Sie inzwischen eine eigene Familie haben, können Sie die Übung erweitern, indem Sie aufschreiben, was die Mitglieder dieser Familie von Ihnen erwarten. Machen Sie eine lange Liste mit Namen von Menschen, mit denen Sie als Kind zusammen lebten beziehungsweise mit denen Sie heute leben.

Was erwarteten/erwarten diese Menschen von Ihnen?

Denken Sie nicht zu lange nach. Schreiben Sie auf, was Ihnen zuerst einfällt. Auch wenn Sie nicht ganz sicher sind, ob jemand etwas *wirklich* von Ihnen erwartet hat – das, was Sie in diesem Fall denken, zählt, wenn es um innere Botschaften geht; denn wenn Sie die Erwartungen anderer falsch verstanden haben, wurden Sie dadurch genauso beeinflusst wie durch richtige Deutungen. Denken Sie nach. Was hat jede dieser Personen von Ihnen erwartet?

Lassen Sie uns nun Ihre Antworten anschauen.
Vielleicht sehen sie ungefähr so aus:

Meine Familie wollte, dass ich …

Mutter: ein angesehener Rechtsanwalt werde
Vater: etwas wage und erfolgreich bin, zum Beispiel als Investmentbanker
Benny: ein großer Held werde
Karen: unsichtbar bin und nicht so viel Beachtung kriege
Großmutter: ihr ständiger Begleiter werde

Vielleicht haben Sie mit einer solchen kurzen Liste begonnen und sich dann an alles Mögliche erinnert, so wie George:

Vater: Konnte nichts mit mir anfangen, aber er liebte die Oper. Also verinnerlichte ich die Erwartung, irgendetwas mit der Oper zu tun zu haben, und heiratete eine Opernsängerin. Daraufhin akzeptierte er mich schließlich. Meine Frau und ich passten gar nicht gut zueinander und waren sehr unglücklich in unserer Ehe. Sie wollte mich verlassen, aber ich hatte Angst davor, sie loszulassen. Diesen Zusammenhang habe ich bisher nicht erkannt.

Schauen Sie Ihre Liste noch einmal genau an. Sie werden wahrscheinlich feststellen, dass Sie mehr als eine Botschaft bekommen haben. Und diese Botschaften können sich stark widersprechen. Ich sollte ja auch bei meinen Eltern wohnen bleiben und gleichzeitig eine Jetset-Journalistin mit einem aufregenden Leben werden. Wahrscheinlich wollten alle Mitglieder Ihrer Familie etwas anderes von Ihnen. Und mindestens eine Person wollte wahrscheinlich etwas so Kompliziertes und Widersprüchliches von Ihnen, dass Sie es gar nicht richtig verstehen, geschweige denn verwirklichen konnten.

Bill sollte heiraten und eine Familie gründen, gleichzeitig aber für immer bei seinen Eltern wohnen bleiben. Und Luisa sollte bei allen beliebt sein und sogar berühmt werden, wurde aber als Teenager von ihrer Mutter stets angehalten, zurückhaltend und bescheiden zu sein. Wie sollte sie berühmt werden, ohne die Aufmerksamkeit anderer auf sich zu ziehen?

Botschaften dieser Art bringen uns in eine Zwickmühle. Wir sollen Dinge tun, die uns eigentlich verboten wurden oder zu denen wir nicht in der Lage sind. Daher richten wir uns nicht darauf aus, unsere eigentlichen Fähigkeiten zu entwickeln, obwohl es am sinnvollsten wäre. Als Kinder müssen wir herausfinden, was unsere Bezugspersonen von uns wollen und was wir selbst wollen. Wenn die erste Aufgabe uns davon abhält, uns der zweiten zuzuwenden, verlieren wir die Orientierung. Kein Wunder also, dass wir Probleme damit haben zu erkennen, was wir im Leben wollen.

Unsere Familien lieben uns so gut sie können. Aber häufig sind sie nicht darauf ausgerichtet, Kindern zuzuhören, sondern sie zu erziehen. Und wenn man Kindern nicht zuhört, kann man nichts über ihre Träume lernen, geschweige denn diese respektieren. *Aber unsere Träume bringen zum Ausdruck, wer wir sind.* In der Regel respektieren fremde Menschen unsere Träume eher als die Mitglieder unserer Familie. Menschen, die wir kaum kennen und denen wir von unseren Träumen und Vorhaben erzählen, zeigen Interesse und hören uns zu. *Und Interesse ist die ehrlichste Form von Respekt.*

Vielleicht denken Sie nun Folgendes: »Soll jetzt wieder die Familie an allem schuld sein? Ich kann es nicht mehr hören! Meine Familie hat ihr Bestes getan.« Und Sie haben Recht. Aber auf dem Weg zur Vergebung gibt es keine Abkürzung. Wenn Sie sich mit der Vergangenheit aussöhnen, bevor Sie sich wirklich damit konfrontiert haben, werden Sie immerzu sich selbst die

Schuld an allem geben. Und wenn Sie sich ständig selbst verurteilen, kommen Sie dem, was Sie wirklich wollen, keinen Zentimeter näher. Daher müssen Sie zunächst die Ursache des »Ich-sollte-Problems« erkennen. Wenn Sie genauer darüber nachdenken, werden Sie wahrscheinlich feststellen, dass dieses Problem schon seit Ihrer Kindheit vorhanden ist.

Aber unsere Familie liebt uns doch – warum tut sie uns das an? Leider ist es sehr einfach: Liebe und Respekt sind zwei verschiedene Dinge. Liebe ist *Verschmelzung*. Als Baby gehören Sie zu Ihren Eltern, Sie sind quasi ein Teil von ihnen; und diese Verschmelzung ist äußerst wichtig für das Überleben eines Kindes. Respekt bedeutet dagegen *Differenzierung*: Sie gehören nur sich selbst, und sind kein Teil eines anderen Menschen. *Die Differenzierung ist eine wesentliche Voraussetzung für das Glück von erwachsenen Menschen.*

Sehen Sie sich Ihre Liste nun noch einmal genau an. Wo steht die Botschaft, dass Sie Ihr einzigartiges Selbst entwickeln sollen? Wer bestand darauf, dass Sie Ihre ganz besondere Identität entdecken sollten – koste es, was es wolle? Nur wenige von uns finden diese Botschaft auf der Liste.

Eltern haben ihre eigenen Träume – *und drängen Sie, diese Träume zu verwirklichen, nicht Ihre eigenen*. In ihren Köpfen haben sie Bilder von erfolgreichen Söhnen und schönen Töchtern, von beeindruckenden Kindern, die im Leben abgesichert sind. Nur wenige Eltern haben die Ruhe und Gelassenheit zu erkennen, dass der beste Weg für ihr Kind darin besteht, seine eigene Vision zu erkennen und ihr zu folgen.

Solange Sie auf die Botschaften Ihrer Familie reagieren, leben Sie in einer Art Rolle und kommen sich darin mehr oder weniger fremd vor. Es wäre schon ein großer Zufall, wenn der Traum eines anderen Menschen Ihren eigenen Vorstellungen entspräche. Sie sollten daher alles daransetzen, Ihre eigenen Träume zu erkennen.

Wenn Sie in einem Leben gelandet sind, in dem Sie sich

nicht wohl fühlen, sollten Sie nicht zu viel Zeit darauf verwenden herauszufinden, wie es überhaupt dazu kommen konnte. Machen Sie sich keine Vorwürfe!

Als Kinder waren wir gegen die geballte Kraft familiärer und gesellschaftlicher Botschaften machtlos. Und als Erwachsene können wir nicht einfach so tun, als gäbe es diese Botschaften nicht. Auf den kommenden Seiten möchte ich die Lautstärke dieser Botschaften gemeinsam mit Ihnen verringern, so dass die Botschaften Ihrer eigenen Seele vernehmbar werden. Denn diese flüstert Ihnen zu:

Was du wirklich tun solltest, ist all das, was dein Herz zum Singen bringt.

Wenn Sie das tun, was Sie *lieben*, egal ob Sie Mutter sein, Flugzeuge bauen oder schwimmen wollen, wird es Ihnen nicht nur Spaß machen, sondern Sie werden es auch sehr gut machen und langfristig dabeibleiben – und stetig dabeizubleiben ist ein entscheidender Erfolgsfaktor!

Im nächsten Kapitel zeige ich Ihnen, wie Sie Ihren Wünschen näher kommen können, auch wenn Sie noch nicht wissen, was Sie wollen. Aber vorher sollen Sie erfahren, wie Sie dem nagenden Gefühl entgegenwirken, irgendwelche Erwartungen nicht zu erfüllen.

Übung 2
Die Erwartungen der anderen

Fertigen Sie ein Bild eines Menschen an, der all das verkörpert, was Ihre Familie von Ihnen erwartet oder erwartet hat. Malen Sie ein richtig schönes Bild. Sie können auch Fotos aus einer Illustrierten ausschneiden und eine Collage daraus machen. Dann hängen Sie dieses Bild des »perfekten« Kindes an die Wand, so dass Sie es betrachten können.

Sehen Sie sich an, was aus Ihnen hätte werden sollen.

Anita schnitt das Bild einer schick angezogenen berufstätigen Frau aus, klebte den Kopf einer Nonne darauf und positionierte das Ganze vor dem Hintergrund eines afrikanischen Dorfes. Dann trat sie zurück und sagte: »Nun sind wirklich alle zufrieden.«

Sie sehen, es ist unmöglich! Was andere erwarten, kann man nicht erfüllen. Lassen Sie Ihr Bild ruhig zur Erinnerung an der Wand hängen. Nun wollen wir mit der Arbeit beginnen.

Denn was *Sie* wollen, können Sie erreichen.

Kapitel 2
Wie man sein Glück findet

Wenn man Menschen sieht, die ihre Arbeit mit Freude und Leidenschaft tun und die ihr »Ding« gefunden haben, kann einem das Leben ziemlich ungerecht vorkommen.

Wie haben sie es geschafft, so glücklich zu werden?

Ich kann Ihnen verraten, was diese Menschen getan haben: Sie sind aktiv geworden und danach aktiv geblieben. *Wie viel Glück Ihnen zuteil wird, hängt von Ihrer Bereitschaft zum Handeln ab.*

Da Sie nicht wissen, was Sie wollen, haben Sie wahrscheinlich das Gefühl festzustecken. Wir neigen alle dazu, erst einmal abzuwarten und die Dinge auszusitzen, aber für Menschen, die nicht wissen, was sie wollen, ist *Handeln* das wichtigste Gebot.

Dafür gibt es vier gute Gründe:

1. Aktivität hilft Ihnen nachzudenken

Wenn Sie sich realen Erfahrungen aussetzen, merken Sie, wie sich bestimmte Dinge anfühlen, und können viel besser über sie nachdenken, als wenn Sie verschiedene Alternativen nur theoretisch abwägen. *Selbst wenn Ihre Aktivität Sie in eine falsche Richtung führt, erhalten Sie dadurch wertvolle Informationen.*

2. Aktivität fördert Ihr Selbstwertgefühl

Es ist nicht nur die Unentschlossenheit, die Sie in der Passivität verharren lässt – sondern auch Angst. Aber jedes Mal wenn Sie etwas tun, wovor Sie Angst haben, wächst Ihre Selbstachtung. Wenn Sie Angst haben, aber dennoch aktiv werden, tun Sie sich selbst einen großen Gefallen. Denn selbst wenn je-

mand die Tür vor Ihrer Nase zuschlägt, Ihren Brief nicht beantwortet oder Sie womöglich anschreit – wenn also das denkbar
Schlimmste passiert –, ist das relativ egal. Wann immer es Ihnen gelingt, die eigene Angst zu überwinden, kommen Sie einen Schritt weiter. Und Sie können diesen Erfolg auch spüren.

Es gibt eine einfache und sehr hilfreiche Methode zur Unterstützung, die sich vielfach bewährt hat: »So tun als ob«. Handeln Sie, als ob Sie den Job, den Sie sich wünschen, verdienen.
Tun Sie den Job, als ob Sie erstklassig wären. *Es wirkt*. Denn
Selbstachtung folgt dem Handeln und nicht umgekehrt.

Wenn Sie dagegen zaudern und *nicht* handeln, spüren Sie,
wie Ihr Selbstwertgefühl abnimmt. Etwas zu unternehmen
wirkt sich positiver auf das Selbstwertgefühl aus als zum Beispiel
Affirmationen oder positives Denken. Sich selbst zu sagen, dass
man in Ordnung ist, hält nicht lange vor. Aktiv zu sein ist stets
besser als nur nachzudenken, denn wenn Sie etwas getan haben, sind Sie stolz auf sich – selbst wenn Sie es nicht perfekt hin-
gekriegt haben.

Bei den meisten schönen Dingen im Leben – wie zum Beispiel dem Radfahren, dem Reisen oder der Liebe – fühlen wir
uns anfangs unsicher und müssen damit rechnen, in peinliche
Situationen zu geraten. *Unser Lebensweg wird in erster Linie dadurch bestimmt, ob wir bereit dazu sind, bestimmte Unannehmlich-
keiten oder peinliche Situationen in Kauf zu nehmen.* Denken Sie
einmal an Ihre Jugend zurück. War sie nicht ein einziges Trai-
ningslager zum Selbstschutz? Beim kleinsten Fehltritt wollte
man am liebsten im Erdboden versinken. Man versuchte, peinliche Situationen um jeden Preis zu vermeiden. Und wie
schrecklich fühlten wir uns bei der ersten Verabredung mit einem Mädchen oder Jungen. Aber im Nachhinein waren wir
froh, die Erfahrung gemacht zu haben. Wenn wir zu gut im Vermeiden werden, fangen wir nie an zu leben.

Mein Freund Peter hörte mit dem Reiten auf, nachdem er als
Zehnjähriger in seiner Reitschule ein achtjähriges Mädchen ge-

sehen hatte, das besser reiten konnte als er. Na und, was macht das schon? Mehr als Sie vielleicht annehmen, »denn in dieser Art habe ich mein Leben weitergelebt, beziehungsweise es eben nicht gelebt«, sagt Peter heute. Ein nicht gelebtes Leben ist die Hölle.

Ich selbst fühle mich beispielsweise nie besonders wohl, wenn eine neue Vortragsreise ansteht. Nach einigen Monaten ohne Vorträge will ich am liebsten zu Hause bleiben, meinen Hund ausführen, zum Hotdogstand gehen und an meinem Computer arbeiten. Wenn dann ein neues Seminar bevorsteht, werde ich innerlich angespannt. Ich jammere, weil ich meine Seminarunterlagen mühsam zusammensuchen, Strumpfhosen tragen und in aller Herrgottsfrühe zum Flughafen fahren muss.

Aber jedes Mal wenn ich dann vor einer Gruppe von Menschen stehe, bin ich voll und ganz in meinem Element und ich bin glücklich, dass ich mich überwunden habe. Und es verleiht mir ein Gefühl innerer Stärke, dass ich nie daran gedacht habe, eine meiner Veranstaltungen abzusagen.

3. Dem Aktiven ist das Glück hold

Ich wurde auf ganz ungeplante Weise Therapeutin, Seminarleiterin und Autorin; Es geschah einfach. Es begann damit, dass ich mit meinem Exfreund telefonierte und mich ordentlich über mein Leben beschwerte. Er gab mir die Adresse einer guten Therapie-Gruppe, die ihm geholfen hatte. Ich ging hin, und dem Therapeuten gefiel meine Art, die Dinge zu sehen und zu tun so gut, dass er fragte, ob ich für ihn arbeiten wolle. Das wollte ich, und daraus wurde dieses Leben, das ich so liebe. Es entwickelte sich durch eine Reihe glücklicher Zufälle. Und genau so stößt man auch auf die besten Kochrezepte und trifft die interessantesten Leute – per Zufall.

Ich finde es sehr gut, Pläne zu schmieden, aber seien wir ehrlich: Pläne sind reine Science-Fiction. Jeder Plan ist im Prinzip nichts anderes als eine hoffnungsvolle Vorhersage. Selbst Geschäftspläne sind Märchen: »Mit der neuen Farbe erwarten wir eine Umsatzsteigerung von 40 Prozent im ersten, 60 Prozent im zweiten und 80 Prozent im dritten Jahr. Wir beantragen daher einen Kredit von 2 Millionen Dollar.«

Ein schönes Märchen, mit dem es einem vielleicht gelingt, ein Darlehen zu ergattern. Und der beste Märchenerzähler bekommt das höchste Darlehen!

Das beste Argument dafür, einen Plan zu machen ist, dass Sie auf diese Weise in die Welt hinauskommen. Wenn Sie in die Bibliothek gehen, um einen bestimmten Artikel zu finden, wenn Sie Leute anrufen, einem Verein beitreten oder sich mit jemandem verabreden, *dann kann immer irgendetwas passieren.*

Versuchen Sie es einmal. Setzen Sie sich irgendein Ziel und lassen Sie sich alles Mögliche einfallen, um es zu erreichen. Ich garantiere Ihnen, dass sich Ihr Leben verändern wird. *Sie kommen vielleicht nicht dahin, wo Sie hinwollten, aber möglicherweise erreichen Sie etwas viel Besseres.* Plötzlich eröffnen sich Möglichkeiten, an die Sie bisher nicht gedacht haben, weil Sie gar nicht wussten, dass sie existieren.

Bei manchen Menschen funktioniert es sehr gut, sich ein Ziel zu setzen und dieses planmäßig zu verfolgen. Anderen Menschen entspricht dagegen eher eine andere Strategie. Die folgende subtilere Strategie funktioniert ebenfalls sehr gut:

Immer wenn Sie eine Entscheidung treffen müssen, sollten Sie sich fragen, ob die Entscheidung Sie dem, was Sie wollen, näher bringt oder nicht. Entscheiden Sie sich immer so, dass Sie der Erfüllung Ihrer Wünsche näher kommen. Haben Sie sich zum Beispiel für den Sommer vorgenommen, auf einem Bauernhof zu arbeiten, wollen aber eigentlich Stadtplaner werden, dann sollten Sie die Sache mit dem Bauernhof sein lassen. Versuchen Sie, eine Arbeit in der Stadt zu finden. Auf diese Weise folgen Sie Ihrem Instinkt, und dies ist eine ausgesprochen weise Vorgehensweise. Sie müssen lediglich darauf achten, was Sie wollen und sich dann darauf ausrichten. Egal welche Strategie Sie anwenden, beachten Sie Ihre Wünsche und richten Sie Ihren Weg mehr und mehr nach Ihrem Gefühl aus. Nutzen Sie Ihre »Sehnsüchte« als Leitstern – eine bessere Strategie gibt es nicht.

4. Wir besitzen einen großartigen Instinkt

Manchmal kommen uns unsere eigenen Wünsche vielleicht seltsam vor, aber wenn sie uns wichtig erscheinen, sollten wir nicht lockerlassen. Denn unserem Urinstinkt können wir vertrauen. Das Instinktwesen in uns weiß ganz genau, wie schnell wir vorgehen können und wie belastbar wir sind. Manchmal schickt es uns auch Botschaften, die wir zunächst nicht verstehen. So war es auch bei Jessie.

Jessie, eine 45-jährige ruhige und schüchterne Frau, leitete das Büro ihres Mannes, der ein angesehener Architekt war. Ständig wurde er als Redner und zu Festen eingeladen, während sie für die weniger illustre Büroarbeit zuständig war. Sie wusste nicht, was sie mit ihrem Leben sonst noch anfangen sollte. Aber sie entschloss sich Mitglied in einem Erfolgsteam zu werden. Ein Erfolgsteam ist eine Gruppe von sechs Leuten, die sich gegenseitig beim Erreichen ihrer Ziele unterstützen. Das Team bemühte sich vergeblich, Jessie dabei zu helfen, einen Wunschtraum zu erkennen. Aber ihr fiel einfach nichts ein.

»Warum suchst du dir keinen anderen Job?«, fragten sie.

»Ich weiß nicht«, antwortete sie, »ich habe keine Lust dazu.«

Die Monate vergingen.

Dann kam Jessie eines Tages in die Teamsitzung und verkündete: »Ich möchte bei einem Hundeschlittenrennen in Bear Grease (einer kleinen Stadt in Minnesota) mitmachen.«

Die anderen Teammitglieder waren verblüfft. »Bist du wirklich sicher?«

»Ja«, sagte Jessie, »genau das will ich tun!«

»Würdest du uns verraten, wie du ausgerechnet darauf kommst?«, fragten die anderen.

»Das weiß ich nicht.«

»Hast du denn eine Ahnung, worauf du dich da einlässt?«

»Nö.«

Die Teammitglieder akzeptierten Jessies Wunsch und machten sich daran, ihr bei der Verwirklichung zu helfen. Sie bemühten sich, jemanden zu finden, der Jessie den Umgang mit einem Hundeschlitten beibringen konnte, oder jemanden, der wusste, wie man mit den entsprechenden Leuten in Kontakt kommen konnte. Schließlich machten sie die Adresse eines Sommer-Trainingslagers ausfindig, und Jessie meldete sich dort an. Sie ging direkt zum Trainer und sagte: »Ich möchte im Winter in der Lage sein, bei einem Rennen mitzumachen.«

Er musterte die schlanke Dame in ihrem eleganten Outfit, ging mit ihr zu einem Schlittengespann, reichte ihr die Leine und sagte: »Na dann versuchen Sie mal Ihr Glück.« Er stieß einen Schrei aus, die Hunde rannten los, und Jessie konnte sich kaum auf dem Schlitten halten. Sie rutschte aus, fiel fast hin und machte eine erbärmliche Figur, aber sie schaffte es, die Leine in den Händen zu behalten. Wieder beim Trainer angekommen, war sie ganz außer Atem. Aber sie lächelte und sagte: »Das war wundervoll!« Der Trainer lachte und willigte ein, ihr das Hundeschlittenfahren beizubringen.

Im Winter flog Jessie nach Bear Grease. Dort klapperte sie ein Hundeschlittenteam nach dem anderen ab und fragte, ob jemand ihre Hilfe gebrauchen könnte. Ein Team, bei dem jemand ausgefallen war, nahm sie schließlich auf.

Und so nahm Jessie an einem Hundeschlittenrennen über mehr als 50 Kilometer teil.

Als sie wieder nach Hause kam, war sie sehr zufrieden mit sich. Begeistert erzählte sie ihrem Team, was sie alles erlebt hatte.

»Du siehst so glücklich aus«, sagte ein Teammitglied.

»Das bin ich auch«, antwortete Jessie.

»Und jetzt?«, fragten die anderen. »Trainierst du weiter?«

»Nein«, sagte sie, »damit bin ich durch.«

Man hätte eine Stecknadel fallen hören können. Dann fragte jemand: »Und was willst du jetzt tun?«

Jessie antwortete: »Den Job bei meinem Mann kündigen.«

Niemandem in Jessies Team wäre es je in den Sinn gekommen, dass sie eine große Herausforderung meistern musste, bevor sie ihren undankbaren Job aufgeben und neue Ziele suchen konnte. Aber das Instinktwesen in ihr wusste es.

Sie können Ihrer Sehnsucht vertrauen.

Versuchen Sie nun herauszufinden, wonach Sie sich sehnen. Und machen Sie es wie Jessie, egal ob ihnen der Wunsch realistisch erscheint oder nicht. Werden Sie aktiv. In unseren Sehnsüchten steckt eine Wahrheit, die größer ist als das, was wir mit unserem rationalen Verstand begreifen können. Besser als jeder gut gemeinte Ratschlag weist Ihre Sehnsucht Ihnen den richtigen Weg.

Nun kennen Sie vier gute Gründe, warum Sie »Glück« haben werden, wenn Sie aktiv sind. Sie werden das gleiche »Glück« erleben, um das Sie diejenigen Menschen beneiden, die genau das tun, was sie wollen.

Habe ich Sie davon überzeugen können, aktiv zu werden? Oder spüren Sie noch einen inneren Widerstand?

Kapitel 3
Der innere Widerstand – oder was sonst hält Sie davon ab, aktiv zu werden?

Wenn Sie nicht wissen, was Sie wollen, dann hält Sie irgendetwas davon ab, es herauszufinden. Irgendetwas – ein verborgener innerer Widerstand – lässt Sie zögern, Ihre wahren Wünsche aufzuspüren und zu verwirklichen. Durch positives Denken allein werden Sie diesen Widerstand nicht überwinden können; und so zu tun, als sei alles in Ordnung, bringt Sie auch keinen Schritt weiter.

Lassen Sie uns gemeinsam diesen Widerstand aufspüren und herausfinden, wie wir ihn auflösen können.

Es gibt einen einfachen und todsicheren Weg, Ihren Widerstand herauszulocken: *Bewegen Sie sich auf ein Ziel zu, das Sie gern erreichen würden, dann wird er sofort aus seinem Versteck kommen und versuchen, Sie davon abzubringen.* Ihr Widerstand wird sich zu seiner vollen Größe aufbäumen und Sie davon überzeugen, dass der Weg zum Ziel mit riesigen, unüberwindbaren Hindernissen gepflastert ist. Das garantiere ich Ihnen.

Ich habe Ihnen bereits vier gute Gründe genannt, so schnell wie möglich aktiv zu werden: Es hilft Ihnen beim Denken. Es fördert Ihr Selbstwertgefühl. Es zieht das Glück in Form von Informationen und Gelegenheiten an. Und es schärft Ihren Instinkt.

Hier ist nun der fünfte und wichtigste Grund, aktiv zu werden: *Wenn Sie momentan feststecken, aber trotzdem beginnen, ein Ziel zu verfolgen, dann aktivieren Sie genau den Widerstand, der Sie feststecken lässt.*

Solange Sie ihn nicht herausfordern, schläft Ihr Widerstand. Aber wenn Sie aktiv werden, wacht er sofort auf und macht sich bemerkbar: »Was machst du da?« »Das bringt doch nichts.« »Es wird nur Schwierigkeiten geben.« »Das ist doch nur eine dumme Idee.« »Du wirst es sowieso nicht schaffen.«

Und woher weiß ich, dass ein innerer *Widerstand* Ihre Sehnsucht blockiert?

Weil es überhaupt keinen Sinn macht festzustecken.

Eigentlich wissen Sie, dass Sie sich beruflich verändern können. Wenn sich dann herausstellen sollte, dass es nicht das Richtige für Sie ist, müssten Sie eben erneut etwas anderes suchen. Also wo ist das Problem? Warum können Sie nicht einfach loslegen? Weil es offensichtlich doch ein Problem gibt – denn sonst würden Sie nicht so lange in dem unangenehmen Zustand verharren.

Die einzige plausible Erklärung dafür ist, dass Sie auf Ihrem Weg irgendeine Gefahr wahrnehmen. Und Ihr Widerstand versucht, Sie vor dieser Gefahr zu bewahren. Beobachten Sie nur einmal ein Tier, das regungslos innehält, weil es eine Gefahr wittert. *Tiere verfügen nicht unbedingt über die besten Informationen oder ein perfektes Urteilsvermögen, aber sie haben immer einen zwingenden Grund dafür, bewegungslos zu verharren.* Und dasselbe gilt auch für uns.

Wenn Sie aktiv werden und sich einem »gefährlichen« Wunsch annähern, dann wird Ihr Widerstand sofort lebendig. Er wird versuchen Sie zu blockieren, indem er Ihnen Schuldgefühle bereitet und Ihnen vermittelt, dass Sie unfähig sind und es sowieso aussichtslos ist. »Und was soll dann aus Mutter werden?«, wird Ihr Widerstand sagen. »Wenn du zu erfolgreich bist, wird dich jeder hassen.« »Aber du sollst doch Rechtsanwalt werden!« »Dein Bruder hat immer gesagt, dass du dumm bist, und das bist du auch.«

Und genau diese Botschaften wollen wir im Folgenden herauslocken.

Sie müssen sie erkennen, denn sobald Sie genau wissen, was Sie immer wieder blockiert, können Sie eine Strategie dagegen entwickeln.

Also lassen Sie uns beginnen. Zunächst wechsle ich scheinbar aber noch einmal das Thema, um Ihnen einige wichtige Fragen zu stellen:

■ Wertvolle Arbeit

Was ist der Unterschied zwischen »Arbeit« und einem »Job«? Man arbeitet bei beiden hart. Und man könnte mit beiden Geld verdienen. Aber es gibt einen Unterschied, und Sie kennen ihn. Mit einem Job verdient man Geld für den Lebensunterhalt. Davon abgesehen hat er möglicherweise keine weitere Bedeutung für Sie.

Die Arbeit Ihres Lebens hingegen ist es wert, getan zu werden. Sie hat eine große Bedeutung, egal ob Sie damit Geld verdienen oder nicht.

Wodurch wird eine Arbeit Ihrer Meinung nach bedeutsam oder sinnvoll? Möchten Sie, dass Ihre Arbeit so wertvoll ist wie die Arbeit von Mutter Teresa? Oder so bedeutsam wie Einsteins Relativitätstheorie? Werden Sie die Welt vor der Zerstörung retten oder ein Kunstwerk erschaffen? Oder müssen Sie richtig viel Geld verdienen? Ich meine diese Fragen wirklich ernst. Die meisten von uns haben das Gefühl, dass wahrhaft sinnvolle Arbeit nur in einem großen Rahmen stattfinden kann, oder zu einer Art Weltbestleistung führen muss, wie zum Beispiel einer Goldmedaille. Finden Sie heraus, was Ihnen in den Sinn kommt, wenn Sie über den Begriff »sinnvolle Arbeit« nachdenken. Es ist wichtig.

Übung 1
Sinnvolle Arbeit

Nehmen Sie ein Blatt Papier und schreiben Sie alles auf, was Ihnen zum Begriff »sinnvolle Arbeit« einfällt. Wenn Sie möchten, können Sie einige Menschen nennen, deren Leben Ihnen besonders bedeutungsvoll vorkommt. Erklären Sie, warum Sie so denken. Um Sie besser kennen zu lernen, brauchen wir diese Eindrücke.

Was macht Arbeit wirklich wertvoll? Es geht hier allein um Ihre Meinung. Sie können also gar nichts falsch machen. Schreiben Sie rasch auf, was Ihnen dazu einfällt. Überlegen Sie nicht zu lange. Alles, was Sie dazu bringt zu sagen: »Diese Arbeit ist sinnvoll.«

Lesen Sie nun durch, was Sie geschrieben haben. Sehen Ihre Gedanken ungefähr so aus?

»Sinnvolle Arbeit bewirkt etwas Gutes, sie hilft der Menschheit in irgendeiner Weise.«

»Die eigene Arbeit ist sinnvoll, wenn man großen Erfolg damit hat, egal in welchem Bereich.«

»Ich glaube, dass Menschen, die etwas Bedeutendes tun, regelrecht davon besessen sind. Sie essen und schlafen kaum noch, weil sie etwas erfunden oder entdeckt haben, so wie Kolumbus oder Newton, oder sie haben eine große Vision, so wie Beethoven.«

»Ich glaube, es ist sinnvoll, wenn jeder sein Bestes tut: Wenn man eine Familie hat, ein Heim, einen guten Job und wenn man einen aktiven Beitrag für die Gesellschaft leistet.«

Wenn Sie glauben, dass Sie genau wissen, was sinnvolle Arbeit für Sie bedeutet, und froh wären, wenn Sie nur irgendeine Arbeit finden könnten, die Sie glücklich macht – dann sollten Sie sich nicht so sicher sein! *Jedes Mal, wenn Sie befürchten, in einer Arbeit gefangen zu sein, die Ihnen nichts bedeutet, sind Sie mit dem Problem der Sinnhaftigkeit der Arbeit konfrontiert.* Ich garantiere Ihnen, dass Sie sich noch nicht ganz von der Vorstellung gelöst haben, Ihren Beitrag zu etwas leisten zu müssen. Sie wollen anerkannt werden und *etwas tun, das von Bedeutung ist* – alles andere wäre reine Zeitverschwendung.

Aber was passiert mit dieser Vorstellung, wenn Sie das folgende Beispiel lesen: »Als ich das Hinterzimmer der Buchhandlung betrat, in dem sich bis zur Decke Zeitschriften aus dem Jahr 1890 stapelten, war mir, als ob eine große Last von meinen Schultern genommen würde. *Ich war endlich dort, wo ich hingehörte*, obwohl ich noch nie in so einem Laden gewesen war. Für die meisten Menschen hat diese Buchhandlung wahrscheinlich keine große Bedeutung, aber ich spürte, dass es meine Bestimmung war, hier zu arbeiten. Alles war plötzlich klar, es gab keine Zweifel mehr.«

Staubige Zeitschriften mögen für Sie oder für die Menschheit insgesamt keine große Bedeutung haben. Es handelt sich dabei nicht um etwas Großartiges, sie bringen keine Heilung bei Krebs und stellen keine große Errungenschaft dar – aber ich wette, dass Sie sich wünschen, sich für irgendetwas so sehr zu begeistern. Nun, das tun Sie! Sie müssen nur alles vergessen, was man Ihnen über die »sinnvolle Arbeit« beigebracht hat, und stattdessen anfangen, darauf zu achten, was für *Sie* sinnvoll und bedeutsam ist.

Wir wissen nicht, warum etwas Bestimmtes für Sie bedeutungsvoll ist. So wie Ihre Identität scheint diese Empfindung einfach da zu sein. Sinnhaftigkeit muss man lediglich für sich entdecken. Wenn etwas sinnvoll und bedeutsam für Sie ist, entsteht eine Verbindung zwischen Ihrer persönlichen Begabung und dem Rest der Welt. Egal ob Sie Gärtner oder Architektin, Filmemacherin oder Arzt sind, wenn Sie die richtige Arbeit tun, spüren Sie eine Verbindung zu Ihrer Seele sowie zur Welt. Ein Gärtner fühlt, dass er Schönheit erschafft und hat Achtung vor der Natur. Ein Architekt und eine Filmemacherin tun ihr

Bestes, um mit ihrem Werk die Welt zu erfreuen. Ein Arzt setzt sein ganzes Können und sein Wissen ein, um Menschen zu heilen.

Der erste Schritt, um die Arbeit zu finden, die zu Ihnen passt, besteht darin, Folgendes zu erkennen: Ob Sie etwas tun, das Sie lieben oder ob Sie etwas tun, das wertvoll und bedeutsam ist – es ist in Wahrheit ein und dasselbe.

Sie werden niemals glücklich sein, wenn Sie sich nur amüsieren. Ein langer Urlaub kann nicht Ihr Lebensziel sein. Selbst wenn Sie im Ruhestand sind und nur dem hektischen Leben entkommen und den Duft der Rosen genießen möchten, sollten Sie sich nicht nur darauf ausrichten, was Ihnen Spaß macht, sondern zu dem vordringen, was für Sie von Bedeutung ist. *Wenn Ihnen etwas wirklich wichtig ist, müssen Sie es in Ihr Leben holen.*

Ohne eine Aktivität, die Ihnen wirklich wichtig ist, werden Sie eine innere Leere spüren, selbst wenn Sie sich eine Art Paradies geschaffen haben und darin ein sorgenfreies Leben führen. Jeder Ort kann zum Gefängnis werden, wenn Sie keine Beschäftigung haben, die Sie erfüllt und die Ihnen wichtig ist.

Und das ist noch nicht alles.

Wenn Sie glauben, dass es egoistisch ist, die eigenen Bedürfnisse so wichtig zu nehmen, dann sollten Sie noch einmal darüber nachdenken. Wenn Sie eine Arbeit tun, die Sie lieben, dann machen Sie auch der Welt ein Geschenk damit. Picasso wollte niemandem helfen. Und auch Einstein nicht, zumindest nicht als er an der Relativitätstheorie arbeitete. Beide wollten einfach nur ihre Arbeit tun. Die Arbeit war ihnen offenbar sehr wichtig, und sie konnten gar nicht anders, als immerzu daran zu denken. Ihre Bestrebungen waren persönlich, selbstzentriert, sogar egoistisch – zumindest hatten sie während der Arbeit nicht das Wohlergehen anderer Menschen im Sinn. Auch die Retter unserer Welt haben eine persönliche Vision, wenn sie

Kranken helfen oder versuchen, den Planeten zu retten. Sie folgen einem inneren Drang, versuchen also nicht nur »gute Menschen« zu sein. Es ist an der Zeit, den Mythos zu demontieren, der besagt, dass man sich zwischen einer Arbeit, die einem gefällt, und einer Arbeit, die bedeutsam ist, entscheiden muss.

Um das eine tun zu können, muss man das andere tun.

Um Großartiges zu vollbringen, müssen Sie in die Arbeit verliebt sein. Und mit der Liebe zur Arbeit ist es wie mit der Liebe zwischen zwei Menschen – sie lässt sich nicht erklären. Entweder die Chemie stimmt oder sie stimmt eben nicht. Wenn Sie ein spannendes und erfülltes Leben haben möchten, können Sie nicht das tun, was andere für »richtig« halten. Sie müssen tun, was *für Sie* richtig ist. Langfristig gesehen, ist es das Großzügigste, was Sie tun können. Der Gedanke, dass Sie es der Welt schulden, das zu tun, was Sie am besten können und was Sie lieben, ist sehr erfreulich. Sie haben das Recht – und die Pflicht –, es zu tun.

Wissen Sie, wie es ist, wenn man eine Arbeit macht, die man liebt? Ich habe Menschen dazu befragt und folgende Antworten erhalten:

– »Man ist völlig erfüllt und davon vereinnahmt.«
– »Ich liebe meine Arbeit, weil sie mich stets fordert und immer wieder neu für mich ist.«
– »Wenn ich die Zeit vergesse, weiß ich, dass ich etwas tue, das ich liebe.«
– »Es ist ein ehrliches Gefühl. Harte, ehrliche Arbeit. Wie die eines Feuerwehrmanns oder eines Bauern auf dem Felde.«
– »Wenn ich meine Arbeit liebe, dann tue ich sie für mich selbst, so als würde ich für mein eigenes Unternehmen arbeiten. Um mein Bestes zu geben, muss ich dieses Gefühl haben, selbst wenn ich von jemand anderem für diese Arbeit bezahlt werde.«

Das klingt gut, nicht wahr? Und auch Sie können eine solche Arbeit bekommen. Der Weg, den wir auf den folgenden Seiten einschlagen, mag Ihnen zunächst wie ein Umweg vorkommen, aber er führt Sie am Ende zu einer Arbeit, die Sie lieben. Befreien Sie sich daher von allem, was Ihre Vorstellungskraft begrenzt, denn wir wollen der Fantasie nun freien Lauf lassen.

▪ Einen Job finden

Übung 2
Der Job aus dem Himmel (oder aus der Hölle!)

Ja, ich habe »Job« gesagt. In dieser Übung geht es nicht um das ehrgeizige Ziel, eine sinnvolle Arbeit zu finden. Die Übung besteht aus zwei Teilen, und es ist egal, mit welchem Teil Sie beginnen.

Teil A: Der himmlischste Job auf Erden

Lassen Sie Ihrer Fantasie freien Lauf und erfinden Sie den perfektesten Job der Welt – für Sie ganz allein. Sie bestimmen, wie viele Stunden Sie arbeiten, welche Aufgaben Sie haben und wie die Umgebung aussieht, in der Sie arbeiten. Begrenzen Sie sich nicht durch Überlegungen, ob Ihre Vorstellungen realistisch oder umsetzbar sind. Im Moment befinden wir uns im Reich der Fantasie. Die einzige Bedingung ist, dass es sich um einen Job handeln muss. Das heißt, es muss bestimmte Aufgaben, Arbeitszeiten und irgendeinen Lohn geben. Alles andere können Sie frei gestalten. Sie können sich zum Beispiel vorstellen, im Sommer als Lehrerin für Gebärdensprache zu arbeiten und im Winter Dokumentarfilme zu machen. Achten Sie darauf, dass die folgenden Fragen beantwortet werden: Was tue ich, wo tue ich es, mit wem arbeite ich zusammen?

Was würden Sie den ganzen Tag machen? Im Filmstudio durch ein Megafon brüllen, forschen, Mode entwerfen, jemanden retten, Häuser bauen, Menschen beraten, ständig in der Natur sein oder in einem Bürohaus? Würden Sie singen oder vor Tausenden von Menschen Vorträge halten? Hätten Sie Ihre eigene Fabrik oder Ihre eigene Druckerei oder würden Sie wie ein Einsiedler leben und nur schreiben? Wo würden Sie diesen Job ausüben? In der Antarktis, in einem gemütlichen Häuschen mit einem knisternden Kaminfeuer, in New York oder auf einem Bauernhof in Bayern?

Sie hatten bereits genügend Jobs, die Ihnen nicht gefallen oder die Sie nicht erfüllt haben. Geben Sie sich nun ganz Ihrer Fantasie hin. Erforschen Sie Ihre Gedanken, in denen Sie ein Fußballstar, ein Retter des Regenwaldes oder wer oder was auch immer sind. Vergessen Sie nicht, sich zu überlegen, welche Menschen Sie gern in Ihrem Arbeitsumfeld hätten – Chefs, Kollegen, Geschäftspartner, Angestellte, Mitarbeiter, oder auch Konkurrenten. Hätten Sie vielleicht gern einige Assistenten, die Ihnen jede lästige Aufgabe abnehmen? Die immer wieder Ihr Büro aufräumen, ohne zu murren? Oder eine Mentorin, die Sie in die Geheimnisse der Geschäftswelt einweiht? Oder jemanden, der Sie fordert und antreibt, bis Sie Ihr Bestes gegeben haben? Oder lustige und schlaue Teamkollegen, die mit Ihnen an bestimmten Projekten arbeiten?

In meinen Seminaren ist diese Übung überaus beliebt. Wir verbringen so viel Zeit mit unserer Arbeit, und dennoch scheint so wenig davon Spaß zu machen und uns zu erfüllen. Die meisten Gruppen, mit denen ich arbeite, spüren bei dieser Übung eine große Erleichterung, ähnlich einem »Endlich-Wochenende«-Gefühl. Die Resultate, die die Seminarteilnehmer aus dieser Übung mitnehmen, inspirieren mich immer wieder aufs Neue.

Beatrice, 29 Jahre alt und freischaffende Schriftstellerin, sagte: »Ich will jeden Morgen in ein großes Büro in der Stadt gehen, wo ich einen Schreibtisch, einen Computer und eine Sekretärin habe. Es gibt dort Telefone, Kopier- und Faxgeräte und außerdem viele Menschen, die ihre Arbeit tun. *Ich selbst will dort nur meine eigenen Texte schreiben.* Aber ich will mit den Kollegen und Kolleginnen zum Mittagessen gehen, mich mit ihnen in der Teeküche unterhalten und zum Abendessen verabreden, gemeinsam ins Kino gehen und jede Menge Geburtstagspartys planen.«

Philip, 27, von Beruf Korrektor: »Ich möchte auf einer griechischen Insel ein eigenes Café haben. Nach der Arbeit würde ich mit meinem Partner, der gleichzeitig mein bester Freund ist, zum Fischen gehen, und wir würden am Strand grillen und alte Lieder singen, uns über das Leben unterhalten und über all die Frauen, die unser Herz gebrochen haben. In der Nebensaison würde ich auf einem Segelschiff anheuern und um die Welt reisen.«

Lisa, 39, Empfangsdame in einer Rechtsanwaltskanzlei, sagte: »Ich möchte als Postangestellte in einer hübschen Vorstadt Briefe austragen. Ich will mich viel bewegen und den ganzen Tag draußen verbringen und mich nicht jeden Morgen entscheiden müssen, was ich anziehen soll. Ich finde es herrlich, eine feste Anstellung zu haben und meine Arbeitsstelle jeden Tag um Punkt 17 Uhr zu verlassen. Es würde mir besonderen Spaß machen, Weihnachtskarten und Karten zum Valentinstag zu überbringen. Und ich mag Hunde. Sie würden mich niemals beißen.«

Hat es Ihnen Spaß gemacht, Ihren Traumjob zu erfinden? Oder ist Ihnen nichts eingefallen?

»Ich bin dafür nicht geeignet«, sagte mir Bill, ein ehemaliger Fußballspieler. »Ich kann mir einfach keinen tollen Job vorstellen. Wenn ich wüsste, was mir gefällt, würde ich es tun!«

»Ich kann mich für nichts und niemanden begeistern. Das ist ja gerade mein Problem«, sagte Chris, ein Bühnenarbeiter.

Empfinden Sie so ähnlich wie diese beiden? Dann sollten Sie

nun den zweiten Teil der Übung machen: Der Job aus der Hölle. Ich habe noch keinen Menschen getroffen, der Schwierigkeiten mit dieser Übung hatte.

Teil B: Ein negatives Bild entwickeln: Der Job aus der Hölle

Fragen Sie mich nicht warum, aber jeder weiß, was er nicht will, und zwar bis ins letzte Detail. Falls Sie Probleme hatten, den himmlischsten Job auf Erden zu beschreiben, wird Ihnen diese Übung wahrscheinlich leicht fallen. Beschreiben Sie alles, was Sie an einem Job überhaupt nicht mögen. Welchen Job würde der Teufel Ihnen verpassen, wenn er es darauf anlegte, Sie ins Elend zu treiben?

Denken Sie auch hier daran, das *Was?*, *Wo?* und *Mit wem?* genau zu beschreiben, also schildern Sie, was Sie tun und wo und mit wem Sie arbeiten würden. Selbst wenn Ihnen die vorige Übung leicht gefallen ist, können Sie diese Übung um des reinen Vergnügens willen ebenfalls machen.

Die Übung ruft bei den meisten Menschen eine zwiespältige Freude hervor. Sie verziehen das Gesicht und stöhnen, während sie ihren Job aus der Hölle in allen schrecklichen Details beschreiben. Ich kann sie dann kaum dazu bringen aufzuhören, weil ihnen immer noch weitere furchtbare Einzelheiten einfallen. In einer Gruppe mache ich diese Übung besonders gern, weil man sich gegenseitig an viele schreckliche Einzelheiten erinnern kann. Hier sind einige Ergebnisse von Seminarteilnehmern:

– Lisa, die in ihrem himmlischsten Job auf Erden eine Postbotin war, sagte Folgendes: »Ich bin der Babysitter einer reichen, verwöhnten und schlecht gelaunten Schauspielerin. Für mich selbst habe ich kaum Zeit, weil sie ständig nach mir ruft, Tag und Nacht. Ich wohne im Dienstmädchenzimmer ihres Luxusapartments mitten in der Stadt. Ich muss einkau-

fen, kochen und außerdem ein unmögliches Dienstmädchen-
kostüm mit Goldknöpfen tragen.«

– Thomas, ein Bankangestellter, sagte: »Ich *habe* einen Job aus
der Hölle! Jeden Tag muss ich Vorträge über Investitionsmög-
lichkeiten halten. Und Berichte schreiben, viele, viele Berichte. Es ist jeden Tag dasselbe und scheint nie mehr aufzuhören.«

– Martina, eine allein erziehende Mutter von zwei Kindern,
sagte: »Die schrecklichste Vorstellung für mich wäre, in einem absolut chaotischen Büro zu arbeiten, in dem es meine
Aufgabe wäre, Ordnung zu schaffen und eine klare Struktur
hineinzubringen. Denn ich würde jedes Mal daran scheitern.
Jeden Freitag würde mein Chef mich zu sich zitieren und
mich deswegen runterputzen.«

Warum machen wir eine so seltsame Übung? Es gibt einen
wichtigen Grund dafür.

Zum einen ist es immer gut, der Negativität ein Ventil zu geben, wenn man unter Druck steht. Man kann danach wieder
entspannen und seine Energie für andere Dinge nutzen. Und
zum anderen sollen Sie Ihre Energie nun dafür verwenden, das
Negative ins Positive zu verkehren.

Übung 3
Den Job umschreiben: Aus negativ wird positiv

Sie haben nun einen Alptraum von Job beschrieben. Und dieser wird Ihnen ganz genau zeigen, wie Ihr Traumjob aussieht.
Der Alptraum führt Sie auf direktem Wege zu Ihren tiefsten
Wünschen und Bedürfnissen – von denen Sie glaubten, dass Sie
sich nicht mehr an sie erinnern könnten. Und so geht es:

Erinnern Sie sich nun an jedes Detail Ihres Jobs aus der Hölle – die Anzahl der Stunden, den Tätigkeitsbereich, die Umge-

bung, die Einstellung der Kollegen, ja selbst das Wetter und insbesondere die Gefühle, die Sie dabei hatten – und verkehren Sie alles ins Gegenteil. In Lisas Fall wird aus der verwöhnten reichen Schauspielerin nun zum Beispiel eine weise, rücksichtsvolle Philosophin. Wenn Sie in Ihrem Beispiel eine lange Anfahrt zur Arbeit hatten, verändern Sie dies nun und sagen: »Ich arbeite von zu Hause aus.«

Wenn Sie es hassen, am Computer zu arbeiten und Aktenordner anzulegen, finden Sie heraus, was das wundervolle Gegenteil davon wäre. Sich mit Mode zu beschäftigen? Einen Reiseführer über Costa Rica zu schreiben? Menschen zu helfen? Ermitteln Sie jeweils das Gegenteil von allem, was Sie bei Ihrem Job aus der Hölle notiert haben, schreiben Sie es auf ein Blatt Papier – *und erleben Sie, wie sich allmählich ein wahrhaft himmlischer Job daraus entwickelt!*

Sie sehen, Sie haben also mit der Übung viel mehr erreicht, als ein wenig Dampf abzulassen. Sie haben erkannt, was Ihnen am wichtigsten ist, indem Sie dem Negativen Raum gegeben und es dann in sein Gegenteil verkehrt haben. *Sie haben ein neues Bild geschaffen, das beweist, dass Sie viel mehr darüber wissen, was Sie wollen, als Sie bislang glaubten.* Egal ob Sie mit dem positiven oder dem negativen Bild angefangen haben – Sie verfügen nun über eine Vorstellung von Ihrem Traumjob. Mithilfe dieser Information werden wir nun einen realistischen Job kreieren, dem Sie tatsächlich nachgehen könnten.

Übung 4
Das korrigierte Szenario

Es gibt zwei Versionen dieser Übung. Eine für Leser, die sie mit einem guten Freund machen möchten, und eine für diejenigen von Ihnen, die lieber allein arbeiten wollen.

Version 1: Schreiben Sie gemeinsam ein Filmszenario

Ein Szenario ist eine Kurzbeschreibung eines Films. Wenn man einen Film bei einem Studio unterbringen möchte, erzählt man beispielsweise Folgendes, um Interesse zu wecken: »Ein Professor trifft ein Blumenmädchen vor dem Opernhaus in London, und er und sein Freund beschließen, ihr den furchtbaren Dialekt abzugewöhnen und sie bei einem königlichen Ball als Aristokratin auszugeben. Dann verliebt sich der Professor in das Mädchen.« Das ist ein Szenario.

Ihr Partner bei dieser Übung soll nun ein Szenario Ihres Traumjobs zusammenstellen. Dazu zieht er Ihre beiden Beschreibungen (Job aus dem Himmel und Job aus der Hölle) heran. Ihr Partner könnte zum Beispiel sagen: »Gut, Unordnung und Chaos magst du gar nicht ... also arbeitest du in einem perfekt organisierten Büro, in dem du alles unter Kontrolle hast. Jeden Tag lobt man dich für deine herausragenden Leistungen.«

Hören Sie sich die Schilderungen des Szenarios, das für Sie entworfen wird, aufmerksam an. Dann helfen Sie Ihrem Partner, es zu verbessern. Sind Sie glücklich mit dem Leben, das er beschrieben hat? Oder müssen einige Dinge verändert werden? »Das perfekt organisierte Büro finde ich klasse, aber ich möchte nicht gelobt werden. Und ich glaube, ich will gar keinen Chef.«

»Gut«, könnte Ihr Partner nun antworten, »ich versuche es noch einmal. Du arbeitest in einem perfekt organisierten Büro und es ist dein eigenes Büro. Du arbeitest selbstständig nur für dich.«

»Ja, das hört sich super an!«

Und so geht es hin und her. Immer wieder sollte Ihr Partner die Geschichte verändern. Alles, was Ihnen nicht richtig gefällt, nimmt er heraus und fügt Dinge, die vergessen wurden, hinzu.

»Ist jetzt alles so, wie du es möchtest?«

»Fast. Als was habe ich mich selbstständig gemacht?«

»Du verkaufst Unterwäsche.«

»Nein, verkaufen will ich gar nichts.«

»Gar nichts?«

»Nein. Ich möchte in dieser Welt etwas erreichen. Ich möchte Leuten beibringen, wie sie ihr Leben schöner und glücklicher gestalten können.«

Merken Sie, welche Person gerade herausgefunden hat, was sie will?

Indem Sie das Szenario immer wieder verbessern, finden Sie Stück für Stück heraus, was Ihnen wichtig ist. Mit diesem Szenario haben wir Ihren Widerstand überlistet. Alle Übungen in diesem Kapitel dienten dazu, ihn zu umgehen und an einige Fakten zu gelangen.

Version 2: Zwei Stifte

Wenn Sie keinen Partner für diese Übung haben, können Sie sie auch allein durchführen. Sie brauchen dazu zwei verschiedenfarbige Stifte: einen für das Szenario und einen zum Korrigieren. Wechseln Sie einfach die Rollen: Mit einem Stift schreiben Sie den Part des Freundes, mit dem anderen Stift schreiben Sie Ihre Vorstellungen auf.

Wenn das perfekte Szenario fertig ist, werden Sie, zumindest im Moment, den Eindruck haben, dass es sich lohnt, dieses Ziel zu verfolgen. Erinnern Sie sich an den Anfang dieses Kapitels? Dort sagte ich, dass der gesamte Widerstand, der Sie immer wieder lähmt, in dem Moment aktiviert wird, in dem Sie sich Ihrem Ziel nähern. Jetzt haben Sie ein Ziel. Mal sehen, ob ich Recht hatte.

Übung 5
Die befristete Dauer-Verpflichtung

Sie haben ein perfektes Szenario? Keine Einwände mehr? Gut!

Jetzt arbeiten wir mit einem Trick weiter. *Ich bestehe nun darauf, dass Sie versprechen, Ihr Ziel zu verwirklichen.* Ja, genau: keine Ausflüchte mehr, die Entscheidung ist gefallen. Das Ziel steht fest.

Bevor Sie in Panik geraten oder mich für verrückt erklären, lassen Sie mich meine Anweisungen zu Ende bringen: *Sie sollen dies nur für eine einzige Stunde tun.*

Für kurze Zeit möchte ich Ihnen Ihre Freiheit nehmen, denn diese Freiheit kann kontraproduktiv sein. Sätze wie »Du kannst alles tun, was du willst« überfordern uns. *Alles?* Das ist zu viel. Eingrenzungen können eine große Erleichterung sein, und dazu möchte ich Ihnen nun verhelfen. Sie wissen, dass Sie darunter leiden, kein Ziel zu haben. Sie wünschen sich nichts mehr, als eine Entscheidung zu fällen und in Ihrem Leben weiterzukommen.

Das Einzige, was Sie in diesem Zustand verharren lässt, ist die Angst, eine falsche Wahl zu treffen und dann in der Falle zu sitzen. Egal ob richtig oder falsch, nehmen Sie jetzt einmal an, Sie hätten eine Entscheidung getroffen und würden tatsächlich in der Falle sitzen.

Sie werden sich nun dem Szenario widmen, das Sie perfekt ausgearbeitet haben. Eine andere Möglichkeit gibt es nicht mehr. Sie werden nun die Ärmel hochkrempeln und beginnen, Ihr Szenario zu verwirklichen.

Für eine Stunde!

»Halt, einen Moment mal«, werden Sie nun denken. »Ich bin noch nicht bereit, eine Entscheidung zu treffen. Nicht einmal für eine Stunde. Wenn ich gewusst hätte, wo das hinführt, hätte ich noch viel genauer über das Szenario nachgedacht.« Stimmt's?

Sie haben Recht. Sie hätten viel genauer nachgedacht – *und wären zu keinem Ergebnis gekommen.*

»Aber nein«, protestierte Georgia, eine Lehrerin, die in ihrem himmlischsten Job auf Erden eine berühmte Dichterin war, die in Wales lebte. »Das will ich ja nicht *wirklich* – ich weiß nicht genau, was ich wirklich will. Was ist, wenn es das Falsche ist? Sie wollen doch nicht, dass ich mich bedingungslos auf etwas einlasse, das falsch sein könnte?«

Doch, genau das will ich.

Aber nur für eine Stunde. (Allerdings könnte dies eine der längsten und erkenntnisreichsten Stunden sein, die Sie seit langem erlebt haben.)

Beenden Sie Ihre innere Debatte. Die Zukunft steht fest. Sagen Sie zu sich selbst: »Nun gut, es hat keinen Zweck mehr, darüber nachzudenken, weil es kein Zurück mehr gibt. Ich will Sängerin werden oder in einen Kibbuz gehen. Was also muss ich als Erstes tun?«

Und dann möchte ich, dass Sie tatsächlich im Telefonbuch die Nummer einer Künstleragentur heraussuchen und dort anrufen oder bei einem Bekannten, der in einem Kibbuz gelebt hat. Eine Stunde lang verfolgen Sie intensiv Ihr Ziel. Stellen Sie sich dafür den Wecker (nehmen Sie sich mehr Zeit, wenn Sie es aushalten können). Wenn der Wecker klingelt, können Sie aufhören.

Während dieser einen Stunde sollen Sie spüren, wie es sich anfühlt, sich einer Sache unwiderruflich zu verpflichten – und Ihr Szenario ist dafür so gut geeignet wie irgendetwas anderes.

Nun, wie ist es gelaufen?

»Es hätte eigentlich kein Problem sein dürfen«, sagte einer meiner Seminarteilnehmer, »aber es war eins. Ich versuchte es so zu handhaben wie andere Projekte – zum Beispiel als würde ich ein Abendessen für Freunde planen. Aber der Unterschied ist, dass dieses Abendessen ja mein Leben ist!«

»Mir lief es kalt den Rücken runter!«, sagte Lisa, die zukünftige Briefträgerin. »Aber ich habe tatsächlich eine Freundin angerufen und sie gefragt, wie die Post zugestellt wird und ob die Briefträger in manchen Gegenden immer noch mit dem Fahrrad unterwegs sind. Ich habe sogar die Post um die Zusendung von Bewerbungsformularen gebeten! Kaum zu glauben …«

Philip sagte: »Ich fühle mich schon jetzt so erschöpft, und habe noch gar nicht richtig begonnen. Wenn ich nur so tue als ob, warum habe ich dann solche Angst davor?«

Sie haben Angst, weil Sie so tun, als sei es real, und das weckt Ihren gesamten Widerstand, der Sie schon so lange daran gehindert hat, aktiv zu werden.

Wenn Sie diese Übung ausgelassen haben und stattdessen beschlossen haben, ein bisschen fernzusehen, mit dem Hund Gassi zu gehen oder lieber die Steuererklärung fertig zu machen, anstatt sich hier zu etwas zu verpflichten – dann denken Sie vielleicht, dass das alles läppisch oder langweilig ist. Aber das ist es nicht. Sie haben sich dem Ganzen entzogen, bevor der Widerstand erwachen konnte.

Sie haben gekniffen, weil Sie Angst hatten.

Falls Sie auf die befristete Dauer-Verpflichtung für eine Stunde weder ängstlich noch ambivalent reagiert haben, sondern voller Enthusiasmus und Freude, dann können Sie dieses Buch weglegen und sich sofort daranmachen, Ihr wunderbares Szenario zu verwirklichen. Ich wünsche Ihnen dafür alles Gute!

Aber wenn diese Übung, in der Sie Ihr Szenario als reelles Ziel gesehen haben, Sie durcheinander gebracht hat – großartig! Denn dann ist Ihr Widerstand drauf und dran, sich zu offenbaren! Halten Sie noch etwas Papier bereit – oder einen Kassettenrekorder, wenn Ihnen das lieber ist – und lassen Sie uns jetzt der Stimme Ihres inneren Widerstandes lauschen. Was er Ihnen sagen wird, liegt Ihnen schon fast auf der Zunge.

Der Stimme zuhören

Wahrscheinlich hören Sie diese Stimme schon seit Jahren. Vielleicht haben Sie ihr einen Namen gegeben, wie zum Beispiel »meine negative Stimme«, aber es handelt sich um einen Widerstand, und *diesen Widerstand gibt es aus einem bestimmten Grund.* Ihr Widerstand sagt Dinge wie: »Ich werde untergehen, wenn ich versuche, sehr erfolgreich zu sein« oder »Sobald man etwas erreicht hat, ist es einem ohnehin nichts mehr wert«. Lassen Sie sich dadurch nicht irritieren. Aber hören Sie der Stimme gut zu, denn genau auf sie haben wir gewartet.

■ Lernen Sie Ihren inneren Widerstand kennen

Nun ist Ihr Widerstand offenkundig. Sehen Sie genau hin. Dieser kleine Sorgenmacher glaubt, dass er Sie schützt, wenn er alles tut, um Sie zu entmutigen, sobald er Gefahr spürt. Und er spürt Gefahr immer dann, wenn Sie sich dem nähern, was Sie wirklich wollen. Indem er negative Dinge in Ihr Ohr flüstert, stellt er sich Ihnen entgegen und erzeugt damit den Konflikt, der Sie lahm legt und verwirrt.

Aber jedes Wort, das er sagt, zeigt Ihnen den Weg in die Freiheit!

Jetzt, wo Sie ihn dazu gebracht haben, aus seinem Versteck zu kommen und Sie seinen Botschaften aufmerksam zuhören können, sind Sie in der besten Position, ihn beiseite zu drängen. Und genau darum geht es in den folgenden Kapiteln. Jedes Kapitel widmet sich einem bestimmten Widerstand und gibt Ihnen Instrumente und Strategien an die Hand, die Sie dagegen einsetzen können. Krempeln Sie die Ärmel hoch – und los geht's.

Kapitel 4
Im sicheren Hafen bleiben

Sie kennen jemanden, der ein aufregendes und ungewöhnliches Leben führt. Eine Ihrer Freundinnen – vielleicht auch Ihre Schwester oder Ihre Nachbarin – ist Lehrerin in Rom oder schreibt Bücher in einem Blockhaus in den Rocky Mountains, oder sie fliegt nach London, um Geschäftsverhandlungen mit Rolls-Royce zu führen. Sie selbst träumen manchmal von so einem tollen Leben, wissen aber genau, dass Ihr Leben nie so sein wird. Die guten Gelegenheiten, die sich Ihnen geboten haben, haben Sie nicht genutzt, weil Ihnen die Sicherheit wichtiger war. Sie wissen ziemlich genau, dass Sie nicht den Mut haben, Risiken einzugehen. *Sie bleiben lieber im sicheren Hafen – und können doch gleichzeitig Ihre Augen nicht vom Horizont abwenden.*

Viele Menschen bleiben im sicheren Hafen und fühlen sich dabei richtig wohl – aber *Sie* fühlen sich nicht wohl. Tief in Ihrem Inneren *wollen Sie das Abenteuer.* Sie wissen genau, dass Sie zu lange in Ihrem Job ausgeharrt haben. Sie wissen, dass Sie Ihren Forscherdrang vernachlässigen. Sie wissen, dass andere Menschen in Ihrer Situation aktiv geworden wären, die Gelegenheit beim Schopfe ergriffen hätten und schon vor langer Zeit in neue Bereiche vorgedrungen wären – aber irgendwie haben Sie gelernt, an dem, was Sie haben, festzuhalten und nichts Neues mehr zu versuchen.

Test: Sind Sie ein vorsichtiger Mensch?

Wenn Sie die folgenden Fragen beantworten, werden Sie herausfinden, ob dieses Kapitel das Richtige für Sie ist:

1. Befinden Sie sich fast immer im Zustand des Ausprobierens? Belegen Sie häufig neue Kurse und lernen immer wieder neue Dinge, ohne das Gelernte danach wirklich anzuwenden?
2. Wenn Sie eine Reise machen oder das Schlafzimmer renovieren wollen, treffen Sie dann endlose Vorbereitungen, zögern Termine hinaus und rufen Freunde an, um deren Meinung einzuholen?
3. Wehren Sie sich energisch dagegen, wenn Sie jemand auch nur ein kleines bisschen mehr, als es Ihnen lieb ist, antreibt oder zur Eile mahnt? Ignorieren Sie Termine so lange, bis sie gefährlich nahe sind, und schalten Sie auf stur, wenn jemand versucht, Sie darauf hinzuweisen? (Einigen Menschen macht es gar nichts aus, wenn man sie drängt. Andere mögen es vielleicht nicht besonders, aber sie schalten nicht auf stur – so wie Sie es tun!)
4. Hängen Sie zu lange an den Dingen – auch an schlechten, wie zum Beispiel an schlechten Beziehungen oder Kleidungsstücken, Mitgliedschaften in Vereinen, die eigentlich keinen Sinn mehr machen?
5. Beschweren Sie sich darüber, dass Sie keine Zeit dafür haben, was Sie wirklich tun wollen – verbringen aber gleichzeitig viel Zeit damit fernzusehen oder zu Hause rumzuhängen?
6. Beobachten Sie intensiv, wie andere Menschen leben? Menschen mit dem »Sicherer-Hafen-Syndrom« interessieren sich ungewöhnlich stark für das Leben anderer Leute, egal ob es sich um berühmte Persönlichkeiten oder Personen aus der Nachbarschaft handelt. Dies mag daher rühren, dass ihr eigenes Leben nicht ausgefüllt ist. Vielleicht beobachten sie andere auch, um zu lernen, wie sie dem eigenen Leben entfliehen können.
7. Denken Sie oft daran, Ihr Leben zu verändern – kommen aber über das Tagträumen nicht hinaus?

Wenn Sie drei oder mehr Fragen mit »Ja« beantwortet haben, gehören Sie zum Typ Mensch, der im sicheren Hafen bleibt – und sollten nun einiges überdenken.

Denn Sie spielen mit dem Feuer.

Sicherheit birgt mehr Risiken, als Sie glauben.

Sie haben den sicheren Weg gewählt, und wahrscheinlich haben Sie diese Entscheidung schon vor langer Zeit getroffen. Bereits im Alter von acht Jahren wissen die meisten von uns, ob sie eher vorsichtig oder eher draufgängerisch an das Leben herangehen, oder ob sie einen Mittelweg wählen. Einige Kinder springen, ohne vorher zu schauen. Andere schauen erst und springen dann. Sie aber schauten und sprangen gar nicht. Und es gab gute Gründe für diese Entscheidung, die wir inzwischen allerdings vergessen haben. Wenn wir erwachsen werden, führen wir das Leben so fort, wie wir es als Kinder beschlossen haben. Wir halten nicht inne, um diesen Beschluss zu überdenken und zu prüfen, ob diese Art, das Leben zu gestalten, noch angemessen ist. Unsere Gewohnheiten führen ein Eigenleben, das uns vollkommen normal und richtig erscheint.

Die meisten von uns wissen nicht, warum sie sich so vorsichtig verhalten. Wenn es einmal einen Grund dafür gegeben hat, ist er längst verschwunden. Dabei übersehen wir etwas sehr Wichtiges: *Wenn wir im Leben zu sehr auf Sicherheit setzen, gehen wir das größte Risiko unseres Lebens ein.*

Zwar mögen Sie Ihr Leben von außen betrachtet ganz sinnvoll und schön eingerichtet haben, aber tatsächlich rennt Ihnen die Zeit davon. Zeit ist der einzige Reichtum, der uns geschenkt wird, aber sie ist schon zur Hälfte vergangen, bevor wir es überhaupt merken, denn als Kinder fühlen wir uns, was Zeit angeht, wie Millionäre. Alte Menschen wissen viel über die Zeit und werden Ihnen ohne zu zögern erzählen, dass sie vor allem die Dinge bereuen, die sie nicht getan haben. Man muss gar nicht erst alt werden, um das zu verstehen. Denken Sie einmal an Ihre Jugendzeit zurück und fragen Sie sich, was Sie am meisten bereuen. Sind es die Dinge, die Sie getan haben, oder diejenigen, für die Ihnen der Mut fehlte? Bereuen Sie, dass Sie zum Tanzen gegangen sind, auch wenn Sie sich unbeholfen und lächerlich dabei vorkamen? Oder bereuen Sie, dass Sie manche Tanzveranstaltung gemieden haben, damit Sie sich nicht blamieren mussten?

Was soll man also tun?

Keiner von uns wird gern darauf aufmerksam gemacht, wie viel Zeit er verschwendet. Was soll man denn auch dagegen tun? Meistens kommen uns dann Gedanken wie diese: »Glaubst du im Ernst, dass ich alles aufgebe, mir ein Segelboot kaufe und um die Welt segle? Erstens könnte ich dieses Leben wahrscheinlich sowieso nicht aushalten. Zweitens, was passiert denn, wenn ich von meiner Reise zurückkomme und weder Arbeit noch Geld habe? Abenteuerlustige Menschen scheinen zu vergessen, was mir selbst schmerzlich bewusst ist: Es gibt immer einen Morgen danach! Wenn ich von meinem großen Abenteuer zurückkomme, werde ich ganz von vorne anfangen müssen. Und das will ich nicht, nein danke.«

Ich habe eine gute Nachricht für Sie. Ihr »Risiko-gegen-Sicherheit-Problem« ist kein reales Problem. Wenn Sie so tun, als hätten Sie zwischen absolutem Risiko und absoluter Sicherheit zu wählen, dann machen Sie sich etwas vor. Kommt Ihnen das Gerede vom »Morgen danach« vernünftig vor? Lassen Sie sich davon nicht in die Irre führen – es handelt sich um reines Sicherheitsdenken. Ihr »Der-Morgen-danach-Gedanke« hält Sie davon ab, über etwas nachzudenken, was Ihnen Unbehagen bereiten könnte. Aber vielleicht wäre es besser, wenn es Ihnen unbehaglich werden würde, denn zu lange schon haben Sie sich vor Ihrem Leben versteckt.

Grund 1

Es gibt keine größere Vergeudung, als zu ignorieren, wonach man sich sehnt

Sie besitzen einen großen Schatz, den Sie nicht nutzen und auch nicht mit anderen teilen.

In Ihnen sitzt ein kleines Genie, das originell, neugierig und voller Potenziale ist. Dieses Genie kann es kaum erwarten, dass Sie die Tore öffnen, damit es mit beiden Füßen ins Leben springen kann. Solange Sie diese Energie nicht freisetzen, leben Sie auf Sparflamme. Wenn sich ein unerfüllter Wunsch irgendwo in Ihnen versteckt, dann widmen Sie sich weder der Arbeit, der Familie, noch der Freizeit wirklich hundertprozentig – Sie sind stets nur halbherzig dabei.

Sie müssen sich diesen Wunsch erfüllen! Sobald Sie sich daranmachen, einen Traum zu verwirklichen, erwacht Ihr Leben und alles hat einen Sinn. Und es ist gar nicht so wichtig, was letztlich dabei herauskommt. Sie müssen eine sinnvolle Richtung einschlagen, wenn Sie wollen, dass Ihr Leben Ihnen gefällt.

Und was hat Sie die ganze Zeit davon abgehalten?

Dies könnte die Antwort sein:

Grund 2

Wir haben alle falsch verstanden, was Abenteuer bedeutet

Abenteuer sind angeblich Nervenkitzel, sie beinhalten neue Erlebnisse, sind aufregend – und voller Bedeutung. Wenn eines dieser Elemente fehlt, handelt es sich nicht um ein Abenteuer. Die meisten von uns glauben, dass man bei einem Abenteuer das eigene Leben riskieren oder zumindest seinen Lebensstil dramatisch verändern muss. Wir glauben, dass wir aus Flugzeugen springen, mit dem Floß über den Pazifik schippern, unsere Familie, unser Haus und unsere Arbeit aufgeben müssen.

Aber eigentlich wissen wir gar nicht richtig, was ein Abenteuer ist. Die Annahme, dass ein Abenteuer eine dramatische Veränderung mit sich bringt und wir dafür unser gesamtes bisheriges Leben aufgeben müssen, dient lediglich dazu, uns dort zu halten, wo wir sind. Ich möchte das an meinem eigenen Beispiel erläutern:

Vor vielen Jahren trat ich bei einer Veranstaltung auf, bei der Gedichte vorgelesen wurden. Sie handelten von Menschen, die erzählten, was in ihrem Leben am wichtigsten war. Mich nahm das Gedicht eines Mannes gefangen, der über das in seinen Grabstein gemeißelte Bild sprach. Es zeigte ein Segelschiff mit eingerollten Segeln – weil er den Hafen nie verlassen hatte.

Für mich war es das traurigste Gedicht von allen.

Als ich eines Abends von der Probe zurückfuhr, fasste ich den Beschluss, mein Leben zu ändern und es voll und ganz auszuleben. Schließlich war ich schon als Kind sehr abenteuerlustig gewesen. Ich hatte getan, was ich wollte, war nach Berkeley gegangen, lebte dann in New York, reiste mit Freunden durch die USA – und als ich heiratete, überredete ich meinen Mann, mit mir nach Alaska zu gehen. Es war wundervoll. Ich blieb weiterhin abenteuerlustig, selbst als es in meiner Ehe kriselte. Als klar war, dass wir sie nicht retten konnten, nahm ich die Kinder bei der Hand und ging. Ich hatte eine Menge Selbstvertrauen.

Aber das änderte sich schnell. Ohne Geld, dafür mit viel Verantwortung, litt meine Zuversicht beträchtlich. Zum ersten Mal wurde Sicherheit für mich richtig attraktiv. Und als ich an jenem Abend mit meinem Beschluss nach Hause kam, schaute ich meine zwei schlafenden Kinder an und dachte: »Wie soll ich das eigentlich machen? Soll ich sie auf dem Rücken mit nach Afrika nehmen?« Ich hatte damals zwei Jobs, die ich auch dringend brauchte. Ich hatte weder das Geld noch die Zeit, um mir einen Tarzan-Film anzuschauen! Also gab ich meine Idee von

Abenteuer auf und wendete mich wieder den wirklich wichtigen Problemen zu: Miete zahlen, Wäsche waschen, auf die Kinder aufpassen. Und ich beschloss, nie mehr einen Schritt zu tun, ohne vorher genau darüber nachzudenken. Jahre zuvor hatte ein Barkeeper in der Bar meines Vaters noch zu mir gesagt: »Barbara, du hast mehr Mut als Verstand.« Nun begann ich meinem Verstand zu folgen und verlor meinen Mut.

Aber wer kann es mir verdenken? Wenn ein abenteuerliches Leben darin bestand, meine Arbeit hinzuwerfen und meine Kinder zu exotischen Plätzen dieser Welt zu bringen, kam es nicht ernsthaft in Betracht. Ich glaube, dass dies eine sehr vernünftige Entscheidung war – das heißt, *wenn es wirklich darum ging, in einem exotischen Land zu leben.*
Aber darum ging es gar nicht!
Eines war richtig: Ein wirkliches Abenteuer hätte mein Leben spannender gemacht. Und noch etwas war wohl richtig: Mit zwei kleinen Kindern und ohne Geld in Afrika zu landen, wäre nicht sehr lustig gewesen. Aber alles andere sah ich falsch – und Sie tun das wahrscheinlich auch.
An einer Safari teilzunehmen ist nicht unbedingt Ihr großes Abenteuer. Meines war es jedenfalls nicht. Ein richtiges Abenteuer lässt das Herz schneller schlagen, es öffnet unseren Geist und bringt uns außer Atem. Und es ist für jeden etwas anderes. Meine Vorstellung von einem abenteuerlichen Leben war einer Fluchtfantasie entsprungen.
Fluchtfantasien sind etwas ganz anderes als wahre Träume.
Diese Fantasien stellen einen Kurzurlaub von der Realität dar, den wir offenbar ab und zu brauchen. Wir haben manchmal Fluchtfantasien, wenn wir zur Arbeit müssen oder wenn wir etwas über das Leben der Reichen und Berühmten erfahren. Dann stellen wir uns vor, Astronaut zu sein oder Rockstar oder Matrose auf hoher See. Ich glaube nicht, dass wir diese Fantasien wirklich ernst nehmen. Und in der Tat handelt es sich

dabei nicht um wirkliche Leidenschaften, sondern um momentane Höhenflüge unserer Vorstellungskraft. Aber nichtsdestotrotz beinhalten sie einige wichtige Informationen über unser Leben – und deshalb wollen wir sie uns nun genauer ansehen.

Übung 1
Wie sehen Ihre Fluchtfantasien aus?

Flüchten Sie sich am liebsten in die Vorstellung, sehr viel Geld zu haben, Fußballstar oder die attraktivste Frau weit und breit zu sein? Lassen Sie Ihrer Fantasie nun freien Lauf – achten Sie lediglich darauf, dass es sich auch wirklich um Fantasien handelt, ohne jede praktische Erwägung.

Gert: Ich beobachte das Leben der Reichen und Berühmten. Ich bewundere ihre Sorglosigkeit und ihre Sicherheit. Sie vergnügen sich und machen sich keine Sorgen.

Manfred: Ich stelle mir vor, dass ich Holzfäller und Fährtenleser in Alaska bin. Ich will allerdings keine Tiere töten, ich beobachte nur ihr Verhalten. Ich lebe in einer Blockhütte, lese viel und gehe ab und zu in ein Restaurant an der Hauptstraße, wo ich Kaffee trinke und mich mit allen unterhalte.

Kelly: Ich fliege in einem Flugzeug in der ersten Klasse. Es gibt Champagner, und ich fliege einfach weit weg.

Susanne: Ich lebe in einem Kloster, alles ist klar und still. Sehr still.

Wie sieht Ihre Fantasie aus?

Ihre Fluchtfantasie enthält einen wichtigen Hinweis auf das, was Sie brauchen. Sie ist wie das Negativ eines Fotos von Ihrem Leben. Was auch immer in Ihrem Leben fehlt, es zeigt sich in Ihrer Fantasie. Gert beneidet die Reichen um ihre Sorglosigkeit und ihr Selbstvertrauen. Manfred braucht einen Platz zum Ausruhen in der Natur und er braucht mehr Zeit für sich und Freunde, die mit ihm reden und mit ihm zusammen Zeit verbringen (er muss dafür nicht unbedingt nach Alaska reisen).

Sie sollten Ihre Fluchtfantasien ernst nehmen, denn sie geben Ihnen wichtige Hinweise auf das, was Sie brauchen. Denn wenn Sie diese Informationen nicht nutzen, um Ihr Leben zu verbessern, dann nutzen Sie Ihre Fluchtfantasien lediglich dazu, das Leben zu vermeiden. Setzen Sie diese Fantasien lieber als Wegweiser für den nächsten Schritt in Ihrem Leben ein, dann werden Sie sie nicht mehr oft nötig haben.

Fluchtfantasien sind so »fantastisch«, dass Sie gar nicht auf die Idee kommen würden, sie zu verwirklichen. Und deshalb gehören sie ebenfalls zu den »sicheren« Dingen. Aber Sie leben ja ohnehin schon zu sicher. Fluchtfantasien bewahren Sie zudem davor, die Einschränkungen in Ihrem Leben und Ihre Unzufriedenheit damit wirklich zu spüren. Sie wirken wie eine Schmerztablette – mit dem Ergebnis, dass Sie sich gut fühlen und nicht an Veränderung denken, obwohl Sie sich in Wirklichkeit festgefahren haben.

Im Folgenden geht es ans Eingemachte. Wir wollen uns nun an Ihre wahren Träume heranwagen.

▪ Wahre Träume

Wahre Träume sind überhaupt nicht eskapistisch. Als Träume bezeichne ich sie nur, weil sie auf die Zukunft ausgerichtet sind. Wenn Sie wahr werden, sind sie überaus real. Im Gegensatz zu Fluchtfantasien sind wahre Träume äußerst individuell. Tief in unserem Inneren haben wir besondere Wünsche, die unser Herz höher schlagen lassen, Millionen von anderen Menschen aber nicht begeistern würden. Wir wollen die Heimat unserer Familie besuchen oder noch einmal etwas Neues lernen oder uns intensiv mit Astronomie befassen. Wir wollen Dinge aus Gründen, die wir anderen oft nur schwer vermitteln können. Denn wahre Träume sind wie unsere Fingerabdrücke. Sie kommen von dem inneren Genie, das ich bereits erwähnt habe.

Darauf können Sie sich absolut verlassen. Jedes Mal wenn Sie etwas wirklich wollen, etwas, das Ihr Herz anrührt – selbst wenn Sie vielleicht nicht wissen, warum –, dann kommt es von einem einzigartigen Teil Ihrer Person. Es ist Ihr wahres Ich, das da zum Vorschein kommt. Damit sehen Sie die Welt auf eine originelle Weise, die nur Ihnen zu eigen ist.

Im Gegensatz zu Fluchtfantasien sinnt man über wahre Träume nicht leicht nach. Oft verbergen sie sich sogar, so dass man sie freilegen muss. Warum ist das so? Weil es ein aufwühlendes Erlebnis sein kann, sich an sie zu erinnern.

Aber genau diese Träume sind der Stoff, aus dem wahre Abenteuer gemacht werden. Es ist übrigens interessant, dass grandiose Fluchtfantasien – wie zum Beispiel Kampfpilot zu sein oder mit Alligatoren zu kämpfen – leicht vorstellbar sind, aber nur unter großem Risiko realisierbar wären, während wahre Träume – wie zum Beispiel jemanden um seine Hand zu bitten oder im Alter von 50 Jahren noch einmal zur Universität zu gehen – uns höllisch ängstigen, wenn wir nur an sie denken, in der Realität aber *normalerweise überhaupt kein Risiko beinhalten.* Wie ich bereits sagte, wahre Träume verlangen keineswegs von uns, die Familie zu verlassen, unseren Job aufzugeben und mit unserer Malausrüstung nach Tahiti zu ziehen. Aber sie fordern uns dazu auf, in unserer Seele nach ihnen zu suchen – und sie dann zu verwirklichen.

Und zu beobachten, wie das Leben schöner wird.

Sie werden feststellen, dass zwischen einem Leben, in dem die Zeit einfach nur so dahinläuft, und einem Leben, in dem Sie damit beschäftigt sind, einen persönlichen Traum zu verwirklichen, ein erstaunlicher Unterschied besteht.

So. Nun sind alle Ihre Ausreden vom Tisch.

Aber warum haben Sie immer noch Angst?

Weil Sie, obwohl Sie Ihre Sicherheit nicht aufgeben müssen, um ein abenteuerreiches Leben zu haben, *ein emotionales Risiko eingehen müssen.*

Wenn Sie es wagen, Ihren Traum zu leben, machen Sie eine intensive Erfahrung. Es reißt Sie aus Ihrem Sicherheitsschlaf heraus. Mit vollem Einsatz kreativ und produktiv zu sein, oder nur zu denken, dass Sie das Recht haben, ein wundervolles Leben zu führen, ist keine Kleinigkeit. Hier steckt die wahre Angst.

Natürlich tun wir so, als seien die praktischen Hindernisse so groß, dass es einfach zu riskant erscheint, etwas zu unternehmen. Ich gebe Ihnen ein weit verbreitetes Beispiel.

Jerry behauptete, dass er seinen gesamten Lebensstil verändern müsste, um seinen Traum – Drehbücher zu schreiben – zu verwirklichen. »Schreiben kostet einfach Zeit. Und abends nach der Arbeit bin ich viel zu müde. Und meine Frau hat ein Recht darauf, dass ich Zeit für sie habe.«

Seine Frau lachte. »Das ist nicht dein Ernst. Du bist so unglücklich, dass ich sowieso nur die ganze Zeit damit beschäftigt bin, dich zu trösten. Ich wünschte, du würdest tun, was dich glücklich macht. Um mich brauchst du dir keine Gedanken zu machen.«

Daraufhin wurde Jerry rot und sagte, dass sie wohl Recht hätte. »Ich schreibe und redigiere den ganzen Tag. Ich mache meine Arbeit gut, und die Leute dort mögen mich. Ich habe eine Zukunft in diesem Unternehmen. Aber es macht mich ganz verrückt, wenn ich daran denke, dass ich als Lektor enden werde. Und deshalb lehne ich diesen Job auch innerlich ab, und wahrscheinlich kostet das so viel Kraft. An der Universität habe ich gute Theaterstücke geschrieben. Ich habe sogar Preise dafür gewonnen. Aber solange ich diesen Job habe, kann ich nicht schreiben. Aufhören kann ich aber auch nicht. Ich will nicht verhungern und in einer Bruchbude leben.«

Maria und Donna dachten genauso.

Maria: Ich muss kündigen. Denn dann werde ich regelrecht gezwungen sein, alles auf eine Karte zu setzen und als Sängerin zu arbeiten.

Donna: Ich muss diesen Job als Sekretärin aufgeben, sonst bringe ich es wirklich zu nichts, genau wie meine Schwestern immer behauptet haben.

Aber Jerry, Maria und Donna liegen falsch. Sie glauben, ihre Arbeit sei schuld daran, dass sie nicht vorwärts kommen. Aber es ist genau umgekehrt: *Ohne* ihre Arbeit können sie nichts erreichen. Und zwar aus folgendem Grund:

Übung 2
Für Menschen, die ihren Job nicht ausstehen können

Nehmen Sie Stift und Papier zur Hand und schreiben Sie oben auf die Seite: *Ich will diesen Job nicht mögen, weil …*

Stellen Sie sich vor, dass Sie bei der Arbeit sind und gerade das tun, das Sie am wenigsten mögen. Stellen Sie sich vor, dass Sie diesen Job bis an Ihr Lebensende behalten müssen. Und nun schreiben Sie auf, was Sie empfinden. Halten Sie nichts zurück.

Jerry: Diesen Job zu mögen, wäre das Schlimmste für mich. Es würde bedeuten, dass ich anderer Leute Texte redigiere, aber selbst kein Schriftsteller bin. Und das wäre schlimm. Alles, was ich will, ist frei zu sein – frei, um das zu schreiben, was ich will.

Maria: Ich muss meinen Job aufgeben, denn er ist viel zu bequem, so dass ich mich nie aufraffen werde, mich um ein Engagement zu bemühen. Ich darf mich nirgendwo verstecken können. Ich muss mich zwingen. Sonst bleibe ich für immer eine Amateurin, eine Sängerin für Hochzeiten und Geburtstage.

Donna: Diesen Job zu mögen würde bedeuten, dass ich nichts weiter als eine dumme Sekretärin bin. Ich würde es zu nichts bringen und wäre ein Niemand.

Wir glauben alle, dass wir Freiheit brauchen, um unsere Träume zu verwirklichen, aber ich habe eine Überraschung für Sie. Das Gegenteil ist wahrscheinlich der Fall.

Nach drei Jahren, in denen Nina zu Hause geblieben war und versucht hatte, Malerin zu werden, gab sie es auf und kehrte in ihren alten Beruf als Lehrerin zurück. Und heute malt sie mehr als je zuvor!

»Es waren die drei schlimmsten Jahre meines Lebens. Ich hatte zu viel freie Zeit, und das war schrecklich. Heute kann ich es kaum erwarten, dass wieder Samstag ist. Ich male dann den ganzen Tag. Zusätzlich beginne ich jetzt mit einem Kurs mittwochabends. Und im Sommer mache ich einen zweiwöchigen Intensivkurs, der von einem ganz tollen Lehrer geleitet wird.«

Was ist hier passiert? Ich werde es Ihnen verraten: *Menschen brauchen eine Struktur.* Wir alle brauchen Grenzen, selbst bei Dingen, die uns Spaß machen – und erst recht bei kreativen Arbeiten, bei denen es kein Ende gibt! Es ist nicht die Arbeit, die Jerry vom Schreiben abhält. Sie ist vielmehr seine Verbündete. Sie kann ihm helfen zu schreiben. Und er wird lernen müssen, seine Arbeit zu lieben.

»Oh nein«, stöhnte Jerry, als ich ihm dies sagte. »Das ist mein Untergang.«

Jerry wollte schon immer Schriftsteller werden. Aber kein Hobbyschriftsteller. Er wollte schreiben wie James Joyce oder es ganz bleiben lassen. Und obwohl er sich schon viele Gedanken zu seinem ›Ulysses‹ gemacht hat, kann er kaum Notizen geschweige denn Seiten dazu vorweisen.

»Wie viel schreiben Sie zurzeit?«, fragte ich ihn.

»Fast nichts«, antwortete Jerry, »na ja, ein paar Zeilen. Ab und zu notiere ich einen Gedanken.«

Jerry braucht die »Freiheitsfantasie«.

Übung 3
Die Freiheitsfantasie

Stellen Sie sich vor, dass Ihr Wunsch plötzlich in Erfüllung geht. Sie haben jede Menge freie Zeit, um das zu tun, was Sie wollen, und widmen sich voll und ganz Ihrem Traum. Wenn Sie schreiben wollen, dann sind Sie allein in Ihrem Zimmer. Sie sitzen an Ihrem großen Schreibtisch, mit einem weißen leeren Blatt vor sich. Wenn Sie Malerin sind, befinden Sie sich in einem Atelier. Weder die Türklingel noch das Telefon unterbrechen Sie; Sie stehen mit Ihrer Farbpalette vor einer noch ganz und gar weißen Leinwand. Oder sind Sie Schauspieler? Dann haben Sie alle Zeit der Welt, um vorzusprechen, sich vorzubereiten und Proben zu besuchen. Sängerin? Sie haben den ganzen Tag Zeit, um Anrufe zu tätigen, Agenten zu kontaktieren und bei Castings vorzusingen. Und so weiter.

Versetzen Sie sich nun zehn Minuten lang in diese Situation. Bleiben Sie dabei. Ist es wirklich so toll? Sie sitzen vor dem Blatt Papier, der weißen Leinwand, dem Telefon. Das ist Ihr neues Leben. Wie geht es Ihnen dabei?

»Ach, es ist schrecklich«, sagte Mary. »Ich bin noch nicht so weit. Und wenn ich meinen Job aufgebe, bringt mich das auch nicht weiter.«

»Ich fühle mich dabei sehr einsam«, gab Jerry zu. »Ich finde es furchtbar. Vielleicht bin ich doch kein Schriftsteller.«

Natürlich ist er das. Und Mary ist Sängerin. Die beiden müssen nur auf der Stelle damit beginnen, ihr Ziel zu verfolgen. Jerry muss mit dem Schreiben beginnen, und Mary muss sich um ein Engagement als Sängerin bemühen. Zudem müssen sie aufhören, ihren Job dafür verantwortlich zu machen, dass nichts passiert. Nach einigen Stunden des Schreibens oder der Suche nach einem Agenten werden beide sehr froh sein, dass sie ihre Jobs noch haben.

Heute ist Jerry tatsächlich in der Lage, seinen Job zu genießen, und ärgert sich nicht mehr darüber, die Texte anderer zu redigieren. Er schreibt jeden Morgen von sechs bis acht. Er weiß, dass er ein Schriftsteller ist. Und Mary muss ihre angenehme Stelle nicht kündigen, um sich zu zwingen, als Sängerin zu bestehen. Sie muss nur damit beginnen, ab und zu zum Vorsingen zu gehen.

»Heute« heißt das Zauberwort. Wenn Sie glauben, dass etwas Ihnen den Weg versperrt, dann ist das oft nur eine Methode, sich selbst davon abzuhalten, aktiv zu werden. Sie brauchen nicht so viel Zeit und auch sonst keine perfekten Bedingungen. Tun Sie es heute. Tun Sie es jetzt. Tun Sie es 20 Minuten lang, und spüren Sie, wie Ihr Herz höher schlägt. Vielleicht können Sie zu Anfang noch nicht ganz so lange dabeibleiben und vertragen zunächst nur ein kleines bisschen Ihres Traumes. Denn es ist »starker Tobak«. So sehr wir uns auch danach sehnen – unseren Träumen zu folgen kostet eine Menge Mut. Es ist ein großes Abenteuer. Ihre Sicherheitsgefühle verschwinden sofort, obwohl Sie Ihre Familie, Ihre Arbeit und Ihr Haus behalten haben. Und jedes Gefühl der Langeweile verschwindet auch.

Es ist nicht wirklich die neue Aktivität, die das Leben so intensiv macht, es ist die Liebe zur Sache. Das Schreiben macht niemandem Angst. Anthony Burgess hat einmal gesagt, dass er keine Probleme damit hatte, Romane zu schreiben. Er tat es für Geld und es fiel ihm leicht, weil es nicht wirklich das war, was er am meisten liebte. Was er am meisten liebte, war das Komponieren von Symphonien. Und das war für ihn so aufregend wie das Schreiben für Jerry. Wahrscheinlich schrieb er Romane, um nicht an seinen Symphonien arbeiten zu müssen. Jerry, Mary und Donna bekamen von mir den Auftrag, sofort damit anzufangen, ihre Träume zu verwirklichen und nach einer Woche Bericht zu erstatten. Am Ende dieser Woche sagten sie Folgendes:

Jerry: Ich merke, dass mein Job mir einen Platz bietet, an den ich mich flüchten kann, wenn ich an meinen Drehbüchern gearbeitet habe und dabei in Fantasiewelten abgedriftet bin. Bei der Arbeit fühle ich mich dann wieder kompetent und selbstsicher. Es ist auch gar nicht so, dass ich das Redigieren nicht mag. Ich wollte nur niemand sein, der nichts anderes tut als das. Jetzt bin ich in erster Linie Schriftsteller, und es ist mir egal, dass ich auch die Texte anderer Leute redigiere.

Mary: Die Arbeitskollegen sind total nett und unterstützen mich. Mein Chef hat gesagt, ich könnte jederzeit freinehmen, wenn ich die Gelegenheit zum Vorsingen bekomme. Sie finden meine Stimme richtig gut. Und sie würden sich für mich freuen, wenn ich Erfolg hätte. Die Stelle dort ist richtig für mich – sie war nie das wirkliche Problem.

Donna: Ich habe etwas Schockierendes erkannt. Auf wessen Seite stehe ich überhaupt? Ich helfe meinen Schwestern, wenn ich meine Arbeit verachte! Meine Arbeit ist nicht minderwertig. Weder stehle ich noch betrüge ich jemanden. Ich brauche mich nicht zu schämen. Außerdem: *bin* ich vielleicht meine Arbeit? Nein, ich bin es nicht.

Wenn Sie damit aufhören, Ihrer Arbeit die Schuld zu geben, dann können Sie sofort damit anfangen, sinnvolle Schritte zu unternehmen, die Ihnen Klarheit bringen.

Donna hat sich bei einem Kurs für Landschaftsarchitektur angemeldet. Etwas von Grund auf zu lernen wird ihr dabei helfen, sich kompetent zu fühlen und Selbstvertrauen zu bekommen. Jerry schreibt zwei Stunden lang, bevor er morgens zur Arbeit geht, und verbringt angenehme Abende mit seiner Frau. Mary vereinbart Termine zum Vorsingen und bekommt dafür jedes Mal von ihrer Firma frei.

Alle drei haben jetzt ein abenteuerreiches Leben – ohne irgendetwas dafür geopfert zu haben. Verstehen Sie das Prinzip? Wann immer Sie tun, was Sie lieben, schlägt Ihr Herz schneller, der Verstand wird klarer und alles verändert sich. Sie erwachen.

Und das ist es, worum es bei einem Abenteuer geht.

Lassen Sie sich nichts anderes einreden. Und es ist auch egal, ob dieses Abenteuer weniger als eine Stunde am Tag dauert oder mit Papier und Bleistift in Ihrem Wohnzimmer stattfindet! Genau da erlebten Einstein, Newton und Kepler ihre größten Abenteuer. Und ebenfalls Shakespeare, Mozart und Leonardo da Vinci!

Die Sicherheit war also gar nicht das Problem.

Und dennoch haben Sie immer noch Angst.

Wo also steckt das wirkliche Problem?

Kreative Menschen scheinen ein spezielles Problem zu haben, aber wenn es darum geht, Träume zu verwirklichen, haben wir alle dieses Problem. Denn schöpferisch tätig zu sein ist damit vergleichbar, einen beliebigen Traum zu leben: Jeder Moment ist neu und einzigartig.

Und wir alle haben Angst vor Neuem.

»Ich weiß nicht, warum ich nicht einfach töpfere«, sagte eine Freundin kürzlich zu mir. »Ich töpfere sehr gern, aber ich tue es einfach nicht. Für alles Mögliche nehme ich mir Zeit, und dann jammere ich, dass ich nicht zum Töpfern komme.« Was ist gefährlich daran, kreativ zu sein? Zum einen ist es Furcht einflößend, von einer Ebene, auf der wir die Dinge gewohnheitsmäßig tun, auf eine Ebene umzuschalten, auf der alles, was wir tun, neu und intensiv ist. Etwas zu lernen und zu erschaffen sind Tätigkeiten mit hohem Risiko. Nur daran zu denken, kann schon alle möglichen Vermeidungsstrategien hervorrufen. Wenn man schöpferisch tätig ist, kann man Angst vor der eigenen Schaffenskraft bekommen. (Unterschätzen Sie nicht die Angst vor der eigenen Begabung!) Eine Begabung zu haben kann uns regelrecht mit Schrecken erfüllen. Künstler müssen bekannte Wege verlassen, um Neues zu entdecken. Und das müssen auch Sie, egal, ob Sie Künstler sind oder nicht. Alles Neue ist riskant, und die Evolution hat uns gelehrt, Risiken zu vermeiden. Sie hat uns mit einem überaus wirkungsvollen Mechanismus ausgestattet, der versucht, alles Neue in eine Gewohnheit zu verwandeln.

■ Unsere Liebe zum Abenteuer und das Gewohnheitstier in uns

Wir alle versuchen, uns schnell an neue Dinge zu gewöhnen, sie zur Selbstverständlichkeit werden zu lassen – weil dann alles leichter ist. Wenn alles neu bleibt, werden wir uns nie in der Welt zurechtfinden. Viele Dinge müssen automatisch ablaufen, denn sonst kosten sie zu viel Kraft und Energie.

Es ist aufregend und Angst einflößend, wenn wir Dinge zum ersten Mal tun: eine fremde Stadt besuchen, zum ersten Mal Auto fahren! Unsere Liebe zum Abenteuer und zur Intensität kämpft immer mit dem Gewohnheitstier in uns. Und wir könnten gar nicht überleben, wenn wir nicht die Fähigkeit hätten, aus Neuem Gewohnheit werden zu lassen. Dieser Mechanismus ist unser Freund.

Das Problem besteht darin, dass es keinen Knopf gibt, mit dem wir den Mechanismus abschalten können. Er ist ständig in Betrieb, und er mag *keinerlei* Aufregungen und Abenteuer. Das wahre Abenteuer besteht nun darin zu lernen, wie man diesen »Gewohnheitstier-Mechanismus« überwinden kann. Und ich sage es noch einmal: Das gilt nicht nur für die künstlerisch Veranlagten unter uns, sondern für alle anderen auch. Wenn zum Beispiel ein schüchterner Mensch einen mutigen Schritt in Richtung einer neuen Arbeit macht, dann ist das für diesen Menschen genauso erfrischend, aufregend und Angst erregend wie für Maria das Singen einer Arie vor ausverkauftem Haus. Wenn »gute Mütter«, also Menschen, die den ganzen Tag damit verbringen, etwas für andere zu tun, einen ganzen Nachmittag das tun, was sie richtig gern machen – selbst wenn sie nur ein

Buch lesen –, dann ist diese Erfahrung genauso frisch, intensiv und kreativ wie eine schöpferische Tätigkeit!

Für die »gute Mutter« kommen andere Menschen immer an erster Stelle. So ist es zum Beispiel bei Virginia, einer begabten Schriftstellerin, die gleichzeitig Lehrerin ist und alles für ihre Schüler tut, und bei Susanne, einer Supermama, die arbeitet, ehrenamtlich tätig ist, ihrem Mann bei seinen Projekten hilft und die Hauptverantwortung für den Haushalt trägt. Ihre Großzügigkeit macht beide Frauen sehr zufrieden, sie geben aus Liebe. Aber ab einem gewissen Punkt wird dieses Geben zur Entscheidung für den sicheren Hafen. Wenn man zu viel gibt – das heißt, wenn dadurch etwas Wesentliches des eigenen Lebens auf der Strecke bleibt –, dann hat man sich für den sicheren Hafen und nicht für ein abenteuerliches Leben entschieden. Inwiefern? Nun, man hat sich dafür entschieden, unersetzlich zu sein, ein guter Mensch zu sein, der die Kraft hat, dafür zu sorgen, dass alles gut läuft. Mit dieser Rolle zahlt man außerdem alle Schuldgefühle ab, die man jemals im Leben hatte. Was tun in dieser Situation?

Führen Sie die folgende kleine Übung durch:

Übung 4
Etwas für sich selbst tun

Wählen Sie eine Tätigkeit pro Tag aus, die Sie von nun an nicht mehr für andere Menschen ausführen werden – und ersetzen Sie sie durch etwas, was Sie gern tun. Bedingung ist: Sie müssen etwas aufgeben, was Sie für *andere* tun. Sie können aufhören, für andere einzukaufen, die Kinder ins Schwimmbad zu fahren, die Kleider Ihres Mannes zur Reinigung zu bringen. Sie müssen dadurch mindestens 30 Minuten pro Tag für sich selbst gewinnen, und in diesen 30 Minuten müssen Sie etwas tun, das nur Ihrem eigenen Vergnügen dient.

Das ist alles. Das ist die ganze Übung.

Ich habe sie bei einem Zeitmanagement-Seminar für Frauen eingebracht, und sie hatte durchschlagenden Erfolg. Die Frauen brauchten ein paar Minuten, bis sie verstanden hatten, was ich meinte, und dann stand eine nach der anderen auf und verkündete, was sie aufgeben würde.

»Ich bügle keine Hemden mehr.«

»Ich werde niemandem mehr die Hausaufgaben schön schreiben.«

Und so ging es in einem fort. Selbst nach dem Seminar konnte man abends im Hotel ständig die Frage hören: »Und was geben Sie auf?«

■ Ihre wahren Wünsche

Wenn Sie ein »Sicherer-Hafen-Mensch« sind, unterscheiden Sie sich von anderen Menschen, die nicht das tun, was sie lieben, weil Sie häufig ganz genau wissen, was Sie gern tun würden. Sie bleiben an Ihrem »Sicherer-Hafen-Job« hängen, um nicht der Gefahr des unsicheren Abenteuers ausgesetzt zu sein, das Sie reizt. Sie wissen meistens ganz genau, worum es sich bei diesem unsicheren Abenteuer handelt. Aber dennoch bedarf es einiger Kühnheit, um darüber nachzudenken, und deshalb will ich es so sicher wie möglich für Sie gestalten. Stellen Sie sich einmal zwei Dinge vor: zum einen, dass Sie sehr mutig sind und nichts Sie aufhalten kann. Und zum anderen, dass nichts schief gehen kann, egal was Sie tun. Und nun schreiben Sie auf oder sprechen auf eine Kassette, was Sie tun werden – erzählen Sie es mir.

Was würden Sie tun, wenn Sie mutig wären?
Wenn Sie genau wüssten, dass nichts schief
gehen kann?

– Susanne, 44 Jahre, Supermutter und ehrenamtlich in ihrer
  Gemeinde tätig: Ich würde die Geschichte Griechenlands
  studieren, Griechisch lernen, meine Sommerferien in Grie-
  chenland verbringen – und dabei Platon lesen.
– Virginia, 33 Jahre, Lehrerin: Ich würde jeden Morgen von
  neun bis zwölf Uhr an meinem Buch schreiben, nachmittags
  mit den Kindern spielen, und nach dem Abendessen noch
  einmal zwei Stunden schreiben – und das jeden Tag.
– Bob, 50 Jahre, Wissenschaftler: Ich würde jedes Jahr in einem
  anderen Land leben.
– Judith, 34 Jahre, Programmiererin: Ich würde mir eine Arbeit
  suchen, bei der ich mit Menschen anstatt mit Maschinen zu
  tun habe.

Sind Sie der Meinung, dass die meisten Menschen
zu faul sind und sich nur zusammenreißen müssten,
um vorwärts zu kommen?

So ist es nicht! Ich bin fest davon überzeugt, dass niemand faul
ist. Denken Sie nur daran, wie wir alle spurten können, wenn
wir einen Zug noch erwischen wollen; wie sorgfältig wir uns
kleiden, wenn wir Eindruck machen wollen. Wären wir wirklich faul, würde die Faulheit auch bei diesen Anlässen durch-
schlagen.

Wenn man etwas wirklich will und es dennoch nicht tut,
dann befindet man sich in einem Ringkampf mit sich selbst, der
viel Kraft kostet.

Wann immer Sie vor etwas zurückweichen, was Sie eigentlich gern wollen, handelt es sich um einen *inneren Konflikt*. Zwei

gleich große Kräfte stoßen aufeinander und produzieren dadurch einen Stillstand. Eine Kraft sagt »Voran«, die andere sagt »Stopp«. Das Ergebnis ist ein dynamisches Steckenbleiben; äußerlich ist zwar alles still, aber innen tobt der Kampf.

Unsere Bemühungen, die Voran-Energie dazu zu bringen, die Stopp-Energie zu übertrumpfen, zeitigen lediglich kleine, kurzfristige Erfolge. Man kann ein Problem genauso wenig wegdiskutieren wie einen Stein im Schuh. Sätze wie »Tu es doch einfach« oder »Gib deinen negativen Gedanken keine Kraft«, sind zu oberflächlich, um eine lange Wirkung zu haben. Sie müssen Ihre Stopp-Energie respektieren, Sie müssen sie kennen lernen und herausfinden, wo sie herkommt und warum sie Sie immer wieder davon abhält, etwas zu tun.

■ Judith, die Vorsichtige

Judith war in allem übervorsichtig. Jede Entscheidung musste nach allen Seiten abgesichert werden, wurde mit allen möglichen Leuten besprochen, und oft ließ Judith Vorhaben und Pläne – zum Beispiel einen Urlaub – in letzter Minute platzen, nachdem sie sich wochenlang darauf vorbereitet hatte. Sie arbeitete als Programmiererin, machte ihre Arbeit aber nie richtig gern. Ihr Traum mag Ihnen nicht besonders vermessen vorkommen, aber für sie selbst schien er so unerreichbar wie der Himmel. Sie wollte einen Job, bei dem sie mit Menschen anstatt mit Computern arbeiten würde. Aber sie schaffte es nicht, irgendwelche Schritte in diese Richtung zu unternehmen. Ein Grund dafür war nicht zu erkennen, denn es gab eigentlich kein Risiko bei dieser Sache. Aber es war wie mit allem, was Judith tat: Sie verharrte in einer für sie unbefriedigenden Situation. Wie eine Magnetnadel, die in die falsche Richtung zeigt, brachte ihr Widerstand sie vom Handeln ab.

Judith hatte Todesangst, aber sie wusste es nicht einmal. Sie spürte die Angst nicht, weil sie im sicheren Bereich blieb. Sie schaute zum Beispiel gar nicht erst in den Teil der Zeitung, in dem die Stellenangebote abgedruckt waren. Die Gefahrenzone begann bereits bei den ersten kleinen Schritten, und deshalb unternahm sie nichts.

Wovor hatte Judith solche Angst?

■ Wie viel Vertrauen in das Leben haben Sie?

Wenn Sie als Kind genügend Sicherheit in Ihren Knochen gespeichert und genügend Vertrauen ins Leben entwickelt hätten, dann würden Sie keine Probleme damit haben, auf Abenteuersuche zu gehen. Schließlich will die Natur, dass wir beides haben: Sicherheit, damit wir lange leben und uns fortpflanzen; Abenteuer, damit wir Jäger werden, unsere Umwelt erkunden und einen Lebenspartner finden können.

Menschen, die nicht versuchen, das zu bekommen, was sie eigentlich wollen, haben nicht genügend Vertrauen ins Leben entwickelt. Sie spüren eine Gefahr. Und *wenn man eine Gefahr spürt, ohne dass es einen ersichtlichen Grund dafür in der Gegenwart gibt, ist es immer eine gute Idee, in der Vergangenheit nachzuforschen.*

Im Fall von Judith kam das Gefühl der Gefahr aus ihrer frühen Kindheit. Ihre Familie war damals das reinste Chaos. Ihre Mutter, selbst fast noch ein Kind, wurde von ihrem Mann verlassen und blieb mit fünf kleinen Kindern zurück. Nichts war geordnet, die Familie war immer kurz vor dem Auseinanderbrechen, eine Katastrophe kam nach der anderen. Schon im Alter von sechs Jahren hatte Judith ein wachsames Auge für alles, was passieren konnte. Einmal vergaß Judiths Mutter eine ihrer kleinen Schwestern im Supermarkt. Sie kam nach Hause, geriet in Panik und konnte nichts mehr tun. Die sechsjährige Judith rannte los und suchte nach ihrer Schwester. Es dauerte lange, aber schließlich fand sie das Kind friedlich im Kinderwagen sitzend. Aber nun war Judith so weit weg von zu Hause, dass sie wiederum große Schwierigkeiten hatte, den Weg zurückzufinden. Ein traumatisches Erlebnis, dem viele weitere folgten. Judiths Mutter war äußerst unzuverlässig, und so brauchte das Kind all seine Energie, um zu verhindern, dass irgendetwas Schlimmes geschah. Für Judith sah seit der Kindheit alles ungeheuer gefährlich aus, daher vermied sie von vornherein jedes Risiko.

Es ist schwer, ein tief verwurzeltes vorsichtiges Verhalten wie das von Judith zu verändern. Judith war sich ihrer Vergangenheit bewusst, aber sie ahnte nicht, wie stark sie ihr Verhalten bestimmte. Viele Menschen erkennen nicht, dass Ereignisse aus ihrer Kindheit die Ursache für ihr vorsichtiges Verhalten sein können.

Und deshalb werden Sie von mir niemals hören, dass es Ihre eigene Schuld ist, wenn Sie im Leben nicht bekommen, was Sie wollen. Lassen Sie daher nicht zu, dass irgendjemand – auch Sie selbst nicht – Ihnen einredet, Sie bemühten sich einfach nicht genug oder wünschten sich nicht stark genug, dass sich etwas verändert. Denn das wäre so, als würde man einem Auto, das kein Benzin im Tank hat, vorwerfen, es würde gar nicht versuchen zu fahren. Glauben Sie mir: Sie verhalten sich nicht vorsichtig, weil Sie sich vorsichtig verhalten *wollen*.

Aber man kann dieses Verhalten verändern.

Wir müssen allerdings verstehen, dass das Problem mit Vorwürfen und Appellen nicht zu lösen ist, nach dem Motto: »Hör auf, so ein Feigling zu sein; tu endlich was, du musst nur positiv denken, dann wird das schon.«

Das alles hilft nur kurze Zeit, und dann schlüpfen wir wieder in unser altes Selbst und unser altes Verhalten zurück. Warum? Weil wir aus gutem Grund so handeln, wie wir handeln, und weil wir uns noch nie um die Ursachen unseres Verhaltens gekümmert haben. Sie können nicht die eigene Geschichte unter den Teppich kehren und dann darauf herumtanzen. Sie werden garantiert stolpern.

◼ Die Ursache Ihrer Angst

Sie sind nicht ängstlich, weil Sie sich entschieden haben, ein Feigling zu sein. *Nein – etwas hat Ihnen Angst eingejagt!* Das Problem ist, dass Sie heute nicht mehr genau erkennen, was es war. Unter der Oberfläche jedes vorsichtigen Menschen spielt sich ein großes Drama ab. Sie müssen herausfinden, um welches Drama es sich bei Ihnen handelt.

Aber zuerst müssen Sie damit aufhören, sich selbst Vorwürfe zu machen.

Niemand geht so hart mit sich selbst ins Gericht wie Menschen, die sich für den sicheren Hafen entscheiden. Irgendwie glauben sie daran, dass sich irgendwann das gewünschte Verhalten einstellt, wenn sie nur streng genug mit sich sind.

»Ich bin ja selbst schuld«, sagen sie. »Wenn ich nur ein bisschen Mumm hätte, würde ich mich aufraffen und einfach aktiv werden. Ich habe mir das alles selbst zuzuschreiben.«

Sich selbst zu beschimpfen ist jedoch sinnlos. Selbst wenn Sie mit all den Fehlern, die Sie sich zuschreiben, Recht hätten – was aber keineswegs der Fall ist –, hilft es nichts, sich selbst zu beschimpfen, denn Vorwürfe beeindrucken den Willen kein bisschen. Wenn Sie sich selbst verurteilen, haben Sie das Gefühl, etwas Richtiges zu tun, aber das ist eine Illusion. Sich selbst niederzumachen bedeutet lediglich, mit etwas beschäftigt zu sein und sich erneut zu drücken. Wenn Sie aufhören, sich Vorwürfe zu machen, wird sich ein freier Raum öffnen, den Sie gut gebrauchen können. Lassen Sie sich auch nicht von anderen Menschen bewerten. Es ist nutzlos, sinnlos, bringt nichts.

Um eine wirkliche Veränderung zu erreichen, müssen Sie erkennen, dass es einen guten Grund für Ihr Problem gibt, und Sie müssen diesen Grund finden.

■ Die negativen Stimmen identifizieren

Es gibt drei verschiedene Stimmen:

1. Die »Nein-Stimme« in Ihrem Kopf gehört einem Erwachsenen, der Ihnen beigebracht hat, Angst zu haben

Das können Ihre Eltern, ein Lehrer oder ein älteres Geschwisterteil gewesen sein. Sie haben die Stimme verinnerlicht und das hält Sie immer wieder davon ab, bestimmte Dinge zu tun.

Alicias Eltern reagierten ängstlich auf jeden ihrer Versuche, neue Freundschaften zu beginnen oder neue Dinge auszuprobieren; ständig wurde sie ermahnt, vorsichtig zu sein und nichts Gefährliches zu tun, so als ob hinter jeder Ecke eine Gefahr lauerte. Beide Elternteile waren die jüngsten Kinder in Einwanderer-Familien gewesen, und ihr Leben in der neuen Heimat war stark von ihren älteren Geschwistern kontrolliert worden. So hatten Alicias Eltern kaum Eigeninitiative, waren nicht in der Lage, eigene Entscheidungen zu treffen, und hatten kein gesundes Selbstvertrauen. Alicia sagte ihren Eltern zwar oft, dass sie zu ängstlich seien, aber trotzdem setzten sich die Stimmen der Eltern in ihrem Kopf fest. Wann immer sie heute etwas Mutiges vorhat, bekommt sie Panik und macht einen Rückzieher. Sie kündigt schnell eine neue Stellung, versetzt Männer, die mit ihr ausgehen wollten, und vermeidet generell Begegnungen mit anderen Menschen.

2. Ihre Eltern hatten so wenig Kontrolle, dass Sie sich eine eigene Elternstimme geschaffen haben

Wenn Sie Eltern hatten, die unzuverlässig waren, keine Verantwortung für Sie übernahmen oder Sie zu wenig kontrollierten, dann mussten Sie selbst die Elternrolle übernehmen. Sie entwickelten eine Elternstimme, die Ihnen Sicherheit durch Schimpfen vermittelte beziehungsweise dadurch, dass sie Sie zu Ordnung und Vernunft anhielt. Je stärker Ihre Eltern in ihrer Rolle versagten, desto stärker wurde die Elternstimme, die Sie als Ersatz entwickelten.

▪ Kontrolle und Magie

Wir Menschen machen etwas Eigenartiges, wenn wir befürchten müssen, dass unsere Welt außer Kontrolle gerät: Wir erfinden eine Form von Magie. Im Prinzip können wir recht wenig tun, um unser Leben vollkommen sicher zu machen: Krankheiten, ein Krieg oder schlechtes Wetter können uns jederzeit überraschen. Tiere scheinen diese Hilflosigkeit hinzunehmen, aber wir können sie nicht aushalten und tun so, als ob wir etwas dagegen ausrichten könnten. Nadine ist beispielsweise in Bezug auf ihre Kleidung sehr streng mit sich selbst. Die Kleidung ist immer sauber und liegt peinlich genau zusammengelegt im Schrank. Schon als Kind achtete sie darauf. Es ist ihre ganz persönliche Form der Magie. Wie bei einem indianischen Regentanz hat sie dabei das Gefühl, ein aus den Fugen geratenes Universum zu kontrollieren. Wie das? Indem eine schimpfende innere Stimme sagt: »Jetzt schau dich nur mal an. Dein Kleid ist ganz dreckig. Die Socken haben Löcher. Du bist ekelhaft.«

Heute hat Nadine einen Tyrannen in ihrem Kopf, schlimmer als ein Elternteil je hätte sein können. Dieser kontrolliert jeden Schritt, den sie tut. Solange sie nicht merkt, dass ordentlich zusammengelegte Kleidung ihre Mutter nicht in eine normale Mutter verwandelt, ist sie in diesem zwanghaften Verhalten gefangen.

3. Die »Nein-Stimme« war wie ein ungeschriebenes Gesetz in Ihrer Familie – Sie hörten nie ein »Nein«, aber es hing in der Luft

Manchmal ist die Stimme in Ihrem Kopf gut versteckt, wie bei Cindy. Cindy hatte eine schöne Kindheit. Ihre Eltern schienen nie Angst zu haben, sie hatten alles gut im Griff. »In unserem Haus passierte gar nichts. Jeder war nett, jeder war glücklich. Niemand wurde krank, die Suppe kochte nicht über. Mein Vater kam jeden Tag um 17 Uhr nach Hause, und meine Mutter hatte das Abendessen fertig. Es war das perfekte Familienleben. Wir hatten nicht mal einen platten Reifen.«

Und dennoch – als Cindy mit dem Gedanken spielte, einen neuen, wundervollen Job anzunehmen, schreckte sie zurück. Sie hatte Angst, dass die Dinge außer Kontrolle geraten könnten. Warum hatte sie diese Angst? Nichts in ihrer Kindheit war je außer Kontrolle geraten.

Ich forderte Cindy auf, ihre Eltern nach *deren Kindheit* zu fragen, und ein erstaunliches Geheimnis kam dabei ans Tageslicht. Ihr Vater hatte eine schreckliche Kindheit gehabt und so heiratete er eine liebevolle Frau, die gern Mutter war und Konflikte hasste; zusammen schufen die beiden sich einen sicheren Hafen. Aber alles, was sie taten, war auf Sicherheit und Kontrolle ausgerichtet und war somit eine Erinnerung an die drohende Gefahr. Und die Kinder spürten das ganz genau.

Wenn Sie die »Nein-Stimme« wahrnehmen können – wie sollten Sie mit ihr umgehen?

Sie können diese Stimme nicht einfach ignorieren, aber Sie müssen sich auch nicht von ihr beherrschen lassen. Manchmal genügt es schon zu wissen, dass es sich bei der Stimme um ein Problem aus der Vergangenheit handelt. Aber manchmal reicht diese Erkenntnis nicht, und Sie müssen sich mit dem Problem auseinander setzen, bevor es weiter vorangehen kann.

Judith schaffte es folgendermaßen: Sie unternahm winzige Schritte, die ihr inneres Alarmsystem unterlaufen und desensibilisieren sollten. Da spontane Aktionen Angst bei ihr auslösten, nahm sie sich zunächst nur vor, sofort ein Eis zu kaufen, sowie ihr nur der Gedanke an ein Eis in den Kopf kam. Das hört sich nicht sehr gefährlich an, aber es ist tatsächlich ein erster Schritt, um Judiths Sicherheitsregeln (keine spontanen Handlungen!) langsam aufzuweichen. Sobald sie sich bei diesen kleinen Aktionen wohl fühlt, wird sie mutigere Schritte ins Auge fassen können.

Alle Menschen, die den sicheren Hafen anstelle eines abenteuerlichen Lebens gewählt haben, sollten üben, kleine Schritte in eine abenteuerliche Richtung zu machen. Setzen Sie sich also ein Ziel und beginnen Sie, einen Plan zu machen, wie Sie dorthin kommen könnten. Beschließen Sie, einen Campingurlaub zu machen, Schauspielerin zu werden oder Karate zu lernen. Machen Sie sich nicht zu viele Gedanken darüber, ob Sie dieses Ziel jemals ganz erreichen werden. Schritte in eine neue Richtung zu unternehmen, egal welche, ist immer abenteuerlich. Es kommt nun darauf an, dass Sie neue Verhaltensweisen bei kleinstmöglichem Risiko ausprobieren.

Machen Sie also eine Liste von Schritten, die zum Ziel führen. Setzen Sie sich kein Zeitlimit, sondern bringen Sie die Schritte lediglich in die richtige Reihenfolge (siehe dazu auch Kapitel 6).

Sie sollten Ihren sicheren Hafen noch nicht verlassen. Üben Sie zunächst nur, kleine Schritte zu tun, Dinge, die Sie bislang immer vermieden haben. Experimentieren Sie mit diesen »kleinen« Risiken und »kleinen« Abenteuern so lange, bis die Liebe zu einer bestimmten Sache und die Erfahrung, dass Sie Risiken bewältigen können, Sie immer mehr darin bestärken, dass auch Ihr größter Traum nur noch einen weiteren »kleinen« risikobehafteten Schritt entfernt ist.

Manche Menschen haben übrigens große Schritte gemacht, ohne jemals ihren sicheren Hafen zu verlassen.

Zum Beispiel Wallace Stevens, einer der größten amerikanischen Poeten des 20. Jahrhunderts. Er blieb immer im sicheren Hafen, da er seinen Job bei einer Versicherungsgesellschaft niemals aufgab. Abends und am Wochenende schrieb er dann seine großartigen Gedichte.

Und mein großer Held, Albert Einstein, war lange beim Patentamt angestellt, und es gefiel ihm dort.

Dann gab es einen Mann namens Cornelius Hirschberg, der 45 Jahre lang in einer Bekleidungsfirma arbeitete. Jeden Tag fuhr er mit der U-Bahn je eine Stunde zur Arbeit und wieder zurück. Weder die Arbeit noch die Kollegen oder die Bezahlung begeisterten ihn sonderlich, aber immerhin konnte er seine kleine Familie ernähren. Dennoch liebte er etwas an seinem Beruf, denn dieser gab ihm die Zeit, das zu tun, was er unbedingt tun wollte: Zwei Stunden pro Tag, 45 Jahre lang, konnte er auf dem Weg zur Arbeit und zurück in der U-Bahn lesen – und er wurde dabei ein gebildeter Mann, der später selbst Bücher schrieb.

Kapitel 5
Angst vor Erfolg:
Geliebte Menschen hinter sich lassen

Sie haben ein Problem, das viele Menschen gern hätten: Sie haben Angst vor dem Erfolg. Die meisten Menschen brauchen vor ihm keine Angst zu haben, weil sie keine Gefahr sehen, jemals Erfolg zu haben. Für diese Menschen sieht Ihre Angst wie reiner Luxus aus, so wie etwa die Angst vor großem Reichtum.

Diese Menschen ahnen nicht, wie schmerzhaft es sein kann, den Ball immer dann abzuspielen, wenn man kurz davor steht, ein Tor zu schießen. Sie verstehen nicht, warum jemand mit Ihren Fähigkeiten tolle Gelegenheiten immer wieder verpatzt. Und Sie selbst verstehen es eigentlich auch nicht.

Sie wissen, dass Sie gut sind, denn andere haben es bemerkt. Man hat Ihnen viele Chancen geboten, und die Menschen, die Ihnen diese Chancen geboten haben, wussten, was sie taten. Sie sahen, dass Sie etwas können.

Und dennoch, wann immer Sie dem näher kommen, was Sie wirklich wollen, passiert etwas: Sie verlieren den Fokus. Im entscheidenden Moment richten Sie Ihre Energie auf etwas vollkommen Unwichtiges, Ihre Stimmung sinkt mysteriöserweise auf den Nullpunkt, und Sie werden müde, obwohl Sie gerade jetzt all Ihre Kräfte bräuchten.

Es kann auch sein, dass Sie – anstatt sich direkt zu sabotieren – einfach keine Perspektive mehr sehen. »Dieser Job führt nirgendwohin. Ich kann genauso gut kündigen«, dachte Lisa, nachdem sie drei Monate in einem fabelhaften Job gearbeitet hatte, der sie direkt zu ihrer Traumkarriere geführt hätte. Sie begann damit, Stunden abzufeiern und verpasste wichtige Sitzungen. Am Anfang hatte Lisa jede Menge Entschuldigungen dafür, aber eines Tages gab sie zu, überhaupt nicht zu wissen, was eigentlich mit ihr los sei.

Etwas steckte hinter Lisas unverständlichem Verhalten. Und etwas steckt auch hinter Ihrem Verhalten. Und Sie müssen herausfinden, was es ist, denn *dieses Etwas, das Ihnen nicht bewusst ist, verletzt Sie immer wieder.*

Blicken Sie auf Ihr Leben zurück. Wahrscheinlich erkennen Sie eine Reihe von guten, aber nicht genutzten Gelegenheiten und Chancen, die bereits in Ihrer Kindheit auftraten.

Übung 1
Vor dem Erfolg zurückschrecken

Schreiben Sie bitte links oben auf ein Blatt Papier das früheste Alter, in dem sich Ihre Angst vor Erfolg manifestiert haben könnte. Wenn Sie nicht genau wissen, wann es war, schreiben Sie einfach: »5 Jahre alt.« Schreiben Sie untereinander, in 5-Jahres-Schritten die Zahlen bis zu Ihrem jetzigen Lebensalter auf. Schreiben Sie nun neben jeder Jahreszahl auf, was Sie damals vermieden haben, obwohl Sie es eigentlich wollten. Wenn Sie sich nicht an ein Ereignis erinnern, bei dem Sie sich selbst sabotierten, dann schreiben Sie die Höhepunkte und tollen Ereignisse in diesem Alter auf. Auch hier können Sie Überraschungen erleben.

Beverly, 31 Jahre, Teamassistentin in einer Immobilienfirma, machte folgende Notizen:

5 Jahre: Ich tat das, was ich wollte. Ich lernte lesen. Keine Probleme.

10: Mein Bruder fing an, gemein zu werden. Er wollte nicht mehr mein Freund sein. Ich spielte fortan allein in meinem Zimmer. In der Schule redete ich während des Unterrichts mit meinen Freundinnen und bekam Probleme mit den Lehrern.

Ich versuchte still zu sein, aber ich vergaß es immer wieder. Ich machte viele Witze, so dass alle lachen mussten und mich gern mochten.

15: Ich interessierte mich sehr für Jungs. Aber zu schlaue Mädchen waren bei ihnen nicht beliebt, deshalb gab ich vor, dümmer zu sein, als ich war. Aber manchmal vergaß ich meinen Mund zu halten, weil mich ihre Gespräche sehr interessierten. Ich bekam das Gefühl, für Jungs nicht attraktiv zu sein.

20: Ich ging zur Universität und war recht beliebt bei den anderen Studierenden, aber besonders froh machte mich das nicht. Die Jungs schienen mich immer noch nicht besonders zu mögen, aber sie waren auf Sex aus. Ich wollte jemanden, der sich richtig in mich verliebte.

Zum ersten Mal bekam ich schlechte Noten und war auch nicht mehr am Unterrichtsstoff interessiert. Ich wusste nicht mehr, wofür mein Studium gut sein sollte.

Ich machte trotzdem meinen Abschluss, doch als ich ihn in der Tasche hatte, war ich ziemlich depressiv. Ich hätte ein Aufbaustudium machen können, wollte es aber nicht. Nichts interessierte mich wirklich.

25: Nach einer Reihe von Jobs wurde ich Teamassistentin. Und das bin ich noch heute.

Beverly beendete an dieser Stelle ihre Notizen, weil sie das Gefühl hatte, ihr sabotierendes Verhalten erkannt zu haben.

Wie sieht Ihre Geschichte aus?

Lesen Sie sich genau durch, was Sie geschrieben haben.

Gibt es Stationen in Ihrem Leben, wo alles richtig gut lief und Sie sich schließlich selbst ein Bein gestellt haben? Sie wissen es nicht genau? Fragen Sie sich das Folgende:

Haben Sie deutlich gemacht, wenn Sie etwas wollten? Haben Sie andere über Ihre Wünsche in Kenntnis gesetzt? Haben Sie sich für etwas eingesetzt, was Sie unbedingt wollten, und sind

Sie dabei geblieben, auch wenn es schwer war? Haben Sie Kontakt zu Menschen gesucht, die Sie kennen lernen wollten oder die Sie brauchten, um Ihre Ziele zu erreichen? Haben Sie es genossen, im Sport, bei Prüfungen oder bei Festen erfolgreich zu sein? Wie haben Sie sich gefühlt, wenn Sie Pokale oder gute Noten mit nach Hause brachten oder bei einer Party im Mittelpunkt standen?

Manchmal vermeiden wir unseren Erfolg, indem wir uns weigern, für uns selbst aktiv zu werden. Ich spreche hier nicht über ein extremes Verhalten, sondern über eine normale, gesunde Energie, mit der jedes Kind an Dinge herangeht. *Auch Sie hatten diese Energie.* Wann haben Sie sie verloren? Waren Sie schon immer so wie jetzt? Oder waren Sie mutig und draufgängerisch bis zum Alter von 10, 15 oder 25 Jahren – und wussten erst danach nicht mehr, was Sie wollten?

Beverly war überrascht, wie deutlich ihre Geschichte ihren Konflikt widerspiegelte: »Ich habe schnell erkannt, dass es gefährlich ist, intelligent zu sein! Mir war klar, dass ich nicht geliebt wurde, wenn ich zu schlau war. Und so dreht mein ganzes Leben sich um den Gegensatz, geliebt zu werden oder intelligent zu sein. Als ob nicht beides möglich wäre!«

Bevor Sie jetzt Schlussfolgerungen aus der von Ihnen angefertigten Chronologie ziehen, möchte ich Ihnen noch drei wichtige Hinweise geben:

Hinweis 1: Zurückzuweichen bedeutet nicht automatisch Angst vor Erfolg zu haben

Wenn Sie vor etwas zurück weichen, das für andere wie eine tolle Chance aussieht, für Sie aber nicht, dann ist das kein Beispiel für Angst vor Erfolg.

Viele Menschen haben irgendwann einmal ein Stipendium, eine Arbeitsstelle oder auch einen Heiratsantrag abgelehnt.

Vielleicht wurden Sie von anderen deshalb für verrückt erklärt und vielleicht gaben sie diesen Menschen sogar Recht. (Es kann einen ganz schön durcheinander bringen, wenn man eine so gute Chance bekommt, dass man meint, sie annehmen zu müssen!) Aber Sie konnten sich einfach nicht dazu bringen, diese Chance wirklich zu wollen. Es war nicht das Richtige für Sie und innerlich haben Sie das genau gespürt.

Ein Ziel zu haben und die Gelegenheit nicht beim Schopf zu packen, wenn es in Reichweite ist – das ist Selbstsabotage oder Angst vor dem Erfolg. Es ist immer richtig und gut zwischendurch andere Jobs anzunehmen – um die Miete bezahlen zu können, was wiederum eine Voraussetzung für den Erfolg ist –, aber Sie dürfen nie vergessen, was Sie wirklich wollen.

Wenn Sie sich selbst einreden, eine Arbeit zu mögen, von der Sie in Wahrheit nicht überzeugt sind, dann sind Sie auf dem Weg ins Unglück. Einen Job abzulehnen, von dem Sie tief im Inneren wissen, dass Sie ihn eigentlich nicht wollen, hat nichts mit Angst vor Erfolg zu tun – es ist vielmehr die berechtigte Angst, von Ihrem Weg abzukommen.

Hinweis 2: Nicht an jeder verpassten Chance sind Sie selbst schuld

Es ist tatsächlich so, denn Sie kontrollieren keineswegs das gesamte Universum.

Wenn die Branche, in der Sie arbeiten, in die Krise gerät oder Sie etwas möchten, was für jedermann schwer zu erreichen wäre (zum Beispiel eine Rolle im Film), dann könnten Sie glauben, dass Sie nicht genug dafür getan und sich selbst sabotiert haben, obwohl das gar nicht der Fall ist. Die Wahrheit ist, dass die Dinge sich nicht immer so entwickeln, wie wir das gern hätten – jedenfalls nicht kurzfristig. Da draußen existiert eine sehr reale Welt, die tut, was sie will. Es gibt Ereignisse, über die wir keine Kontrolle haben, und es gibt Ereignisse, an denen wir aktiv mitwirken. Es ist wesentlich, den Unterschied klar zu erkennen.

Hinweis 3: Es ist nicht die Angst vor dem Versagen, die Sie zurückgehalten hat

Menschen, die meinen, Angst vor dem Versagen zu haben, liegen meiner Meinung nach falsch. Denn in Wahrheit haben sie Angst vor dem Erfolg. Wenn man wirklich Angst vor dem Misserfolg hätte, wäre man sehr erfolgreich. Menschen, die Angst vor etwas haben, halten sich fern davon. Wenn Sie Ihr Potenzial also nicht ausschöpfen und glauben, der Grund dafür sei die Angst vor einem Misserfolg – dann irren Sie sich. In Ihren eigenen Augen sind Sie doch bereits ein Versager – wie viel Angst haben Sie also davor?

Aber gesetzt den Fall, dass Sie sich nicht generell vor dem Versagen fürchten, sondern vor dem Versagen in einem bestimmten Bereich? »Was, wenn ich alles gebe, um Schriftsteller zu werden, und es nicht schaffe? Dann bewahrheiten sich meine schlimmsten Ängste. Ich werde wissen, dass ich nicht gut genug bin.«

Nein, genau das werden Sie nicht wissen. Wenn Sie versuchen, Bundeskanzlerin zu werden oder ein Künstler oder einen Partner zu finden und dabei nicht erfolgreich sind, dann beweist das lediglich, dass es *nicht einfach ist, Erfolg zu haben*. Das ist alles. Die Vernunft gebietet, etwas so lange zu versuchen, bis es gelingt. Wenn Sie sich nicht dazu bringen können, es immer weiter zu versuchen, dann würde ich an Ihrer Stelle misstrauisch werden. Vielleicht wollen Sie gar nicht erfolgreich sein, sondern lediglich den Anschein erwecken, dass Sie es versucht haben? Dann sind Sie auf der Suche nach einem Alibi, und da muss man neugierig werden: Wieso gefällt es jemandem, sein Leben auf diese Art und Weise zu gestalten?

▪ Was verletzt Sie?

Denken Sie daran: Für alles gibt es immer einen guten Grund.

»Ich fühle mich wie Penelope, die Frau von Odysseus, die den ganzen Tag gewebt hat und nachts alles wieder aufzog – denn wäre sie fertig geworden, hätte sie einen Ehemann wählen müssen. Dabei wartete sie auf die Heimkehr von Odysseus«, sagte Lena. Sie ist selbstständig als Informationsscout für Wissenschaftler tätig. Sie recherchiert Informationen, die Wissenschaftler benötigen, und fasst sie in Berichte zusammen. Sie liebt ihre Arbeit und macht sie wirklich gut. Aber oftmals passiert es, dass eine wichtige Seite fehlt, wenn sie eine Arbeit abgibt; oder sie vergisst, ihre Berichte Korrektur zu lesen.

»Ich weiß, dass ich alles noch einmal durchlesen sollte. Ich weiß es. Aber irgendwie tue ich es nicht, weil ich denke, dass schon alles in Ordnung sein wird. Später bereue ich es dann jedes Mal.«

Wenn Sie wie Lena sind – und die meisten Menschen, die Angst vor Erfolg haben, sind so –, dann können Sie die Selbstsabotage wohl erkennen, sind aber nicht fähig, damit aufzuhören. Die Sabotage ist uns auch nur halb bewusst, und wenn es wieder passiert, ist es so, als würde jemand anders die Regie übernehmen. Und genau das ist auch der Fall.

Wer führt Regie in diesem Film?

Schauen wir uns noch einmal die Geschichte von Birgit an. Beginnend mit den Ressentiments ihres Bruders machte sie die Erfahrung, dass Menschen ablehnend auf sie reagierten, wenn sie zu schlau war. Nach einigen Jahren dachte sie, intelligent zu sein bedeute, nicht liebenswert zu sein. Aber sie traf nie eine bewusste Entscheidung, sich zurückzuhalten. Birgit bemühte sich sehr, ihr Leben in die richtige Bahn zu lenken, aber »mysteriöserweise« fiel es ihr auf einmal schwer, sich zu konzentrieren. Ihre Noten wurden schlechter, und sie schloss daraus, doch nicht besonders intelligent zu sein. Ohne zu wissen, was sie da tat, unterdrückte Birgit ihre Begabung.

Wann immer eine Reaktion unbewusst abläuft, ist es so, als hätte ein Autopilot die Steuerung übernommen; das Verhalten tritt automatisch auf. Um diesen unsichtbaren Autopiloten – der nichts anderes als ein versteckter Widerstand ist – sichtbar zu machen, sollte man ihm am besten einen Grund zur Beunruhigung geben.

Fünf Minuten lang sollten Sie jetzt einmal alle roten Ampeln überfahren. Stellen Sie sich vor, dass kein Hindernis Sie zurückhält und Ihr größter Traum Wirklichkeit wird.

Übung 2
Die Erfolgsstimme sprechen lassen

Es gibt eine Seite in Ihnen, die es genießt, erfolgreich zu sein – und diese Seite hat eine Stimme. Sie ist glockenrein, stark und schön, und sie sagt: »Ich liebe es, das zu bekommen, was ich will.« Diese Stimme will erschallen, und genau das soll jetzt auch passieren.

Stellen Sie sich vor, dass Sie alles erreicht haben, was Sie jemals wollten. Stellen Sie sich ein traumhaft schönes Leben vor, eines das ganz nah an Ihre kühnsten Träume kommt. Ein Leben, das Sie heute hätten, wenn Sie nicht immer davor zurückgeschreckt wären.

Schließen Sie Ihre Augen: Wie sieht es aus und wie fühlt es sich an, alles zu haben, was Sie wollen? Stellen Sie sich die Einzelheiten dieses Lebens vor, durchwandern Sie es in der Vorstellung so, als würden Sie es wirklich erleben. Machen Sie diese Übung so lange Sie können – bis zu fünf Minuten lang.

Sie tun genau das, wonach Sie sich schon immer gesehnt haben. Sie sitzen am Schreibtisch und stellen großzügig Schecks aus; Sie blicken dabei über die Dächer Ihrer Lieblingsgroßstadt. Oder Sie stehen auf der Bühne vor Tausenden von Fans. Oder Sie arbeiten in einem der besten Forschungslabore und erfinden ein Gegenmittel für AIDS. Oder Sie nehmen an den Olympischen Spielen teil und gewinnen eine Goldmedaille; Sie stehen auf dem Siegertreppchen und die Nationalhymne ertönt.

Reichern Sie Ihr Leben mit allen Auszeichnungen an, die Sie bekommen würden, wenn Sie absolut erfolgreich wären.

Wie fühlt es sich an?

Nun sollen Sie davon erzählen. Laut! Stehen Sie auf, schauen Sie aus dem Fenster oder in einen Spiegel, und lassen Sie die Stimme in Ihnen ertönen, die den Erfolg liebt. Erzählen Sie der Welt, warum Ihr Leben wundervoll ist.

Andrea, 42 Jahre, Buchhalterin, hatte immer davon geträumt, Tänzerin zu werden. Sie stellte sich vor, dass sie Riesenerfolge am Broadway hatte und zum Musikvideo-Star wurde: »Ach, es ist einfach wunderbar. Ich bin richtig gut bei dem, was ich riesig gern mache. Es ist der Himmel auf Erden.«

Birgit, die Teamassistentin, beschrieb, wie sie auf der Terrasse ihres eigenen Landhauses ein Buch las: »Ich bin ganz entspannt und fühle mich wie neugeboren. Die Luft ist so frisch. Und ich habe keine Verpflichtungen mehr.«

Fällt es Ihnen schwer, enthusiastisch zu sein? Bleiben Sie trotzdem dran, versuchen Sie es, denn es gibt einen bestimmten Grund, warum wir diese Übung machen. Zwingen Sie sich, fünf Minuten lang ein herrliches Fantasieleben zu führen.

Jetzt sind die fünf Minuten vorbei. Wie fühlen Sie sich?

Andrea, die Buchhalter-Tänzerin, sagte: »Irgendetwas stimmt nicht. Ich fühle mich unwohl. Und ich kenne dieses Gefühl von früher.«

Geht es Ihnen auch so?

Wenn Menschen, die sich selbst sabotieren, diese Übung machen, verändert sich nach einigen Minuten in der Regel ihre Stimmung. Die Begeisterung und das Glücksgefühl rufen Ihren Widerstand hervor – und genau das war auch beabsichtigt.

Birgit bekam beispielsweise Angst: »Ich wurde unruhig und hatte das Gefühl, dass bald etwas Schlimmes passieren würde. Ich dachte, dass ich mich besser fühlen würde, wenn ich zum Beispiel den Rasen mähe.«

Warum um Himmels willen fühlt es sich nicht rundherum toll an, einmal erfolgreich und sorglos zu sein?

Weil der Erfolg eine Gefahr für Sie darstellt. Wenn Sie den Erfolg vermeiden, vermeiden Sie Gefahr. Und was könnte gefährlich am Erfolg sein? Jeder, der den Erfolg fürchtet, erwartet, dass bei Erfolg emotionale Verletzungen auftreten – und instinktiv weichen wir vor potenziellem Schmerz zurück.

Sie haben sich gerade dazu gezwungen, Ihren Traum bewusst zu erleben, und schon trat die Anti-Erfolgsstimme in Aktion, um Sie vor der Gefahr emotionaler Schmerzen zu bewahren; Sie können schon hören, was diese Stimme sagt. Sie sagt nichts Neues, doch dieses Mal werden Sie das, was sie sagt, laut aussprechen – und wir werden dieser Stimme einmal ganz genau zuhören.

Übung 3
Lassen Sie die Anti-Erfolgsstimme sprechen

Sie *wissen*, warum es ein furchtbarer Gedanke ist, erfolgreich zu sein, und ich möchte gern, dass Sie das einmal ganz klar und deutlich aussprechen. Sagen Sie all das Negative, was Ihnen in den Sinn kommt.

Andrea: »Tanzen ist doof. Es ist doch nur Angeberei.«

Birgit: »Ich fühle mich absolut isoliert, so, als ob ich auf dem Mond wäre und es auch noch verdiente, ganz allein zu sein.«

Jetzt die wichtige Frage: Woher kommt Ihre Vorstellung,
dass Erfolg etwas Schlechtes ist?

Wenn Sie nicht sofort erkennen können, woher die Gefahr droht, gibt es die folgenden beiden Wege, um es herauszufinden:

1. Schauen Sie sich noch einmal die Chronologie aus Übung 1 an. Gehen Sie nochmals zu den Stellen, bei denen Sie etwas nicht taten, was Sie gern getan hätten, und überlegen Sie, ob Ihnen neue Gründe dafür einfallen, warum Sie davor zurückgeschreckt sind. War jemand in Ihrer Familie unzufrieden oder erfolglos? Mussten Sie für andere erfolgreich sein, und mussten Sie dabei vergessen, dass Sie Ihren eigenen Erfolg brauchten? Hat jemand Ihnen den Erfolg geneidet und Sie deshalb heruntergemacht?
2. Fragen Sie sich: *An wen erinnert mich meine negative Stimme?* Fragen Sie sich: *»Wer sagt das?«*

Wenn ich jemanden frage, wer das sagt, lautet die erste Antwort meistens: »Es ist *meine* Stimme. Ich sage das, weil ich es glaube.« Diese Dinge hören sich vielleicht wie Ihre eigenen Gedanken an, weil Sie sie jahrelang im Geiste wiederholt haben, um sich selbst zu bremsen. Die wichtige Frage lautet aber: »Wer sonst hätte diese Worte noch gesagt?«

Andrea, die dachte, dass Startänzer unglückliche und neurotische Menschen seien, fragte sich dasselbe: »Wer hat mir das beigebracht?« Sie erkannte sofort, dass ihre negative Stimme die Stimme ihrer Mutter war. Ihre Mutter hatte berühmte Leute schon immer runtergemacht, indem sie sagte, dass sie egoistisch und eigensüchtig seien.

Unsere Eltern geben nun mal ihre Meinungen von sich, und wir fragen meistens gar nicht, was hinter diesen Botschaften steckt. Wir nehmen sie als gegeben hin, und gestalten unser Leben danach.

Es ist nicht leicht zu lernen, dass die Welt nicht so ist, wie Ihre Familie sie sah. Ein Teil von Ihnen möchte immer weiter in dieser Welt leben – auch wenn Sie wissen, dass es gar nicht gut ist.

■ Ihre Kindheit

Häufig denken wir, dass unsere Kindheit, die so lange her ist, uns nicht mehr beeinflusst.

Aber wir sollten uns auf unser Erwachsensein wahrlich nicht allzu viel einbilden. Wenn wir unter Stress stehen, treten unsere primitivsten (das heißt kindlichen) Verteidigungsmechanismen in Aktion. Für jemanden, der den Erfolg fürchtet, bedeutet das Folgendes: Wenn der Erfolg nahe ist, dann ist auch die Selbstsabotage nicht weit.

Übung 2 hilft Ihnen zu erkennen, dass die zugrunde liegenden Konflikte lebendig und stark sind. Es macht wenig Freude, den eigenen Problemen ins Auge zu sehen, aber wenn sie unentdeckt bleiben, werden sie Sie gerade dann zu Fall bringen, wenn Sie meinen, dass es endlich vorwärts geht.

Deshalb zögern Sie nicht und werfen Sie einen genauen Blick auf Ihre Schwierigkeiten. Wenn Sie ein Problem und seine Ursache erst einmal erkannt haben, sind Sie in einer relativ guten Position. Dann brauchen Sie nur noch die Ärmel hochzukrempeln und zu korrigieren, was falsch läuft. James Baldwin, ein großer amerikanischer Schriftsteller, schrieb: »Wisse, woher du kommst. Wenn du weißt, woher du kommst, kannst du überall hingehen.«

Ihre Angst vor Erfolg kann mehrere Ursachen haben. Prüfen Sie, ob Sie Angst haben, eine der folgenden »Sünden« zu begehen:

1. Jemanden überholen, den Sie lieben

Väter und Söhne: Sie ahnen nicht, wie viele Männer ihre Väter nicht überholen. Männer werden in unserer Kultur von anderen Männern auf das Härteste getestet. Schon auf dem Schulhof lernen sie wegzulaufen, zu kämpfen oder einen Witz zu erzählen, um nicht verprügelt zu werden. Jungen zwingen Jungen dazu, hart und unabhängig zu sein, bevor sie dafür reif sind. Sie tun viel zu früh so, als wären sie unabhängig. Es bleibt eine Menge Angst und Verletzlichkeit übrig, die Männer genauso wie jedes Anzeichen von Schwäche verleugnen müssen.

Wenn Männer Väter werden, helfen sie ihren Söhnen, indem sie diese ermutigen, stark zu sein und »gefährliche« Anzeichen von Bedürftigkeit und Verletzlichkeit nicht zuzulassen. Aber wenn ein Junge zu stark wird, beginnt der Vater sich unsicher zu fühlen und wechselt zu einem Konkurrenzverhalten über. So sehr er seinen Sohn auch lieben mag, fühlt er sich durch die Stärke eines anderen männlichen Wesens doch auch bedroht.

Wenn der Sohn seinen Vater überholt, gerät dieser in einen verwirrenden Gefühlskonflikt. Eine Seite in ihm will mit dem Sohn angeben; die andere Seite fragt: »Was geschieht mit mir? Bin ich nun nur noch zweitklassig?«

Heutzutage, wo erfolgreiche Mütter Töchter haben, die ebenfalls viel erreichen, tritt auch hier das Problem auf, und die Mütter haben bezüglich des Erfolgs ihrer Töchter gemischte Gefühle.

Selbst Kinder, die in einem ganz anderen Bereich tätig sind als ihre Eltern, können das Gefühl haben, dass ihr eigener Erfolg den Eltern ihren »Helden-Status« wegnimmt.

In Familienbetrieben tritt dieser Machtkampf häufig besonders offen zutage. Kinder – und zwar Jungen wie Mädchen – arbeiten sehr hart, um ihren Beitrag zu leisten, werden aber sofort in ihre Schranken verwiesen, sowie sie echte Kontrolle und Entscheidungsbefugnis fordern. Manchmal besteht die einzige

Möglichkeit erfolgreich zu sein darin, von zu Hause wegzugehen und für die Konkurrenz zu arbeiten. Aber nur sehr wenige Kinder können eine so harte Entscheidung fällen, und bleiben daher in ihrer Situation gefangen.

Unglückliche Mütter und ihre Töchter: Viele Töchter spüren noch die Tragödie des unerfüllten Lebens ihrer Mutter und können es sich nur sehr schwer erlauben, glücklich zu sein. Es ist so, als würden sie durch ihr eigenes Glück die Person verlassen, die ihr Glück ermöglicht hat. Man kann den Schmerz und die Schwere, die eine solche Situation für das Herz eines Kindes bedeutet, nicht überbewerten.

2. In Ihrer Familie gab es viele Misserfolge

Wenn Fehlschläge das Vertrauen Ihrer Eltern in sich selbst zerstört haben, dann beeinflusst die Geschichte dieser Misserfolge auch Sie. Sie kann Sie dazu bringen, unbedingt erfolgreich sein zu wollen und das Schicksal Ihrer Eltern zu überwinden. Oder sie bringt Sie dazu, Ihre Eltern beschützen zu wollen. Wenn Sie Ihre Eltern beschützen, geraten Sie in Konflikt mit Ihren eigenen Versuchen, erfolgreich zu sein, so als ob der Erfolg Ihrer Familie zuflüsterte: »Ihr hattet nicht das Zeug dazu« oder »Eure Welt ist nicht gut genug für mich. Ich wähle eine bessere Welt.«

3. Sie waren eine Trophäe

Wenn Sie eine Botschaft erhalten, die besagt, dass Ihre eigenen Erfolge nicht Ihnen selbst gehören, passiert etwas Seltsames mit Ihrer Energie und Ihrem Schwung. Für Eltern ist es schwierig, ihr Kind zu lieben und gleichzeitig zu erkennen, dass seine Zukunft nicht ihnen gehört. Nur wenige Eltern machen sich klar, dass ihr Stolz auf die Leistungen des Kindes eine widersprüchliche Sache ist: Er impliziert Besitzansprüche. Sie würden ja auch nicht auf einen berühmten Athleten zugehen und sagen: »Ich bin stolz auf Sie.« Denn Sie wissen genau, dass Sie den eigenen Stolz nicht auf den Athleten übertragen können.

Als Mutter weiß ich, wie schwer es ist, damit aufzuhören. Sind Sie stolz auf Ihre Kinder, wenn ihnen etwas gelingt, oder freuen Sie sich einfach für Ihre Kinder? Manchmal ist es schwer, sich daran zu erinnern, dass Kinder niemandem gehören; sie gehören sich selbst.

Wenn Sie von Ihren Eltern viel Zustimmung erhalten, dann fühlen Sie sich vielleicht wie eine Trophäe und haben Angst, Ihre Eigenständigkeit zu verlieren. Ist der Stolz Ihrer Eltern auf Sie zu groß, repräsentieren Sie die Familie anstatt sich selbst. Wenn Sie dann die Wünsche der Eltern ignorieren, enttäuschen Sie sie und verlieren Ihre »Nützlichkeit« für die Familie. Es ist eine schmerzliche Wahl, die Sie zu treffen haben. Der Trophäen-Konflikt wird noch größer, wenn Ihre Eltern nicht gerade die besten Eltern waren. Dann kann der Gedanke unerträglich sein, dass diese Menschen sich mit Ihren Erfolgen schmücken. Bewusst oder unbewusst können Sie in folgende Situation geraten: Sie weigern sich, erfolgreich zu sein, um damit zu sagen: »Ich gehöre mir selbst und nicht euch.«

4. Sie warten darauf, gerettet zu werden

Manchmal lassen wir zu, dass wir wieder und wieder in Schwierigkeiten geraten, weil wir – unbewusst – darauf warten, dass uns jemand rettet. Entweder haben uns unsere Eltern zu oft gerettet, oder sie haben uns ständig im Stich gelassen, so dass wir als Erwachsene fortwährend Schwierigkeiten haben, um ihnen eine weitere Chance zu geben, uns zu retten.

Wenn Sie darauf warten, gerettet zu werden, freuen Sie sich nicht darüber, Ihre Probleme selbst lösen zu können – wie es die meisten Menschen tun. Stattdessen erinnert Sie jeder Versuch, Ihr Leben selbst in die Hand zu nehmen, schmerzhaft daran, dass niemand anders sich um Sie kümmern möchte.

5. Sie hatten es mit neidischen Menschen – und anderen Feinden – zu tun

Es ist eine Tatsache, dass es in unserer Welt jede Menge schwierige Menschen gibt. Nicht jeder meint es gut, und manchmal haben es Menschen darauf abgesehen, Ihnen wehzutun.

Ab dem Zeitpunkt der Geburt kann man ein Opfer von Eifersucht oder Neid werden. Möglicherweise verdrängt man ein älteres Geschwister oder sogar ein Elternteil vom Zentrum der Aufmerksamkeit. So normal diese Dinge auch sind, für ein kleines Kind haben sie eine starke Auswirkung.

Mel, Schreiner von Beruf: »Junge, ich weiß, was Eifersucht ist – und zwar von meinem älteren Bruder. Ich tat alles, um von ihm gemocht zu werden. Aber er war immer wütend auf mich. Der einzige Weg, ihn zu beruhigen, hätte darin bestanden zu sterben.«

Wenn man in der Kindheit von eifersüchtigen, zornigen Menschen umgeben war, hat das zur Folge, dass man, sowie man positive Aufmerksamkeit oder Lob bekommt, automatisch damit rechnet, jemand anderen zu verärgern. Und wenn man mit jemandem zu tun hat, der einen ablehnt, gerät man schnell aus dem Gleichgewicht. Ich kenne Menschen, die regelrecht krank wurden, weil sie mit Menschen zusammenarbeiten mussten, die neidisch auf sie waren.

Wenn Sie sich innerlich viel mit einer Person beschäftigen, die Sie ablehnt, und Sie versuchen, von ihr akzeptiert zu werden, dann sollten Sie schleunigst erkennen, dass eifersüchtige Menschen Sie gar nicht akzeptieren wollen. Je netter Sie werden, desto neidischer und wütender wird der andere, da Sie nun erst recht positiv dastehen.

Wenn jemand auf Sie eifersüchtig war, während Sie aufwuchsen, und Sie heute Angst vor Erfolg haben, dann haben Sie Ihr Schicksal an das Problem des anderen gekettet. Eifersüchtige Menschen glauben, dass sie umso weniger bekommen, je mehr andere – also Sie – erhalten. Darauf sind Sie reingefallen: Sie glauben, wenn Sie etwas bekommen, dann bekommt ein anderer automatisch weniger. Wenn diese Erkenntnis Sie schockiert oder ängstigt, atmen Sie tief durch. Sie müssen nicht länger das Opfer sein. Auch für dieses Problem gibt es eine Lösung.

6. Sie sind eine Frau (Frauen sollen nicht erfolgreich sein)

Dieses kulturelle Problem mag immer geringer werden, aber noch existiert es; eine Kultur verändert sich nicht so schnell. Als junges Mädchen wird man gelobt, wenn man mitfühlend und hilfsbereit ist, und abgelehnt, wenn man zu viel Interesse am eigenen Erfolg zeigt. Bereits im Kindergarten mögen es Erzieher und Erzieherinnen, wenn Jungen sich lautstark Aufmerksamkeit verschaffen – bei Mädchen mögen sie es nicht.

Wir wenden uns Zustimmung zu wie Pflanzen sich der Sonne zuwenden, und schrecken genauso vor Ablehnung zurück. Immer noch ist es einfach, Karrierefrauen ein schlechtes Gewissen damit zu machen, dass sie die Familie vernachlässigen; und Männer glauben immer noch, dass sie mit ihrer Karriere eine Pflicht gegenüber der Familie erfüllen.

7. Ihre Eltern waren krank oder behandelten Sie schlecht

Wenn Ihre Eltern zum Beispiel süchtig waren (Tabletten, Alkohol oder Ähnliches) oder Sie als Kind schlecht behandelten, wurde Ihnen dadurch ein Gefühl der Schuld und der Wertlosigkeit vermittelt. Wenn Sie überzeugt sind, dass Sie weder Erfolg noch Liebe verdienen, dann werden Sie auch beides vermeiden. Sie glauben, dass Sie eine solche Belohnung nicht verdienen. Unweigerlich haben Sie zudem ein Gefühl der inneren Leere. Nach Erfolg oder nach Liebe zu streben – ohne sie wirklich jemals zu bekommen – fühlt sich »richtig« an. Schließlich sagt Ihnen der Verstand, dass Sie an *irgendetwas* schuld sein

müssen, denn sonst hätte man Sie ja geliebt. Wenn Sie sich red-
lich bemühen, aber nie Erfolg damit haben, entsteht das unbewusst befriedigende Gefühl, dass Sie Buße tun.

Haben Sie sich auf diesen Seiten wiedergefunden?
Hat eine der Geschichten Sie an Ihr eigenes Leben erinnert?

Wenn ja, können jetzt die unterschiedlichsten Gefühle auftauchen, vor allem dann, wenn das Erkennen der eigenen Situation Sie schockiert hat.

Bevor wir uns weiter diesen Gefühlen widmen und über die
Schritte nachdenken, mit denen die selbstzerstörerischen Muster überwunden werden können, möchte ich Folgendes erläutern:

■ Ihre gegenwärtige Situation

*Die gute Nachricht: Wenn Sie die Ursache Ihrer Angst vor dem Er-
folg erkannt haben, ist Ihnen bereits ein großer Schritt zur Überwindung dieser Angst gelungen.* Es nur zu verstehen wird Ihr Problem
nicht vollständig lösen, dennoch ist es ein großer Durchbruch,
wenn Sie wissen, was hinter Ihrer gewohnheitsmäßigen Erfolgs-
vermeidung steckt.

Wenn Ihr Auto nicht mehr fährt und Sie nicht wissen, warum, dann haben Sie ein größeres Problem. Wenn Sie dagegen
wissen, dass der Tank leer ist, sind Sie bereits in einer besseren
Position, selbst wenn Sie nicht sofort Benzin beschaffen können. Sie verplempern keine Zeit mehr damit, den Vergaser zu
reparieren. Sie machen sich auf den Weg zur nächsten Tankstel-
le. Das Problem ist halb gelöst.

*Die schlechte Nachricht: Ihre Eltern oder Ihre Familie können Sie
nicht von Ihrem Problem befreien,* selbst wenn sie das wollten. Sie
müssen sich selbst (und können sich selbst!) von Ihrer Bindung

an das Schicksal einer anderen Person befreien. Und Sie müssen es ganz allein tun – auch wenn jemand anders in der Vergangenheit die Ursache dieser Verstrickung war.

Wenn Ihre Eltern zugeben, dass sie Ihnen geschadet haben, dann kann das Ihrer Beziehung eine wunderbare neue Dimension verleihen, aber die Konflikte der Vergangenheit werden dadurch kaum berührt. Eine Verhaltensänderung der Eltern kann Ihre tiefsten Gefühle heute nicht mehr erreichen. Selbst wenn ein eifersüchtiges Geschwister nicht mehr eifersüchtig ist und sich bei Ihnen entschuldigt, löscht das Ihre Angst vor dem Erfolg nicht aus: *Sie selbst* müssen reparieren, was kaputtgegangen ist.

Und Sie werden diese Aufgabe sehr gut lösen können. Wenn jemand uns ein Leid angetan hat und damit einfach so davongekommen ist, haben wir mit dieser Ungerechtigkeit zu kämpfen und stecken häufig darin fest – doch es gibt einen Weg, die Bürde dieses Schicksals leichter zu machen.

Sie müssen Ihre Vergangenheit verarbeiten, indem Sie die alten Gefühle jetzt ausdrücken und durchleben.

Es genügt nicht zu wissen, was falsch gelaufen ist, die Gefühle müssen aufgelöst werden.

Sie müssen sich mit dieser unerledigten Angelegenheit befassen. Denn jetzt, wo Sie erwachsen sind und die Welt, in der Sie aufgewachsen sind, besser verstehen, sind Sie auch stark genug, um alten Gefühlen aus der Kindheit standzuhalten.

Jemand sagte einmal: »Der größte Kummer ist nicht etwa der Kummer der Kindheit – den größten Kummer bereitet die erinnerte Kindheit.« Das Kind, das Sie einst waren, verdient Ihr größtes Mitgefühl. Niemand außer Ihnen wird je den Kummer und Schmerz verstehen, den Sie durchlebt haben, als Sie klein waren. Seien Sie daher so mutig und weinen Sie, wenn Ihnen danach zumute ist. Weinen Sie um dieses Kind, oder weinen Sie als dieses Kind. Wenn keine Tränen kommen wollen, dann sitzen Sie still und spüren den Schmerz. Der Schmerz ist nicht endlos, und wenn Sie ihn zugelassen haben, werden Sie überraschende Veränderungen feststellen. Sie werden sich leichter fühlen, und Konflikte werden sich auflösen. Diese Gefühle endlich zuzulassen wird Sie von alten Verletzungen befreien, so dass Sie im Leben vorwärts kommen können.

Und was ist, wenn Sie sich gar keiner alten Gefühle bewusst sind? Es gibt verschiedene Wege, um begrabenen Kummer und verdrängte Trauer hochzuholen, auszudrücken und loszulassen. Sie können beispielsweise die Hilfe eines Therapeuten in Anspruch nehmen, der die Gefühle Ihrer Kindheit zum Sprechen bringen kann.

Die folgende Übung kann Ihnen helfen, damit anzufangen.

Übung 4
Das Leben umschreiben

Schreiben Sie Ihre Vergangenheit um. Suchen Sie in Ihrem Gedächtnis nach einem Ereignis in Ihrem Leben, bei dem Sie von Ihrem Kurs abgewichen sind, zum Beispiel nach einem Moment, in dem Sie eine große Chance hatten, sie aber nicht ergriffen haben. Vielleicht gab es eine Zeit, zu der Sie sich besonders für etwas einsetzen wollten, dann aber doch gekniffen haben.

Stellen Sie sich nun vor, dass alles ganz so verlaufen wäre, wie Sie es eigentlich wollten. Sie blieben auf Kurs, ergriffen die Chance und trafen ins Schwarze.

Wo wären Sie heute?

Erinnern Sie sich an Andrea, die ein Tanzstar sein wollte? Tatsächlich war ihr einst eine Rolle in einem Musical angeboten worden. Sie hatte das Angebot abgelehnt und stattdessen den Heiratsantrag ihres damaligen Freundes angenommen. Heute ist sie 42 Jahre alt und wütend auf sich selbst. Sie schrieb ihr Leben um, so wie es hätte sein sollen: »Man bot mir die Rolle an und ich nahm sie an. Ich bat Alex zu warten, bis ich von der Tournee wieder zurück wäre – und ich glaube, das hätte er auch getan. Ich hatte eine wunderbare Zeit, ich war unglaublich gut auf der Bühne ... und Alex wartete auf mich.«

Sie hatte Tränen in den Augen.

»Warum hast du die Rolle damals abgelehnt?«, fragte ich sie.

»Weil die Anti-Erfolgsstimme sagte, dass ich eine eingebildete Angeberin bin.«

»Woher stammt diese Ansicht?«

»Von meiner Mutter. Sie sagte es ständig.«

»Und woher hat deine Mutter diese Meinung?«

»Nun, sie ist von ihrer eigenen Mutter stark vernachlässigt worden, die ständig nur Partys und Feiern im Kopf hatte.« Andrea hielt an dieser Stelle inne. »Guter Gott«, sagte sie dann. »Sie sagte das zu ihrer eigenen Mutter, nicht zu mir!«

Wie steht es bei Ihnen? Was haben Sie entdeckt, während Sie Ihre Vergangenheit umgeschrieben haben? Ist der Schmerz über das, »was hätte sein sollen«, unerträglich? Oder denken Sie nun »Ich war so ein Feigling. Es ist meine eigene Schuld«? Wenn Sie sich selbst beschuldigen, dann hören Sie bitte sofort damit auf. Es ist unproduktiv. Aber das eigentliche Problem ist, dass die Selbstvorwürfe auf einer Illusion basieren, die Sie erfunden haben, um sich stärker zu fühlen, als Sie wirklich jemals waren.

■ Es ist anmaßend, sich selbst die Schuld zu geben

Wenn Sie denken »Ich hätte anders handeln können. Alles ist meine Schuld«, dann befinden Sie sich auf einem Macht-Trip. Sie können sich stärker vorkommen, wenn Sie wütend auf sich selbst sind, da Sie so tun, als seien Sie Meister Ihres eigenen Schicksals. Aber in Wirklichkeit hatten Sie *keineswegs* die Kraft, anders zu handeln.

Andrea hatte mit 20 Jahren nicht die Kraft, sich anders zu

verhalten. Ihre Kindheit mit ihrer Mutter hatte sie vorprogrammiert, die Chance nicht zu ergreifen.

Warum geben wir uns lieber selbst die Schuld als uns einzugestehen, dass wir unschuldig sind und nicht anders handeln konnten? Weil es unerträglich ist, an die eigene tragische Hilflosigkeit erinnert zu werden.

Die Illusion von Macht ist ein Überbleibsel aus der Kindheit, in der wir verzweifelt daran glauben mussten, mehr Alternativen zu haben, als tatsächlich vorhanden waren. In Wirklichkeit hatten wir aber niemals die Macht, das Leben unserer Mütter glücklicher zu machen oder ein eifersüchtiges Geschwister dazu zu bringen uns zu lieben, oder einen zornigen Vater weniger zornig zu machen. Wenn Sie sich heute Vorwürfe machen, Chancen nicht genutzt zu haben, dann setzen Sie die Gewohnheit fort, sich für mächtiger zu halten als Sie sind. Ich möchte Ihnen Folgendes sagen: Wenn Menschen die Stärke und die Macht haben, das zu tun, was richtig für sie ist, dann tun sie es. Wenn sie durch zu viele innere Konflikte belastet sind, können sie es nicht tun.

■ Die Schuld vor der richtigen Haustür abladen

Etwas in Ihrer Kindheit ist schief gelaufen. Und wenn Sie die Schuld dafür nicht jemand anderem geben, sind Sie selbst der Sündenbock.

Damit Sie Ihr Selbstwertgefühl wiedererlangen, müssen Sie zunächst verstehen, *dass Sie, wie jedes Kind, ein Anrecht darauf hatten, in eine überaus fürsorgliche und liebevolle Welt hineingeboren zu werden.* Sie hatten ein Recht darauf, respektiert, beschützt, ermutigt und geliebt zu werden. Nur wenige von uns sind tatsächlich in eine solche Welt hineingeboren worden, aber wir können es überstehen und uns entfalten, wenn uns klar ist, dass wir nicht schuld an der Unvollkommenheit unserer Umgebung waren. Ihre Eltern konnten nicht alles richtig machen – *aber wenn Sie ihnen zu schnell verzeihen, werden Sie sich selbst die Schuld geben und dadurch wieder auf die falsche Spur geraten.*

Vielleicht denken Sie nun: »Niemand hat perfekte Eltern. Können wir das nicht einfach alles vergessen und in der Gegenwart leben?« Ich verstehe diesen Impuls gut, aber dahinter steckt das Wunschdenken, die Vergangenheit einfach zu vergessen. Aber das wird nicht funktionieren. *Wir alle versuchen unsere Eltern zu bestätigen.* Meine Freundin Alma macht es mit 20 Kilo Übergewicht. Almas Mutter gibt ihr zu verstehen, dass sie mit einer dünneren Tochter zufrieden wäre – also bleibt Alma übergewichtig, um nicht der Wahrheit ins Auge sehen zu müssen, dass ihre Mutter nie mit ihr zufrieden sein wird. Solange Alma dick ist, kann sie ihr Gewicht für die fehlende Liebe verantwortlich machen, anstatt die Unfähigkeit der Mutter, sie zu lieben.

Niemand stellt sich gern Wahrheiten dieser Art. Wenn Ihre Eltern wirklich wegen Ihnen unglücklich gewesen wären, dann hätten Sie nur an sich arbeiten und sich bessern müssen. Aber wenn Ihre Eltern aufgrund eigener Probleme unglücklich waren, dann gab es nichts, was Sie tun konnten.

So sieht die Kindheit von Menschen aus, die sich selbst sabotieren. Es gab nichts, was Sie tun konnten. Die Schuld vor der richtigen Haustür abzuladen – begleitet von einigen guten, altmodischen Wutausbrüchen (in Ihrem privaten Tagebuch!) – wird fruchtlosen Selbstvorwürfen ein Ende bereiten und Ihnen den Weg freimachen.

■ Wut!

Sie wissen selbst, dass es destruktiv ist, für zu lange Zeit zu viel Wut in sich anzustauen. Außerdem vermeidet jemand, der lange Zeit Wut und Ärger mit sich herumträgt, oft ein anderes Gefühl, zum Beispiel einen tiefen Schmerz, den er nicht spüren will. Aber Wut und Ärger sind notwendige Bestandteile des

Heilungsprozesses, wenn Sie in der Vergangenheit verletzt worden sind. Sie kommen daran nicht vorbei.

Und Sie können das Verhalten Ihrer Eltern nicht auf Kosten Ihrer eigenen Unschuld entschuldigen. Sie müssen wütend werden, bis Sie sich besser fühlen – und dann können Sie verzeihen. Um den Wirrwarr alter Gefühle klären zu können müssen Sie verstanden haben, dass Ihre frühesten Gefühle der Angst oder der Verletzung auf einem natürlichen *Bedürfnis des Kindes nach perfekten Eltern* beruhen.

Es gibt natürlich keine perfekten Eltern! Aber Sie müssen dennoch die Verzweiflung des Kindes zum Ausdruck bringen, das perfekte Eltern *brauchte*. Das mag kompliziert klingen, aber es funktioniert.

Nehmen Sie Ihren Stift zur Hand und geben Sie Ihren schmerzlichen Gefühlen Ausdruck – in einem Brief, den Sie niemals absenden werden. Wenn Sie Ihre Wut herausgelassen haben, werden Sie sich anders fühlen: frei von Selbstvorwürfen und bereit, *wirklich* zu verstehen, dass Ihre Eltern auch nur Kinder mit ihren eigenen Problemen waren. Und auch Ihnen werden Sie nun keine Vorwürfe mehr machen

Übung 5
Ein Brief an die Person, die mich nicht richtig geliebt hat

Wie bereits erwähnt, können weder Ihre Eltern noch Ihre Geschwister heute viel dazu beitragen, Ihre Vergangenheit zu ändern. Es ist allein Ihre Angelegenheit. Senden Sie Ihren Brief daher nicht ab.

Aber schreiben Sie ihn.

Geben Sie Ihrer Wut und dem Schmerz Ausdruck, damit der unvollendete Prozess abgeschlossen werden kann und Sie die Vergangenheit endlich hinter sich lassen können.

Wenn Sie sich, nachdem Sie Ihrem Zorn Luft gemacht haben, nicht ruhiger fühlen, müssen Sie noch ein bisschen länger und öfter wütend werden und trauern – bis Sie damit durch sind. Sie müssen wahrscheinlich mehrmals zwischen Schmerz und Wut hin- und herwechseln; es sind gewaltige Gefühle, die verarbeitet werden müssen. Schließlich waren Sie ein tolles Kind und sind – beabsichtigt oder nicht – schwer verletzt worden! Wenn Sie nicht betrauern, was das Kind erleiden musste, kann die Wunde nicht heilen.

Übung 6
Das Leben umschreiben 2

Schreiben Sie ein Theaterstück, in dem Sie Ihren Eltern oder einem Geschwisterteil Ihr Leid klagen; in diesem Stück *wollen* die Eltern oder ein Geschwisterteil Ihnen zuhören – sie sind betroffen über die Verletzungen, die sie Ihnen zugefügt haben, und es tut ihnen sehr leid.

Ihre wahren Eltern könnten diese Sätze wahrscheinlich nicht sagen, also schreiben Sie ein Stück mit Eltern, die Sie nicht wirklich hatten. Dann sagt ein Elternteil: »Es tut mir leid, dass ich dir wehgetan habe.«

Lena schrieb Folgendes:

Lena: Mama, du hast mir wirklich wehgetan, als ich klein war.
Mutter: Sag mir, was du damit meinst. Ich würde es gern wissen.
Lena: Du wolltest gar keine Mutter sein und hast uns das jeden Tag spüren lassen. Wir kamen uns so vor, als hätten wir dein Leben ruiniert.
Mutter: Das war mir gar nicht bewusst! Es tut mir sehr leid, dass ich euch das angetan habe.

Die echte Mutter würde vielleicht sagen: »Sei ruhig. Natürlich habe ich euch lieb gehabt. Ich habe euch alles gegeben, was eine Mutter ihren Kindern geben muss.« Aber das wollen Sie jetzt nicht hören. Sie brauchen eine fiktive Neufassung Ihres Lebens.

Was haben Sie von dieser fiktiven Umgestaltung? Nun, wenn sie gelingt, können Sie den Eisberg einer doppelten Ungerechtigkeit zum Schmelzen bringen, der jahrelang in Ihnen versteckt war. Zum einen sind Sie verletzt worden, und zum anderen wurde Ihr Schmerz ein Leben lang geleugnet.

Anerkennung und Mitgefühl helfen alte Wunden heilen zu lassen, aber unsere Eltern verstehen meistens nicht, was damals nötig gewesen wäre, und sie machen den Fehler, sich zu verteidigen oder die ganze Sache als lange vorbei und abgeschlossen abzutun. Oder sie fühlen sich so schuldig, dass Sie wünschten, niemals davon angefangen zu haben.

Wenn Sie jemals mit einem Elternteil, einem Exehemann oder einem großen Bruder über Ihre Verletzung reden, dann sollten Sie diesen Menschen helfen und sagen: »Ich will nur, dass du mir zuhörst. Ich will nicht, dass du dich hinterher umbringst oder dir schlecht vorkommst.«

Wenn sie stark genug sind und Ihre Geschichte bis zum Ende anhören, dann können Sie sagen: »Es war nicht deine Schuld. Du hast dein Bestes getan.«

Andrea musste lernen, dass sie ihr eigenes Glück nicht aufgab, weil sie dumm war oder weil ihre Mutter ein Monster war, sondern weil Andrea Ihre Mutter so gern mochte. Wenn ihr Leben glücklich wäre – so spürte sie –, würde das Leben ihrer Mutter einen allzu schmerzlichen Kontrast dazu bilden. Wenn Sie Ihre Machtillusionen aufgeben und akzeptieren, dass Sie Ihre Familie nicht glücklich machen können, werden Sie sich der Tragödie Ihrer Familie – und Ihrer eigenen – voll bewusst. Wie ein Blitz kann Sie die Erkenntnis treffen: *Die Eltern, die Sie seit Ihrer Geburt lieben, hatten vielleicht nie eine Chance zum Glück-*

lichsein. Die Zeiten waren dafür vielleicht zu hart oder die Umstände zu schwierig. Sich dieser Tragödie nicht zu stellen würde bedeuten, die Eltern auf ewig misszuverstehen und schlimmer, dem eigenen Glück ohne guten Grund den Rücken zuzukehren.

In diesem Buch gibt es keine schwierigere Aufgabe, als diese Gefühle zu akzeptieren und zu verarbeiten. Aber wenn es Ihnen gelingt, habe ich sehr gute Nachrichten für Sie.

▪ Gute Zeiten

Das Schwerste liegt nun hinter Ihnen.

All die schmerzhaften Gefühle, die Sie gerade durchgearbeitet haben, werden es Ihnen ermöglichen, frei auf Ihre eigene Zukunft zuzugehen. Während Sie daran gearbeitet haben, Ihre Angst vor dem Erfolg zu überwinden, könnten Sie etwas entdeckt haben, was Ihnen vorher nicht klar war:

Sie dachten, Sie hätten Angst vor der Zukunft, aber in Wirklichkeit hatten Sie Angst vor der Vergangenheit. Das Unbehagen im Zusammenhang mit möglichen zukünftigen Erfolgen war in Wirklichkeit die Angst davor, Verletzungen aus der Vergangenheit spüren zu müssen. Wenn die guten Zeiten anbrechen, wird Ihr Geist Ihnen einen weiteren Streich spielen: Sie werden schreckliche Angst haben zu verlieren, was Sie endlich erreicht haben.

Und wieder werden Sie denken, dass Sie Angst vor einem zukünftigen Verlust haben, aber in Wirklichkeit ist der Verlust bereits passiert. Wie schlecht es uns wirklich gegangen ist, bemerken wir immer erst, wenn es uns besser geht. Das Ausmaß vergangener Verletzungen trifft uns wie ein Hammer, wenn wir den Kontrast zwischen der schmerzhaften Vergangenheit und der glücklichen Gegenwart spüren.

So arbeitet der menschliche Verstand nun einmal. Nehmen

Sie sich daher in ruhigen Momenten Zeit für die Trauer. Tränen haben eine heilende Wirkung und lassen Sie ein glückliches Leben führen, ohne dass Sie Angst haben müssen, es gleich wieder zu verlieren.

■ Bitte anschnallen

Es wird eine holperige – aber aufregende – Fahrt werden.

Während Sie den Restgefühlen aus der Kindheit Ausdruck verliehen haben, sind die Fundamente Ihres selbst sabotierenden Verhaltens zerbröckelt. Nun sind Sie bereit für den Erfolg, aber Sie müssen mit einigen Nachbeben rechnen.

Selbst wenn Sie neue Einsichten, Wut, tiefe Trauer und eine beginnende Heilung erlebt haben, wird es weiterhin Tage geben, an denen Sie sich sabotieren wollen – aus Gewohnheit oder weil noch mehr Wut und Schmerzen hochkommen. Ihre Familie sieht Sie vielleicht weiterhin als Trophäe, oder jemand ist eifersüchtig auf Sie oder macht Ihnen Schuldgefühle, und Sie könnten versucht sein so zu handeln, als hätten Sie diese Seiten nie gelesen.

Aber machen Sie sich deswegen keine Sorgen. Veränderung braucht Zeit. Immerhin beginnen Sie nun, Dinge zu tun, die Sie jahrelang vermieden haben. Wenn Sie es vermieden haben, ein erfolgreicher Verkäufer zu werden, gewinnen Sie nun mehr und mehr zufriedene Kunden. Wenn Sie sich davon abgehalten haben, schlanker zu werden, starten Sie nun eine Diät, die einen nachhaltigen Erfolg haben wird.

Es ist wie ein neues Leben voller neuer Gefühle, und alle Vertrautheit ist dahin. Es ist eine Zeit, in der Sie Hilfe und Unterstützung brauchen. Ein Freund oder eine Freundin, die Sie unterstützt, oder ein Erfolgsteam, dem Sie regelmäßig Bericht über Ihre Fortschritte erstatten, kann in dieser Zeit Gold wert sein. Mehr als einmal – vor allem dann, wenn das neue Verhalten Sie mit Angst erfüllt – werden Sie versucht sein, in das alte und vertraute Muster der Selbstsabotage zurückzufallen. Ein paar Menschen, die es gut mit Ihnen meinen, können Sie in dieser Situation auffangen.

Sie brauchen auch ein paar Strategien für den Alltag. Hier ist ein Tipp für Tage, an denen Sie das Gefühl haben, etwas Falsches oder Gefährliches zu tun.

Bezahlen Sie Schuldgefühle mit guten Taten ab.

Elaine: Gleich morgens widme ich mich dem Verbotenen: Ich mache meine Gesangsübungen und strenge mich richtig an. Nach zwei Stunden werde ich nervös. Dann höre ich auf und beginne, das Haus zu putzen. Auf diese Weise komme ich mir nicht mehr egoistisch vor. So einfach ist das.

Jedes Mal, wenn Sie sich auf den Erfolg zubewegen, werden die alten Gefühle zurückkommen, so wie zuvor auch, aber sie werden schwächer sein, und Sie sind darauf vorbereitet. Sie wissen nun, wie Sie Wut, Schuldgefühle oder Schmerz auf eine kontrollierte, konstruktive Art und Weise freisetzen können – ohne alles zu verderben.

Sie werden nun Dinge tun können, die vorher nicht möglich waren, und Sie werden gar nicht genau wissen, wann sich alles verändert hat. Sie werden den Ball mitten ins Tor schießen, ohne viel darüber nachzudenken.

Und eines Tages merken Sie, dass Sie nur noch dann ängstlich und nervös werden, wenn alles so gut läuft, dass es Ihnen schier den Atem nimmt. Aber das ist nicht wirklich ein Problem, oder?

Legen Sie los. Machen Sie einen Plan. Setzen Sie sich ein Ziel, und beginnen Sie noch heute mit kleinen Schritten, die zu Ihrem Ziel führen.

Genau das hat Birgit getan. Sie ging zurück zur Universität und machte ihren Doktor in mittelalterlicher Geschichte. Im Moment schreibt sie gerade ein Buch – in ihrem Landhaus in den Bergen.

Lena arbeitete sich durch einen Wust schmerzhafter Gefühle hindurch und muss heute ihre Berichte für die Wissenschaftler nicht mehr mit Fehlern behaftet abgeben. »Ich habe nun keine Aussetzer mehr und bin überaus stolz, absolut vollständige Berichte einzureichen. Ich kann das jetzt, weil ich mich mit dem harten Leben meiner Mutter auseinander gesetzt habe. Es tat weh, aber es war danach viel leichter, mich zu konzentrieren.«

Andrea hat gerade in einem Musical geglänzt, das die Bildungsstätte, in der sie unterrichtet, inszeniert hat. »Es ist ein kleiner Schritt, aber wichtig ist, dass mir der Applaus sehr gut getan hat. Ich genieße ihn. Ich habe keine Schuldgefühle mehr und werde bald bei größeren Produktionen vortanzen.«

Denken Sie daran: Ihr »eigenes Ding« zu machen ist ein großzügiger Akt. Begabt für etwas zu sein ist eine Verpflichtung. Sie schulden es der Welt, sich bei der Arbeit, die Sie lieben, besonders einzusetzen.

Es ist traurig und völlig unnötig, wenn ein verstecktes Hindernis jemanden davon abhält, seine Begabungen voll zu entwickeln. *Jeder von uns kann Dinge tun, die sonst niemand tun kann – kann Dinge lieben, die sonst niemand lieben kann.* Ihre besonderen Vorlieben sind ein großer Schatz, den die Natur Ihnen mitgegeben hat. Wenn es Ihnen gelingt, sich von den versteckten Hindernissen zu befreien, machen Sie sich selbst glücklich und tun genau das, was richtig ist.

Wir sind wie Musikinstrumente. Wir können entweder nur herumliegen, oder wir können Musik machen.

Sie wissen, was zu tun ist.

Kapitel 6
Ich will zu viele verschiedene Dinge

»Die Leute sagen, dass ich ein Hansdampf in allen Gassen bin und nichts wirklich gut kann. *Aber ich mache nun einmal die verschiedensten Dinge gern.* Ich kann mich einfach nicht für eine einzige Sache entscheiden«, sagte Eric. Er war 27 Jahre alt, gab ab und zu Nachhilfe und interessierte sich für Bildhauerei, die Börse und das Bergsteigen.

Robin, 35 Jahre, mit einem Diplom in Biologie und Literaturwissenschaft sowie einem gerade erwachenden Interesse an der Japanologie, sagte: »Ich weiß nicht, warum ich bei keiner Sache bleiben kann; nach einer gewissen Zeit langweilt es mich einfach.«

Gabriele, 25 Jahre, Kellnerin und Teilzeitkraft in einem Call-Center, drückte es so aus: »Ich weiß nicht, ob ich Medizin studieren, Lehrerin werden oder in einer großen Firma Karriere machen soll. Wenn ich mich für eine Sache entscheide, entgehen mir die anderen.«

Klingt eine dieser Personen so ähnlich wie Sie?

Wenn auch Sie viele Dinge tun wollen und sich nicht für eine Sache entscheiden können, dann weiß ich etwas über Sie – denn ich hatte dasselbe Problem und weiß genau, wie man sich dabei fühlt.

Es ist sehr unangenehm, spüren zu müssen, wie die Zeit vorbeirast, während man selbst nicht weiterkommt. Weder wird man ein professioneller Hundetrainer noch eine immer gewieftere Immobilienmaklerin; man erwirbt in keinem Bereich einen Expertenstatus. Just in dem Moment, in dem man sich auf einem bestimmten Gebiet zum Fachmann entwickeln könnte, interessiert man sich für etwas anderes. Man sieht die Menschen der eigenen Altersgruppe – nicht begabter oder talentierter als man selbst – in ihrem Leben vorankommen, während man selbst nicht aus den Startlöchern herauskommt.

Schlimmer noch: *Man selbst erhält keine Anerkennung, keinen Respekt.* Unsere Gesellschaft bewundert Spezialisten. Wenn Sie jemand sind, der viele verschiedene Dinge tut, dann entschuldigen sich Ihre Eltern wahrscheinlich mit dem Satz: »Sie hat ihren Weg noch nicht gefunden.«

Es kann auch sein, dass Sie zu viel Zeit in einem Job verbringen, der Ihnen nichts bedeutet. Ein Mensch, der sich nicht entscheiden kann, schöpft seine eigentlichen Fähigkeiten oft nicht aus, um sich nicht festzulegen und um zu signalisieren, dass der gegenwärtige Job nur eine Zwischenlösung ist.

Natürlich ist es sinnvoll, einen Job anzunehmen, während Sie damit beschäftigt sind, die Richtung zu finden, die Ihr Leben nehmen soll. Aber Vorsicht! Gabrieles Job als Kellnerin könnte sich als Falle erweisen. Etliche Jahre könnten ins Land gehen, bevor sie aufblickt und erkennt, dass sie ihre gesamte Zeit mit einer Zwischenlösung verbracht hat. Dann wird sie sagen: Mein Gott, in dieser Zeit hätte ich längst Besitzerin des Restaurants werden oder ein Medizinstudium abschließen können.

Was geht hier vor?

Wenn Sie so wie Eric, Robin oder Gabriele an vielem interessiert sind – sich zu nichts entschließen können, langsam in Panik geraten, aufgrund mangelnder Anerkennung demoralisiert sind, Gefahr laufen, in einem nicht angemessenen Job stecken zu bleiben –, *dann gibt es dennoch einen Ausweg aus Ihrem Dilemma.*

Der erste Schritt besteht darin, zu verstehen, wer Sie wirklich sind – das heißt herauszufinden, *warum* Sie so viele Dinge wollen. Wenn Sie das wissen, zeige ich Ihnen weitere Schritte, die zu einem Leben führen, das Ihnen gefällt und bestens zu Ihnen passt.

Es gibt zwei wichtige Gründe dafür, dass Sie zu viele Dinge wollen könnten und sich damit sehr unglücklich fühlen.

Grund 1: Sie sind ein geborener »Scanner«* – jemand, der sich für die erstaunliche und unendliche Vielfalt des Lebens begeistert –, haben *aber noch nicht erkannt, dass es etwas Gutes und Anerkennenswertes ist, ein Scanner zu sein.* Sie müssen erst noch lernen, dass es ein großes Talent ist und der Schlüssel zu einem sehr guten Leben sein kann.

Grund 2: Sie sind ein geborener »Taucher« – Sie sind wie ein Tiefseetaucher; Ihre Neugierde ist so groß, dass Sie immer tiefer und tiefer in ein Gebiet oder eine Sache vordringen wollen, bis Sie dieser Sache schließlich Ihr gesamtes Leben widmen – *aber zurzeit verhalten Sie sich wie ein Scanner, weil irgendetwas Sie vom Tauchen abhält.* Egal wie Ihr Leben zurzeit aussieht, Sie sind kein wirklicher Scanner. Sie sind ein Mensch, der es liebt, den Dingen auf den Grund zu gehen. Sie müssen herausfinden, was Sie vom Tauchen abhält.

■ Der Scanner

Scanner wollen alles wissen und ausprobieren. Sie wollen alles über die Struktur einer Pflanze wissen, sie interessieren sich für Musiktheorie und sie lieben es zu reisen. Auch für Politik begeistern sie sich. Für einen Scanner besteht das Universum aus tausend Kunstwerken, und ein einziges Leben ist viel zu kurz, um sie alle kennen zu lernen.

Da in unserer Gesellschaft die Spezialisierung des Tauchers besonders geachtet wird, haben Scanner oft den Ruf, sich keiner Sache richtig zu widmen.

Hierbei handelt es sich aber um ein törichtes Versehen unserer Gesellschaft.

Wenn Sie ein Scanner sind, *haben Sie außerordentliche, wert-*

* Englisch ›to scan‹ = absuchen, erfassen (Anm. d. Übers.).

volle Fähigkeiten. Sie lieben das Neue und leiden keineswegs an Angst und Unentschlossenheit. Sie können sich sehr gut an andere Kulturen anpassen und sind sehr flexibel. Sie lernen blitzschnell und interessieren sich für alles, was Sie noch nicht verstanden haben; Sie mögen und respektieren andere Denkweisen. Auch wenn Sie sich möglicherweise nicht für einen Weg entscheiden wollen, mangelt es Ihnen weder an Disziplin noch an Intelligenz. Ganz im Gegenteil, Sie möchten so viel wie möglich lernen und sind intelligent genug, um sich für alles, was Sie lernen, zu begeistern.

■ Alle Möglichkeiten gleichzeitig ausschöpfen

In vielen Fällen besteht für Scanner das einzige Problem darin, eine Arbeit zu finden, bei der sie ihr Talent für das schnelle Erfassen nutzen können. Berufliche Eignungstests werden Scannern normalerweise nicht gerecht. So war es zum Beispiel auch bei Jack.

Er suchte eine Karriereberatung auf und machte dort verschiedene Tests. Dabei kam heraus, dass er gleichermaßen talentiert für Musik, Naturwissenschaft, Mathematik und Literatur ist. Die Karriereberater sagten Jack, dass er sich entscheiden müsse. »Sie können Musiker werden, Lehrer, Mathematiker oder Lektor bei einem Verlag. Was möchten Sie am liebsten?«

Jack wusste, dass er in keinem dieser Berufsfelder glücklich werden würde: »Ich habe es noch nie geschafft, eine Sache wirklich und bis zum Ende durchzuziehen. An der Universität besuchte ich verschiedene Aufbaukurse, aber es war nie das Richtige, immer hatte ich das Gefühl, auf der falschen Spur zu sein. Einen Überblick zu bekommen lag mir viel mehr, als Detailwissen anzuhäufen. Und wenn ich den Überblick in einem Gebiet hatte, wollte ich mich wieder mit etwas anderem beschäftigen.

Meine Berufsberater wussten nicht, was sie mit mir anfangen sollten. Sie nannten mich den ewigen Studenten. Aber ich konnte mich einfach nicht entscheiden.«

Ein paar Jahre lang machte Jack mal dies, mal das. Dann bekam er das Angebot, einen Artikel für eine Broschüre zu schreiben, die bei einem Kongress von Erfindern verteilt werden sollte. Es machte ihm so viel Freude, die verschiedensten Erfinder für diesen Artikel zu interviewen, dass er nach ähnlichen Aufträgen Ausschau hielt. Das war vor 20 Jahren. Heute ist Jack ein erfolgreicher freier Journalist und liebt sein Leben. Gerade ist er von einer Tournee mit einem amerikanischen Opernensemble durch den Fernen Osten zurückgekommen, und demnächst wird er zusammen mit Bergsteigern eine Tour zum Montblanc machen, um darüber zu berichten.

Jack ist eine Art Kommunikator – und auch Sie könnten einer sein. Was er wirklich gern macht, ist beispielsweise etwas aus dem Bereich Biologie zu lernen und es dann für andere verständlich darzustellen. Er ist ein Lehrer.

Es kann eine ganze Zeit dauern, bis ein Scanner seine Nische findet – eine Arbeit, die seinen vielen Interessen gerecht wird. Aber es lohnt sich, danach zu suchen!

Scanner sind Poeten – und Bibliothekare, Dokumentarfilmer, Erfinder, gute Verkäufer, gute Manager und von Natur aus gute Lehrer.

Vielen von uns hat man beigebracht, dass sie sich für eine Sache entscheiden müssen. Für Scanner hört sich das so an, als würde man ihnen sagen: »Du kannst entweder ein Malbuch oder Malstifte haben, aber beides zusammen geht nicht.« Scanner wissen, dass das Leben vielfältig und voller unbegrenzter Möglichkeiten ist. Aber es gibt einen Weg, diese Fülle von Möglichkeiten zu bewältigen.

■ Alle Möglichkeiten ausschöpfen: eine nach der anderen

Etwas, das Scanner verzweifeln lässt, ist, dass sie schrecklich in Eile sind. Aber obwohl Sie nicht noch mehr Zeit damit verschwenden sollten, an einem bestimmten Punkt in Ihrem Leben festzuhängen, sollten Sie auch nichts überstürzen und nicht hektisch werden, denn:

1. Sie haben mehr Zeit, als Sie denken.
2. Überstürzt zu handeln ist immer ineffizient.
3. Ein Teil des Problems entsteht durch das, was ich die Zeitkrankheit nenne.

Die Zeitkrankheit ist eine Form der Hysterie, die Sie glauben lassen kann, Sie müssten jeden Moment dafür nutzen, Ihren Zielen und Wünschen nachzujagen und möglichst alles sofort zu tun, weil Sie schon bald keine Zeit mehr dafür haben werden. Sie haben keinen Sinn für die Zukunft und für den gemächlichen Kurs, den die Zeit im Leben der meisten Menschen nimmt. Listen zu schreiben mit Dingen, die erledigt werden müssen, verschlimmert das Problem meistens noch, und auch Kalender müssen sehr bewusst genutzt werden, weil Scanner sie gern mit Projekten überfrachten, die für ein Dutzend Leute reichen würden.

Die gute Nachricht für Scanner lautet: Wenn Sie wirklich viele Dinge tun möchten, *können* Sie das auch, so wie Leonardo da Vinci, Thomas Jefferson, Ben Franklin und Ted Turner es zum Beispiel getan haben.

Ich möchte Ihnen zeigen, dass es dafür mehr Zeit gibt, als Sie sich bisher vorstellen konnten.

Übung 1
Zeitmanagement für Menschen, die zu viele Dinge tun wollen

1. Zehn Leben

Wenn Sie zehn Personen wären, was würde jede von ihnen mit ihrem Leben anfangen? Nehmen Sie einen Bleistift und ein leeres Blatt Papier und schreiben Sie jedes Leben auf. (Sie möchten mehr als zehn Leben? Nur zu. Schreiben Sie so viele Leben auf, wie Sie haben wollen.) Wenn Sie fertig sind, schauen Sie sich Ihre Liste an.

Sie könnte folgendermaßen aussehen:

Ich will Folgendes sein:
- Ein Dichter
- Ein Musiker
- Ein erfolgreicher Geschäftsmann
- Ein Experte für chinesische Kultur
- Ein Koch
- Ein Abenteurer
- Ein Gärtner
- Ein Ehemann und Vater
- Ein Journalist
- Ein Showmaster

Mit dieser Liste von all den Dingen, die Sie gern tun möchten, blicken wir nun auf die Zeit, die Sie noch vor sich haben. *Wir werden einen Weg finden, wie Sie jedes Ihrer Leben leben können.*

2. Vorhandene Zeit

Beantworten Sie schnell die folgenden Fragen mit einem Ihrer zehn (oder mehr) Leben. Denken Sie nicht zu lange nach. Schreiben Sie die erste Antwort auf, die Ihnen einfällt, während Sie die folgenden Fragen lesen. Es ist vollkommen in Ordnung, ein und dasselbe Leben mehrmals zu nehmen.

- Welches Ihrer Leben können Sie in diesem kommenden Jahr leben?
- Welches Leben können Sie leben, wenn das erste vollendet ist?
- Welche Aktivitäten können Sie 20 Minuten am Tag oder weniger ausüben?
- Welchen Aktivitäten können Sie sich an einem Wochenende widmen?
- Welchen Aktivitäten können Sie ab und zu nachgehen?

Die Beantwortung dieser Fragen kann Ihnen hoffentlich einen etwas realistischeren Blick dafür vermitteln, wie es Menschen gelingt, tatsächlich viele verschiedene Dinge in einem einzigen Leben zu tun. Denken Sie nicht länger in »Entweder-oder-Kategorien«, so wie Ralf: »Wie soll ich Zeit freischaufeln, um Gedichte zu schreiben, Chinesisch zu lernen und Geigenunterricht zu nehmen, und gleichzeitig noch mein Geschäft führen und reisen? Und wie soll ich außerdem gärtnern und kochen?«

Es geht folgendermaßen: Schaufeln Sie keine Zeit für die Gedichte frei, sondern schreiben Sie sie einfach. Eine Zeile am Abend, bevor Sie schlafen gehen – Sie werden wahrscheinlich sehr früh wach, um eine zweite Zeile hinzuzufügen. Wenn Ihr Gedicht anfängt, Sie zu begeistern, lassen Sie alles andere fallen. Während der Kaffeepause ziehen Sie Ihr Gedicht hervor und arbeiten daran. *Und nach ein paar Tagen sind Sie damit fertig.*

Dann wollen Sie vielleicht einen Monat lang überhaupt kein Gedicht mehr schreiben.

Wann nehmen Sie Geigenunterricht? Wie wäre es nächsten Sommer? Ich möchte Folgendes sagen: Sie können alles machen, wenn Sie es sich nur richtig einteilen.

Wenn Sie ein Geschäft eröffnen, aber auch die Welt sehen möchten, dann können Sie entweder das eine mit dem anderen kombinieren oder Sie können beides nacheinander tun: erst kommt das Geschäft, später das Reisen.

3. Machen Sie schnell einen Drei-Jahres-Plan

Jahr 1:
Jahr 2:
Jahr 3:

Seltsamerweise vergessen wir die Möglichkeit des Nacheinanders nur allzu leicht. Als ob die Tatsache, dass wir nicht alles sofort tun können, bedeuten würde, dass wir es gar nicht mehr tun können.

Sie haben mehr Zeit, als Sie denken.

4. Skizzieren Sie Ihr Leben

Betrachten Sie Ihre Vergangenheit. Haben Sie irgendwann einmal das Bergsteigen ausprobiert? Gehen Sie ein Jahr lang sehr häufig ins Kino und dann zwei Jahre lang gar nicht? Nun, das kann genau die richtige Art zu leben sein. Sie müssen lernen, die Weisheit Ihrer natürlichen Instinkte zu respektieren. Sie wissen genau, was wir brauchen.

Ein zu rigider Zeitplan ist gefährlich und kann Sie davon abhalten, das zu tun, was Sie tun möchten. »Ach, ich komme gar nicht mehr zum Zeichnen«, sagte eine Altenpflegerin kürzlich zu mir. »Ich wünschte, ich hätte mehr Zeit dafür.«

»Wie viel Zeit braucht man dafür?«, fragte ich. Sie sah mich erstaunt an, so als ob sie noch nie darüber nachgedacht hätte. Ich forderte sie auf, Papier und Bleistift zur Hand zu nehmen und drei Minuten lang irgendetwas zu zeichnen. Sie tat es, und als sie den Kopf wieder hob, strahlte sie über das ganze Gesicht: »Das war schön!«

Vielleicht kann sie in den nächsten Monaten weiterhin nur wenige Minuten am Tag zeichnen, aber im nächsten Sommer wird sie dann vielleicht einen zweiwöchigen Kurs irgendwo in einer schönen Gegend belegen. Wenn das Zeichnen Sie glücklich macht, genügen wenige Minuten am Tag.

Vergessen Sie auch nicht, einen Plan für die anderen Leben zu machen, die Sie aufgeschrieben haben. Planen Sie ruhig einmal drei bis vier Jahre im Voraus. Sie können auch längere Zeitspannen nehmen, zum Beispiel 20 oder 30 Jahre, so dass alles hineinpasst, wovon Sie jemals geträumt haben.

Wenn Sie ein Scanner sind, sollten Sie schleunigst damit aufhören, sich verändern zu wollen. Anstatt sich zu verbiegen, um in die Welt zu passen, sollten Sie lieber die Welt so gestalten, dass sie zu Ihren vielfältigen Talenten passt.

Aber was ist, wenn Sie in Wirklichkeit ein frustrierter *Taucher* sind? Es gibt eine ganz spezielle Gruppe von Menschen, die aussehen wie Scanner und auch so handeln, die aber keine sind. *In Wirklichkeit handelt es sich bei ihnen um Taucher, die Angst vor dem Tauchen haben.*

■ Der Taucher

Musiker, Mathematiker, Wissenschaftler, Künstler oder Profisportler gehören oft in diese Kategorie. Sie lieben es, in die Tiefe zu gehen. Wenn einen Taucher etwas interessiert, konzentriert er sich vollkommen darauf. Während Scanner den perspektivischen Weitblick haben, ist Tauchern ein teleskopischer Scharfblick zu Eigen.

Taucher sind nicht mit Anfängen oder schnellen Einsichten zufrieden: Sie wollen alles ganz genau wissen. Sie müssen wissen, wie die Dinge insgesamt zusammenhängen. Ihre Wissbegierde scheint endlos, denn sie finden immer neue Geheimnisse und neue Rätsel – und genau dann sind Taucher im siebten Himmel.

Ein weiteres Beispiel: Für einen Taucher ist eine Blume oberflächlich betrachtet etwas Schönes, aber er will viel tiefer gehen und etwas über die erstaunliche Blattstruktur wissen und noch tiefer, bis er die Blume als eigene kleine Welt mit einer eigenen Geschichte begreifen kann. Wenn er sich in das Wissen über diese Blume vertieft, dann wird sie sich für den Taucher in etwas Biologisches, etwas Chemisches, in Moleküle und Atome verwandeln. Und auf diese Weise wird sie schließlich zum Universum selbst.

Und somit erweist sich das Tauchen als überaus lohnend.

Aber wenn irgendetwas die Sehnsucht eines Tauchers blockiert, lebt er oft wie ein Scanner – und ist mit diesem Leben sehr unglücklich. Die Weigerung, irgendwo anzudocken und sich stattdessen alle Optionen offen zu halten, ist für ihn gleichbedeutend mit dem *Nichtstun*.

Ein glücklicher Scanner geht von einer Sache zur anderen über, labt sich an ihrem Nektar wie eine Biene und sagt zum Beispiel: »Das war wunderbar. Was kommt als Nächstes?«

Ein unglücklicher Taucher sagt beispielsweise:

– Ich kann bei keiner Sache bleiben. Ich hasse es, meine Projekte fallen zu lassen, aber aus irgendeinem Grund tue ich es.
– Ich habe die Verbindung zu dem, was mir entspricht, verloren. Ich mache nichts mit Hingabe.
– Ich habe nie das getan, was ich wollte, aus Angst, hinterher feststellen zu müssen, dass es das Falsche war.

Wenn Sie selbst sich wie ein unglücklicher Taucher anhören, müssen wir uns auf die Suche nach dem eigentlichen Problem machen. Sie wissen genau, dass Sie unzufrieden und gelangweilt sind, wenn Sie nur an der Oberfläche der Dinge kratzen, aber wann immer Sie versuchen, tiefer zu gehen, verlieren Sie auf geheimnisvolle Weise Ihre Ausrichtung oder bekommen Angst. Sie wissen nicht, wie Sie das ändern sollen, *weil Sie nicht wissen, worin die Ursache des Problems besteht.*

Zuerst sollten Sie herausfinden, *ob die Unfähigkeit sich zu konzentrieren eine physische Ursache hat.* Sie könnten einer von zahlreichen Menschen sein, die von ADHS (Aufmerksamkeits-Defizit-Hyperaktivitäts-Störung) betroffen sind, einem Syndrom, das durch eine fehlerhafte Regulierung der Neurotransmitter im Gehirn ausgelöst wird. Wenn Ihre Gedanken oft umherschweifen, wenn Ihre Freunde Sie als hyperaktiv bezeichnen oder wenn Sie selbst frustriert sind, weil Sie keines Ihrer Projekte zu Ende bringen, könnte es sein, dass Sie an ADHS leiden. Ein Arzt kann das feststellen und Ihnen gegebenenfalls Medikamente verschreiben. Zudem ist es für Sie überaus wichtig, jedes größere Ziel bewusst in kleine, erreichbare Schritte zu unterteilen *und* jemanden zu haben, der Sie daran erinnert, diese Schritte auch wirklich zu tun.

■ Der unglückliche Taucher

Wenn Sie für Ihr Problem, bei keiner Sache bleiben zu können, keine physische Ursache finden, dann sind Sie höchstwahrscheinlich ein Taucher, der sich wie ein Scanner verhält. Sich ständig umzuorientieren ist nicht das Ergebnis einer freien Entscheidung, sondern es handelt sich um *einen Verteidigungsmechanismus.*

Das wird am Beispiel von Lydia deutlich:

Lydia hatte einen Marktstand und verdiente viel Geld, aber sie wollte diese Tätigkeit nicht ihr ganzes Leben lang ausüben: »Ich bin da nur hineingeraten und konnte damit gutes Geld verdienen. Aber was ich wirklich machen will, weiß ich nicht.«

Wir unterhielten uns eine Weile und schließlich sagte sie: »Ich hätte mich fast für einen Kurs eingetragen, bei dem man lernt, wie man von zu Hause aus mit dem Computer viel Geld verdienen kann. Aber ich war nicht sicher, ob es das Richtige ist.«

»Arbeiten Sie denn gern am Computer?«

»Oh ja, sehr gern«, sagte sie. »Besonders gern erstelle ich Tabellen und füge die Zahlen ein. Aber ich kann nicht nur zu Hause sitzen und Tabellen für mich anfertigen. Und in einem Unternehmen zu arbeiten liegt mir auch nicht. Es wird auch zu schlecht bezahlt.«

»Könnten Sie vielleicht auf selbstständiger Basis für Firmen zu Hause Tabellen erstellen, wenn diese überlastet sind und Hilfe brauchen?«

Lydia begann interessiert auszusehen, also fuhr ich fort.

»Sie könnten eine Expertin für die Erstellung von Tabellen werden und gleichzeitig den Marktstand behalten. Versuchen Sie es doch einfach. Mit relativ geringem Risiko könnten Sie probieren, sich im Computerbereich selbstständig zu machen.«

Lydias Interesse war geweckt. Sofort hatte sie einige Ideen:

»Ich könnte Hotels kontaktieren und einen Tabellen-Service für Geschäftsleute anbieten. Ich kenne auch einige Manager, die mir sofort Aufträge geben würden. Hey, das ist ziemlich aufregend.«

»Gut«, sagte ich, »lassen Sie uns eine Liste mit den ersten Schritten anfertigen.«

Plötzlich erlosch Lydias Interesse.

»Was ist dann mit den Tieren?«

»Mit welchen Tieren?«

»Ich liebe Tiere und habe schon oft daran gedacht, Tierärztin zu werden.«

Die Angst davor, sich auf etwas einzulassen, breitete sich auf bedrohliche Weise aus.

Ich wusste aus Erfahrung, dass wir auf eine »Festlegungsphobie« gestoßen waren. Aber noch wollte ich das nicht ansprechen. Es bestand die Möglichkeit, dass Lydia als Tierärztin glücklicher werden konnte denn als Computerexpertin, und es konnte nicht schaden, es zu überprüfen.

»Haben Sie schon Informationen über den Beruf der Tierärztin eingeholt?«

»Ja. Und ich habe mich aus verschiedenen Gründen dagegen entschieden.«

»Zum Beispiel?«

»Na ja, ich weiß nicht genau. Die Medizin liegt mir eigentlich nicht besonders.«

Ich sagte: »Sie müssen herausfinden, warum Sie Tiere so gern mögen. Dann können wir eine Aufgabe ermitteln, die Sie erfüllt. Was gefällt Ihnen besonders daran, mit Tieren zusammen zu sein – haben Sie Lust, das herauszufinden?«

Lydia rutschte auf ihrem Stuhl hin und her. »Also nicht wirklich. Ich weiß plötzlich gar nichts mehr.«

In demselben Moment, in dem sie etwas konkret geplant hatte und loslegen wollte, stoppte sie sich selbst (unbewusst).

Warum?

Wenn Sie wie Lydia sind und auch die Hände über dem Kopf zusammenschlagen, wenn etwas Ähnliches wie eine Verpflichtung oder Festlegung auf Sie zukommt, dann möchte ich Ihnen nun einen kurzen wohlwollenden Vortrag halten. Denn ich glaube, Sie wissen gar nicht, was eine Verpflichtung oder Festlegung wirklich ist.

Es fühlt sich für Sie vielleicht wie eine Falle an, wenn Sie sich auf etwas festlegen, aber es ist keine Falle. Sie können etwas mit ganzem Herzen tun und Ihr Bestes geben – und wenn es nichts für Sie ist, können Sie damit *aufhören*.

Die meisten Menschen widmen sich übrigens gern einer Sache. Sie finden es befriedigend, sich darauf einzulassen, Klavier spielen zu lernen, oder sich vorzunehmen, einen Garten anzulegen. Es gefällt ihnen, Ergebnisse zu sehen.

Menschen, die Angst vor Festlegungen haben, kommen nicht weiter. Obwohl es sie sehr unglücklich macht, lassen sie sich auf nichts ein, da sie befürchten, nie mehr davon loszukommen. Und so schließen sie sich selbst von jenen Bereichen aus, die ihnen Zufriedenheit bringen könnten.

Sie sind unglückliche Taucher.

Es gibt drei Arten von unglücklichen Tauchern.

1. Taucher, die nicht wissen, wie man lernt

Es gibt ungewöhnlich intelligente Menschen, die es nicht schaffen, von der kreativen und enthusiastischen Anfangsphase, in der sie brillieren, in eine längere Phase überzugehen, in der sie sich genauer mit den Dingen beschäftigen müssen. Sie wollen zwar bei einer Sache bleiben, haben aber nicht gelernt, wie man lernt. Und so werden sie, wenn die ersten Schwierigkeiten auftreten, schnell frustriert. Früher oder später lassen sie ihr Projekt fallen und suchen nach einem neuen Projekt, das sie am Anfang wieder ungemein inspiriert. Sie hoffen, dass sie dieses Mal durchhalten werden, aber dann brechen sie doch wieder ab.

Sie verstehen nicht, was Kinder mit einer langsameren Auffassungsgabe sehr gut gelernt haben: Wenn man beim Lernen durchhält, erzielt man am Ende ein gutes Ergebnis. Menschen, die beim Sport oder der Gymnastik nicht lange durchhalten können, machen ähnliche Erfahrungen. Wenn sich etwas nicht auf der Stelle auszahlt, geben sie auf. Sie glauben einfach nicht, dass sie nach einer Weile wirklich gute Ergebnisse erzielen würden.

Manchmal haben diese Menschen als Kinder zu viel unbegründetes Lob bekommen. Das über die Maßen gelobte Kind lernt nicht, auch über schwierige Abschnitte hinweg ein Ziel zu verfolgen. Es entwickelt keine Selbstdisziplin und deshalb auch kein Selbstvertrauen.

Carol war an der Universität am Anfang sehr gut, aber sowie es schwierig wurde, gab sie auf. »Insgeheim dachte ich, ich wäre dumm, und ich hatte Angst, dass die anderen es bemerken würden. Also ging ich in die Seminare, machte dort einen fulminanten Anfang und ging nicht mehr hin, bevor es jemand bemerken konnte«, sagte sie.

Carols Eltern hatten ihr immer jeden Weg geebnet und jeden ihrer Schritte abgefedert. An der Universität war niemand mehr, der das für sie tun konnte, was Carol deprimierte. Die Welt dort erschien ihr kalt und verurteilend. Sie verließ die Universität und ging wieder nach Hause, ihr Selbstvertrauen war zerschmettert. Selbst kleine Frustrationen konnte sie nicht ertragen.

Aber wozu sollte das Erleben von Frustration führen?

Frustration sollte konkretes Handeln nach sich ziehen, nicht Resignation!

Wir alle müssen lernen, mit Misserfolgen und Frustrationen umzugehen, so dass wir bei einer Sache bleiben und sie schließlich meistern können; so entwickelt man Selbstvertrauen.

2. Taucher, die süchtig nach Neuem sind

»Mein Therapeut hat mir gesagt, dass ich mich in Aktivitäten flüchte. Anstatt mich mit einem unangenehmen Gefühl auseinander zu setzen, unternehme ich irgendetwas«, sagte eine Frau in einem meiner Seminare. Mit anderen Worten: Wann immer sie deprimiert war, konnte sie sich aufheitern, indem sie etwas Neues begann. Das Hoch, das sie sich damit verschaffte, war jedoch von kurzer Dauer. In der Sekunde, in der eine neue Aktivität »alt« wird, verschwindet das Hochgefühl, und die alten Gefühle schleichen sich in die neue Aktivität ein. Wenn Sie ein Hoch nötig haben, vermeiden Sie wahrscheinlich ein Tief. Prüfen Sie, ob Sie chronische Schwermut mit Aktionismus bekämpfen (siehe dazu auch Kapitel 12, S. 283).

Kurzfristig gesehen kann es sein, dass Sie das Gefühl, unglücklich zu sein vermeiden, indem Sie ständig etwas Neuem und Aufregenden nachgehen. Aber langfristig gesehen, hindern Sie sich auf diese Weise daran, glücklich zu sein.

Aber es gibt einen Weg aus diesem demoralisierenden Kreislauf. Er besteht aus zwei Schritten. Erstens: Gehen Sie in sich und erforschen Sie, weshalb Sie nach jedem Neubeginn so schnell aufgeben. *Zweitens, und sehr wichtig: Sie müssen sich zwingen, bei einer Sache zu bleiben.* In neun von zehn Fällen wird es Sie zufriedener machen, ein Projekt zu Ende zu bringen – selbst wenn das Projekt selbst für Sie nicht so wichtig ist. Bei dem Projekt zu bleiben wird zunächst ein unangenehmes Gefühl in Ihnen hervorrufen! Aber mehr als andere Menschen müssen gerade Sie durch dieses unangenehme Gefühl hindurch, um auf der anderen Seite anzukommen. Und um zu merken, wie gut es sich dort anfühlt.

Wenn Sie sich das erste Mal durch die negativen Gefühle hindurchgekämpft haben, nehmen Sie am besten ein Blatt Papier und beschreiben den Prozess, den Sie durchlaufen haben. Kleben Sie das Blatt an die Wand, so dass Sie es das nächste Mal vor Augen haben, wenn Sie Angst bekommen und wieder vor dem, was sie gerade tun, weglaufen möchten.

3. Taucher, bei denen eine Alarmglocke läutet, wenn sie es wagen, zu tauchen

Während die beiden ersten Tauchertypen nach einer anfänglich enthusiastischen Phase eines Projektes beginnen, sich unwohl zu fühlen, empfindet die dritte Kategorie von Tauchern wirkliche Angst. Wann immer diese Menschen sich irgendwo zu lange aufhalten, beginnt die Erde unter ihnen zu brennen, und sie müssen woanders hinspringen. Das kann dazu führen, dass sie schließlich alles aufgeben, was ihnen Spaß macht und sei es noch so interessant.

Was geht hier vor?

Warum kommt es dazu, dass jemand Panik empfindet, wenn er eine faszinierende Tätigkeit ausübt?

Die Antworten liegen in der Kindheit. Sie könnten das Kind kontrollierender und manipulierender Eltern sein oder Sie hatten möglicherweise dominante Geschwister, und Ihr Überleben hing vielleicht davon ab zu vermeiden, dass Sie in eine Falle gerieten. Oder Sie haben schon früh Gefühle der Verlassenheit und Missbrauch erleben müssen und haben sich selbst versprochen, sehr wachsam und vorsichtig zu sein, damit es nie mehr passiert. Jedes Mal wenn Sie sich erlauben, sich in etwas zu vertiefen, schrecken Sie hoch, als wäre ein Alarm ausgelöst worden. Was immer auch genau dahintersteckt, Sie haben Angst, dass etwas Schlimmes passieren wird, wenn Sie sich dem hingeben, was Sie wirklich gern tun.

Wenn Sie sich selbst sagen hören »Ich bekomme Schuldgefühle, wenn ich mich dem widme, was ich liebe, und meine dann, etwas für andere tun zu müssen«, dann denken Sie, das Tauchen sei *egoistisch*.

Wenn man in einer unglücklichen Familie groß geworden ist, kann es sein, dass man sich die Freude, die einem eine Aktivität bereitet, nicht zugestehen kann. Man schämt sich nicht nur dafür, wenn man es sich selbst gut gehen lässt, während Vater und Mutter unglücklich sind, man glaubt auch, dass man ihr Unglück mindern kann, indem man sich selbst etwas vorenthält. Und so tut man eben das, was man gern macht, nicht.

Eines Tages erkennt man schließlich, dass das eigene Unglück niemandem etwas geholfen hat, und dass es keinen Unterschied gemacht hätte, wenn man glücklich gewesen wäre. Einerseits wirkt dieses Wissen befreiend, andererseits sieht man umso deutlicher das Unglück derjenigen, die man liebt – und das tut weh.

Aber den Kummer der Eltern zu heilen liegt nicht in unserer Macht, und so schmerzlich diese Einsicht ist, befähigt sie uns doch letztendlich dazu, ihnen verständnisvoll und mitfühlend zu begegnen, anstatt ihnen unser eigenes Unglück als Trostpreis anzubieten.

■ Erste Hilfe für unglückliche Taucher

Was sollten Sie tun, wenn Sie gerade dabei sind, sich in ein Buch über die Wunder des Meeres zu vertiefen, und plötzlich merken, dass Sie Gesang studieren möchten? Es gibt drei Heilmittel für dieses Problem, je nachdem, welche Ursache ihm zugrunde liegt.

1. Wenn Sie jemand sind, *bei dem die Alarmglocken läuten*, sobald er sich in ein Projekt vertieft, dann müssen Sie lernen, dass es vollkommen in Ordnung ist, jetzt glücklich zu sein – aber es wird Sie einige Tränen kosten, dieser Erkenntnis wirklich Raum zu geben. Nehmen Sie sich Zeit und spüren Sie einige Momente in Ihre Gefühle hinein, und *gehen Sie dann zurück an die Arbeit.*

2. *Wenn Sie das Lernen nicht gelernt haben,* heißt Ihr schlimmster Feind Frustration. Sowie Sie in ein neues Gebiet vordringen, wird in Ihnen das altbekannte hoffnungslose Gefühl aufsteigen, dass Sie nichts verstehen. *Und genau das ist die Chance, dieses Muster endlich zu durchbrechen. Dieses Mal werden Sie lernen, wie man lernt.*

Geduld ist hier das Schlüsselwort. Lernende wissen, wie langsam das Lernen vorangehen kann, aber sie wissen auch, dass sie am Ende belohnt werden. Sie haben die Belohnung nie erhalten, weil Sie zu Beginn einer Sache immer schneller als die anderen waren und sofort aufgegeben haben, wenn Sie etwas nicht mehr verstanden haben. Um aus dem Muster herauszufinden, müssen Sie lernen, das zu schätzen, was Sie bislang nicht ertragen haben: den Zustand des Nichtwissens, den ein Anfänger unvermeidlich durchleben muss. Im Zen-Buddhismus erfährt gerade dieser so genannte »Anfänger-Geist« eine besondere Würdigung.

3. *Wenn Sie süchtig nach Neuem sind*, haben Sie Angst, dass die Entscheidung für eine Sache Sie all die anderen schönen Dinge kostet, die Sie auch noch tun wollen. Sie brauchen ein Fundbüro für Ihre Träume.

▪ Ein Fundbüro für Träume

Nehmen Sie eine kleine Kiste, eine Schuhschachtel genügt vollkommen, und stellen Sie sie neben Ihren Schreibtisch auf den Boden. Schreiben Sie »Fundbüro für Träume« darauf. Wann immer Sie sich voreilig in ein neues Vorhaben stürzen, schreiben Sie auf kleine Karteikarten all die Projekte, die Sie fürchten zu verpassen, wenn Sie sich auf ein Ziel festlegen. Sammeln Sie ruhig alle möglichen Vorhaben, kleine und große, die Sie irgendwann angehen möchten.

Auf einigen von Lydias Karteikarten stand zum Beispiel:
– mit Tieren arbeiten
– von zu Hause aus mit dem Computer Geld verdienen
– nach Thailand und Hawaii reisen

Behalten Sie die Schachtel immer in Ihrer Nähe, wenn Sie mit einem Projekt beschäftigt sind. Jedes Mal wenn Sie sich auf ein Projektziel festlegen sollen und Ihre kleine »Ja-aber-Armee« auftaucht und Sie an die vielen anderen Dinge, die Sie auch noch tun wollten, erinnert, schreiben Sie einfach alle anderen wunderbaren Vorhaben auf eine Karteikarte und werfen sie in Ihr Fundbüro. *Und danach gehen Sie wieder an die Arbeit.*

Vielleicht kommt bald der Tag, an dem Sie frei sind und nicht mehr wissen, welche Träume Sie verwirklichen wollten. Nun –

dann schauen Sie einfach in die Schachtel, dort warten Ihre Träume auf Sie.

Sie müssen immer wieder an Ihre Arbeit zurück, weil die einzige Heilung für unglückliche Taucher darin besteht, an einer Sache dranzubleiben, bis sie sie sehr gut können.

Nur stetige Bemühung wird die Meisterschaft bringen, die ein unglücklicher Taucher ersehnt. Sich immerzu wie ein Amateur zu fühlen und gleichzeitig das eigene beträchtliche Talent zu spüren ist wie ein Alptraum: Bin ich ein Genie oder ein Idiot? Dieses Denken in Extremen ist ein großer, schmerzhafter Fehler, den Menschen machen, wenn sie nicht genug gearbeitet haben. Ein unerfahrener Schauspieler könnte etwa sagen: »Ich bin wahrscheinlich der beste Schauspieler, der je gelebt hat. Ich spüre ein Riesentalent in mir.« Und im nächsten Moment denkt er: »Ich bin der größte Versager aller Zeiten.«

In Wirklichkeit ist er keins von beidem. Er ist bestimmt nicht der größte Schauspieler aller Zeiten, denn er hat sein Talent noch gar nicht entwickelt. Und er ist bestimmt auch nicht der größte Versager, da selbst aus einem momentan schlechten Schauspieler immer noch ein guter werden kann.

Nur echtes Können wird Sie von diesen Extremen wegbringen.

Jemand, der sich die Zeit genommen hat, sein Handwerk zu erlernen, denkt überhaupt nicht darüber nach, ob er der Größte ist oder nur ein kleines Licht. Er beschäftigt sich nicht mit diesem Thema. Er ist vielmehr damit beschäftigt, seine Technik zu verbessern oder eine Idee angemessen auszudrücken, und er hat keine Zeit für Selbstbewertungen.

Wenn Sie sich auf ein bestimmtes Projekt ausrichten und sich darauf festlegen, eine Aufgabe zu übernehmen, die Sie herausfordert, sind Sie automatisch nicht mehr so stark auf sich selbst fixiert, und gleichzeitig erhöht sich still und leise Ihr Selbstwertgefühl.

Die Meisterschaft in einem Gebiet gibt dem Leben Sinn.

Eine Fertigkeit zu erlernen – egal welche – gibt Ihnen Stabilität und beruhigt Ihre Ängste.

Und Sie können sofort damit beginnen, ein Meister oder eine Meisterin zu werden.

Führen Sie einfach das folgende, fast risikofreie Experiment durch: Legen Sie sich auf ein sehr kleines Projekt fest und bleiben Sie 30 Tage lang dabei.

Übung 2
Die 30-Tage-Verpflichtung

Es geht ganz einfach: Verbringen Sie jeden Tag eine halbe Stunde damit, irgendetwas zu tun, bis Sie es richtig gut können. Es ist egal, was Sie tun: Ob Sie nun Omelettes zubereiten, Turnübungen ausführen oder jonglieren lernen. Sie sollten jeden Tag üben und versuchen, es richtig gut hinzubekommen. Wiederholen Sie dasselbe immer und immer wieder, bis Sie merken, dass Sie besser werden.

Sie müssen die folgende Tatsache in sich verankern: *Wenn Sie bei einer Sache bleiben, lernen Sie Dinge, die Sie auf andere Weise nicht lernen können.*

Sie lernen, dass Sie nicht die komplette Erfahrung machen, nur weil Sie mit etwas anfangen. Die Anfänge beim Jonglieren sind frustrierend. Die Bälle fallen immer wieder runter und man glaubt nicht, dass man es jemals schaffen wird.

Aber die Frustration geht schließlich vorbei, und Sie spüren, wie viel Spaß es macht, wenn Sie besser werden. Wenn Sie fortan einem Meisterjongleur zusehen, werden Sie viel mehr als früher würdigen, was er kann; Sie werden Können erkennen und bewundern, egal, wo es Ihnen begegnet, in allen Künsten und in allen Berufen.

Habe ich Sie davon überzeugen können, dass es eine gute Idee ist, ein solches kleines Projekt zu wagen?

»Gut«, könnten Sie sagen, »ich verstehe, was Sie meinen, aber das verändert nicht gleich meine Gefühle. Wie soll ich das denn schaffen? Ich laufe weg, wenn eine Verpflichtung oder Festlegung auf mich zukommt, ich habe Schwierigkeiten zu lernen, und sobald ich versuche, bei einer Sache zu bleiben, überfallen mich Kummer und Sorgen. Was soll ich tun, wenn das alles wieder eintritt?« Sie tun einfach das Folgende: *Sie setzen einen Fuß vor den anderen.*

Sobald Sie spüren, dass Sie damit aufhören wollen, alles anzweifeln und sich fragen: »Wieso tue ich das überhaupt?«, dann erinnern Sie sich bitte an diesen Satz: Sie tun es, weil Sie sich dafür entschieden haben. Das ist alles, und das ist genug. Sie brauchen keinen anderen oder besseren Grund. Setzen Sie einen Fuß vor den anderen und hören Sie nicht damit auf.

So werden Zusagen eingehalten.

Sie werden überrascht sein, wie sich nach einem durchlebten Gefühlssturm das alte Interesse an der Sache wieder regt – es taucht überraschend wieder auf, so wie die Sonne nach dem Gewitter. Aber die alten Gefühle werden noch viele Male wiederkehren; so schnell wird man sie nicht los.

Aber machen Sie sich keine Sorgen, Sie stehen in diesem Kampf nicht allein. Eine besondere Kraft wird Sie in Ihrem Streben nach Meisterschaft unterstützen:

Die Natur.

■ Eine letzte Weisheit für unglückliche Taucher: Vertrauen Sie der Natur

Wenn man bedenkt, wie viele innere Konflikte unglückliche Taucher bewältigen müssen, dann kann man verstehen, wie allein sie sich fühlen. Falls Sie ein unglücklicher Taucher sind, möchte ich Ihnen noch etwas mit auf den Weg geben, was ich im Laufe der Jahre gelernt habe und was für mich sehr wichtig war.

Die Natur wird Ihnen auf der Hälfte des Weges entgegenkommen.

Was meine ich mit Natur? Damit meine ich die Materie, mit der Sie arbeiten. Vielleicht sind es Zahlen oder Klänge oder Worte oder Holz – oder die Schwerkraft oder das Wetter oder die Physik. Wenn Sie mit Menschen arbeiten, dann ist das menschliche Wesen Ihre Materie. Wenn Sie Ihrer Arbeit ungeteilte Aufmerksamkeit schenken, dann wird die Materie Sie leiten.

Und was heißt das konkret? Ein sehr guter Koch sagte einmal zu mir: »Mein Geheimnis besteht darin, dass die Lebensmittel mir sagen, was ich damit tun soll. Ich plane nicht im Voraus, sondern ich gehe auf den Markt und schaue mir die frischen Sachen an. Ich komme nach Hause, lege alles auf den Tisch, betrachte es und stelle mir vor, was daraus werden kann. Welche Gewürze, Töpfe und Pfannen ich verwende, obliegt nicht allein meiner Auswahl. Ich tue vielmehr das, was notwendig ist beziehungsweise was die Lebensmittel von mir verlangen.«

Ein Bildhauer, der mit Stein arbeitet, weiß, dass der Stein seine eigenen Regeln hat, die er Stück für Stück zu befolgen lernt. Ohne den Bildhauer wiederum bleibt der Stein nur ein Stein. Jede gute Arbeit ist eine Partnerschaft zwischen Ihnen und der Natur, und diese Partnerschaft wird Ihr Gefühl der Isoliertheit beenden. Die Natur wird Ihnen bei jedem Schritt Ihres Weges entgegenkommen. Wie jeder Tiefseetaucher Ihnen bestätigen kann: Wenn Sie im Meer sind, sind Sie niemals allein.

Kapitel 7
Auf der Überholspur – im falschen Beruf

Wenn Sie sich gerade mitten in einer rasanten Erfolgskarriere befinden, aber nicht wissen, was Sie *wirklich* wollen, haben Sie Probleme der besonderen Art: Das Tempo Ihres Lebens, der materielle Lohn und die Bewunderung, welche die Gesellschaft Ihnen zollt, sind anregend und verwirrend zugleich.

Sie haben Angst, anzuhalten und eine Pause zu machen. Und so rasen Sie weiter. Sie haben langsam, aber sicher das Gefühl, mit hoher Geschwindigkeit in die falsche Richtung zu fahren, ohne einen Punkt zu entdecken, an dem Sie umkehren könnten. Sie wissen vielleicht nicht genau, was Sie in Ihrem Leben wirklich tun sollten, aber Ihnen wird mehr und mehr klar, dass es Ihnen zu entgleiten droht.

Schnell voranzukommen und sich dabei mehr und mehr zu verlieren kann schlimmer sein, als gar nicht vorwärts zu kommen.

Es ist eine tragische Wahrheit, dass man beruflich bemerkenswert schnell auf der Überholspur festhängen kann, ohne in der Lage zu sein, sie wieder zu verlassen. Wenn Sie dabei sind, Karriere zu machen, und sich erfolgreich in einem guten Job behaupten (selbst wenn es Ihnen dabei schlecht geht), dann wissen wir beide, was alle anderen denken: »Du hast es geschafft. Du gehörst zu den Glücklichen.«

Und das stimmt auch.

Sie haben den Erfolg, den andere gern hätten. Sie arbeiten für eine Top-Firma, verdienen gutes Geld und werden dafür anerkannt. Sicher, Sie arbeiten Tag und Nacht und haben viel Stress, aber dafür bekommen Sie ja schließlich auch ein gutes Gehalt und viele Zusatzleistungen. Sie sind so erfolgreich, dass Sie Ihr Klassentreffen gar nicht mehr erwarten konnten, denn keiner konnte mit Ihnen mithalten. Sie stehen sehr gut da, und Sie wissen und genießen es. Das Problem ist, dass Sie an Ihrem Job fast ausschließlich diesen Glanz genießen: Es gefällt Ihnen, wie er Sie dastehen lässt. Hinter diesem äußeren Eindruck steckt jedoch entweder eine Arbeit, die Sie nicht gern tun, oder die Arbeit ist in Ordnung, kostet Sie aber zu viel Energie und Zeit und saugt Sie dermaßen aus, dass für Ihr restliches Leben nichts mehr übrig bleibt.

Nie kochen Sie ein schönes Mahl für Ihre Freunde oder Ihren Partner – entweder weil Sie keine Zeit hatten, einen Partner zu finden, oder weil Sie keine Zeit haben, Lebensmittel einzukaufen. Sie haben aufgehört, Gitarre zu spielen, denn wenn Sie abends um zehn Uhr nach Hause kommen, sind Sie todmüde. Ein Privatleben haben Sie nicht, es reduziert sich auf eine Art Boxenstopp in diesem Rennen, das Karrieremachen heißt. Ihre gesamte Freizeit benötigen Sie zur Regeneration, um für die nächste Etappe fit zu sein.

Die Tatsache, dass Ihr Leben gar nicht so aufregend ist, wie es scheint, bemerkt sonst fast niemand, und Sie haben es auch nicht eilig, den Rest der Welt davon in Kenntnis zu setzen.

Was ich nun sagen werde, wird Sie überraschen: Ich glaube, Sie haben ein schwereres Schicksal als die meisten anderen Menschen. Andere Menschen mögen in ihren Jobs unglücklich sein, aber sie dürfen sich wenigstens über ihre schlechte Situation beschweren. Menschen auf der Karriereleiter glauben, dass sie kein Recht haben zu jammern, schließlich geht es ihnen besser als allen anderen. Aber manchmal schauen sie sich ganz verblüfft um und versuchen herauszufinden, was schief gelaufen ist. Der Verdacht, dass sie von unserer Kultur in die Irre geführt und missbraucht worden sein könnten, kommt ihnen nicht in den Sinn. Und dennoch passiert genau das viel öfter, als man glaubt. Jede Kultur propagiert ihre eigene Vorstellung davon, was einen »Gewinner« und was einen »Verlierer« ausmacht. Wir alle bekommen die Marschroute vorgegeben: Werde ein wertvolles Mitglied der Gesellschaft! Verdiene viel Geld, verschaffe dir Anerkennung! Welche Kriterien es auch immer sein mögen, als Mitglied einer Gesellschaft kennt man sie genau. Und ganz egal, ob Ihre Familie zum Kreis der Gewinner gehörte oder nicht, was sie Ihnen mit auf den Weg gab, war folgendes Motto: Werde ein Gewinner, denn sonst gehörst du zu den Verlierern!

Meiner Definition zufolge ist ein Gewinner jemand, der das tut, was er gern macht. Egal was es ist. Und ein Verlierer ist jemand, der Zeit damit verschwendet, etwas zu tun, woran ihm nichts liegt. Jeder Mensch in einem Rolls-Royce, der nicht glücklich ist, gehört meiner Meinung nach zu den Verlierern. *Denn bislang ist kein noch so glänzender Gegenstand erfunden worden, der den Verlust eines erfüllten Lebens wettmachen könnte.*

Wenn Sie nicht dazu kommen, *Ihr* Leben zu leben, verlieren Sie einen unermesslichen Schatz. Das Schicksal gibt jedem Einzelnen von uns eine unglaubliche Einzigartigkeit mit auf den Weg. Jeder Mensch stellt eine komplexe Mischung aus Stil, Geschmack, Ansichten, Fähigkeiten und Talenten dar. *Es gibt niemanden sonst auf der Welt, der das tun kann, was Sie tun können, der sehen und denken kann so wie Sie, der das erschaffen kann, was Sie erschaffen können.*

Wenn Sie unglücklich sind, dann ist das ein *wichtiges* Zeichen. Wenn Ihr Körper Schmerzen hat, braucht er Aufmerksamkeit. Wenn Ihr Herz wehtut, braucht es ebenfalls Aufmerksamkeit. Ihr Verstand weiß, was man Ihnen beigebracht hat, *aber Ihr Herz weiß, wer Sie wirklich sind.*

Und es versucht, Ihnen etwas mitzuteilen!

Hören Sie auf Ihr Herz, sonst wird Ihre Seele sehr stark leiden. Möglicherweise müssen Sie »Erfolg« völlig neu für sich definieren. Mit dem Thema »Brücken hinter sich abbrechen« gehe ich im Allgemeinen sehr vorsichtig um, aber in Ihrem Fall kann es sein, dass Sie alles grundlegend verändern müssen. Sie müssen dafür sorgen, dass der Erfolg wirklich *Ihr* Erfolg ist und nicht der von jemand anderem, und dass *dieser* Erfolg wirklich zu dem Menschen passt, der *Sie* sind.

Wenn Sie in den Augen der Welt ein Gewinner, in Ihren eigenen Augen aber ein Verlierer sind – dann haben Sie den schlechtesten Handel Ihres Lebens abgeschlossen.

Was sollen Sie nun tun? Den tollen Job aufgeben und in der Wildnis von Beeren und Kräutern leben? Natürlich nicht. Ich möchte Sie lediglich davon überzeugen, dass Ihr Weg noch nicht vorgezeichnet ist. Der Einsatz mag Ihnen sehr hoch vorkommen, denn Sie haben etwas zu verlieren – aber Ihr Leben ist zu wertvoll, um es einer Kultur zu opfern, die nicht weiß, wer Sie wirklich sind. Ihre Vergangenheit muss nicht zwangsläufig Ihre Zukunft bestimmen. Aber Ihre Vergangenheit (zusammen mit Ihrer Gegenwart) kann Ihnen sehr wohl dabei helfen, ein neues Leben zu erschaffen, wenn Sie das wollen.

Bevor wir uns diesem Thema widmen, benötigen Sie allerdings eine Pause von dem permanenten Stress, unter dem Sie stehen. Ich möchte Sie an ein Sicherheitsventil erinnern, das wir als Kinder oft benutzt haben: unsere Gefühle.

■ Wie Sie Ihren Stresspegel reduzieren

Gefühlsmanagement

Tun Sie mir einen Gefallen: Setzen Sie keine glückliche Miene auf. Wenn Sie sich schlecht fühlen, sollten Sie nicht versuchen, es zu übergehen oder es sich auszureden. Gegenüber Ihrem Chef oder Ihren Kollegen sollten Sie natürlich Ihre Maske aufbehalten, aber vor sich selbst dürfen Sie nie die eigenen Gefühle verleugnen. Einer ganzen Generation hat man versucht die eigenen Gefühle auszureden, indem man ihr riet, das Leben durch eine andere Brille zu sehen und die Realität dadurch zu verändern, dass man anders über sie dachte oder sie anders zu bewerten lernte.

Jedes Mal wenn ich das höre, möchte ich rufen: »Bitte – erschaffen Sie nicht Ihre eigene Wirklichkeit. Es gibt bereits eine!« Ersetzen Sie auch nicht das Wort »Problem« durch das Wort »Herausforderung«. Ein Problem ist eine feine Sache, mit der man umgehen kann. Wir Menschen kommen mit der Fähigkeit zur Problemlösung auf die Welt. Wir mögen Probleme, weil sie unsere Kreativität anregen. Sagen Sie nicht »Chance«, wenn es sich in Wirklichkeit um eine Katastrophe handelt; wer möchte schon solche Chancen? Sie brauchen nicht gleich verzweifeln, wenn etwas schief läuft, aber *bitte nennen Sie die Dinge bei ihrem wirklichen Namen!* Wenn es Schwierigkeiten gibt, braucht man schließlich einen klaren Kopf!

Warum sollten wir unsere natürlichen Reaktionen umformen, wenn die Natur uns doch mit großartigen Instrumenten – *unseren wahren Gefühlen* – ausgestattet hat, damit wir mit allem, was uns begegnet, fertig werden. Sie bezahlen einen hohen Preis, wenn Sie sich Ihre wahren Gefühle ausreden. Sie verbrauchen Ihre gesamte Energie dafür, vorzugeben, dass es Ihnen gut geht, aber im Hintergrund surrt die Wahrheit: dass es Ihnen ganz und gar nicht gut geht. Nach einer Weile werden Sie innerlich unruhig, und um sich zu beruhigen, greifen Sie möglicherweise zu Valium, Schokolade oder Alkohol.

Wenn es etwas gibt, das ich Ihnen wirklich gern vermitteln möchte, dann ist es Folgendes: *Ihre Gefühle werden Sie nicht umbringen, aber sie zu verdrängen könnte genau dazu führen.*

Was sollten Sie also tun? Herumlaufen und sich die ganze Zeit schlecht fühlen?

Natürlich nicht.

Der beste und natürlichste Weg, mit Gefühlen umzugehen, ist, sie regelmäßig zu äußern beziehungsweise sie »herauszulassen«.

In dem Film ›Nachrichtenfieber‹ spielte Holly Hunter eine Nachrichtenproduzentin, die sich immer wieder allein an ihren

Schreibtisch setzt und dann plötzlich zu schreien anfängt. Dieses seltsame Verhalten wurde den ganzen Film über nicht kommentiert, und gerade das gefiel mir sehr gut. Der Film zeigte, wie man die Anspannungen eines stressigen Jobs loswerden kann. Wenn Sie Ihren stressigen Job noch nicht loslassen können, dann sollten Sie sich zumindest ein wenig Zeit für die Entspannung nach Holly Hunters Methode nehmen: Es geht darum, Ihre Gefühle rauszulassen oder sie zumindest anzuschauen und wahrzunehmen.

Warum Sie Ihren Gefühlen einen regelmäßigen Besuch abstatten sollten:

Sie haben Gefühle – ob Sie es wollen oder nicht. Und diese Gefühle machen Probleme, wenn man sie übergeht. Wann immer ich selbst mich zum Beispiel dabei ertappe, hektisch zu werden, eine Aufgabe nach der anderen zu übernehmen, andere dafür zu kritisieren, wie langsam sie arbeiten – halte ich inne. Es hat lange gedauert, bis mir klar wurde, dass die äußere Welt in diesen Situationen genau dieselbe ist wie am Tag zuvor, als ich mich gut fühlte und über nichts ärgerte. Aber wenn die Welt dieselbe ist wie am Vortag, dann kann das Problem logischerweise nur bei mir liegen. Ohne schon zu wissen, was genau los ist, setze ich mich heute also hin, atme tief ein und frage: »Hallo, Gefühle. Was ist da drinnen bei euch los?«

Und dann passiert bei mir Folgendes (bei jedem passiert etwas anderes): In dem Moment, in dem ich mich meinen Gefühlen widme, steigt zumeist Traurigkeit in mir auf. Manchmal kommen mir Tränen, manchmal stoße ich einen tiefen Seufzer aus. Manchmal explodiere ich auch – und tue, was Holly Hunter uns vorgemacht hat.

Und dann, wie ein kleines Wunder, verflüchtigen sich die Gefühle der Verzweiflung plötzlich, sie schmelzen weg. Warum ist das so? Nun, ich spüre, dass etwas Schlimmes oder Unangenehmes geschehen wird, und werde deshalb immer hektischer, um die Welt in Ordnung zu bringen. Aber das, wovor ich Angst habe, hat mit der Welt gar nichts zu tun; ich habe vielmehr Angst vor einem Schmerz in meinem Inneren. In dem Moment, in dem ich eine Verbindung zu meinen Gefühlen herstelle, kann dieser Schmerz nach oben kommen. Und dann ist da nichts mehr, wovor ich Angst haben muss. Die Welt sieht wieder ruhiger, vernünftiger und gut zu bewältigen aus.

Worüber war ich traurig? Wer weiß das schon. Vielleicht ist gerade eine Freundin weggezogen, und die Welt ist ohne sie etwas weniger schön. Oder vielleicht fühlte ich mich wie ein kleines Kind, das gerettet werden will. Was auch immer es ist, ich komme jedenfalls wieder besser mit der Welt und mit mir zurecht, wenn ich aufhöre, wie verrückt herumzurennen und zu versuchen, alles unter Kontrolle zu bekommen.

Sie sollten Ihre Gefühle regelmäßig besuchen. Und Sie sollten versuchen, *Ihr* Muster herauszufinden. Hinter meinem Muster »Herumrennen und versuchen, alles zu organisieren und zu regeln, koste es, was es wolle« stecken meistens verletzte Gefühle. Manche Menschen haben das Muster »Erschöpfung« – dahinter kann sich Ärger verstecken – oder sie werden mürrisch, und dahinter versteckt sich in Wahrheit Angst. Finden Sie heraus, was Sie fühlen. Vielleicht merken Sie, dass Sie sich nicht konzentrieren können. Besuchen Sie dann Ihre Gefühle, Ihr Inneres. Vielleicht wollen Sie zum Glas Wein greifen oder in das nächste Süßwarengeschäft flüchten – es ist aber besser, die Gefühle weder mit Alkohol noch mit Schokolade zu betäuben. Halten Sie inne und besuchen Sie Ihr Inneres. Setzen Sie sich einfach hin, schließen Sie für einen Moment die Augen und prüfen Sie, um welches der folgenden vier Gefühle es sich handelt: Ist es Ärger? Angst? Freude? Verletztheit? Eines dieser Gefühle wird es sein – und manchmal sind es auch mehrere gleichzeitig. Und wenn Sie wissen, was es ist, geben Sie dem Gefühl Ausdruck. Sie können seufzen, weinen oder etwa ein Kissen mit Fäusten bearbeiten. Das ist der natürliche Weg, mit Verletzungen und Gemeinheiten, die das Leben uns zumutet, umzugehen. Wenn wir mit einer Beleidigung fertig werden müssen, fordert die Natur uns dazu auf, unsere Gefühle *auszudrücken*. Das ist schon fast ein Gesetz, so wie in der Physik: Energie rein, Energie raus. Auch wenn Ihnen jemand einen Witz erzählt, müssen Sie die Ladung Humor durch Lachen abbauen. Gefühle sind die Werkzeuge zur Wartung von Körper und Seele – damit diese weiter surren können, wie eine gut laufende Maschine. Sie brauchen keine Angst vor ihnen zu haben.

Die Landkarte der Gefühle

Es gibt im Grunde genommen nur die folgenden vier Gefühle: Ärger, Verletztheit, Angst und Freude. Sie können wahrscheinlich noch andere nennen: Schuldgefühle, das Gefühl gedemütigt oder bedrückt zu sein. Aber wenn man die Gefühle bis an ihren Ursprung verfolgt, stehen in der Regel diese vier dahinter. Hinter Schuld verbirgt sich meistens Scham (Verletztheit) oder Groll (Ärger). Das Gefühl der Demütigung besteht aus Verletztheit und Ärger. Bedrücktheit ist eine Form der Angst. An den Ursprung eines Gefühls zu gelangen macht es leichter, ihm Ausdruck zu verleihen. Gefühle können wie ein schwerer Klotz auf uns lasten und sind dann nicht so leicht loszuwerden.

Wenn Sie es nicht gewohnt sind, Ihre Gefühle auszudrücken, sollten Sie es üben. Ich zeige Ihnen nun eine kleine Übung, mit der Sie dieses innere Territorium besser kennen lernen und ausloten können.

Dabei bitte ich Sie um das Gegenteil dessen, was man Ihnen vielleicht bisher geraten hat – konzentrieren Sie sich nicht auf die »guten« Gefühle. Ich möchte nicht, dass Sie in dieser Übung über Glück und Freude schreiben. Wenn Sie diese Gefühle haben, dann müssen Sie nicht damit arbeiten, sondern können sie einfach genießen. Wichtig ist mir Folgendes: *Wenn Sie sich schlecht fühlen, sollten Sie auf keinen Fall versuchen, »glückliche Gedanken« zu haben.*

Denn das ist so, als würden Sie so tun, als seien Sie sauber, ohne sich gewaschen zu haben. Wenn Sie sich schlecht fühlen, sollten Sie etwas dagegen tun, und kein falsches rosiges Bild malen.

Übung 1
Die Gefühle sprechen lassen

Für diese Übung brauchen Sie viel Papier, nehmen Sie am besten einen Notizblock oder ein Heft. Auf die erste Seite schreiben Sie ganz oben »Ärger«. Dann blättern Sie zehn Seiten weiter und schreiben als Überschrift »Verletztheit«, und wieder zehn Seiten weiter schreiben Sie ganz oben »Angst« hin. Nun wählen Sie das Gefühl aus, über das Sie momentan am besten schreiben können, und beginnen damit. Wenn Sie zum Beispiel mit dem »Ärger« anfangen, schreiben Sie alles auf, was Sie verärgert. Hören Sie erst auf, wenn Ihnen nichts mehr einfällt oder das Gefühl sich verändert. Wenn sich das Gefühl in Verletztheit verwandelt, wechseln Sie zu der Seite mit der Überschrift »Verletztheit« und schreiben dort alles auf, worüber Sie heulen könnten und was Sie traurig macht. (Und wenn Ihnen wirklich die Tränen kommen sollten, wunderbar!)

Falls Angst hochkommen sollte, habe ich eine gute Nachricht für Sie. Das, wovor Sie Angst haben, ist normalerweise ein anderes Gefühl, nämlich Verletztheit oder Ärger. Und das Gute daran? Sie brauchen auch das dann nur niederzuschreiben. Oder Sie schreiben: »Ich bin so wütend«, und brüllen laut. Oder Sie sagen: »Es tut so weh«, und gönnen sich ein paar Tränen. *Drücken Sie das Gefühl aus, dann wird das Gefühl vergehen.*

Sie sollen natürlich niemandem einen Kinnhaken geben. Gewalt entsteht ja meistens dann, wenn man Gefühle zu lange unterdrückt und das irgendwann nicht mehr aushält, so dass man sich gewaltsam Luft verschafft. Wenn man hingegen weinen und schreien kann, muss man nicht handgreiflich werden.

Denken Sie daran, Gefühle sind absolut erlaubt. Jedes Gefühl – selbst Hass oder Niedertracht – ist erlaubt, solange es nur ein Gefühl ist und nur Sie etwas davon wissen. Wenn Sie andere Menschen damit konfrontieren, müssen Sie dabei fair und vernünftig sein. Gefühle sind irrational und können äußerst unfair sein, aber man hat sie nun mal! Deshalb sollten Sie damit arbeiten, bevor Sie sie kundtun. Wenn Sie sich wieder beruhigt haben, können Sie entscheiden, ob es unklug ist, sie zu äußern, oder ob es das Beste wäre, mit anderen darüber zu reden. Wenn der emotionale Sturm vorbei ist, wird Ihr Verstand Ihnen bei dieser Entscheidung helfen.

Das war der erste Schritt. Das Gefühlsmanagement. Sie haben ein Ventil für Ihre Gefühle geschaffen und können nun – so wie die Natur das vorsieht – Ihre Gefühle »rauslassen«. Wann immer es Ihnen wieder einmal zu viel wird, müssen Sie nun nicht mehr zusammenbrechen, zum Alkohol greifen oder zum Kühlschrank rennen – Sie begeben sich einfach an einen ruhigen Ort und besuchen Ihre Gefühle in Ihrem Inneren.

Und nun gebe ich Ihnen einen weiteren Stressreduzierer an die Hand.

▪ Der Umgang mit Geld

Einer der großen Vorteile Ihres Jobs ist das gute Gehalt. Deshalb meine Frage an Sie: Wie viel haben Sie auf dem Sparbuch? Sie und ich kennen die Antwort: Sie sind nur ein paar Gehälter vom Bankrott entfernt. Wie konnte es so weit kommen? Es ist überaus wahrscheinlich, dass Sie viel Geld für »Trostpflaster« ausgeben. Man braucht eine Menge Spielzeug zum Ausgleich, wenn man das eigene Leben an den Erfolg verkauft hat.

Julie, 34 Jahre, Unternehmensberaterin bei einer renommierten Firma, hatte neben ihrem Job wenig Zeit für sich selbst übrig, aber dafür war ihr Gehalt sehr gut, so dass sie begann, ihr Geld auch auszugeben: »Zuerst war es Kleidung, teure Designermode. Sie war herrlich, und ich benötigte sie auch für die Arbeit. Dann brauchte ich eine Eigentumswohnung, um Steuern zu sparen, und dann ein neues Auto, um mir selbst etwas Gutes zu tun. Möbel, Teppiche, Geschenke, ich konnte mir alles leisten, außer einen Urlaub, weil ich dafür nie Zeit hatte. Bei der Unternehmensberatung würde ich am liebsten aufhören, aber ich kann es mir nicht leisten. Die Eigentumswohnung muss noch abgezahlt werden, und verkaufen kann ich sie nicht, weil im Moment niemand Wohnungen kauft. Ich sitze in der Falle. Und ich gebe weiterhin Geld aus, um mich selbst dafür zu trösten, dass ich in der Falle sitze.«

Julie befindet sich in einem endlosen Kreislauf aus Mangel und Überfluss. Geld auszugeben befriedigt sie nicht wirklich. Sie muss sich etwas klar machen, und das müssen auch Sie: *Man bekommt nie genug von dem, was man nicht wirklich will. Wenn Sie ein Eis haben wollen, werden selbst 20 Schokoladenriegel Sie nicht zufrieden stellen. Aber ein einziges Eis wird genügen. Die Seele akzeptiert keine Ersatzbefriedigungen. Entweder Sie geben Ihrer Seele das, was sie wirklich will, oder Sie werden niemals Ruhe bekommen.*

Was will Julie wirklich? Sie möchte eine sinnvolle Arbeit, sie will etwas tun, was der Welt nützt. Sie will Zeit haben, um zu lesen, um mit ihrem Hund spazieren zu gehen, um sich zu verlieben. Was hat sie jetzt? Einen eleganten Wagen, aber kaum Zeit, damit zu fahren. Eine teure Wohnung, in der sie sich kaum aufhält, wunderschöne Kleidung, die sie allerdings nur zur Arbeit trägt.

Vielleicht habe ich Sie jetzt davon überzeugen können, wie wichtig es ist, mit dem Sparen anzufangen. Aber wie sollen Sie Geld beiseite legen, wenn Sie bis zum Hals in Verpflichtungen stecken? Ich kenne Ihre Situation nicht, aber ich weiß genau, dass Sie damit aufhören könnten, teure Kleidung zu kaufen, dass Sie den alten Wagen noch einige Jahre fahren könnten, dass Sie seltener zum Essen gehen könnten, Ihre Zweitwohnung verkaufen und auf den teuren Luxusurlaub verzichten könnten.

Wäre das schmerzlich für Sie? Viele dieser schönen Dinge sind nichts als Trostpflaster für ein unglückliches Leben. *Egal welchen Maßstab Sie anlegen – Zeit, Geld, Energie –, dieses Spielzeug kostet zu viel.*

Was ist, wenn Sie eine Familie ernähren müssen?

Es ist viel schwerer, Geld zu sparen, wenn Sie Menschen haben, die von Ihnen abhängig sind und die sich an einen Lebensstil gewöhnt haben, der Ihnen das Sparen unmöglich macht. Dann müssen auch diese Menschen den Gürtel enger schnallen. Aber versuchen Sie nicht, Ihre Familie zum Sparen zu bringen, bevor Sie nicht selbst mit gutem Beispiel vorangegangen sind.

Wenn es Ihnen nur ein wenig so geht wie mir, dann möchten Sie sich als Ernährer der Familie fühlen. Sie möchten sich lieber in dieser Rolle sonnen, die auch Macht bedeutet, als die Last zu teilen. Was können Sie tun? Ich glaube, es ist an der Zeit, sich den Preis vor Augen zu führen, den Sie für dieses Heldendasein bezahlen. Betrachten Sie einmal die emotionale Struktur der Rolle, die Sie gewählt haben. Sie könnten dabei überraschende Dinge erkennen.

Melanie, 33 Jahre, ist Bankerin. Ihr Mann macht gerade eine Zusatzausbildung: »Ich würde mir ziemlich überflüssig vorkommen. So als ob Michael dann keinen Grund mehr hätte, bei mir zu bleiben.«

Ron, 45 Jahre, Inhaber eines kleinen Geschäfts, verheiratet, drei Kinder: »Ich würde mir wie ein Verlierer vorkommen, wie ein dummer Junge. Jetzt arbeite ich mich zwar halb tot, aber ich fühle mich auch wertvoll und wichtig.«

Hier meine Botschaft: Es ist nichts falsch daran, für Ihre Lieben zu sorgen. Es ist ein Ausdruck von Liebe und Hingabe, der allen gut tut. *Aber wenn Sie es übertreiben, um damit ein geringes*

Selbstwertgefühl zu kompensieren, werden Sie früher oder später in Bedrängnis kommen – und außerdem die Werte Ihrer Familie vollkommen durcheinander bringen. Unbewusst läuft ein Programm ab und macht es Ihnen unmöglich, Ihr Leben zu verändern. Erst wenn Sie bereit sind, etwas von der Macht abzugeben, sollten Sie Ihre Familie darum bitten, Ihnen beim Sparen zu helfen. Nur dann wird es Ihnen gelingen, die anfängliche Verdrossenheit Ihrer Familie zu tolerieren – die Zeit braucht, um sich an die neue Lage zu gewöhnen –, ohne sich dabei schlecht zu fühlen und den Prozess zu gefährden.

Es geht mir hier nicht darum, ein bestimmtes Konsumverhalten anzuprangern! Wenn Geld und Spielzeug Sie glücklich machen – wunderbar. Wenn Ihnen aber *beigebracht* wurde, diese Spielzeuge zu mögen, und das, was Sie wirklich wollen, zu vergessen, dann sind Sie das Opfer eines grausamen Spiels. Man hat Ihnen die eigene Welt geraubt und Sie dafür in einen Hamsterkäfig gesetzt: Sie rennen einem Nichts hinterher. Und vielleicht besteht Ihr Käfig ja aus hohen Ausgaben, die Sie scheinbar nicht in den Griff bekommen können.

Vielleicht machen Sie sich auch selbst etwas vor, indem Sie sich sagen, dass Sie eines Tages aus diesem Leben aussteigen werden, obwohl Ihr Lebensstil diese Option gar nicht zulässt.

Wie viel Geld bräuchten Sie, um Ihr Traumleben zu führen?

Wenn Sie nicht wissen, wie Ihr Traumleben aussieht, dann gedulden Sie sich noch einen Moment. Wählen Sie für Übungszwecke ein Leben aus und überlegen Sie, was es kosten würde.

Wenn Sie in Ihrem Traumleben eine Yacht besitzen wollen, dann sollten Sie bei Ihrem Job bleiben und sich am besten noch zwei weitere suchen. Wenn Ihr Traum darin besteht, weiterhin Ihren jetzigen Beruf auszuüben, aber in einem schöneren und angenehmeren Arbeitsumfeld, dann brauchen Sie gerade so viel Geld, dass Sie sich über Wasser halten können, bis Sie einen entsprechenden Job gefunden haben. Manchmal kann das heißen, tatsächlich eine Zeit lang keine Arbeit zu haben und sich auf die Suche zu begeben. Wenn möglich, sollten Sie aber lieber in Ihrer momentanen Stellung bleiben, bis Sie eine bessere gefunden haben. Selbst wenn Sie einen neuen Job gefunden haben, verdienen Sie anfangs möglicherweise weniger Geld. Wenn Sie für diesen Fall Geld angespart haben, können Sie wählen. Wenn Sie hingegen genauso viel verdienen müssen wie jetzt, werden Ihre Wahlmöglichkeiten kleiner.

Wenn es Ihr Traum ist, auf dem Land zu leben und Irische Setter zu züchten, dann brauchen Sie genügend Geld, um diesen Traum zu verwirklichen. Aber meistens braucht man weniger, als man denkt.

Gwen, 26 Jahre, Rechtsanwältin: Ich will jedes Jahr in einem anderen europäischen Land leben. Ich kann mit 15 000 Euro pro Jahr auskommen, wenn ich sparsam bin. Ich werde also für drei Jahre Geld ansparen und mich dann auf den Weg machen, und unterwegs kann ich sicherlich noch den einen oder anderen Job annehmen. Wenn dann meine Sprachkenntnisse besser geworden sind, kann ich im Reisesektor eine Arbeit finden. (Tatsächlich hat Gwen schon bald eine Stelle bei einer staatlichen Touristenbehörde gefunden – und reist nun kostenlos durch die Lande.)

Roger, 47 Jahre, Ingenieur: Ich will noch einmal auf die Universität gehen. Ich werde dann nur noch halbtags arbeiten können und spare deshalb jetzt genug Geld an, damit ich meinen Lebensstil einigermaßen halten kann.

Durch Sparsamkeit und die Reduzierung ihrer Ausgaben kaufen Gwen und Roger sich das Wertvollste, was es gibt: Zeit. Mehr als alles andere auf der Welt benötigen Sie Zeit: Zeit, um weniger zu arbeiten und das auszuprobieren, was Sie gern tun, oder um eine neue Karriere aufzubauen – oder auch um angeln zu gehen.

Wir haben nun ein Mittel gefunden, mit dem Sie Dampf ablassen können (die Gefühle besuchen), und hoffentlich konnte ich Sie überzeugen, dass Sie für einen Wechsel in ein anderes Leben eine finanzielle Basis benötigen (Geld ansparen). Die unmittelbare Gefahr – dass Sie Ihren Job einfach hinschmeißen – haben wir gebannt und die zukünftige Gefahr – keine Wahl mehr zu haben – ebenfalls.

Lassen Sie mich noch einmal Ihr Problem benennen: Sie befinden sich auf der Überholspur, alles läuft gut, Sie stehen gut da, Sie verdienen Geld, aber Sie sind nicht glücklich damit. Sie glauben, dass Sie Ihr Leben gern verändern würden, aber der Konflikt, ob Sie Ihren Job aufgeben sollen oder nicht, bringt Sie an den Rand der Verzweiflung.

Aber keine Sorge, die Dinge stehen gar nicht so schlecht.

Unter Umständen brauchen Sie die Überholspur gar nicht zu verlassen – wenn Sie zum Beispiel einige Dinge verändern oder die Art und Weise, wie Sie auf Ihre Arbeit reagieren. Und wenn Sie wirklich Ihren Job aufgeben sollten, dann habe ich die gute Nachricht für Sie, dass es für jedes Dilemma auch eine Lösung gibt. Ich garantiere Ihnen, dass es in diesem scheinbar undurchdringlichen Dilemma, in dem Sie sich befinden, einige »Schlupflöcher« gibt, durch die ein Genie wie Sie leicht entkommen kann.

Aber zunächst wollen wir uns ansehen, wie Sie überhaupt in die jetzige Situation geraten sind.

■ Die Erfolgsfalle

Erfolgreiche Menschen werden aus verschiedenen Gründen erfolgreich, und sie werden mit ihren Erfolgen auch aus verschiedenen Gründen unglücklich.

Ich liste nun fünf verschiedene Szenarien auf. Prüfen Sie, in wie vielen davon Sie sich wiederfinden.

Szenario 1
Sie haben sich nie wirklich entschieden
(Rechtsanwalt, Managerin, Ärztin zu werden)

Sie waren gut in der Schule und haben sich nie viele Gedanken darüber gemacht, was Sie werden wollten. Vielleicht haben Sie die Hochschule besucht, weil es der nächste logische Schritt war und Sie die Noten dazu hatten. Als es Zeit war, eine Stelle anzunehmen, nahmen Sie den besten, angesehensten Job, der Ihnen angeboten wurde. Es ist Ihnen nie in den Sinn gekommen, dass Sie auch etwas ganz anderes tun könnten. Die Arbeit gefiel Ihnen nie richtig gut. Jetzt haben Sie ein teures Auto, eine schöne Wohnung, und eine tolle Stereoanlage. Jeder in Ihrem persönlichen Umfeld ist beeindruckt oder beneidet Sie. Aber diese Erfolgsgeschichte ist gar nicht so toll, wie sie scheint.

Erkennen Sie sich wieder? Ich führe im Folgenden noch einige Beispiele aus dem wahren Leben an, mit denen Sie sich vergleichen können.

Randy, 28 Jahre, ging gern zur Schule. Er war ein guter Student und glitt mühelos ins Berufsleben hinein. Erst jetzt, nach sechs erfolgreichen Jahren, gibt Randy zu, dass er nur noch dahintreibt. Er sagt, dass er nicht weiß, was er will.

»Ich habe mich nicht wirklich dafür entschieden, als Unternehmensberater zu arbeiten«, sagt er. »Ich habe einfach einen Schritt nach dem anderen gemacht. Jetzt bin ich hier. Ich kann alles ziemlich gut, die Arbeit geht mir leicht von der Hand. Nur ein Ziel für mich, das kann ich nicht finden.«

Kathleen, 26 Jahre, bewarb sich um ein politisches Amt – und kam gut an. Jeder denkt, sie hat alles, was man für eine Karriere in diesem Bereich braucht. Aber die Politik ist nicht wirklich Kathleens Sache. Sie weiß schon gar nicht mehr, wie sie da hineingeraten ist. »Ich war auf ein paar Sitzungen, habe mich daran beteiligt, und kaum blickte ich mich um, war ich schon für einen Listenplatz nominiert.«

Insgeheim wollte sie schon immer mit Kindern arbeiten. Sie ist sehr geduldig, und das Zusammensein mit Kindern macht ihr Spaß. Eigentlich wollte sie immer Grundschullehrerin werden. Aber das politische Amt scheint ihre Chance zu sein, groß herauszukommen. In ihrer Familie herrscht der Glaubenssatz vor, dass man seine Intelligenz nicht an Kinder verschwenden sollte. (Als ob es etwas Wertvolleres als Kinder gäbe!) Alle erwarten, dass sie in der Politik eine glänzende Karriere macht – und die gesamte Familie davon profitieren wird.

Szenario 2
Ihre Arbeit frisst Sie auf

Sie haben hart dafür gekämpft, dort zu sein, wo Sie jetzt sind, und die anstrengende Arbeit hat Ihnen nichts ausgemacht. Sie gehörte zum Kampf um die Spitze dazu.

Sie hatten wahrscheinlich Spaß daran, den Wettbewerb zu gewinnen, die Konkurrenz auszustechen und in Ihrem Bereich gut zu sein, und Sie sind froh, es geschafft zu haben. Erst vor relativ kurzer Zeit haben Sie um sich geblickt und gemerkt, was Sie für diesen Erfolg opfern: ein normales Leben, eine Familie und vielleicht einen Traum, den Sie gern verwirklichen würden, für den Sie aber keine Zeit haben.

Margaret, eine 35-jährige Börsenspezialistin, hatte an der Universität Amerikanistik studiert – und zwar richtig gern. Für eine Promotion nach dem Studium reichte das Geld nicht, so dass sie als Trainee in einer großen Bank anfing. Nach und nach hatte sie immer mehr mit Aktiengeschäften zu tun, und nach acht Jahren verdiente sie mehr Geld, als sie jemals für möglich gehalten hätte. Aber sie hat kaum Zeit für sich.

Als ich sie kennen lernte, war sie angespannt und unglücklich. Sie sagte: »Ich arbeite 14 Stunden am Tag. Früher machte mir das nichts aus. Jetzt steht wieder ein Schritt auf der Karriereleiter an, und bei all dem habe ich kaum Zeit, mich um meine Beziehung zu kümmern. Ich bin 35 Jahre alt. Seit acht Jahren habe ich keinen richtigen Urlaub mehr gehabt. Ich habe einen Hochschulabschluss in Literaturwissenschaft und seit acht Jahren keinen Roman mehr gelesen. Kurz vor meinem Geburtstag höre ich jedes Mal eine leise Stimme, die mir sagt: ›Irgendetwas läuft hier falsch – und die Zeit vergeht.‹«

Szenario 3
Die Arbeit ist gut, aber die Kollegen ...

Unsere Umgebung macht uns stark, offen und glücklich – oder krank. Eine toxische Umgebung besteht nicht nur aus Zigarettenrauch, sondern auch aus schwierigen Menschen, die so schädlich sein können wie chemische Substanzen. Manchmal sind es nicht nur ein oder zwei Personen, sondern die gesamte Firma. Vor lauter Intrigen und Machenschaften schaffen Sie es kaum, Ihre Arbeit zu erledigen. Die Arbeit an sich ist in Ordnung, nicht aber der Platz, an dem sie getan werden soll.

Der Job von Sybille war wunderbar, bis ein neuer Chef kam. Er entließ Sybilles direkten Vorgesetzten, mit dem sie sich gut verstanden hatte, und ersetzte ihn durch einen unfreundlichen und unfairen Menschen. Heute ist Sybilles Job für sie die Hölle.

Leider ist das kein Einzelfall. Eine Studie aus den neunziger Jahren hat ergeben, dass ein Drittel aller Menschen, die im Beruf unzufrieden sind, dies auf Probleme mit den Kollegen zurückführen. Man kann krank werden, wenn das Umfeld, in dem man arbeitet, nicht gesund ist.

Wie wirkt sich das aus? Man fühlt sich nur noch schlecht und fängt an zu glauben, dass mit einem selbst etwas nicht stimmt. Die Lust zu arbeiten wird immer geringer, denn man ist zornig und demoralisiert. Darunter leidet auch die Arbeit, und man ist nicht mehr stolz auf die eigene Leistung. Aber mehr als alles andere ist es die Ungerechtigkeit, die uns krank macht.

Szenario 4
Die Arbeit ist ganz anders, als Sie erwartet hatten

Sie sind genau das geworden, was Sie werden wollten – und dann haben Sie gemerkt, dass die Arbeit Ihre Erwartungen nicht erfüllt. Es ist traurig, aber wahr: Man vermittelt uns oft einen falschen Eindruck. Jurastudenten, die ein Sommerpraktikum machen, die von glücklichen Eltern und stolzen Professoren ermutigt und zudem von Arbeitgebern gelobt werden, finden oft erst viel später heraus, dass die Arbeit in der Realität nicht viel mit dem Sommerpraktikum zu tun hat.

Wir machen uns auch häufig selbst etwas vor. Wir beziehen unsere Vorstellungen und Informationen aus Filmen oder Romanen … sehen uns im Gerichtssaal für Gerechtigkeit kämpfen … und sitzen schließlich am Schreibtisch in einem Büro und wälzen Aktenberge über nicht gezahlte Stromrechnungen. So hatten wir uns das nicht vorgestellt, aber jetzt ist es zu spät. Und wir verdienen gut dabei.

Marlene liebte die Medizin und das Medizinstudium, aber sie bekam eine Stelle in einem Gesundheitszentrum, in der sie ihre Vorstellungen einer guten medizinischen Betreuung nicht verwirklichen kann. Sie weiß nicht, wohin sie gehen soll, und wird den medizinischen Sektor unter Umständen ganz verlassen. »Sie lassen mich einfach keine gute Medizin praktizieren; ich muss 80 Personen am Tag untersuchen und mit keinem darf ich länger als fünf Minuten reden.«

Ich kenne Drehbuchautoren, die mit dem Konkurrenzdenken unter ihren Kollegen nicht fertig werden, und ich kenne Idealisten, die es endlich geschafft haben, in einer großen gemeinnützigen Organisation mitzuarbeiten, und dann feststellen müssen, dass dort politische Machtkämpfe und Korruption vorherrschen.

Was sollen diese Menschen tun? Alle haben viel investiert, um dahin zu kommen, wo sie heute sind, und wenn Sie zu dieser Gruppe gehören, dann wissen Sie, welche schwere Entscheidung vor Ihnen liegt: Entweder Sie bleiben und werden unglücklich oder Sie gehen und gestehen sich ein, dass Sie Jahre verschwendet haben.

Aber werfen Sie noch nicht gleich alles weg. Sie haben gute Chancen, all das, was Ihnen wichtig ist, zu retten.

Szenario 5
Die Trophäe ist errungen, aber Sie fühlen sich leer

Alles was Sie jemals wollten, war der oder die Beste zu sein, besser als alle anderen. Sie haben dafür gekämpft, Sie waren gut und nichts konnte Sie aufhalten. Sie haben andere Menschen überrundet und schließlich den Sieg errungen. Sie hatten immer Energie, wussten genau, was Sie wollten, und stehen nun als Gewinner da. Sie haben gewonnen, aber *Sie fühlen rein gar nichts*.

Wir alle haben schon von großen Stars gehört – von Musikern, Sportlern oder Menschen, die es aus eigener Kraft zu einem großen Vermögen gebracht haben – die schließlich im Alkoholismus oder in der Drogensucht landeten. Solche Menschen kommen ab und zu in meine Beratung, und sie erzählen mir dann stets Folgendes: »Ich musste einfach ganz nach oben kommen. Alles andere war mir egal. Aber als ich es dann endlich geschafft hatte, fehlte mir etwas, das ich genau dort zu finden gehofft hatte – aber ich weiß nicht, was es ist!«

Sie sollten sich nun dieselben Fragen stellen, die ich diesen Menschen stelle. Seien Sie allerdings darauf gefasst, dass es schmerzhaft sein wird. Wenn Sie den Mut haben, die Fragen zu beantworten, dann ist das der erste Schritt in die richtige Richtung.

Frage 1: Gab es jemanden in Ihrer Vergangenheit, vielleicht einen enttäuschten Elternteil, der eine Trophäe, einen Sieg dringend brauchte? Manchmal gibt es einen Elternteil oder einen anderen Verwandten in unserer Familie, der nie das bekam, was er wollte – und Sie haben die Aufgabe übernommen, diese Person glücklich zu machen.

Frage 2: Gab es jemanden in Ihrer Vergangenheit, der Sie nicht richtig anerkannt und geschätzt hat? Haben Sie die Trophäe errungen, damit dieser Mensch Sie (endlich) liebt?

Wenn die Antwort auf eine dieser Fragen »Ja« lautet, haben Sie es mit einem besonderen Problem zu tun: Sie haben sich mit etwas beschäftigt, für das Sie Talent haben, etwas, das Sie richtig gern tun – aber aus Gründen, die Sie sich nicht eingestanden haben. Im Hinterkopf hatten Sie einen Traum, der so überzeugend und gleichzeitig so verborgen war, dass Sie ihn völlig vergessen haben. Sie wussten nur, dass Sie gewinnen müssen und nicht aufhören würden, bis Sie dieses Ziel erreicht hätten. Im eigenen Streben gefangen, haben Sie die schlechte Nachricht erst zur Kenntnis nehmen können, als Sie schon auf dem Siegertreppchen standen – und dann hat es Sie umgeworfen: Die traurige Person aus Ihrer Familie oder Ihrer Vergangenheit ist immer noch traurig, der Mensch, der Sie nicht lieb hatte, liebt Sie immer noch nicht.

Kleine Kinder können es nicht ertragen, das Leid der Eltern mit anzusehen und hinzunehmen, dass es unabwendbar sein soll. Als Kind kann man nicht akzeptieren, dass die Eltern unglücklich sind, mit dem eigenen Leben oder mit dem ihrer Kinder. Es ist sehr anrührend und gleichzeitig tragisch, dass wir als Kinder unser Schicksal an das unserer Bezugspersonen knüpfen. Wenn ich etwas aus mir mache, wird Vater nicht mehr so traurig sein, wird meine Schwester mich endlich mögen.

Früher oder später müssen wir alle die grausame Wahrheit erkennen: Kinder haben einfach nicht die Macht, Erwachsene zu retten. Es kann sein, dass niemand die Macht hat, andere zu retten – und ohne die Mitarbeit der Betroffenen geht es schon gar nicht. Menschen müssen sich selbst retten – wenn sie das wollen. Und wenn sie es nicht wollen, dann müssen wir ihre Entscheidung respektieren und unser eigenes Leben führen.

Wir können auch niemanden dazu bringen, uns zu lieben. Vom Tag unserer Geburt an sind wir absolut wundervoll und liebenswert, und wenn jemand uns nicht geliebt hat – oder uns nicht zu lieben schien –, dann lag das an diesem Menschen. Vielleicht erfahren wir nie, warum es so war, aber wahrscheinlich hatte es gar nichts mit uns zu tun. Ich möchte Ihnen damit Folgendes sagen: Kein noch so großer Erfolg kann diesen Menschen dazu bringen, seine Meinung über Sie zu ändern, denn *niemand lässt sich dazu zwingen*. Je erfolgreicher Sie sind, desto weniger wird es diesem Menschen gefallen!

Und noch etwas: Diese vom Leben enttäuschten Menschen haben – auch wenn sie sich inzwischen verändert haben sollten – nach wie vor den gleichen alten Einfluss auf uns. Selbst wenn sie gar nicht mehr am Leben sind, stehen wir noch in ihrem Bann. Und deshalb ist es manchmal so schwer herauszufinden, was eigentlich los ist. Wenn Sie ganz oben angekommen sind und jeder applaudiert, können Sie das Gefühl haben, dass es immer noch nicht genug ist. Sie bemerken, dass jemand fehlt, und Sie müssen kurz nachdenken und erkennen, dass es jemand ist, der nicht mehr lebt; oder jemand, der Ihnen heute viel freundlicher und liebevoller begegnet als früher.

Warum genügt Ihnen der Applaus nach wie vor nicht? Weil das Kind in Ihnen das alles veranstaltet und ihm niemand gesagt hat, dass das Spiel zu Ende ist. Und genau das ist es, was Sie tun müssen.

Dies sind die fünf Hauptkategorien der Unzufriedenheit, die ich entdeckt habe. Und für jedes Szenario gibt es eine einfache Lösung.

Aber zuerst möchte ich eine weitere Möglichkeit erörtern. Könnte es nicht sein, dass Sie Ihren Job gern behalten und Ihre Karriere weiterverfolgen würden, wenn Sie nicht so ausgebrannt wären?

■ Maßnahmen gegen Burnout und Langeweile

Sie spüren unter Umständen genau, dass es nicht richtig für Sie wäre aufzuhören. Nur weil sich ein Jobwechsel für andere als richtig erwiesen hat, muss es noch lange nicht das Richtige für Sie sein. Manchmal ist eine Kündigung auch genau das Falsche, und Ihr Zögern ist vernünftig und keineswegs ein Zeichen von Angst.

Vielleicht haben Sie erreicht, was Sie immer haben wollten: Ihr berufliches Leben ist aufregend und intensiv, und das Abenteuer ist ein Teil Ihrer täglichen Arbeit. Die Börse, ein Fernsehsender oder die Notfallzentrale einer Klinik sind allesamt sehr aufregend und interessant, aber sie haben auch ihren Preis. Das Tempo ist atemberaubend, aber eines Tages auf dem Weg zur Arbeit merken Sie, dass alles doch nur öde Routine ist und heute dasselbe passieren wird wie gestern. Die Aussicht darauf macht Sie müde und schlapp. Die oben beschriebene Intensität kann wie eine Droge sein und zum Burnout führen.

Die Lösung für das Problem ist kein vierwöchiger Urlaub, wenngleich einige Wochen Urlaub ein guter Anfang sind. Aber Sie wissen so gut wie ich, dass bereits nach einem Tag Arbeit die gesamte Erholung aus dem Urlaub wieder verflogen sein wird. Und nehmen Sie sich bloß nicht ein ganzes Jahr lang frei, ohne genaue Pläne dafür zu haben. Es könnte ein Alptraum werden. Freunde von mir haben es so gemacht, sind um die Welt gereist, um sich in Bali in einer Bar wiederzufinden und sich zu fragen: »Was um Himmels willen tun wir hier eigentlich?«

Das würde ich Ihnen gern ersparen. Mithilfe verschiedener Experimente habe ich eine bessere Lösung gefunden.

Traurigkeit kann man bekämpfen, indem man etwas Neues lernt.

Das sagt auch der Zauberer Merlin in *Camelot* (aus der Artussage). Merlin hat damit nicht nur das Mittel gegen Traurigkeit, sondern auch gegen »Burnout« gefunden. Wenn Sie ausgebrannt sind, ist das beste Gegenmittel, etwas Neues zu lernen oder etwas Kreatives zu tun. So einfach ist das. Der Heilungsprozess setzt sofort ein. Der Teil Ihres Gehirns, der lange Zeit überstrapaziert wurde, kann sich ausruhen, da der Teil, der lange Zeit unterfordert war, nun angeregt wird.

Aber lassen Sie sich von niemandem dazu überreden, Körbe zu flechten – außer es ist ein lang gehegter Wunsch von Ihnen. Nur was für *Sie* kreativ oder interessant ist, wird Ihnen helfen. Versuchen Sie sich zu erinnern, was es sein könnte. Ich wette, dass es etwas gibt, was Sie schon immer wissen oder tun wollten – wofür Sie aber nie die Zeit hatten. Finden Sie etwas wahrlich Himmlisches, denn nur das kann Ihnen helfen. Es kann alles sein, vom Filmemachen bis zum Erlernen einer neuen Sprache oder die Beschäftigung mit höherer Mathematik.

Und wehe, wenn Sie Kurse belegen, die mit Ihrem beruflichen Bereich zu tun haben! Vergessen Sie den Erwerb von neuen Zusatzqualifikationen für den Beruf. Sie haben schon viel zu viele, deshalb sind Sie ja ausgebrannt. Tun Sie etwas, das so wenig wie möglich mit dem zu tun hat, was sie zurzeit beruflich machen. Wenn Ihr Beruf mit Sprache zu tun hat, dann malen Sie. Wenn Sie immerzu im Büro arbeiten, dann gehen Sie auf eine Expedition. Wenn Sie damit beginnen, die Sinne einzusetzen, die lange vernachlässigt worden sind, besteht die Belohnung darin, dass Sie die Welt wieder mit ganz neuen und frischen Augen sehen werden.

So sieht erste Hilfe für Burnout aus – und sie funktioniert immer.

Burnout macht krank, und wenn Sie nichts dagegen tun, werden Sie irgendwann so erschöpft sein, dass Sie grobe Fehler machen. Also sehen Sie sich bitte vor.

Und nun möchte ich Ihnen die Lösungen für die fünf Szenarien vorstellen.

■ Die Lösungen zu den Szenarien

Szenario 1
Sie haben sich nie dazu entschlossen, das zu werden, was Sie sind

Wenn es Ihnen so wie Randy ergangen ist, der auf die Überholspur gelangte, ohne genau zu wissen, wie es passierte, dann müssen Sie für eine Weile vergessen, was Sie alles können und *herausfinden, was Sie wirklich gern tun*. Sie sind offensichtlich in der Lage, viel zu erreichen, aber diese Fähigkeit kann niemals eine Leidenschaft ersetzen. Widerstehen Sie der Versuchung, etwas zu tun, nur weil Sie es *können*.

Ich weiß sehr gut, dass es alles andere als einfach ist, den ungestümen, liebenden Kern in sich wiederzufinden, die persönliche Sprache, die ich als Ihr »Genie« bezeichne. Sie ist durch ein kulturelles Lernprogramm verdeckt und verschüttet worden, das Ihnen die Gesellschaft, in der Sie leben, beigebracht hat. Es gibt aber immer noch viele Hinweise auf Ihr spezielles Genie, Spuren Ihrer wahren Talente, die nicht sonderlich schwer zu entdecken sind – solange Sie Ihr Genie nicht mit Ihren Fähigkeiten oder Fertigkeiten verwechseln. Denn diese befinden sich an der Oberfläche. Sie sind sehr wertvoll, keine Frage. Sie können davon leben. Aber eine Fertigkeit allein wird Sie nicht glücklich machen. Für Menschen auf der Überholspur ist dieser Unterschied manchmal sehr schwer zu verstehen, deshalb sollten Sie aufmerksam weiterlesen. Die Dinge, die Sie gut machen und gut können, sind nicht notwendigerweise identisch mit Ihrem Genie.

Überlegen Sie, was Ihnen Spaß macht, beziehungsweise was Sie mit Ihrer Zeit tun würden, wenn für alle wichtigen Dinge bereits gesorgt wäre. Spüren Sie dem nach, was Ihr Herz erfreuen würde, und schon hören Sie Ihr Genie sprechen. Folgen Sie dieser Stimme, und Sie werden Ihre wahren Begabungen finden – nicht nur Ihre Fähigkeiten und Stärken.

Ich bin nicht der Meinung, dass wir auf diesem Planeten sind, um einer vorherrschenden Ideologie zu dienen. Das Leben ist zu kostbar, um es auf einer Spur zu verbringen, die andere für uns ausgewählt haben und zwar ohne dass wir es wussten. Aber bevor Sie die Richtung ändern, brauchen Sie einen Traum.

Gibt es einen Traum, den Sie fallen gelassen haben? Ich hoffe es, denn er kann Ihr Leben retten. Wahre Sehnsucht sprengt Gefängnistüren und gibt Ihnen Ihre Freiheit zurück.

Wenn Sie sich nicht an einen Traum erinnern können, gibt es dennoch viele Wege, um Ihr einzigartiges Selbst zu erwecken – diese kreative, hoffnungsvolle Person, die Sie waren, bevor Sie von Notendurchschnitten und Investmentbanking gehört haben.

Die Zeit dafür ist reif.

a. Lesen Sie Autobiografien

Sie brauchen momentan keine Abenteuerromane. Besorgen Sie sich stattdessen Autobiografien von Menschen aus Bereichen, die Ihrem eigenen überhaupt nicht ähneln.

Viele Menschen haben auf eine Weise über ihr Leben geschrieben, dass andere Menschen daraus lernen können, wie man gut lebt. Fragen Sie einfach Ihre Buchhändlerin nach ihrer Lieblingsbiografie – und lesen Sie diese. Große Menschen sind auch große Erzähler, und im Grunde genommen reden sie immer nur über eines: wie man ein gutes Leben führt.

Sie brauchen einenKontrast zu Ihrem eigenen Leben. Auf der Überholspur tendiert man dazu, isoliert zu sein. Die Menschen, die Sie kennen, tun dasselbe wie Sie, und was Sie brauchen sind andere Perspektiven.

Wenn Sie eine gute Autobiografie lesen, sind Sie automatisch in guter Gesellschaft. Und das haben Sie seit langem bitter nötig.

b. Schreiben Sie Ihre eigene Autobiografie

Die letzten zehn Jahre lassen Sie dabei aus. Schreiben Sie kurze Begebenheiten, Zufallsgeschichten, beschreiben Sie Augenblicke der Kindheit. Schreiben Sie darüber, was Sie getan und erlebt haben, bevor Sie Ihr Abitur in der Tasche hatten. Es wird Sie erfrischen und Sie daran erinnern, wer Sie waren und wer Sie sind. Ich kenne jemanden, der sich vornahm, 100 Geschichten aus seiner Kindheit zu schreiben. Die Idee gefiel mir so gut, dass ich es selbst versucht habe. Ich kam bis zur Nummer 17, bevor mir der Stoff ausging, und es machte viel Spaß. Ich habe diese Geschichten meinen Eltern und meinen Kindern vorgelesen. Und vielleicht werde ich noch weitere schreiben.

c. Erweitern Sie Ihren Erfahrungsschatz

Belegen Sie einen Fotografiekurs. Oder besuchen Sie einen Kurs am Meer, der das »kreative Schreiben« zum Inhalt hat – und gehen Sie danach zum Segeln. Und zwar besonders dann, wenn Sie davon überzeugt sind, dass Sie weder schreiben noch segeln können.

Wir sind auf der Suche nach dem Rohmaterial für Ihre persönliche Lebensskulptur, und deshalb möchte ich, dass Sie überall danach suchen. Sie wissen nicht, was Sie bislang übersehen haben. Menschen, die sich gezielt auf eine Sache konzentrieren, erreichen oft viel, aber sie bezahlen häufig einen hohen Preis dafür, dass sie ihre Möglichkeiten stark begrenzen.

Ich kenne einen Mann, der an einem Fotografiekurs in Österreich teilnahm und nach seiner Rückkehr wusste, dass er gern als Förster arbeiten würde. Er war kein leidenschaftlicher Fotograf, aber er liebte Bäume und hatte es vorher nie richtig bemerkt. Er hat Kontakt mit einem Journalisten aufgenommen, und beide arbeiten nun an einem Artikel über Bäume.

Die Fotografie hat er nicht weiter verfolgt – und seinen Job hat er auch nicht aufgegeben. Aber seinen Burnout hat er überwunden.

d. Erweitern Sie Ihr Vorstellungsvermögen

Versuchen Sie es zur Abwechslung mit etwas Fantasie. Die folgende Übung mache ich häufig in meinen Kursen:

Übung 2
Ich bin ein Testpilot

Setzen Sie sich so hin, dass Sie eine Uhr oder einen Wecker mit Sekundenzeiger sehen können. Stellen Sie sich nun vor, Sie seien ein Testpilot, und beschreiben Sie es so toll wie möglich: »Ich bin ein Testpilot. Es ist wundervoll, durch den Himmel zu düsen und die tollkühnsten Figuren zu fliegen. Am schönsten sind die Loopings. Das Motorengeräusch hat dann einen ganz besonderen Klang, den ich sehr gern mag.«

Versuchen Sie es einmal, einfach so zum Spaß. Wiederholen Sie die Übung dann, aber jeweils mit anderen Berufen. Seien Sie eine Tänzerin im Bolschoi-Ballett, die reichste Frau auf Erden, ein Wissenschaftler, der die Meeresströmungen erforscht. Erfinden Sie alles Mögliche und stellen Sie es so toll wie möglich dar. Sie können diese Übung übrigens auch mit einer Gruppe von Freunden machen. Mit anderen zusammen macht sie doppelt so viel Spaß.

Dee, 29 Jahre, Headhunterin: Ich habe zusammen mit meinem Mann ein sehr erfolgreiches internationales Unternehmen. Wir reisen vor allem in Asien umher und treffen wichtige Persönlichkeiten aus verschiedenen Ländern. Wir führen so interessante Gespräche mit ihnen, dass wir nächtelang aufbleiben und andere Leute in aller Welt anrufen. Erst im Morgengrauen bringen uns die Chauffeure unserer Gesprächspartner wieder zu unserem Hotel.

Cora, 33 Jahre, Sekretärin an einer Universität: Ich entwerfe riesige Bühnen für Präsentationen und internationale Festivals. Ich laufe mit einem Megafon in der Hand herum, mit dem ich den Leuten Anweisungen gebe. Ich mache Lärm und wirble jede Menge Staub auf. Wenn ich Elefanten haben wollte, würden sie mir Elefanten besorgen. Ich sorge dafür, dass die Dinge passieren.

Die zweite Runde ergab Folgendes:

Dee: Ich arbeite mit Künstlern zusammen und treffe die tollsten Leute, Schriftsteller und Tänzer. Ich promote, aber ich verkaufe nichts. Ich habe die tollsten Ideen, wie man andere Künstler promoten kann. Am besten gefällt mir, dass alles so spannend und interessant ist. Ständig liegen neue Ideen in der Luft. Es wird nie langweilig.

Cora: Dieses Mal bin ich eine Eventmanagerin. Wieder müssen alle tun, was ich will. Meine Projekte reichen von Rockkonzerten bis zu internationalen Symposien. Ich sorge dafür, dass die Übersetzungen reibungslos laufen und dass das Essen zum richtigen Zeitpunkt serviert wird.

Leute auf der Überholspur laufen Gefahr, die Träume anderer Menschen zu leben – denn sie haben oder bekommen wenig Zeit zum Nachdenken. Sie entscheiden sich für das, was sich ihnen bietet, und versäumen oft, das Genie zu entwickeln, das in ihnen steckt.

Sie müssen deshalb zunächst auf Erkundungsreise gehen – und spielerisch geht das am besten. Geben Sie Ihren Job noch nicht auf, bleiben Sie noch eine Weile in Ihrer Firma – während Sie im Geiste in andere Leben hineinschnuppern und neue Dinge ausprobieren. Achten Sie genau darauf, was Sie interessiert und was Sie spannend finden. Ihr Interesse ist ein wichtiger Hinweis, und auch wenn Ihr Inneres Ihnen nur kleine Botschaften schickt, wird sich daraus ein größeres Bild entwickeln – wenn Sie sie beachten.

Und wenn Sie plötzlich erkennen, was Sie wollen – und es radikal anders ist als das, was Sie gerade tun –, sollten Sie in den anderen Kapiteln dieses Buches nachlesen. Unter Umständen benötigen Sie Lösungen, die ich dort beschreibe (Kapitel 8 könnte zum Beispiel ein guter Tipp sein, siehe S. 182).

Randy, der erfolgreiche Unternehmensberater, der sich nie wirklich für seinen Beruf entschieden hat, vergrößerte seinen Erfahrungshorizont, indem er in einem Altenheim ehrenamtlich mitarbeitete. Er wollte schon immer Menschen helfen. Er spielte mit der Idee, Psychologie zu studieren, und probierte noch andere Dinge aus. Dabei bemerkte er, dass die Fotografie ihn sehr reizte. Sein Interesse hielt nur etwa drei Wochen an, aber auf diese Weise stieß er auf eine echte Leidenschaft. Er begann damit, kleine Geschäfte und Unternehmen zu fotografieren – zum Beispiel Lebensmittelläden oder Schustereien. Sein Großvater hatte einen solchen kleinen Laden gehabt, als Randy ein Kind war. Und so besuchte er kleine Geschäfte und unterhielt sich mit den Besitzern. Er machte Fotos und gab den Besitzern nebenbei wertvolle Ratschläge – was ihm viel besser gefiel, als Psychologie zu studieren. Und wie es so geht: Bald war er montags und freitags damit beschäftigt, Inhabern kleiner Geschäfte Tipps zu geben. Eines Tages lernte er Geschäftsleute aus Osteuropa kennen, und heute bietet er für diese Gruppe

Kurse in Buchhaltung und Management an. Er fährt im Namen seiner Firma nach Moskau, Prag, Sofia. Er hat viele Menschen und Firmen kennen gelernt, die osteuropäischen Ländern dabei helfen, wirtschaftlich auf die Beine zu kommen. Er ist einer von ihnen, und sein Job gefällt ihm jetzt richtig gut.

Kathleen, der man eine grandiose Karriere in der Politik vorhergesagt hatte, engagiert sich heute vor allem im Bereich der Kinderrechte. Sie bezeichnet sich als »Repräsentantin der Kinder«. Und jeder wählt sie, was vielleicht an ihrer Radiosendung liegt, in der sie jeden Samstagmorgen Geschichten für Kinder vorliest. Und Sonntags macht sie manchmal dasselbe draußen im Park. Ihre Gegner glauben, dass sie das alles nur macht, weil es werbewirksam ist, aber sie liegen falsch. »Wenn ich keinen Weg gefunden hätte, mit Kindern zu arbeiten, dann hätte ich die Politik verlassen. Die Kinder liegen mir besonders am Herzen, die Politik ist mir gar nicht so wichtig.«

Szenario 2
Die Arbeit frisst Sie auf

Wenn Ihr Alltag dem von Julie, Margaret und Roger ähnelt, wenn Sie viel Geld verdienen und vollkommen damit beschäftigt sind, Ihren Job zu bewältigen, und Ihr privates Leben fast ganz dafür aufgegeben haben, dann liegen einige schwere Entscheidungen vor Ihnen. Vielleicht müssen Sie sagen: »Es ist genug«, und sich auf und davon machen. Ich persönlich ziehe eine Kompromisslösung vor, aber manchmal ist kein Kompromiss möglich. In vielen Karrierejobs geht es um alles oder nichts – entweder man ist voll und ganz dabei oder gar nicht.

Es ist schon ein seltsames Dilemma. Man fragt sich, wer ein Unternehmen derart organisiert. Geht der Chef nach Hause zu seiner Familie und lässt seine Angestellten die Arbeit erledigen? Oder hat er gar keine Familie? Es dürfte klar sein, dass

Menschen, die auf diese Art und Weise »gewinnen« wollen, sich dem Familienleben nicht stark widmen können. Manche Menschen schaffen es sogar, ganz ohne Familienleben auszukommen – aber welchen Preis müssen Sie wohl bezahlen! Die meisten von uns können die Tatsache, dass Erfolg diesen Preis haben soll, nicht so leicht ertragen. Wir suchen Wege, wie wir uns durchmogeln können, und wir vermeiden es, eine Entscheidung zu treffen.

Margaret fiel es sehr schwer, ihren tollen Job aufzugeben. »Ich weiß, dass dieser Job mich umbringt und mein Leben ruiniert. Aber ich kann ihn nicht aufgeben, denn er macht mir auch immer wieder wahnsinnig viel Spaß.«

Warum sollte sie ihn also überhaupt aufgeben?

Weil Margaret einen wundervollen Partner hat, die beiden heiraten möchten und sich ein Kind wünschen. Ihr zukünftiger Ehemann lässt ihr freie Wahl – er könnte auch ohne Kind leben, wenngleich er ein Leben mit Kind schöner fände. Er ist Lehrer und würde einen großen Teil der Hausarbeit übernehmen können. Aber obwohl die Situation ganz gut aussieht, weiß Margaret, dass es so nicht funktionieren würde.

»Keine Frau in meiner Firma hat ein Kind oder eine Familie, weil der Job bei allen an erster Stelle steht. Selbst wenn Joe vieles übernähme, würde es einfach nicht funktionieren.«

Margaret ist mit einem Abschied konfrontiert. Häufig müssen wir im Leben etwas aufgeben, was wir mögen oder lieben, um in die nächste Phase einzutreten. Wenn wir immer an unserer Mutter festhalten, können wir niemals frei werden – genauso wenig wie sie. Wenn wir uns weigern, unser Zuhause zu verlassen, um in die Schule zu gehen, verpassen wir ganze Welten! Abschiede wird es immer wieder geben.

Ich glaube, dass wir in diesem Leben tatsächlich alles haben können, was wir wirklich wollen – auf die eine oder andere Weise, früher oder später. Wir müssen nur auf die eigene Gesundheit achten und das Glück haben, eine Weile am Leben zu bleiben.

Aber wir können nicht alles sofort und für immer haben.

Kein Leben hat Platz für alles, jedenfalls nicht an einem Tag. Denken Sie an eine schöne Zeit in Ihrem Leben zurück, etwa als die Kinder klein waren oder als Sie Ihr erstes Auto bekamen und daran herumbastelten. Oder denken Sie an einen Ort, an den Sie reisten und in den Sie sich verliebten. Solche Erinnerungen sind besonders süß. Man wünscht sich, dass man diese Momente noch einmal erleben könnte. Aber niemand will wirklich das ganze Leben lang kleine Kinder haben oder für immer sein erstes Auto fahren, egal wie wundervoll es damals war. Und wenn Sie immer nur nach London reisen, dann werden Sie Paris nie kennen lernen!

Sie können sich vorwärts bewegen oder stehen bleiben. Sie können an dem festhalten, was Sie haben, oder Sie treten in die nächste Phase ein. Margaret hat eine schwere Entscheidung zu treffen. Sie kann weiterarbeiten, aber sie muss Abstriche bei ihrem Job machen, wenn sie ein erfülltes Familienleben haben möchte.

Szenario 3
Die Arbeit ist gut, aber die Kollegen ...

Identifizieren Sie sich mit Sybille aus dem dritten Szenario? Bevor sie das Opfer von Intrigen wurde, war sie mit ihrer Arbeit in einer großen Kosmetikfirma sehr zufrieden. Jetzt hat sie von allem genug und möchte aufhören.

Sybille muss zwei Dinge lernen, bevor sie irgendetwas unternimmt. Sie muss zuerst lernen, wie man in einer Firma mit schwierigen Kollegen überlebt; und dann muss sie entscheiden, ob sie es wirklich möchte.

Verdirbt Ihnen ein schlimmer Kollege den Spaß an der Ar-

beit? Dann hatten Sie bislang keine Probleme mit der Überholspur, und Sie hatten auch nicht das Gefühl, in die falsche Richtung zu laufen. Aber nun werden Sie krank vor lauter Stress und
Sie glauben, dass Sie einen solch anstrengenden Job nicht länger bewältigen können.

Sie sollten sich keine Vorwürfe machen. Sie haben diesen
Job ausgezeichnet gemeistert – bis jemand kam, der Ihnen Ihre
Energie raubte. Nun sind Sie überwältigt und hilflos, und dagegen müssen Sie etwas unternehmen. Schwierige Beziehungen
am Arbeitsplatz sind alles andere als eine Seltenheit, und die
Experten sagen, dass sie die Hauptursache für Unzufriedenheit
am Arbeitsplatz sind. Aber Sie können etwas dagegen tun:

Schritt 1: Lassen Sie es heraus

Geben Sie Ihren Gefühlen – zu Hause, in einem Zimmer, wo
Sie niemand hören kann – lautstark Ausdruck. Überlegen Sie,
wie King Kong mit der Situation umgehen würde. Und wenn
Sie Dampf abgelassen haben, vergnügen Sie sich genüsslich mit
gemeinen Rachegedanken, die Sie natürlich nie in die Tat umsetzen. Richtig gute Rachegedanken werden Sie zum Lachen
bringen und Sie vom letzten Ärger befreien. Und dann wird Ihr
Kopf klarer, und Sie können neue Perspektiven erkennen.

Sollte man seinen Feinden denn nicht verzeihen?

Zumindest noch nicht gleich.

Zu verzeihen ist langfristig gesehen das Beste, aber wenn man
zu früh damit beginnt, verschwimmt alles. Wenn man versucht,
jemandem zu verzeihen, *weil man verzeihen sollte*, überfordert
man sich. Sie können jemandem, dem Sie böse sind, erst dann
verzeihen, wenn Sie so weit sind. *Und Sie können nicht so tun, als
wären Sie bereits so weit.*

Andererseits – wenn Sie es nicht schaffen und über Ihren Ärger nicht hinwegkommen, kontrolliert diese Person Ihr Leben.
Sie müssen also einen Weg finden, um wieder frei zu werden.

Am besten gelingt dies mit einer Distanzierungstechnik. Sie müssen in die Rolle dieses unangenehmen Kollegen schlüpfen. Wenn Sie sich in seine Lage versetzen, bekommen Sie einen Eindruck davon, wie er die Welt sieht.

Schritt 2: Die Rolle des anderen übernehmen

Es ist nicht einfach, sich in die Rolle eines anderen zu versetzen. Sie sollen sich auch nur vorstellen, jemand anderer zu sein, also nicht so handeln wie er. Versuchen Sie, die Welt so zu sehen wie er. Stellen Sie sich vor, dass Sie seine Kleidung tragen, an seinem Schreibtisch sitzen, seine Verantwortung tragen. Sehen Sie die Situation aus seinem Blickwinkel und beginnen Sie darüber zu sprechen.

Mandy, 22 Jahre, Produktentwicklerin: Also, ich bin der Manager, und ich will keinem meiner Mitarbeiter helfen, weil ich mir mit den neuen Produkten keinen Ärger einhandeln will. In zwei Jahren gehe ich in Rente. Ha – kein Wunder, dass dieser Mann alle unsere Ideen sabotiert.

Amelia, 30 Jahre: Mein Assistent ist immer so nett und freundlich, dass ich gar nicht verstehen konnte, warum ich ihm am liebsten an die Gurgel gegangen wäre und mich in seiner Gegenwart so verunsichert fühlte. Jetzt erkenne ich es: Er ist sehr ehrgeizig und will an mir vorbei an die Spitze.

Merken Sie, wie diese Einsichten die ganze Situation verändern können? Nun können Sie entscheiden, was zu tun ist. Sie wissen, dass man von dem unleidigen Kollegen gar kein anderes Verhalten erwarten kann – und das macht die Sache viel leichter.

Wenn das Problem klar auf der Hand liegt, haben Sie Alternativen. Finden Sie heraus, wie Sie dem Konflikt aus dem Wege gehen können – oder entlassen Sie jemanden, oder kündigen Sie selbst. Sie wissen nun selbst, welche Option für Sie die Beste ist.

Allerdings kann es auch sein, dass Ihre Sicht vernebelt bleibt und Sie die Situation einfach nicht klar erfassen können, so sehr Sie es auch versuchen.

Sollte das der Fall sein, sind Sie in einem Netz gefangen, denn diese Person hat bei Ihnen etwas aus Ihrer Vergangenheit aktiviert.

Schritt 3: Zurück in die Zukunft

Wir wissen alle, wie sehr unsere Erfahrungen aus der Kindheit unsere persönlichen Beziehungen beeinflussen. Wir vergessen manchmal, dass auch unsere Beziehungen am Arbeitsplatz davon geprägt sind. Ein übellauniger Chef kann besonders belastend für uns sein, wenn wir einen übellaunigen Vater hatten. Oder wir fühlen uns zu schuldig, um eine schlechte Arbeitssituation verlassen zu können, weil sie uns an unsere unglückliche Familie erinnert.

Sam, 25 Jahre, hatte gerade mit einem Trainee-Programm bei einer großen Bank begonnen. Er hatte sich auf das Programm gefreut, aber bereits nach der ersten Woche stand er kurz vor der Kündigung. Wie kam das? Ein Kollege verunsicherte ihn so, dass er sich kaum noch konzentrieren konnte. »Ich glaube, dieser Mensch hasst mich, aber ich weiß nicht warum. Immer wenn ich in seine Richtung schaue, starrt er mich unverwandt an. Der Chef hat mich heute gelobt, aber dieser Mensch hasst mich irgendwie.« Das war keine Einbildung. Der Mann war eifersüchtig auf Sam. Aber Sam reagierte zu stark darauf. Und zwar deshalb, weil dieser Kollege ihn an seinen älteren Bruder erinnerte, der immer eifersüchtig auf ihn gewesen war.

Wenn wir Menschen am Arbeitsplatz mit Menschen aus unserer Familie verwechseln, wird aus einer normalen Situation eine qualvolle Situation.

Was können wir tun?

Übung 3
Das Gefühl nach Hause bringen

Stellen Sie sich die folgende Schlüsselfrage: »Kenne ich dieses Gefühl? Habe ich es vorher schon einmal gehabt? Wenn ja, kann es sein, dass Sie hier verschiedene Identitäten mit einander vermischen.

Das Gegenmittel: Ermitteln Sie die Urszene, mit der alles begann. *Sie müssen »die Gefühle nach Hause bringen«, also dorthin, wo sie entstanden sind, und die Gefühle den richtigen Personen gegenüber empfinden.* Wenn Sie sehr unter einem übellaunigen Chef leiden und Sie sich erinnern, dass Sie genau dasselbe Gefühl wegen Ihres oft übellaunigen Vaters hatten, dann sollten Sie sich in die Vergangenheit zurückversetzen und diese Gefühle mit Ihrem Vater in Zusammenhang bringen. All die Dinge, die Sie gern Ihrem Chef sagen würden – sagen Sie nun im Geiste zu Ihrem Vater, in der damaligen Situation. »Schrei mich nicht so an. Du hast kein Recht, mir eine solche Angst einzujagen!«

Ich weiß, und Sie wissen es auch, dass Sie diese Worte damals nicht zu Ihrem Vater sagen konnten. *Aber Sie wollten sie sagen!* Die Worte warten seit jener Zeit in Ihnen auf eine neue Gelegenheit, gesagt zu werden, und hier nun ist die Gelegenheit in der Gestalt Ihres Chefs!

Beginnen Sie auf keinen Fall eine Auseinandersetzung mit Ihrem Chef, bevor Sie nicht Ihre Vergangenheit besucht und es Ihrem damaligen unbeherrschten Vater ordentlich gezeigt haben. Wenn Sie damit fertig sind, könnten Sie überrascht sein, wie wenig der übellaunige Chef Ihnen noch anhaben kann.

Szenario 4
Die Arbeit ist anders, als Sie erwartet hatten

Geht es Ihnen wie Marlene, die sich für die Medizin begeistert, aber sehr enttäuscht ist von den Arbeitsbedingungen in ihrer Klinik? Marlene arbeitet in einer großen Institution und muss jeden Tag sehr viele Patienten betreuen, so dass sie »ihre Medizin« nicht so ausüben kann, wie sie das gern möchte. »Ich will kein Rädchen im Getriebe sein, ich will etwas wirklich Gutes bewirken«, sagte sie.

Und so musste sie intensiv nachdenken und eine Entscheidung treffen. Sollte sie die Medizin ganz aufgeben? Die Antwort wurde ihr bald klar. Sie rief ihren Lieblingsprofessor an der Universität an und sagte: »Ich will forschen und ich will lehren. Können Sie mir weiterhelfen?«

Vielleicht müssen auch Sie einen Weg finden, bei dem Sie Ihren jetzigen Karriereweg verlassen, aber Ihrer Leidenschaft weiter folgen. In dieser Situation müssen Sie sich darüber klar werden, was Sie im Wesentlichen an Ihrem Job lieben, und Ihre neue berufliche Orientierung daran ausrichten. Werden Sie kreativ! Wenn das Schicksal eine Tür zuwirft, tut sich meistens irgendwo ein Fenster auf.

Gibt es eine Möglichkeit, einen Ort, an dem Sie ähnlich wie Marlene die Liebe zu Ihrem Beruf aufrechterhalten können, indem Sie die Aspekte loswerden, die Ihnen alles verderben? Vielleicht müssen Sie allein losmarschieren, sich selbstständig machen, einen eigenen Weg gehen. Oder Sie bewahren sich Ihre Leidenschaft für das Privatleben und verdienen Ihr Geld mit etwas anderem. Nicht alle Leidenschaften müssen Geld einbringen. Nur Sie wissen, was Sie wirklich wollen und brauchen.

Aber geben Sie bitte nie den Teil von sich auf, der eine Arbeit liebt. Er muss gerettet werden, auf die eine oder andere Art.

Übung 4
Eigene Wege gehen: Stellen Sie sich Ihr eigenes Unternehmen vor

Stellen Sie sich vor, Sie hätten die Aufgabe, Ihren Beruf für Menschen, die genauso sind wie Sie, so umzugestalten, dass er Ihnen gefällt.

Gehen Sie in die Details. Welche Aufgaben würden Sie hinzufügen? Welche fallen lassen? Was würden Sie verändern? Würden Sie mehr Zeit mit Klienten verbringen oder weniger? Würden Sie mehr Zeit in Ihre Aufgaben als Führungsperson investieren oder mehr für die Forschung oder für Diskussionen mit Kollegen? Hätten Sie mehr oder weniger Assistenten? Würden Sie ohne Hierarchien arbeiten? Was wäre wichtig, was könnte wegfallen?

Eva gab ihren gut dotierten Job auf, denn obwohl sie die Arbeit liebte, konnte sie sich nicht damit abfinden, einen Chef über sich zu haben. Sie spürte, dass es keinen Sinn hatte, in einem großen Unternehmen zu arbeiten, denn dort würde sie immer einen Vorgesetzten haben. Sie sagte: »Ich möchte jetzt das Beste aus meinem Leben machen, und nicht einfach nur den Rest meines Lebens irgendwie verbringen.«

Und so hängte sie ein Firmenschild an ihre Tür und baute eine Existenz als selbstständige Beraterin auf. Sie bestimmte über ihre Zeit und ihre Investitionen. Zudem wurde sie oft von ihrem vorherigen Arbeitgeber engagiert und erhielt jetzt sogar mehr Geld und wesentlich mehr Anerkennung als vorher! Für Eva war das Wichtigste, mehr Kontrolle über ihr Leben und ihre Tätigkeit zu haben, und die Selbstständigkeit ermöglichte es ihr.

Selbst wenn Sie vorhaben, eine neue berufliche Richtung einzuschlagen, können Sie mitnehmen, was Sie an Ihrem momentanen Job am meisten schätzen und den Rest gegen etwas viel Besseres eintauschen. Ihre Fertigkeiten und Fähigkeiten bleiben Ihnen erhalten. Wenn Ihre Arbeit also nicht so ist, wie Sie erwartet haben, sollten Sie nicht verzweifeln! Halten Sie Ausschau nach etwas, das Sie gern machen, und bringen Sie dort Ihre bislang erworbenen Fertigkeiten und Fähigkeiten mit ein.

Szenario 5
Die Trophäe ist errungen, aber Sie fühlen sich leer

Haben Sie sich in dem Glauben an die Spitze gekämpft, dass Sie glücklich sein würden, wenn Sie nur dort oben ankommen würden – und fühlen sich stattdessen jetzt leer? Dann müssen Sie darüber nachdenken, ob Sie Ihr Talent eingesetzt haben, um Anerkennung von jemandem zu bekommen, der sie Ihnen jedoch nicht gegeben hat. Die Frage lautet, ob Sie sich selbst genügend lieben, um zu schätzen, was Sie für sich selbst erreicht haben. Kann der errungene Erfolg eine neue Bedeutung für Sie annehmen, jetzt, da der ursprüngliche Grund für Ihre Bestrebungen weggefallen ist?

Devon, eine Athletin der Weltklasse, gewann einen Wettbewerb nach dem anderen. Sie wurde eine nationale Heldin, und die Olympischen Spiele waren der nächste logische Schritt. Aber eines Tages, in einem zweitklassigen Rennen, lief sie nur als Dritte durchs Ziel. Als sie ihre Augen zur Tribüne schweifen ließ, sah sie den unfreundlichen, enttäuschten Blick ihres Vaters.

Damit brach für sie alles zusammen. Devon gab den Sport auf und verließ ihre Heimatstadt. Sie nahm einige Jobs an, aber keiner davon fühlte sich gut an.

Für dieses Szenario finden Sie mehrere Lösungen in Kapitel 5 (siehe S. 87). Devons Lösung bestand darin – nachdem sie die Trauer über einen Vater, der sie nicht liebte, zugelassen hatte –, sich wieder auf ihre Liebe zum Laufen zu besinnen und erneut damit anzufangen. Heute arbeitet sie als Trainerin. Sie unterstützt Mädchen und junge Frauen dabei, an Wettkämpfen teilzunehmen und sie für sich selbst zu gewinnen.

Wenn Sie sich in diesem Kapitel wiedergefunden haben, bedeutet es, dass Sie sich über Ihr äußeres Leben – Ihre Leistungen, Errungenschaften und Ihren Besitz – definiert haben. Früher oder später ist dies immer eine Quelle der Enttäuschung und Unzufriedenheit, denn Sie sind mehr als jeder Job. Ihre Leistungen und zukünftigen Erfolge, egal wie wichtig sie Ihnen oder Ihrer Familie auch sein mögen, zählen nicht wirklich. Und hören Sie auf, sich selbst zu betrügen, indem Sie die schönen Dinge in Ihrem Leben vor Ihrem geistigen Auge auflisten. Glückliche Menschen haben solche Listen nicht nötig.

Sie müssen die Verantwortung für Ihr Leben auf der Überholspur übernehmen – bevor es immer mehr von Ihrer kostbaren Lebenszeit auffrisst. Sie müssen einen Weg finden, Ihren Beruf *für* sich arbeiten zu lassen – oder Sie müssen ihn aufgeben und etwas Besseres anfangen.

Die Arbeit, der Sie sich widmen, kann Ihr Leben bereichern oder Sie von Ihrem Leben abhalten. Fragen Sie Ihr Herz, was es wirklich will – und hören Sie gut zu, wenn es Ihnen die Antwort gibt.

Kapitel 8
Ich will etwas, das ich nicht wollen sollte – es wird nicht anerkannt

Vielleicht ist das Baby im Krankenhaus vertauscht worden, oder der Storch hat falsch geliefert. Aus irgendeinem Grunde ist Marnie in der falschen Sippe geboren worden. Das ist kein Einzelfall – es passiert ständig.

Marnies Eltern besitzen eine Bar. Sie sind stolze Mitglieder einer Familie von Barbesitzern: Eigenverantwortlich und selbstständig blicken sie auf jene herab, die für andere arbeiten müssen.

Marnie wollte Universitätsprofessorin werden.

Ohne sich besondere Mühe geben zu müssen, sorgten Marnies wacher Geist und ihre natürliche Neugier dafür, dass sie das Abitur bestand und zur Universität gehen konnte. Nach einer Woche Studium wusste sie bereits, dass die Universität ihre Welt war. Angesichts der vielfältigen Impulse dort erschien ihr das bisherige Leben wie eine intellektuelle Wüste. Aufgeregt und begeistert rief sie zu Hause an.

»Vater, ich weiß jetzt was ich werden will. Ich werde Professorin.«

Ihr Vater war alles andere als erfreut. »Professorin? Mein liebes Kind, während der Wirtschaftskrise gab es Professoren, die bei mir den Fußboden gewischt haben! Wenn du klug bist, heiratest du lieber.«

Marnie war entschlossen, sich von den Worten ihres Vaters nicht beeindrucken zu lassen, aber vergeblich. Sie war verunsichert und zweifelte zudem ihre Fähigkeiten an. Das erste Semester wurde ein Reinfall. Sie lud sich zu viel auf und bekam nichts fertig. Sie kaufte so viele Bücher, dass das Geld zum Leben knapp wurde, und oft waren es die falschen Bücher. Sie lernte nächtelang und schlief dann während der Prüfungen ein. Schließlich bekam sie so große Angst, dass sie nichts mehr denken geschweige denn behalten konnte.

Marnie hatte die Gesetze ihrer Sippe verletzt und bezahlte dafür den Preis. Die Worte ihres Vaters lasteten auf ihr wie ein Fluch. Er hatte die Samen des Zweifels ausgesät und sie führten zu einem Verhalten, mit dem Marnie sich selbst sabotierte. Sie blieb zwar an der Universität und kämpfte sich weitere vier Jahre durch, doch die anfängliche, echte Freude an der intellektuellen Herausforderung wollte sich nicht mehr einstellen. Trotz ihrer Intelligenz, Begabung und Leidenschaft wurde Marnie keine Professorin.

Marnies Problem war, dass sie die Werte ihrer Familie nicht teilte. Jane Fonda hatte es in dieser Hinsicht viel besser: Sie war gern Schauspielerin und setzte damit die Tradition ihrer Familie fort. Aber viele von uns haben dieses Glück nicht.

Die Werte der eigenen Familie abzulehnen gehört zu den schwierigsten Dingen, die es gibt. Es handelt sich hier um Werte, die uns mit der Muttermilch eingeflößt wurden und die durch die ewigen Bande der Liebe verankert zu sein scheinen. Aber früher oder später ist es an der Zeit, unsere eigenen Werte zu finden. Wir müssen uns die Ohren zuhalten, um nicht mehr darauf zu hören, was die Familie sagt, sondern auf uns selbst. Es gibt keinen anderen Weg, um das Leben zu entdecken, das für uns richtig ist.

■ Das »Hässliche-Entlein-Syndrom«

Hans Christian Andersen wusste alles über dieses Problem und schrieb darüber seine berühmte Geschichte vom hässlichen Entlein, das weder hässlich noch ein Entlein war. In Wirklichkeit war es ein Schwan, der bei Enten aufwuchs, so wie Marnie eine Professorin war, die von Barbesitzern aufgezogen wurde.

Und genau wie im Märchen dachte die Familie dieses kleinen Schwanenmädchens, dass es ein seltsames kleines Entlein war. Aber das genetische Erbe hat einen ebenso großen Einfluss darauf, wer und was Sie sind, wie das Umfeld, in dem Sie aufwachsen. Jeder Mensch trägt Gene von unbekannten Vorfahren in sich, wie in einer Schatztruhe. Deshalb kann eine Familie von Sängern ein Kind bekommen, das die Landwirtschaft liebt; und eine Familie von Richtern oder Rechtsanwälten hat möglicherweise ein Kind, das eine talentierte Schauspielerin wird. Im Entenstall geboren zu werden – das zeigt uns Andersen mit seinem Märchen – hat keine große Bedeutung, wenn man aus dem Ei eines Schwans schlüpft.

Und aus welchem Ei sind Sie geschlüpft? Im Laufe meiner Arbeit mit Melanie und anderen »hässlichen Entlein« habe ich fünf Übungen entwickelt, die Ihnen helfen, Ihre Andersartigkeit mit Stolz und Würde gegenüber der Familiensippe durchzusetzen. In der ersten Übung sollen Sie eine Debatte führen.

Übung 1:
Die große Debatte

Wann immer Sie Ihre Familie verlassen oder auch nur mit dem Gedanken spielen, es zu tun, beginnt in Ihrem Kopf eine Debatte zwischen zwei engagierten Teams. Beide behaupten, *Sie* zu repräsentieren.

Als Marnie sich entschloss, Professorin zu werden, begann das Team, das ihre Familie repräsentierte – ich nenne es die »Stimme des Stammes« – sofort damit, sie niederzumachen. Als Marnie dann daran dachte, die Universität zu verlassen, machte ihr eigenes Team – die »persönliche Stimme« – geltend, dass sie ihr Leben wegwerfen würde, wenn sie die geliebte Universität verlassen würde. Die Debatte in ihrem Kopf ging unaufhörlich hin und her. Wenn Sie etwas Ähnliches bei sich feststellen können, dann sollten Sie die Debatte in Ihrem Kopf schriftlich festhalten. Die Argumente der verschiedenen Teams enthalten wichtige Informationen, und wenn wir diese zu Papier gebracht haben, können wir sie uns genauer anschauen.

Teilen Sie ein Blatt Papier in zwei Spalten auf. In einer Spalte notieren Sie die Äußerungen Ihrer persönlichen Stimme – also beschriften Sie diese Spalte mit der Überschrift »persönliche Stimme«. Die andere Spalte ist für die Stimme der Konformität gedacht, die Stimme Ihres Stammes. Wenn Sie möchten, können Sie jede Spalte mit passenden Zeichnungen versehen, zum Beispiel mit einem lachenden oder weinenden Gesicht. Marnie schrieb ganz oben auf die Seite: »Der Kampf um meine Träume«.

Nun lassen Sie die Debatte beginnen. Eine gute Möglichkeit, die Debatte in Gang zu bringen, besteht darin, mit einer entschlossenen und positiven Bemerkung über sich selbst und den eigenen Herzenswunsch zu beginnen. Schreiben Sie diese Bemerkung in die persönliche Spalte hinein und warten Sie einen Moment. Wenn Sie in einem Konflikt mit Ihrer Familie gefangen sind, dann wird die Stimme des Stammes – provoziert durch Ihre persönliche Bemerkung – nicht lange stumm bleiben.

Belinda, die eines meiner Seminare besuchte, begann die Debatte, indem sie in die persönliche Spalte schrieb: »Ich möchte Polarforscherin werden. Ich weiß, dass ich das gut kann und erfolgreich sein werde. Als ich während meines letzten Urlaubs auf ehrenamtlicher Basis an einer Polarexpedition teilgenommen habe, waren alle von meiner Arbeit sehr beeindruckt.«

Belinda musste nicht lange auf die negative Antwort der Stimme ihres Stammes warten. Schnell, laut und klar sagte sie: »Aber sicher doch. Das ist wirklich ein toller Beweis, dass du als Forscherin gut bist. Davon sind wir kein bisschen beeindruckt.«

Sie schrieb das Argument in die entsprechende Spalte, und

kaum fertig, antwortete auch schon die persönliche Stimme: »Ihr seid nicht beeindruckt? Das soll nichts heißen? Ha, die Wissenschaftler, mit denen ich gearbeitet habe, sind weltberühmt. Und *sie* waren beeindruckt!«

Haben Sie das Prinzip verstanden? Denken Sie daran: Es geht hier um einen Disput. Notieren Sie alle jeweiligen Argumente, die Ihnen einfallen, bis die Seite voll ist.

Bei Kate, einer Klientin von mir, sah diese Übung folgendermaßen aus:

Kate wollte Modedesignerin werden, aber alle anderen in ihrer Familie waren Sozialarbeiter, Psychologen oder Lehrer geworden. Die Modebranche war in ihren Augen das Letzte. Das Einzige, was sich lohnte, war, anderen zu helfen. Als Kate schließlich zu mir kam, war sie schon so lange unglücklich, dass ihre Familie jeden Berufswunsch mitgetragen hätte, wenn es ihr dadurch nur besser ginge. Die Familie in Kates *Kopf* war allerdings nach wie vor nicht so wohlmeinend. Und Kate hatte die Werte ihrer Familie verinnerlicht und schämte sich dessen, was sie wollte. Sie musste mit ihren inneren Stimmen reden und diese überzeugen, dass Modedesignerin sehr wohl ein respektabler Beruf war.

Sie begann mit einer entschlossenen, positiven Bemerkung: »Ich werde eine gute Modedesignerin sein, da ich leidenschaftlich gern Kleidung entwerfe.« Die negative Stimme des Stammes schoss sofort zurück: »Modedesignerin? Wenn andere Menschen auf der Straße verhungern? Wie kannst du mit so etwas deine Zeit vergeuden?«

In der persönlichen Spalte notierte Kate daraufhin ein Argument, das sie selbst überraschte. »Gut angezogen zu sein macht jeden selbstbewusst: ob Prominente, Jugendliche oder Menschen, die auf der Straße leben. Sozialarbeit ist keineswegs die einzige Art und Weise, wie man Menschen helfen kann.«

Die Spalte der Stimme des Stammes füllte sich ebenso schnell mit Argumenten wie die Spalte der persönlichen Stimme. Während sie schrieb, entwarf Kate ein beeindruckendes Positionspapier über ihren Wunsch, Modedesignerin zu werden. Durch die Auseinandersetzung mit der Stimme ihres Stammes vertrat Kate ihr Recht, Modedesignerin zu werden, mit wachsendem Stolz.

Wenn der Konflikt zwischen persönlichem Wunsch und den Werten der Familie sehr groß ist, reichen Affirmationen nicht aus, um eine Veränderung zu bewirken. Sich selbst ständig zu sagen: »Ich habe ein Recht darauf, Modedesignerin zu werden«, konnte Kates innere Ängste nicht auflösen. Sie musste tief in sich gehen, sich mit jeder einzelnen negativen Meinung der Familie konfrontieren und darauf antworten. Und das müssen auch Sie tun. Halten Sie die Debatte zwischen Ihrer persönlichen Stimme und der Stimme Ihres Stammes schriftlich fest, so wie Belinda und Kate es getan haben.

Und wenn Sie diese erste Übung beendet haben und der Stimme des Stammes Paroli geboten haben, wird diese nicht mehr dieselbe Macht über Sie haben wie zuvor. Selbst wenn Sie aus der Debatte nicht als Sieger hervorgegangen sind, bewirkt sie doch einiges: Sie haben Ihre eigene Stimme von der des Stammes unterscheiden gelernt. Dieses Bewusstsein hilft Ihnen, zu erkennen, wer Sie wirklich sind und auch dazu zu stehen.

Die Stimme Ihres Stammes wird natürlich nicht einfach verschwinden. Sie wird weiterhin gegen Sie schießen, weil das nun einmal ihre Natur ist. Aber von jetzt an werden Sie diese Stimme nicht mehr mit Ihrer eigenen verwechseln.

Sie sollten die schriftlich aufgezeichnete Debatte stets griffbereit haben. Wenn die negative Stimme mit neuen Argumenten aufwartet, schreiben Sie diese nieder und formulieren Ihre Entgegnungen. Sie werden darin immer geübter, und nach jedem Disput werden Sie merken, dass Sie immer bestimmter werden und weniger leicht aus der Bahn zu werfen sind. Nun da

Sie wissen, dass man dieser Stimme mit rationalen Argumenten begegnen kann, wird es Ihnen immer selbstverständlicher vorkommen, die überaus wichtige Entscheidung darüber, wie Sie leben wollen, nicht mehr anderen zu überlassen, sondern sie selbst zu treffen.

Übung 2
Entwerfen Sie eine perfekte Familie

Sie haben sich davon überzeugt, dass Sie alles andere als ein hässliches Entlein sind. Sie sind ein Schwan, der in einem Ententeich aufgewachsen ist. Aber Sie wissen immer noch nicht genau, was es heißt, ein Schwan zu sein. Wäre Melanie in einer Familie von Akademikern aufgewachsen, hätte sie bereits von klein auf damit angefangen, ihren Intellekt zu trainieren. Überall hätten Bücher gelegen. Bereits am Frühstückstisch wäre über Augustinus diskutiert worden, und beim Abendessen hätte man epistemologische Probleme gewälzt. In diesem Fall hätte Melanie es leicht gehabt, wie ein echtes Mitglied ihrer Familie zu leben.

Die Vergangenheit können wir nicht ändern, aber ich möchte Sie dazu auffordern, sich zumindest einmal vorzustellen, wie Ihr Leben ausgesehen hätte, wenn Sie von Anfang an von Ihrer Familie unterstützt worden wären. Die nächste Übung hilft Ihnen, in der Fantasie eine neue persönliche Geschichte für sich zu erfinden. Und welchen Sinn hat das? Sie sollen bestimmt nicht verbittert oder traurig darüber werden, was Sie nicht hatten. Und ich glaube im Übrigen mitnichten, dass Sie Ihre wahre, reale Geschichte durch eine Fantasiegeschichte ersetzen können oder sollten. Meine Absicht ist weit bedeutsamer.

Mit dieser Übung sollen Sie sich in Gedanken eine Situation größtmöglicher Unterstützung schaffen und diese hautnah erleben. Gehen Sie in die Situation hinein und spüren Sie, wie es sich anfühlt. *Denn wenn Sie sich erlauben, einen Eindruck davon zu bekommen, wie Ihr Familienleben hätte sein können, wird sich Ihr Gefühl sich selbst gegenüber verändern.* Und wenn Sie sich erst eine andere Vergangenheit vorgestellt haben, werden Sie bereit für eine andere Gegenwart sein – und eine andere Zukunft. Halten Sie also wieder Stift und Papier bereit.

Ihre Aufgabe besteht nun darin, sich eine Familie zu schaffen, die Sie von Geburt an willkommen geheißen und Sie verstanden hätte. Sie sollen diese ideale Familie in zwei verschiedenen Varianten entwerfen, eine nach der anderen. Es ist sehr wichtig, beide Varianten durchzuspielen. Warum, erkläre ich Ihnen hinterher.

Version 1: Die berühmte Familie

Denken Sie sich eine Familie aus realen oder erfundenen Personen aus, die sich im Bereich Ihrer Wünsche und Träume bestens auskennen. Wenn Sie sich für Physik begeistern, nehmen Sie Steven Hawking in Ihre Familie auf. Sie wollen Schauspielerin werden? Dann könnten Sie Sarah Bernhardt und Robert De Niro zu Ihren Eltern machen und Brad Pitt zu Ihrem Bruder. Sie können Filmemacher, Maler, Fotografen, Forscher, Schriftsteller ganz nach Ihrem Geschmack auswählen. Aber wen immer Sie aussuchen, sorgen Sie dafür, dass dieser Mensch eine tiefe Achtung vor Ihrem Wunsch und Ihrer Person hat. Und jetzt stellen Sie sich vor, dass sie alle an einem schönen Sommertag auf der Terrasse sitzen. Schreiben Sie auf, was Ihre Familie über Ihre Wünsche und Ziele sagt. Die ideale Familie von Marnie äußerte sich so:

Marcel Proust:	Sie liebt das Studieren! Und das ist gut. Ich schreibe meine Bücher genau für Menschen wie sie.

Madame Curie:	Eine natürliche Neugierde ist immer Zeichen für einen wundervollen Verstand. Wir müssen Sie einfach auf eine gute Universität schicken.
Jo (Romanfigur):	Hör nicht auf diejenigen, die dir abraten, Melanie. Widme dich deinen Büchern und lass die anderen sagen, was sie wollen. So habe ich es auch gemacht.

Wenn Sie alles, was Ihre Fantasiefamilie sagen würde, aufgeschrieben haben, lesen Sie es sich noch einmal gut durch. Überrascht? Melanie war überwältigt.

»Ich fühle mich ganz anders in dieser Familie. Als ob ich wundervoll, und nicht irgendwie seltsam wäre. Ein komisches Gefühl.«

Dies ist keine gering zu schätzende Veränderung. Ein paar Minuten später war Melanie emotional sehr aufgewühlt. »Mit mir war schon immer alles in Ordnung. Und ich muss mich auch niemandem gegenüber rechtfertigen.«

Nehmen Sie sich ein paar Minuten Zeit und lassen Sie die Übung wirken. Dann werden wir noch eine weitere ideale Familie entwerfen.

Version 2: Die psychologische Umwandlung

In dieser Version der idealen Familie beginnen Sie mit Ihrer wirklichen Familie und kehren deren negative Haltungen in das genaue Gegenteil um. Wenn sie aus zornigen Menschen bestand, stellen Sie sich vor, dass sie geduldig und nett sind. Wenn sie traurig waren, machen Sie fröhliche Menschen aus ihnen; wenn sie sehr ängstliche Menschen waren oder sind, machen Sie sie mutig – und wenn sie eher kritisch waren, dann machen Sie begeisterte und unterstützende Menschen aus ihnen.

Also los. Stellen Sie sich Ihre Familie vor. Sie sitzen bei einem Essen zusammen. Nun erzählen Sie Ihrer Familie von Ihrem Wunschziel und bekommen daraufhin die besten und wünschenswertesten Antworten. Nehmen Sie sich Zeit, sich vorzustellen, wie jedes Familienmitglied Sie ermutigt und unterstützt.

Hier das Beispiel von zwei Personen, die sich die folgenden Szenen vorstellten.

Joe, 23 Jahre, Student der Betriebswirtschaft: Wir sitzen beim Essen, ich habe gerade meinen Abschluss gemacht und gebe bekannt, dass ich nun gern zum Himalaja reisen möchte, anstatt nach einem Job zu suchen. Anstatt zu explodieren ist mein Vater an allem interessiert, was ich sage. Er hört aufmerksam zu und sagt sogar, dass er selbst irgendwann einmal zum Himalaja reisen möchte. Und dann macht er Vorschläge, wie ich meinen Traum verwirklichen kann.

Bill, 29 Jahre, Lehrer: Meine Mutter macht sich keinerlei Sorgen. Sie sagt: »Du willst also Schauspieler werden. Vielleicht können wir ja einmal darüber nachdenken, welcher Job dir genug für die Miete einbringen könnte und dir dennoch genug Zeit für die Schauspielerei lässt.«

Die zweite Version der Übung unterscheidet sich stark von der ersten. Im Gegensatz zur ersten Übung kennen Sie die Personen hier sehr gut. Lediglich Ihre schwierigen Persönlichkeitsmerkmale haben sich verändert.

Die Vision, die Sie gerade hatten, ist sehr wichtig. Sich die eigene Familie ohne die üblichen Ängste und Widerstände vorzustellen, vermittelt Ihnen ein Gefühl des Respekts, nach dem Sie sich schon immer gesehnt haben. Es kann ebenfalls eine aufwühlende Erfahrung sein, allerdings mit anderen Ergebnissen als bei der ersten Übung. Mithilfe dieser Vision können Verletzungen heilen, die Ihre Familie Ihnen zugefügt hat. Und nicht nur das: Wenn Sie Ihre Familie so erleben, wie sie wahrscheinlich sogar selbst gern wäre, werden Sie ihr gegenüber milder gestimmt, was wiederum sehr wichtig für Sie selbst ist. Denn wenn Sie Zuneigung für Ihre Familie spüren, werden Sie wesentlich besser allein in der Welt zurechtkommen und Ihre Träume verwirklichen können. Ich komme später noch darauf zurück.

Vorerst genügt es, dass Sie sich zwei ideale Familien vorgestellt haben. Sie hatten in Gedanken eine Familie, die Sie gebraucht hätten, und haben nun eine Ahnung davon bekommen, wie ideale Familien sich gegenseitig bei der Verwirklichung ihrer Vorhaben unterstützen können.

Natürlich hatten Sie keine ideale Familie, genauso wenig wie Ihre Eltern eine solche hatten. Keine Vorstellungsübung kann diese Tatsache abändern. Aber mit einer klareren Vorstellung davon, wie Ihre ideale Familie aussehen könnte, sind Sie in der Lage, in die Welt hinauszugehen und nach ihr zu suchen. Es ist an der Zeit, sich mit Menschen zusammenzutun, die keine Probleme damit haben, Ihre Träume ernst zu nehmen – offene Menschen, die Ihnen helfen können, das zu tun, wozu Sie geboren sind; Menschen, die den Teil in Ihnen verstehen, den Ihre Familie befremdlich fand. Sie können folgendermaßen vorgehen.

Übung 3
Hinausgehen

Ich kenne einen Mann, der immer schon mit Tieren arbeiten wollte. Seine Familie erklärte ihn für verrückt. »Wir sind keine Landwirte, wir sind Banker. Mit Tieren haben wir höchstens dann zu tun, wenn wir die Aktien eines Hundefutterherstellers verkaufen.« Also begann dieser Mann für eine Wirtschaftszeitung zu arbeiten und vergaß seine Tiere. Eines Tages jedoch nahm ihn ein Freund zu einer Hundeschau mit. Obwohl er viele Bücher über Hunde gelesen hatte, war er noch nie bei einer

Tierschau gewesen. Er befürchtete an diesem Tag durchaus, an etwas erinnert zu werden, was er nicht haben konnte: Denn er verhielt sich wie jemand, der eine Diät macht und jedes Mal die Augen abwendet, wenn der Servierwagen mit den Desserts an ihm vorbeikommt. Er konnte an diesem Tag nicht ahnen, dass die Halle nicht nur voller Hunde war, sondern dass auch Hunderte von Menschen da waren, die Hunde züchteten und davon überzeugt waren, dass es das Schönste der Welt war, mit Tieren zu arbeiten. Sie sprachen gern über ihre Arbeit und ihre Hunde. Und zum ersten Mal in seinem Leben musste dieser Mann sich nicht für sein Interesse und seine Liebe zu Tieren rechtfertigen. Für alle Anwesenden in dieser Halle war es das Natürlichste auf der Welt. Er hatte Gleichgesinnte gefunden, bei denen er sich zu Hause fühlte.

Und die Moral von der Geschichte? Sie müssen sich auf die Suche machen. Sie werden keine Gleichgesinnten finden, wenn Sie zu Hause bleiben und fernsehen. Sie müssen nach ihnen Ausschau halten, in Ihrer natürlichen Umgebung. Ich gebe Ihnen nun einige Tipps, wie Sie gleichgesinnte Menschen finden.

1. Denken Sie wie ein Jäger

Möchten Sie Journalistin werden? Finden Sie heraus, wo Journalisten sich nach Feierabend treffen. Denken Sie ein wenig darüber nach, dann werden Sie schnell wissen, wo Menschen Ihres Schlages sich aufhalten. Seien Sie mitteilsam: Erzählen Sie den Menschen, die Sie treffen, von Ihrem Interesse. Selbst wenn sich herausstellen sollte, dass diese Leute Ihnen doch nicht ganz entsprechen, könnten sie Ihnen Hinweise geben, die Sie in die richtige Richtung führen.

2. Geben Sie Rauchzeichen

Kleinanzeigen sind ein hervorragendes Mittel, das nicht nur zur Partnersuche genutzt werden sollte. Geben Sie eine Anzeige auf: »Wer hat Interesse, bei einer Tasse Kaffee über eine Durchquerung der Antarktis zu reden? Bitte rufen Sie mich an!«

3. Lesen Sie Bücher von jemandem, der sich gut auskennt

Sie sind anders als Ihre Familie, aber da draußen gibt es jemanden, dem es genauso gegangen ist und der ein Buch darüber geschrieben hat. Besorgen Sie sich dieses Buch, schreiben Sie die wichtigen Stellen ab und hängen Sie diese Zitate überall in Ihrer Wohnung auf – damit Sie nie mehr vergessen, wer Sie sind.

4. Tun Sie irgendetwas

Erweitern Sie Ihren Horizont, und tun Sie hin und wieder etwas Ungewöhnliches und Neues. Begleiten Sie Freunde, wenn diese irgendwo hingehen, wo Sie sonst niemals hinkommen würden. Durch Zufall stoßen genauso viele Menschen auf Gleichgesinnte wie durch einen gezielten Plan.

▪ Die große Panik

Alles läuft bestens. Ihre negative innere Stimme haben Sie zum Schweigen gebracht. Sie haben sich eine ideale Familie ausgedacht und damit begonnen, gleichgesinnte Menschen zu treffen. Sie sind auf dem besten Wege, aufzubrechen und die Gesetze Ihrer Sippe zu brechen. *Nun wird es garantiert bald Probleme geben.* Der Moment ist gekommen, in dem die Angst des Kindes vor Bestrafung sich bemerkbar machen kann.

Möglicherweise vergessen Sie Termine oder Sie glauben nicht

mehr daran, dass Sie gut genug sind, um Ihr Ziel wirklich zu erreichen. Sie hassen sich selbst, wenn Sie etwas vermasseln, und hassen sich nicht weniger, wenn Ihnen etwas gelingt, weil Sie sich dann wie ein großer Angeber vorkommen. So froh Sie waren, Ihre neuen Freunde gefunden zu haben, können Sie sich plötzlich wie ein Betrüger vorkommen, der vermutlich bald entlarvt wird, und Sie fragen sich: »Was habe ich hier eigentlich zu suchen?«

All das geschieht, weil Sie die Sicherheit und die Unterstützung Ihrer Familie aufgegeben haben, um Ihr eigenes Abenteuer zu erleben. Dabei kommen nicht nur Ängste hoch, sondern die Freude am Abenteuer kann auch immer mehr durch das Gefühl großer Einsamkeit erdrückt werden.

Wenn Sie von dieser Angst gepackt werden, ist es wichtig, sich klar zu machen, dass das, was Sie erleben, ganz normal ist. Seien Sie zuversichtlich. Sie haben lediglich Wachstumsschmerzen, und die Richtung, die Sie eingeschlagen haben, ist immer noch die richtige. Wenn Sie dafür eine Bestätigung benötigen, dann schauen Sie sich Ihre Aufzeichnungen von Übung 1 nochmals an, der großen Debatte zwischen Ihrer persönlichen Stimme und der Stimme Ihres Stammes.

Denken Sie immer an Folgendes: Wenn Sie anfangen, Ihre wahre Identität zu leben, fühlt ein Teil in Ihnen sich so, als ob er eine Regel verletzen würde. Das ist ganz normal und es bedeutet nur, dass Sie ein Mensch sind – und eines Tages wird es vorbei sein.

■ Der Außenseiter

In Ihrem neu gewählten Gebiet werden Sie für eine Weile eine Art Außenseiter sein – aber das kann durchaus Vorteile haben. Als Außenseiter verfügen Sie über eine besondere Perspektive. Der Schriftsteller Joseph Conrad ist ein spektakuläres Beispiel eines erfolgreichen Außenseiters. Seine Muttersprache war Polnisch, dennoch gilt er als Meister der englischen Sprache. Das Geheimnis seines Erfolgs? Da er in einer Sprache schrieb, die nicht seine eigene war, achtete er auf jede Kleinigkeit. Er bemerkte winzige Details in seiner neuen Sprache, die Muttersprachlern gar nicht auffielen.

Wie Conrad werden auch Sie eine besondere Sichtweise und besondere Erfahrungen in Ihr neues Gebiet einbringen. Die folgende Übung wird Ihnen dabei helfen zu erkennen, wie Ihr persönlicher Hintergrund in Ihrer neu gewählten Welt sich zu Ihrem Vorteil erweisen kann.

Übung 4
Die perfekte Eignung

Diese Übung ist ganz einfach, Sie müssen nichts aufschreiben. Stellen Sie sich lediglich die Frage: Warum ist jemand mit meinen Fähigkeiten und mit meiner Vergangenheit außerordentlich gut für meinen Traumjob geeignet?

Kate, die gern Modedesignerin wäre und aus einer Familie stammt, in der die helfenden Berufe Tradition haben, antwortete: »Aufgrund meiner Vergangenheit und Herkunft ist es mir wichtig, mich um Menschen zu kümmern, also nicht nur auf Haute Couture und Geld Wert zu legen. Ich werde einen besonderen Blick auf Tragekomfort, Preise und auf das Gefühl von Würde durch die persönliche Erscheinung haben.«

Marnie, die gern Professorin wäre und aus einer Familie von Barbesitzern stammt, sagte: »Viele Akademiker vergessen, die nächstliegenden Fragen zu stellen. Sie leben in einer kleinen Welt und wissen nichts von den Realitäten des Lebens, die ich in der Bar meines Vaters nur zu gut kennen gelernt habe. Ich erkenne es sofort, wenn der Kaiser keine Kleider anhat.«

Sie sollten stolz auf den besonderen Blick sein, den Sie in jedem Bereich beizutragen haben; er ist einzigartig und steht Ihnen zu.

Übung 5
Die Stärken, die Ihre Familie Ihnen mitgegeben hat

Nun da Sie sich besser kennen gelernt haben (Sie sind ein Schwan, keine Ente) und über einige Werkzeuge verfügen, die Ihnen helfen, eine schönere Zukunft für sich zu gestalten, muss ein letzter entscheidender Schritt getan werden. Sie müssen in Ihrer Vergangenheit nach dem Gold suchen, das Sie bisher übersehen haben.

Die Zeit ist reif für eine letzte Übung, die darin besteht, ein Verzeichnis der wertvollen Eigenschaften und Fähigkeiten anzulegen, die Ihre Familie Ihnen mitgegeben hat. Wenn Sie diese Übung sorgfältig durcharbeiten, werden Sie ungemein wertvolle Stärken bei sich entdecken, die Sie nur deshalb haben, weil Sie in dieser Familie aufgewachsen sind. Sie sollten diese wertvollen Eigenschaften und Fähigkeiten zu schätzen wissen, denn Sie werden sie mit in Ihre Zukunft nehmen.

Teil A. Schreiben Sie eine Liste mit 20 Stärken,
die Sie von Ihrer Familie mitbekommen haben

Nehmen Sie in diese Liste Interessen, Gewohnheiten, Ihr Temperament, physische Eigenschaften und auch spezielle Fertigkeiten mit auf.

Hören Sie nicht auf, bevor Sie nicht mindestens 20 Einträge zusammengetragen haben. Und machen Sie weiter, wenn Ihnen noch mehr einfallen. Denken Sie auch an Dinge, die Sie von Tanten, Großeltern und wichtigen Freunden der Familie mitbekommen haben.

Vergessen Sie auch nicht die Dinge, für die Sie vielleicht kritisiert worden sind. Zum Beispiel kann die Kritik »Du bist so eingebildet wie Tante Alice; nie machst du das, was man dir sagt« übersetzt werden in »Ich bin unabhängig; ich habe einen eigenen Kopf«. Und aus »Du bist langsamer als eine Schnecke, schlimmer noch als Großvater« kann höchstes Lob werden: »Ich kann konzentriert arbeiten, bin sehr sorgfältig und präzise, genau wie Großpapa.«

Teil B. Wo gibt es Verbindungen zwischen dem,
was Ihre Familie tut, und dem, was Sie tun wollen?

Egal wie verschieden die Werte Ihrer Familie von Ihren eigenen Werten sind, es gibt garantiert einige Verbindungen – denn schließlich sind Sie dort aufgewachsen. Ziehen Sie Parallelen, auch wenn sie Ihnen künstlich erscheinen. Das schärft Ihren Blick für Stärken, die Ihnen bislang entgangen sind.

Als Beispiel hier einige der Zusammenhänge, die Marnie zwischen dem Leben ihrer Eltern und ihrem eigenen sah: »Meine Familie hat stets alles allein geschafft. Niemand hat ihr bei der Finanzierung der Bar geholfen. Deshalb kann ich mich in einem neuen Umfeld gut behaupten. Akademiker müssen neugierig sein, was ich von meiner Mutter geerbt habe, und außerdem müssen sie auch stur sein, was ich bei meinem kleinen Bruder gut beobachten konnte. Sie brauchen sogar Kampfgeist – und den habe ich von meinem Vater.«

Nach dieser Übung werden Sie sich langsam stärker fühlen. Die Stärken Ihrer Familie waren immer auch Ihre Stärken – und jetzt haben Sie sie in Besitz genommen. Dies ist Ihr Erbe. Nun kennen sie es und werden stolz darauf sein.

■ Happy End

Marnie konnte sich ihren Wunsch doch noch erfüllen.

Sie begann, an der Universität in ihrer Stadt Vorlesungen in Philosophie, Mathematik und Literatur zu besuchen. Wann immer sie nervös und unsicher wurde, führte sie die große Debatte zwischen ihrer persönlichen Stimme und der Stimme ihres Stammes durch, bis sie wieder ruhig wurde und zurück an die Arbeit gehen konnte. Bald begann sie offiziell mit dem Studium und veröffentlichte schließlich Artikel in wissenschaftlichen Zeitschriften. Jede Woche trifft sie sich einmal mit einer Gruppe von Menschen, die sich gern über Sprache, Poesie und intellektuelle Themen austauschen. Sie diskutieren bis spät in die Nacht – und Melanie fühlt sich wie im siebten Himmel.

PS: *Ihre Familie könnte umschwenken.*

Manchmal beginnen Familienmitglieder nach langer Zeit, die Dinge aus Ihrer Perspektive zu betrachten.

Wenn die ersten Erfolge in Ihrem neuen Bereich sich einstellen, kann es gut sein, dass Ihre Familie so stolz auf Sie ist, dass sie mit Ihnen angibt: »Oh, mein Sohn spielt demnächst in einer Fernsehserie mit« – und längst ist der Aufschrei vergessen, den es gab, als Sie damals mitteilten, dass Sie Schauspieler werden wollen.

Es gibt aber auch Familien, die stur bleiben. Ich kenne Menschen, die sehr erfolgreich und unter Kollegen höchst anerkannt sind, aber wenn sie nach Hause kommen, arbeiten alle Familienmitglieder daran, sie zurück auf den »richtigen Weg« zu bringen. Wie kann man sich davor schützen? Ein mir bekannter Theateragent, der aus einer Bankiers-Familie kommt, fängt einfach an zu lächeln und erinnert sich daran, dass er seine Familie liebt und dass es ihm nichts ausmacht, egal was sie sagen. Andere setzen Grenzen: »Wir sind hier unterschiedlicher Meinung. Also gebt mir jetzt mal die Kartoffeln rüber und lasst uns über etwas anderes reden.«

Aber die meisten Familien beruhigen sich und akzeptieren, was Sie tun, wenn sie sehen, dass Sie einen bestimmten Weg verfolgen und mit dieser Art zu leben glücklich sind.

Wahrscheinlich ist der Stolz auf Sie größer als das Bedürfnis, Recht zu haben.

Selbst der Vater von Marnie lenkte schließlich ein. Sein Lieblingssatz heute lautet: »Sie ist verdammt schlau für eine Frau.«

Kapitel 9
Hilfe, ich bin noch nicht bereit für die Welt!

Sie sind gerade mit der Schule oder der Universität fertig geworden oder Sie haben eine Ausbildung beendet. Das »wirkliche« Leben wartet auf Sie. Heute ist der erste Tag vom Rest Ihres Lebens. Wie kommt es, dass Sie sich nicht besonders gut fühlen?

»Zum Sterben bin ich noch zu jung«, sagte Ella, 25 Jahre. Welches schreckliche Schicksal erwartete sie? Sie hatte eine Stelle bei einer der besten Rechtsanwaltskanzleien des Landes. Ella fühlte sich nicht zu jung zum *Sterben*, sondern zu jung zum *Leben*.

Wir haben gelernt, dass die Schule uns auf das Leben vorbereitet. Aber wenn wir dann die Anzüge und die Kostüme anziehen müssen, ahnen wir, dass wir nun eine vollkommen neue und andere Welt betreten.

Wir alle stimmen sofort zu, wenn jemand behauptet, dass es einer Hausfrau mittleren Alters äußerst schwer fallen dürfte, plötzlich als Wissenschaftlerin zu arbeiten. Warum nur meinen wir, dass es so einfach ist, nach der Universität in die Arbeitswelt einzutreten? Genau wie bei der Hausfrau mittleren Alters beginnt hier nicht nur ein neuer Lebensabschnitt, sondern man vollzieht einen radikalen Karriere-Wechsel.

Denken Sie einmal darüber nach. Als Schüler haben Sie viel Erfahrung. Seit dem Alter von fünf oder sechs waren Sie in dieser Welt zu Hause. Sie verstehen die akademische Sprache, können Aufsätze schreiben, Prüfungen ablegen und Hausarbeiten anfertigen. Sie kennen die Regeln: Wenn Sie gut lernen, bekommen Sie gute Noten. Wenn Sie das Lernen vernachlässigen, werden die Noten schlechter. In diesem Spiel sind Sie ein Profi.

In der Berufswelt dagegen hängt Ihr Erfolg von anderen Faktoren ab. Werden »sie« Sie einstellen oder Ihnen eine Absage erteilen? Werden »sie« Ihnen eine gute Arbeit geben oder Sie irgendwo in den hinteren Reihen schuften lassen? Wird die Gesellschaft den von Ihnen gewählten Beruf wertschätzen? Wird Ihre Familie stolz auf Sie sein?

Martin musste niemandem gefallen, um in der Schule gut zu sein. Er musste nur seine Hausaufgaben machen. Nun muss er dafür sorgen, dass sein Vorgesetzter ihn mag, sonst ist seine Stelle in Gefahr. »In der Schule war es egal, wie man aussah oder welche Frisur man hatte. Wenn man wusste, wie und was man zu lernen hatte, war alles in Ordnung.«

Es mag Ihnen schwer fallen zu glauben, dass die Schule lediglich eine zeitlich begrenzte Erfahrung gewesen sein soll, die sich nie mehr wiederholen wird. Schließlich hat sie Ihr gesamtes bisheriges Leben ausgefüllt. Wenn Sie verwirrt und orientierungslos sind, sollten Sie nachsichtig mit sich selbst sein; Sie erleben momentan einen Kulturschock, der verdaut werden muss.

▪ Der Kulturschock – und wie man ihn übersteht

Wenn man die Schule verlässt und in die Arbeitswelt eintritt, ist das ungefähr so, als würde man aus einem westeuropäischen Land nach Istanbul umziehen. Die gesamte Art zu leben scheint verkehrt zu sein: »Man arbeitet den ganzen Tag, das ganze Jahr, nur um die Miete zu zahlen. Das soll das Leben sein? Ich will hier weg.«

Halt! Überlegen Sie einen Moment. Sie betrachten die Arbeitswelt so, wie sie nur ein Fremder betrachten kann. Man kann nicht verstehen, was in einem anderen Land vorgeht, bevor man nicht einige Zeit darin gelebt hat. Und dieser Besuch einer anderen Welt ist eine der wichtigsten Reisen, die Sie in Ihrem Leben unternehmen werden – denn bevor Sie die Arbeitswelt nicht besucht haben, sind Sie gar nicht in der Lage zu entscheiden, was Sie von Ihrem Leben wollen. Und deshalb plädiere ich dafür, dass Sie zunächst versuchen, einen Job in einer großen Firma zu bekommen.

Das meine ich wirklich. Ich selbst bin zwar kein Mensch, der gern in einem großen Unternehmen arbeiten möchte. Ganz im Gegenteil, mir entspricht ein Arbeitsplatz zu Hause viel mehr. Aber ich habe nie bereut, in großen Firmen gearbeitet zu haben, bevor ich mich entschied, ein eigenes Büro zu Hause einzurichten. Es ist unmöglich, eine begründete Entscheidung über den eigenen Lebensstil zu treffen, bevor man nicht auch das Arbeitsleben in einem großen Unternehmen kennen gelernt hat. Daher sollten Sie zunächst einen solchen Arbeitsplatz anstreben.

Ich betrachte ihn sozusagen als »letztes Schuljahr«, weil Sie dort bestimmte Fähigkeiten erlernen: Wie man an fünf Tagen in der Woche früh aufsteht; wie man einen Acht-Stunden-Tag übersteht; wie man sich anzieht; wie man in einem solchen Umfeld spricht und kommuniziert. Sie lernen dort Leute kennen, die Sie sonst nie kennen lernen würden. Und Sie brauchen das Selbstbewusstsein, das entsteht, wenn Sie Ihr eigenes Geld verdienen, allein klarkommen und es schaffen, in einem »fremden Land« zu überleben. Sie müssen wissen, wozu Sie in einem solchen System fähig sind, selbst wenn Sie sich später für ein Leben am Strand entscheiden sollten. Es macht einen erheblichen Unterschied, ob man weiß, wie man Geld verdienen kann, oder ob man es noch nie erlebt hat. Im ersten Fall kann man sich leicht entscheiden, etwas anderes zu tun. Im zweiten Fall nicht.

Moment mal! Schlage ich Ihnen etwa eine Heirat auf Probe vor? Muss man nicht sofort den richtigen Beruf finden? Ja, ich schlage eine Heirat auf Probe vor. Nein, Sie müssen keineswegs gleich den richtigen Beruf finden. Ich werde Ihnen gleich erklären, was ich damit sagen will, aber zunächst müssen Sie sich einige Dinge aus dem Kopf schlagen.

Das neue Land betreten:
»Was ich von der Arbeitswelt halte«

Unterteilen Sie ein Blatt Papier in zwei Hälften. Oben links machen Sie ein Pluszeichen, oben rechts ein Minuszeichen. Nun beginnen Sie, all die guten und schlechten Dinge aufzuschreiben, die Sie vom Eintritt in die Arbeitswelt erwarten. Links könnte stehen »eigenes Geld verdienen«, und rechts könnte stehen »die Miete selbst bezahlen«.

Schauen wir uns die Liste einmal an.

Jane, die gerade mit ihrem Soziologie-Studium fertig geworden war, schrieb auf die Plus-Seite: »Alle fänden es gut, wenn ich einen Job hätte; besonders meine Familie wäre dann beruhigt.«

Auf der Minus-Seite steht: »Ich werde nicht genommen oder ich werde genommen, schaffe aber die Arbeit nicht; ich langweile mich; ich werde dort bis ans Ende meiner Tage meine Zeit verbringen müssen.«

Die Minus-Liste ist ein wenig länger als die Plus-Liste, oder? Schauen wir uns die negativen Punkte auf Janes Liste genauer an. Man kann sie auf zwei Dinge reduzieren: entweder wird sie nicht genommen, oder man nimmt sie, und dann fühlt sie sich auf ewig gefangen.

Philip, 24 Jahre, der zwei Jahre auf Weltreise gewesen war, kam zurück und ging zu einem einzigen Bewerbungsgespräch. »Das war genug«, sagte er, »schon allein diesen Anzug zu tragen machte mich ganz elend. Eigentlich wollte ich diesen doofen Job gar nicht, aber ich versuchte, ihn zu kriegen, und dann wollten *sie mich nicht!*«

Da es nun mal ohne Bewerbungsgespräche nicht geht, möchte ich Ihnen zeigen, wie Sie mit Absagen, die bei der Stellensuche einfach unvermeidlich sind, umgehen können.

▪ Absagen

Natürlich kenne ich die üblichen Kommentare nach einer Ablehnung: »So ist das nun mal. Da muss man durch. Man muss es trotzdem einfach immer weiter probieren.« Mir haben diese Ratschläge nicht geholfen. Ich wusste selbst, dass ich es weiterhin probieren musste, aber jede Absage nahm mir ein Stück von meinem Selbstwertgefühl.

Nicht genommen zu werden kann niemand einfach so wegstecken – aber am schlimmsten sind Absagen dann, wenn man frisch von der Schule kommt. Warum? Weil man noch nicht weiß, wer man eigentlich ist.

Bei Ihren ersten Bewerbungsgesprächen wissen die anderen nicht, wer Sie sind – und Sie wissen es eigentlich auch nicht. Werden Sie dieser Firma nützen? Wer weiß das schon. Unternehmen versuchen sich zu schützen, indem sie vielen potenziellen Mitarbeiterinnen und Mitarbeitern die Gelegenheit geben, sich vorzustellen – und deshalb sind Absagen tatsächlich unvermeidlich. Sie brauchen zwei Verbündete in Ihrer Ecke des Rings, um die negative Wirkung von Absagen zu minimieren:

Erstens Ihre Identität und zweitens Ihre Freunde.

Zunächst wollen wir herausfinden, wer Sie sind.

▪ Die eigene Identität zurückerobern

Lassen Sie uns mit der Vergangenheit beginnen. Bereits im Alter von zwei Jahren waren Sie eine Persönlichkeit und hatten eine Identität, und wenn Sie mir das nicht glauben, dann fragen Sie einfach Ihre Eltern. Damals sahen Sie die Welt mit ganz eigenen Augen und Sie hatten eigene ausgeprägte Gefühle, die Sie lautstark zum Ausdruck brachten.

Im Alter von zwei Jahren waren Sie nicht daran interessiert, sich »richtig« zu benehmen. Sie experimentierten mit dem

Wörtchen »nein«, um Ihren Eltern klar zu machen, dass Sie Ihren eigenen Kopf hatten und auch ein Wörtchen mitreden wollten.

Der Eintritt in den Kindergarten war möglicherweise ein Schock für Sie, doch wussten die Leute dort, wie sie mit Ihnen umgehen mussten. Die Tische und Stühle waren klein, die Erzieher erinnerten Sie daran, zur Toilette zu gehen, und brachten Ihnen Spiele bei.

Nun werden Sie nicht mehr auf diese Weise betreut. Zum ersten Mal in Ihrem Leben begeben Sie sich in eine Welt, die nicht dafür da ist, auf Ihre Bedürfnisse einzugehen. Vielleicht kommen Sie sich in der Arbeitswelt sehr klein vor, aber die Stühle haben eine normale Größe, und man erwartet von Ihnen, dass sie sich schnell zurechtfinden. Ihre Identität als »Kind« oder »Schüler« beziehungsweise »Student« löst sich auf.

Dazu kommt, dass Ihre Freunde und Verwandten Ihnen eine der folgenden neuen Identitäten überstülpen: Gewinner oder Verlierer.

»Meine Tochter Ella arbeitet beim besten Anwalt der Stadt. Sie bekommt ein fantastisches Gehalt!« (Übersetzt heißt das: Ella ist eine Gewinnerin.)

»Mein Sohn John weiß noch nicht so richtig, was er will.« (Übersetzt heißt das: John ist ein Verlierer.)

Eine Perspektive zu haben ist nun äußerst wichtig für Sie. Ich möchte Ihnen jetzt, wo es am wenigsten überzeugend klingt, deutlich machen, *dass Sie mehr sind als jeder Job, den Sie jemals haben werden.*

Das sollte Ihnen klar sein, wenn alle Bewerbungsgespräche scheitern, und das sollte Ihnen auch klar sein, wenn Sie eine Zusage bekommen.

Ihr wahres Ich ist immer noch da, aber die Herausforderungen können den Blick auf die eigene Person beträchtlich vernebeln. Sie müssen daher Ihre Identität zurückerobern.

Denken Sie daran, dass es hier um Ihr Leben geht.

Ich möchte Sie dazu auffordern, einen Blick auf Ihr gesamtes Leben zu werfen – auf die Vergangenheit, Gegenwart und Zukunft. Sie werden dabei einiges entdecken, was Ihnen bislang noch nicht klar war.

Übung 2
Einen 95-Jahre-Plan aufstellen

95 Jahre? Genau! Sie beginnen am Anfang Ihres Lebens und tun so, als hätten Sie die vergangenen Jahre bewusst geplant: Ein Jahr: wurde geboren; fünf Jahre: kam in die Schule; zehn Jahre: Umzug nach Kalifornien. Setzen Sie das Ganze bis in die Gegenwart fort und von dort in die Zukunft: 57 Jahre: reiste in die Antarktis; 65 Jahre: züchtete Rosen und schrieb einen Roman; 85 Jahre: heiratete noch einmal. Hören Sie nicht auf, bevor Sie 95 Jahre erreicht haben!

Nehmen Sie das Papier am besten quer und teilen Sie es in vier Spalten ein. Schreiben Sie über die erste Spalte »Alter« und darunter die Zahlen: 5, 10, 15, 20 usw. bis 95. (Lassen Sie einige Zeilen frei, falls Sie kleinere Zeitabstände wählen möchten.)

Schreiben Sie über die zweite Spalte »herausragendes Ereignis«. Also zum Beispiel geboren werden, in die Schule kommen, umziehen, oder was sonst passiert ist, oder noch passieren wird, und was wichtig für Sie war oder sein wird. Es ist vielleicht nicht leicht, sich vorzustellen, was in 20, 30 oder 50 Jahren sein könnte, aber füllen Sie auch diese Reihen sorgfältig aus, denn auf diesen Eintragungen beruhen wiederum die zwei noch folgenden Spalten.

In der dritten Spalte wird es schwer, aber interessant: Schreiben Sie über die Spalte »was ich lernte«, und schreiben Sie dann das Wichtigste, was Sie in diesem Alter gelernt haben oder in Zukunft lernen werden in diese Spalte hinein. Lassen Sie sich Zeit damit. Gerade dieser Teil der Übung kann eine wichtige Erfahrung für Sie beinhalten!

Jetzt schreiben Sie über die vierte Spalte »das Erstaunlichste, was ich gesehen habe«. Vertrauen Sie hier unbedingt dem, was Ihnen spontan einfällt, auch wenn Sie sich nicht mehr so genau an die Vergangenheit erinnern. Dasselbe gilt für die Zukunft. Lassen Sie Ihrer Vorstellungskraft freien Lauf und notieren Sie, was Ihnen einfällt – es sind wertvolle Informationen.

Wenn Sie die gesamte Übung gemacht und alles ausgefüllt haben, schreiben Sie ganz unten auf die Seite den Satz: »Was ich jungen Leuten gern sagen würde.« Beschreiben Sie hier, was dieser Spaziergang durch 95 Jahre Ihres Lebens Sie über das Leben und den Sinn des Lebens gelehrt hat.

Lesen Sie einige Beispiele von anderen Menschen und was sie entdeckt haben:

Hillary, 22 Jahre: Was mich wirklich fast umgehauen hat, war zu erkennen, welch witziges, zähes und kluges Kind ich doch war. Im Alter von vier Jahren versuchte ich allen Hunden aus der Nachbarschaft beizubringen, Pfötchen zu geben. Ich weiß nicht, ob ich damit sehr erfolgreich war, aber ich selbst war der Meinung, eine großartige Hundetrainerin zu sein. Ich war ein tolles Kind. Mich daran zu erinnern schenkte mir den Mut, den ich brauchte, um mir ein sehr abenteuerliches künftiges Leben auszumalen.

Philip, 24 Jahre: Unter »herausragendes Ereignis« im Alter von 30 habe ich »weltberühmter Maler« eingetragen. Und dann fiel mir ein, was mir noch wichtiger ist, als gut zu malen: Ich möchte wirklich *sehen* können. Ich möchte vor allem deshalb malen, weil es mir hilft, besser zu sehen. Als ich bei 60 Jahren angelangt war, blickte ich zurück auf die 30 und trug dort ganz andere Dinge ein: Ich will in anderen Ländern leben, ich möchte wissen, wie man ein Haus baut, und ich möchte eine eigene Familie haben und sie lieben.

Jane, 23 Jahre: Der Gedanke, 95 Jahre Zeit zu haben, beruhigte mich, weil ich noch sehr viel vorhabe. Ich möchte ein eigenes Unternehmen gründen, es verkaufen, wenn es gut läuft, und dann reisen. Und ich möchte etwas tun, was die Welt ein wenig besser macht, zum Beispiel im Bereich Ökologie. Ich habe jetzt das Gefühl, dass ich mich nicht zwischen den verschiedenen Dingen entscheiden muss, sondern sie alle tun kann.

Wie ist es Ihnen ergangen? Was haben Sie herausgefunden? Unterschätzen Sie diese Übung nicht! Sie haben gerade eine Art Arbeitsplatzbeschreibung für Ihr gesamtes Leben angefertigt.

Ich möchte Sie vor allem auf Folgendes hinweisen: *Es gibt nur einen einzigen wirklich wichtigen Job in Ihrem Leben, und dieser Job besteht darin, Ihr Leben zu leben.* Erkennen Sie, wie viele Ereignisse, Entscheidungen, Projekte und Erfahrungen es in Ihrem Leben geben wird? Wie wichtig sind vor diesem Hintergrund ein paar Absagen, die Sie bei Bewerbungen bekommen?

Und dennoch sollten Sie sich erneut ordentlich anziehen, zu Bewerbungsgesprächen gehen und weitere Absagen riskieren.

■ Erste Hilfe für Bewerbungsgespräche

Wenn Bewerbungsgespräche (und Absagen) zu schwer zu ertragen sind, tendiert man dazu, sie zu vermeiden. Dagegen beugt man am besten vor, indem man sich ein Erfolgsteam sucht, über das ich auch im zehnten Kapitel dieses Buches spreche (siehe S. 228). Ein Erfolgsteam besteht aus fünf oder sechs Personen, die sich jede Woche treffen und sich gegenseitig helfen, das zu bekommen, was sie jeweils brauchen. Es ist eine erstklassige Medizin gegen das Elend bei der Arbeitssuche. Hier ganz kurz das Wesentliche:

Tun Sie sich mit einer Freundin oder einem Freund – oder sechs davon – zusammen.

In guter Gesellschaft zu sein ist ein wesentlicher Erfolgsfaktor bei allen schweren oder neuen Dingen, die man tun muss (es reduziert die Angst). Ganz besonders nützlich ist es bei der Arbeitssuche. Nach einem Bewerbungsgespräch verlässt man normalerweise das Gebäude, geht auf die Straße – und steht da.

Wie wäre es, wenn jetzt einige Ihrer besten Freunde auf Sie warten würden, um Sie zu umarmen und erst einmal einen Kaffee mit Ihnen zu trinken, und die dann fragen, wie es gelaufen ist. Und wie wäre es, wenn Ihre Freunde Sie dann für Ihre guten Antworten loben und auf den Personalchef mit den unmöglichen Fragen schimpfen würden? Ein Bewerbungsgespräch ist keine leichte Sache, und Sie verdienen Unterstützung, etwas zu trinken und viel Gelächter, wenn es vorbei ist.

Wie bekommt man diese Unterstützung? Rufen Sie Ihre Freunde an und arrangieren Sie es! Teams sind für die unterschiedlichsten Dinge eine prima Sache. Sie können bevorstehende Vorstellungsgespräche proben, Sie können gemeinsam die Anzeigen durchsehen und sich gegenseitig die Bewerbungsunterlagen korrigieren.

Ein Hinweis noch: Im Erfolgsteam geht es nicht darum, ein besserer Mensch zu werden. Bei dem Bedürfnis, die eigene Person oder den eigenen Charakter erst noch zu verbessern, bevor man sich an die Verwirklichung seiner Ziele macht, kann es sich um eine Hinhaltetaktik handeln. In die Welt hinauszugehen wird Sie weiter voranbringen als jedes Motivationstraining. Irrationale Ängste werden dabei als solche entlarvt und Ihre Fertigkeiten durch die Praxis entwickelt. Ein »besserer« Mensch zu werden ist eine lebenslange Aufgabe, also warten Sie lieber nicht, bis Sie damit fertig sind, um mit dem Leben zu beginnen.

■ Wenn Sie den Job bekommen haben

Nachdem Sie nun wissen, wie Sie mit Absagen umgehen können, kommt nun das zweite große Problem an die Reihe. Was,
wenn sie mich nehmen – und es der falsche Job ist und ich für
immer und ewig in der Falle sitze? Wie kann es sein, dass jemand in einem Land, in dem man so oft den Job wechseln kann,
wie man möchte, Angst davor hat, für immer in der Falle zu sitzen? Das habe ich meine Kinder und deren Freunde gefragt und
die folgenden Antworten bekommen:

»Wir stehen unter großem Druck, auf Anhieb das Richtige zu
finden und dabeizubleiben. Man darf nicht einfach herumpro-
bieren. Man muss gleich beim ersten Mal den richtigen Beruf
finden.«

Denken Sie das auch?

Dann liegen Sie absolut falsch.

Man muss keineswegs gleich beim ersten Mal das Richtige
finden.

Ich glaube sogar, dass es bedauerlich ist, wenn man beim ersten Versuch vollkommen richtig liegt. Schauen Sie sich noch
einmal Ihren 95-Jahre-Plan an. Selbst wenn Sie nicht so alt
werden, so liegt doch eine Menge Zeit vor Ihnen. Warum also
die Erfahrungen, die zu machen sind, schon so früh auf so wenig
beschränken? Ich bin der Meinung, dass jeder einmal in einer
Fabrik gearbeitet haben sollte. Und im Ausland. Und jeder sollte einmal eine Schauspielschule besuchen, besonders wenn das
eigentliche Berufsziel Betriebswirt heißt. Denn die Schauspielerei bringt einem mindestens so viel über sich selbst und den
Umgang mit anderen Menschen bei wie eine Psychotherapie
oder Managementprogramme.

Wie Sie wissen, glaube ich, dass jeder einmal in einem großen
Unternehmen gearbeitet haben sollte, selbst wenn es nur die
Versandabteilung ist. Von dort aus bekommen Sie den besten
Einblick in alle anderen Abteilungen und in die Struktur des

Unternehmens, und Sie erfahren, wie viele verschiedene Berufe (Manager, Wissenschaftler, Elektriker, Hausmeister, Verkäufer, Grafiker und so weiter) dort ausgeübt werden.

Denken Sie einmal scharf nach: Man erwartet nicht, dass Sie den ersten Menschen, mit dem Sie ausgehen, heiraten. Und genauso wenig müssen Sie die erste Stelle gleich heiraten und sich ein Leben lang an sie binden. Wenn Ihre Wahl richtig sein *muss*, ist es kein Wunder, dass Sie sich wie gelähmt fühlen! Die ganze Welt, besonders aber Ihre Eltern möchten Sie erfolgreich und unabhängig sehen, und Sie würden ihnen den Gefallen gern tun: Aber Sie können es nicht.

Die heutige Arbeitswelt ist vollkommen anders als die Arbeitswelt, die Ihre Eltern kannten. Man misst Sie unter Umständen an Standards, die in der momentanen ökonomischen Situation keine Gültigkeit mehr haben. Und wenn Sie versuchen, diese unmöglichen Erwartungen zu erfüllen, setzen Sie sich selbst einem immensen Leidensdruck aus.

Sie müssen sich heute wie ein Pionier in einer Realität zurechtfinden, die mit der von früher nichts mehr gemeinsam hat. Keine Angst, diese Realität ist nicht gefährlich. Sie tut Ihnen nichts – sie wird Sie sogar retten.

■ Die Realitätslösung

Hindernisse, die man sich einbildet, kann man nicht überwinden. Echte Hindernisse dagegen schon. Aber man kann den Unterschied nicht erkennen, wenn man keine handfesten Informationen hat. Angst kann sogar noch mehr eingebildete Hindernisse entstehen lassen als Unwissenheit. *Und deshalb kann schon ein kleiner Schritt weg von der Spekulation und hin zur Realität eine Erleichterung bringen.*

Machen Sie einen kleinen erstaunlichen Schritt – so wie George.

George wollte heiraten und Kinder haben und er wollte die richtige Frau treffen. Aber in seiner Vorstellung waren die Hindernisse riesig. Er verdiente nicht viel Geld und dachte, dass sich kaum eine Frau für ihn interessieren würde, bevor er nicht eine Wohnung, einen besseren Job und ein neues Auto hätte.

Ich fragte George, bis wann er das wohl alles erreicht hätte, und er sagte, er wüsste es nicht.

»Vielleicht bis Oktober?«

»Nein, niemals bis Oktober.«

»Vielleicht in 10 oder 15 Jahren?«

Erschrocken sah George mich an.

George hatte fast noch keine Erfahrungen mit Frauen gemacht und hatte Angst. Wir entschlossen uns, die »Realitätslösung« auszuprobieren.

Bei der Realitätslösung tut man etwas, bevor man bereit dazu ist. Im Fall von George hieß das: So schnell wie möglich die Gesellschaft von Frauen suchen, ohne die Dinge erreicht zu haben, die er als Voraussetzung dafür erachtete. Für Sie bedeutet das möglicherweise: So schnell wie möglich einen Job anzunehmen, egal ob Sie glauben, ihn bewältigen zu können oder nicht.

George trat einer kirchlichen Singlegruppe bei und war sehr erstaunt. Nach einigen Monaten erzählte er mir: »Es gibt dort so viele verschiedene Frauen. Es ist toll.«

»Und wie steht es mit dem Auto?«, fragte ich.

»Die Frauen haben alle selbst ein Auto. Und es macht ihnen gar nichts aus, *mich* zu fahren.«

»Was halten die Frauen von Ihnen?«

Er lachte. »Einige mögen mich wirklich sehr gern.«

Einen kleinen erstaunlichen Schritt zu tun bedeutet etwas *Reales* zu unternehmen, *und das kann Ihre Welt völlig verändern*. Sobald Sie sich auf eine reale Situation einlassen, verschwinden die Fantasie-Hindernisse wie von selbst.

Das soll nicht heißen, dass es keine Hindernisse gibt. George

musste zum Beispiel kochen lernen, um zu Hause Gäste empfangen zu können. Und er lernte sogar tanzen und machte später den Führerschein. Und woher hatte er das Geld für all diese
Dinge? Nun, er brauchte gar nicht so viel, denn seine neuen
Freunde und Bekannten, darunter viele Frauen, brachten ihm
einiges davon kostenlos bei.

Wirkliche Hindernisse können Sie überwinden, eingebildete
Hindernisse führen Sie immer im Kreis herum und lullen Sie
ein wie dichter Nebel. Genau deshalb ist es ein großer Fehler zu
warten, bis die richtige Information kommt, um erst dann zu
handeln. Meistens bekommt man die Information nur, wenn
man selbst kleine, entscheidende Schritte hinaus in die Realität macht.

In diesem Kapitel werde ich Ihnen weitere Übungen präsentieren, die Ihnen helfen, Ihre Arbeitssuche gezielt anzugehen,
so wie George seine Suche nach einer Frau ernsthaft anging. Ich
nehme an, dass Sie meine Vorschläge zunächst ablehnen werden. Die meisten Menschen glauben, dass sie besser vorbereitet
sein müssten als George, um auch nur einen winzigen Schritt zu
tun. Aber keine Sorge. Mit diesem Widerstand wird man leicht
fertig, wenn man weiß, was dahinter steckt. Und ich weiß es!

■ Die Realität ist Furcht einflößend

Etwas zu *tun* ist ein Quantensprung davon entfernt, sich lediglich etwas *vorzustellen*. Ans Schwimmen zu denken ist etwas
ganz anderes, als tatsächlich im Wasser zu sein. Unser innerer
Abwehrmechanismus will, dass wir vorsichtig sind und uns von
allem fern halten, was neu und ungewohnt ist. Seine Aufgabe
besteht darin, uns zu schützen, und daher vermeidet er alles, was
gefährlich erscheint. Aber häufig schlägt er auch zu Unrecht
Alarm.

Denn alles, was es wert ist, getan zu werden, ist es wert, *zu früh* getan zu werden. (Allerdings sollten Sie dabei nichts aufs Spiel setzen, was Sie später noch brauchen, wie bestimmte Kontakte oder Geld – oder Ihr Leben.) Sobald Sie erkennen, dass die versteckte Ursache Ihres Zögerns *lediglich Angst* ist, wird es leichter, vorwärts zu kommen. Hat die Vernunft erst einmal begriffen, warum man nicht weitergeht, kann man erkennen, dass die Gefahr gar nicht so groß ist – und dann öffnet sich das Tor zum Handeln.

Angst kann in vielen Verkleidungen erscheinen, wobei sie stets lähmend wirkt. Menschen, die lieber weiter träumen wollen anstatt zu handeln, rechtfertigen dies oft damit, dass sie alles erst durchdenken müssten.

Janet, eine junge Frau, die gerade mit der Universität fertig geworden war, sagte mir, sie wolle ein Institut für Wirtschaftsethik gründen.

Ich weiß nicht genau, was ein Ethikinstitut macht, aber ich bin bereit zu glauben, dass es so etwas geben könnte oder sollte. Wichtiger war jedoch, ob Janet wusste, was es genau sein sollte, ob sie diese Arbeit gern tun würde, und ob sie in der Lage wäre, sie zu tun.

Auf diese Fragen bekommt man keine Antwort, wenn man allein im stillen Kämmerlein sitzt und darüber nachdenkt. Man muss die Realitätslösung anwenden.

Ich empfahl Janet, sich mit einer Gruppe von Freunden und Bekannten zu treffen und ein Brainstorming zu ihren Plänen zu machen. Als Einstieg zu ihrem Projekt.

Janet wollte nicht: »Oh nein, so weit bin ich noch lange nicht, dass ich schon mit anderen Leuten darüber reden könnte. Ich muss mir noch mehr Gedanken dazu machen.«

»Worüber wollen Sie nachdenken?«, fragte ich.

»Nun, ich muss die Idee schon etwas genauer umreißen können. Es ist alles noch zu vage, wissen Sie.«

»Und wodurch hoffen Sie weiterzukommen?«

»Na ja, indem ich weiter darüber nachdenke, ein paar Notizen mache.«

»Sie wissen doch noch gar nicht, was Sie aufschreiben sollen«, erwiderte ich. »Rufen Sie ein paar Freunde an, bestellen Sie eine Pizza für alle, und reden Sie über die Sache.«

»Aber ich wüsste gar nicht richtig, was ich sagen soll. Ich habe nur eine vage Vorstellung, aber keine konkreten Informationen.«

»Dann gehen Sie in die Bibliothek und besorgen Sie sich die Informationen!«

»Ich weiß ja noch nicht genau, welche Infos ich brauche …«

»Nun, dann haben Sie gerade bewiesen, dass es unmöglich ist, überhaupt mit dem Projekt anzufangen.«

Sie wusste, dass ich Recht hatte.

»Ja, ich drücke mich davor. Aber ich will dieses Institut wirklich gründen. Warum drücke ich mich nur davor?«

»Wie fühlen Sie sich gerade?«

»Nervös. Ängstlich.«

»Wovor haben Sie Angst?«, fragte ich.

»Davor, es wirklich zu tun,« sagte Janet.

Janet entschloss sich schließlich doch dazu, einen ersten Schritt zu machen. Sie traf sich mit Freunden und besprach ihre Idee. Bereits nach 20 Minuten hatten ihre Freunde ihr Hunderte von Fragen gestellt, und sie war fleißig dabei, sie zu beantworten. Vor dem Treffen hatte sie sich Zeitschriftenartikel zum Thema »Ethik in der Wirtschaft« besorgt und konnte nun besser argumentieren, als sie gedacht hatte. Sie stellte sogar fest, dass sie leidenschaftlich für ihre Idee eintrat.

»Ohne Ethik wird die Wirtschaft bald untergehen«, behauptete sie, und ihre Freunde stimmten ihr zu.

»Warum entwickelst du nicht einen Ethik-Workshop für große Unternehmen, Janet?«

»Warum schreibst du nicht vorher einen Artikel zu diesem Thema und verschaffst dir dadurch mehr Glaubwürdigkeit?«

Und Janet begann, ihr neues Ziel umzusetzen.

Ich bin so sehr davon überzeugt, dass jeder mit etwas beginnen sollte, bevor er dazu bereit ist, dass ich Ihnen nun sogar vorschlage, den *falschen Job* anzunehmen. Bevor Sie mich für verrückt erklären, sollten Sie die folgende Übung machen.

Übung 3
Probieren Sie einen falschen Job aus – in der Fantasie

Tun Sie so, als ob Sie sich für eine Stelle entschieden hätten. Irgendeine Stelle. Legen Sie die Zeitung mit den Stellenanzeigen vor sich hin oder die Gelben Seiten und schließen Sie die Augen. Blättern Sie etwas herum und lassen Sie Ihren Finger irgendwo landen. Egal auf welcher Sparte Ihr Finger liegt – Sie nehmen in diesem Bereich einen Job an.

Egal, ob es sich um ein Computer- und Zubehörgeschäft, Autovermietung, Gaststätte oder einen Bootsverleih handelt.

Ich hoffe Ihr Finger ist in einem Bereich gelandet, von dem Sie wenig Ahnung haben. Falls nicht, schließen Sie noch einmal die Augen und versuchen es ein zweites Mal. Schweinezüchter, Elektroingenieur, alles ist möglich. Der beste Job für diese Übung ist einer, von dem Sie nicht viel wissen. Es sollte eine Tätigkeit sein, mit der Sie einigermaßen Geld verdienen können, die aber überhaupt nicht zu Ihnen passt. Wenn Sie eine Wahl getroffen haben, geht es in vier Schritten folgendermaßen weiter.

Erster Schritt: Stellen Sie sich vor, dass Sie den Beschluss gefasst haben, so gut wie möglich zu arbeiten, auch wenn dieser Job absolut nicht der Richtige für Sie ist. Stellen Sie sich einen Arbeitstag vor und halten Sie schriftlich fest, wo Sie gelandet sind und was Sie den ganzen Tag über tun.

Barbara hatte Literatur studiert und war die Älteste von fünf Geschwistern. Sie hatte sich den »falschen Beruf« als Vorarbeiterin in einer Traktorenfabrik ausgesucht. »Ich trage einen Blaumann, laufe mit einer Stoppuhr herum, zeichne Papiere ab, beaufsichtige meine Mannschaft, stelle fest, wer fehlt und wer krank ist, und sorge dafür, dass die Maschinen laufen.«

Nun kommt *der zweite Schritt*: Fragen Sie sich, wie es Ihnen gefällt, wie fühlen Sie sich in diesem Job? Barbara fand ihren Job in Ordnung, sogar ganz interessant – aber sie wollte so schnell wie möglich wieder nach Hause, was aber in dieser Übung noch nicht erlaubt ist.

Dritter Schritt: Stellen Sie sich vor, dass Sie den Job drei Monate lang gemacht haben und fragen Sie sich nun: Welches Gefühl habe ich nach drei Monaten dem Job gegenüber?

Barbara gefiel ihre Arbeit nicht mehr so gut. Sie langweilte sich und fragte sich, was sie in einer Traktorenfabrik zu suchen hatte.

Jetzt kommt der vierte entscheidende Schritt: Sie können den Job nicht aufgeben, bevor Sie nicht etwas absolut Wunderbares daraus gemacht haben. Vorher gibt es keine Möglichkeit zu entkommen. Wenn Sie ihn nicht in etwas Wunderbares verwandeln können, bleiben Sie für immer dort hängen. Barbara wurde nun kreativer.

»Ich würde versuchen, meine Arbeit richtig gut zu machen. Denn dann bleibt die Sache interessant, und ich bin auch zufriedener.«

Nicht schlecht für den Anfang, doch ich möchte die Sache noch etwas spannender gestalten. Stellen Sie sich vor, dass Sie nun sechs Monate dort arbeiten und die Arbeit Ihnen langweilig wird. Was nun? Barbara sagte: »Wenn ich so lange dort bleiben müsste, würde ich versuchen aufzusteigen. Allerdings würde ich nicht von meinen Mitarbeitern getrennt werden wollen, sondern weiterhin mit ihnen zusammenarbeiten, aber auf einer anderen Ebene. Nicht als Controllerin … ich würde gern eine Atmosphäre schaffen, in der sich alle wohl fühlen, anerkannt werden und stolz auf die Arbeit sind, die sie leisten. Nun sieh mal einer an: Da kommen ja doch meine innersten Neigungen zum Vorschein!«

Wenn ich Barbara gefragt hätte, welcher Beruf wohl der richtige für sie sei, dann wäre das, was ihr besonders wichtig ist, nie so deutlich hervorgekommen wie in der Traktorenfabrik. Wie sieht Ihre Lösung aus? Wenn Sie im falschen Job gelandet wären und etwas Wundervolles daraus machen müssten, was würden Sie tun?

Was haben Sie über sich selbst gelernt?

Ruth, 23 Jahre: Ich nahm eine Stelle als Trainee in einer großen Bank an. Nichts würde weniger zu mir passen! Aber als ich versuchte, etwas Wundervolles daraus zu machen, kam mir die Idee, einen Newsletter für die Angestellten herauszugeben, und später wurde ein richtiges Magazin für die gesamte Bank daraus. Es machte mir viel Spaß, am Telefon zu sitzen, die Beiträge zu sammeln und Leute zu interviewen.

Merken Sie, wie Sie sich selbst auf die Spur kommen können, sogar im falschen Job? Wenn Sie aus Angst davor, das Falsche zu tun, gar nichts mehr tun … dann möchte ich Ihnen die Angst und den Glauben nehmen, dass Ihr erster Job den Rest Ihres Lebens vorbestimmt – das tut er nämlich nicht!

Ich kann jedoch verstehen, dass Sie Angst haben, in eine falsche Richtung zu marschieren. Wann immer man eine neue Welt betritt, kommt man sich klein und schwach vor. Jeder in dieser Welt ist schon länger da und weiß, was er zu tun hat. Man selbst ist noch Neuling. Aber Sie dürfen Unwissenheit nicht mit Schwäche verwechseln. Für Sie selbst sind Sie *das stärkste Element in Ihrer Umgebung* und so wird es auch immer bleiben. Deshalb wird Sie jeder Job, egal ob richtig oder falsch, Wichtiges über Sie selbst lehren. Und im Prinzip sollte die persönliche Entwicklung der Hauptgrund dafür sein, warum Sie arbeiten.

Sie arbeiten bereits für ein Unternehmen, und dieses Unternehmen sind Sie.

Wenn Sie sich dessen bewusst sind, haben Sie das Problem gelöst. Sie selbst sind das Unternehmen, der Manager und der Chef. Sie verkaufen Ihre Dienstleistungen, aber nicht *sich selbst*.

Sie können Ihrer Zukunft vertrauen, wenn Sie sich selbst vertrauen. Was bedeutet das? *Sie müssen darauf vertrauen, dass Sie merken, wenn ein Arbeitsplatz Ihnen nicht entspricht, und ihn dann verlassen.* So haben es ehrgeizige Leute schon immer gemacht. Sie bleiben, solange eine Arbeit ihnen gut tut, und wenn das nicht mehr der Fall ist, schauen sie sich nach etwas Neuem um. Bis es so weit ist, geben sie ihr Bestes ... und in jeder Situation, ob gut oder schlecht, lernen sie etwas für sich.

Dieses Verhalten lege ich auch Ihnen ans Herz. Es tut nicht nur Ihrem Selbstvertrauen, Ihrer Selbstachtung und Ihrer Karriere gut, sondern es ist auch zukunftsfähig. Mehr und mehr Menschen bekleiden in ihrem Leben verschiedenste Jobs, gewinnen dort immer mehr Erfahrungen und Fachwissen und nehmen es jeweils zum nächsten Arbeitsplatz mit.

Der Job, von dem Sie nicht profitieren können, wenn Sie ihn sechs Monate lang machen, wurde noch nicht erfunden! Und deshalb werde ich Ihnen nun einen außergewöhnlichen Vorschlag machen: Nehmen Sie wirklich die falsche Stelle an!

Übung 4
Nehmen Sie den falschen Job an – in der Realität

Überspringen Sie diese Übung, wenn Sie wissen, welcher Job der richtige für Sie ist. Aber wenn Sie auf der Stelle treten, weil Sie nicht wissen, was Sie machen sollen, sollten Sie diese Übung ausprobieren. Sie mag Ihnen radikal vorkommen, aber sie beendet Ihre Unschlüssigkeit, ohne dass Sie sich für etwas entscheiden müssen.

Besorgen Sie sich fünf verschiedene Zeitungen mit Stellenangeboten. Bewerben Sie sich auf jede Stelle, bei der Sie eine Chance haben könnten. Und wenn jemand Sie einstellen möchte, sagen Sie zu. Ja, wirklich! Nehmen Sie die falsche Stelle an oder zumindest eine, bei der Sie unsicher sind, ob es das Richtige für Sie ist. Noch ist Ihre Ausbildungszeit nicht beendet. Diese ersten Jobs werden wie ein Aufbaustudium sein!

Probieren Sie einige Stellen aus, wenn Sie nichts Besseres vorhaben. Und denken Sie immer daran, wozu jeder Tag da ist: nicht dazu, um Ihren Chef glücklich zu machen, und auch nicht, um Ihre ehemaligen Studienkollegen zu beeindrucken, sondern dazu, sich selbst Wissen und Fertigkeiten anzueignen.

Und wenn Ihre Familie fragt »Was treibst du da um Himmels willen?«, dann antworten Sie ihnen beruhigend »Macht euch keine Sorgen, ich weiß schon, was ich tue«. Und genau so ist es. Jeder Job ist gut für Sie, solange Sie wissen, warum Sie dort sind.

■ Was Sie im falschen Job unbedingt beachten sollten

1. Planen Sie Ihre Abschiedsparty

Als Erstes müssen Sie das Datum festsetzen, an dem Sie aufhören wollen, und für diesen Tag all Ihre Freunde zu einer kleinen Party einladen. Setzen Sie das Datum zirka sechs Monate nach Arbeitsbeginn fest. An diesem Tag hören Sie entweder auf, in dem falschen Job zu arbeiten, oder Sie liefern Ihren Freunden gute Gründe, warum Sie noch weitere sechs Monate bleiben wollen, und setzen ein Datum für eine weitere Abschiedsparty fest.

Mit der Planung dieser Party lösen Sie zwei Probleme. Erstens kommen keine Gefühle des Gefangenseins auf, wenn Sie bereits das Abschiedsdatum kennen. Zweitens werden Ihre Freunde falsche Gründe fürs Weitermachen nicht länger als bis zur dritten Party gelten lassen und dafür sorgen, dass Sie nicht in einer Sackgasse landen – nämlich bei einer Arbeit, die Ihnen eigentlich nicht gefällt, die Sie aber beibehalten, weil Sie zu träge sind, sich eine neue, bessere zu suchen. Vor dieser Entwicklung möchte ich Sie eindringlich warnen. Sie ist wie eine Krankheit, vor der ich Sie bewahren möchte. Diese Krankheit hat zugeschlagen, wenn Sie jemanden sagen hören »Ich habe diesen Job als Zwischenlösung angenommen, und es hat sich nichts Besseres mehr geboten. Das war vor 14 Jahren.«

Wenn jemand so etwas sagt, hat er den großen Fehler gemacht, darauf zu warten, dass etwas *Besseres* vorbeikommt! Wenn Sie neue Erfahrungen machen wollen, ist *alles* Neue besser als das, was Sie schon kennen und können.

2. Arbeiten Sie für sich selbst

Falsche Jobs sind wunderbar, solange Sie nicht vergessen, warum Sie dort sind. Das heißt unter anderem, dass Sie die Dinge dort für sich selbst lernen und nicht für den Chef.

Sie sind nicht dort, um Tests zu bestehen. Sie bewahren nur dann Ihre Unabhängigkeit, wenn Sie *Ihre eigenen* Tests bestehen. Es ist wichtig, sich daran zu erinnern, dass Sie nur eine begrenzte Zeit in diesem Job bleiben werden und in der Kürze der Zeit das meiste daraus machen wollen. Nehmen Sie sich vor, möglichst viel zu lernen und Ihre Zeit nicht zu verschwenden. Eine der größten Gefahren dieses ganzen Unterfangens besteht darin, dass die Chefs versuchen werden, Sie zu halten oder Sie zu befördern. Aber: Sie sind autonom und unabhängig. Sie gehören nur sich selbst.

Autonomie. Was ist das eigentlich? Wenn Sie nicht autonom sind, dann denken Sie ungefähr das Folgende: Der Chef wird diesen Bericht gut finden (nicht gut finden); meine Familie findet es gut (findet es nicht gut), dass ich hier arbeite; ich finde es schrecklich, Dinge tun zu müssen, die mich nicht interessieren.

Wenn Sie autonom sind, denken Sie so: Ich finde meinen Bericht gut (nicht gut); wenn meine Familie meinen Job nicht mag, dann ist das ihr Problem; alles, was ich noch nicht weiß, interessiert mich.

Wenn der Chef Ihnen das Leben schwer macht, müssen Sie natürlich irgendwie damit fertig werden. Gehen Sie spazieren und lassen Sie das Gewitter vorüberziehen. Sie dürfen sich durch Ungerechtigkeit oder andere Verletzungen nicht zu sehr beeinflussen lassen, weil Sie dann Ihre Autonomie verlieren. Sie sind aus bestimmten Gründen an diesem Arbeitsplatz. Sie wollen Erfahrungen und Wissen sammeln, denn beides gehört für immer Ihnen und keiner kann es Ihnen mehr wegnehmen.

Handeln Sie autonom.

Legen Sie ein »Autonomie-Tagebuch« an. Schreiben Sie das Datum hinein, an dem Sie mit dem Job aufhören werden. Schreiben Sie hinein, wen Sie alles zur Party einladen.

Und dann schreiben Sie auf jede linke Seite des Buches Dinge und Gefühle, die *nicht* von Autonomie zeugen: »Ich war verletzt, als der Chef meinen Bericht nicht gut fand.« Auf den rechten Seiten notieren Sie alles, was Ihre Autonomie beweist oder Sie daran erinnert: »Mein Wissen gehört mir«; »mein Leben ist größer als jeder Job« und so weiter.

Autonomie bedeutet, dass Sie für sich selbst arbeiten, egal wer Ihr Arbeitgeber ist. Wenn Sie eine Sklavenmentalität haben, werden Sie immer ein Sklave sein, auch wenn Sie der Lieblingssklave des Chefs sind. Sie müssen immer Ihr eigener Chef sein, egal für wen Sie arbeiten, und egal wie zufrieden man mit Ihrer Arbeit ist. Das heißt nicht, dass Sie nicht das tun, was Ihr Chef von Ihnen verlangt. Sie tun, was er will – aber Sie tun es für sich selbst, um es zu lernen und zu meistern. Sie lehnen keine Arbeit ab, sondern knien sich hinein, bis Sie es gut können. Und wenn es dann nicht mehr besser werden kann, hören Sie auf.

3. Recherchieren Sie für Ihre »Story«

Damit Sie nicht vergessen, weshalb Sie diese »falsche Stelle« angenommen haben, sollten Sie so tun, als ob Sie ein Journalist wären. Sie versuchen alles über die Branche in Erfahrung zu bringen, in der Sie gelandet sind, sowie über die Position Ihrer Firma innerhalb der Branche. So werden Sie auf viele Dinge aufmerksam und erwerben ein großartiges Wissen, das Sie sich in keiner Schule aneignen können. Und was sollten Sie mit den Informationen anfangen? Keine Sorge. Information ist wie Geld. Früher oder später werden Sie Verwendung dafür finden.

4. Schreiben Sie einen Roman

Manchmal ist die Arbeit so unangenehm, dass man den ganzen Tag nur auf die Uhr schaut und sich fragt, wann es endlich vorbei ist. Eine äußerst schlechte Art und Weise, wertvolle Zeit zu verbringen. In dieser Situation haben Sie die Wahl: Entweder Sie leiden oder Sie gehen kreativ mit der Situation um.

Bis Ihre sechs Monate vorbei sind, sollten Sie auf jeden Fall kreativ sein. Beginnen Sie damit, sich Notizen für einen Roman oder einen Film zu machen. Schreiben Sie auf, was Menschen sagen, wie sie aussehen und handeln, und beobachten Sie, wie Leute miteinander umgehen. Sie müssen noch keinen Handlungsstrang entwickeln, sammeln Sie lediglich Fragmente, Momente, Impressionen.

Dies ist erstens eine gute Technik, um sich von unangenehmen Dingen und Situationen zu distanzieren, und zweitens werden Sie Frustrationen los, wenn Sie aufschreiben, wie unfair und dumm die Menschen sich verhalten. Sie können Auseinandersetzungen nun voller Vergnügen beobachten; Sie bemerken, wie subtil sich Menschen gegeneinander ausspielen oder wie im Unternehmen Politik gemacht wird. Und eines Tages schreiben Sie vielleicht wirklich einen Roman oder machen einen Film daraus.

Alan, ein junger Rechtsanwalt, überstand auf diese Art und Weise ein Jahr, das er aus beruflichen Gründen in einer bestimmten Firma verbringen musste. In seiner Verzweiflung versuchte er es mit dem Schreiben und merkte zu seiner Verwunderung, wie dadurch die banalsten Gespräche eine Bedeutung bekamen. Seine Langeweile verschwand, und er schrieb einige sehr gute Geschichten.

Lassen Sie mich zusammenfassen, was Sie tun sollten, während Sie im falschen Job arbeiten: Sie setzen einen Termin für den Abschied fest und planen eine Abschlussparty. Sie arbeiten für sich selbst und recherchieren für Ihre Story. Schließlich schreiben Sie einen Roman oder ein Drehbuch und denken daran, ein Autonomie-Tagebuch zu führen.

Wenn Sie sich an diese fünf Dinge halten, werden Sie merken, wie wertvoll ein falscher Job sein kann.

Das garantiere ich Ihnen!

Was tun Sie nach dem ersten falschen Job? Nun, Sie haben jetzt eine Menge über sich gelernt und wissen besser, was Sie mögen und nicht mögen. Sie haben neue Leute kennen gelernt, und vielleicht wissen Sie nun, was Sie wollen und mit wem Sie darüber sprechen müssen.

Falls nicht, können Sie einen weiteren falschen Job annehmen und in einem anderen Bereich neue Erfahrungen sammeln. Ihr Lebenslauf sieht dann anders aus, als er klassischerweise aussehen sollte, aber er wird Ihre Interessen und Fähigkeiten widerspiegeln. Lassen Sie sich nicht verrückt machen.

Die Zeiten haben sich geändert. Es gibt keinen Beruf mehr, den man sein ganzes Leben lang ausübt. Ihr bunter Lebenslauf könnte bald zur Normalität werden.

Eine schöne Überraschung bei falschen Jobs besteht darin, dass aus ihnen manchmal der richtige Job wird. Wenn Sie sich bei Ihrer Arbeit für die Dinge melden, die Sie interessieren, und Ihr Chef Sie diese Dinge machen lässt, könnten Sie eine Nische finden, die perfekt zu Ihnen passt.

Sie müssen erkennen, dass es vollkommen in Ordnung ist, noch nicht zu wissen, was Sie wollen. Es ist sogar nicht nur in Ordnung, sondern wahrscheinlich etwas Positives. Ich glaube nämlich, dass man sich auch zu früh auf ein Ziel festlegen kann, wenn man noch zu wenig über sich selbst oder die Welt weiß.

Ein Wort zum Thema »Ziele«:

In unserer Gesellschaft ist es so in Mode gekommen, Ziele zu haben, dass wir sie häufig bestimmen, ohne die dafür notwendigen Informationen zu haben. Wenn Sie meinen Rat, einen falschen Job anzunehmen, nicht befolgen möchten, aber unbedingt ein Ziel brauchen, können Sie sich zunächst ein *Arbeitsziel* setzen.

Ein Arbeitsziel ist ein Ziel, das wahrscheinlich noch verändert wird. Es funktioniert wie der Arbeitstitel eines Filmes, Liedes oder Buches. Sie benennen das, woran Sie gerade arbeiten, um schon einmal einen Titel zu haben, der sich aber am Schluss noch ändern wird. Diese Methode funktioniert auch bei Berufen. Setzen Sie sich Ihr Ziel – Betriebswirtin, Manager, Modedesignerin – und machen Sie einen Plan, wie Sie es erreichen können. Dann befolgen Sie den Plan, bis Sie auf etwas Interessanteres stoßen. Ich kenne zum Beispiel ein Paar, das anfing Musik zu studieren, dann afrikanische Musiker traf, und schließlich in Mosambik landete und heute dort Englisch unterrichtet – und es sehr gern tut.

Das ist das Beste an einem Ziel – es bringt Sie zum Handeln. Und nur dann können sich glückliche Zufälle ereignen!

Es ist aber auch möglich, ohne jegliche Zielsetzung und Planung eine Richtung festzulegen.

Wie funktioniert das?

Folgen Sie einfach Ihrer Nase.

Gehen Sie stets zu den Dingen hin, die Sie interessieren, und gehen Sie weg von allem, was langweilig ist – auch wenn Sie nicht wissen warum. So wie eine Pflanze ihr Köpfchen dem Licht entgegenstreckt, werden Sie zu guter Letzt in die Richtung hineinwachsen, die Ihnen entspricht. Sie mögen Tiere? Dann finden Sie eine Arbeit, bei der Sie mit Tieren zu tun haben, und denken Sie an die im Zusammenhang mit dem »falschen Job« beschriebenen fünf Schritte. Sie könnten auf Hawaii landen und dort Gorillas betreuen – wie einige andere Menschen, die ich kenne.

Ihre Interessen sind ein garantierter Hinweis auf Ihre Begabungen. Sie können noch gar nicht wissen, für wie viele Dinge Sie begabt sind, denn Sie sind noch nicht allen begegnet. Aber wenn Sie Ihre Neugier ernst nehmen, dann werden Sie in jedem Job, den Sie haben, neue Talente bei sich entdecken.

Und wohin führt das alles? Das Leben treibt uns schneller voran, als uns lieb ist, und man kann sein Leben nicht aufschieben, weder heute noch morgen. Deshalb sollten Sie noch heute losmarschieren. Wenn Sie »verloren gehen«, lesen Sie dieses Kapitel erneut durch und erinnern sich wieder daran, wer Sie sind und wo Sie stehen.

Was Sie vorhaben, ist viel mehr, als nur einen Beruf zu ergreifen.

Um zu lernen, wie man lebt, genügt es nicht, Nabelschau zu betreiben, sondern man muss sich ernsthaft mit einer Sache beschäftigen. Durch Arbeit finden Sie heraus, wer Sie sind. Zu wissen, wie man arbeitet, kann Sie in den schweren Zeiten Ihres Lebens vor dem Untergang bewahren. Und es kann ein Zufluchtsort in Zeiten des Zweifels und der Unsicherheit sein – also in den Zeiten, die Sie gerade erleben.

Kapitel 10
Neuorientierung:
Ein ganz neues Spiel beginnt

Sie haben keine Ahnung, was Sie in Zukunft tun wollen, denn Ihr Leben hat sich gerade vollkommen verändert.

Ich wette, dass es Ihnen in all den Jahren, in denen Sie sich Ihre Welt geschaffen haben – Familie, Beruf, Haus, Finanzen –, nie in den Sinn gekommen ist, dass Sie eines Tages noch einmal ganz von vorn anfangen müssten. Wie die meisten von uns dachten Sie, wenn erst alles geregelt und in Ordnung gebracht wäre, könnten Sie die Hände in den Schoß und die Füße auf den Tisch legen: Die Familie, das Geschäft, das Haus und die Finanzen würden dann wie von selbst laufen.

Ich weiß nicht, woher dieser Glaube stammt. Veränderungen sind nicht nur wahrscheinlich, sondern unvermeidlich.

Man wird vielleicht entlassen, und eine ganze Branche erfährt einen Niedergang. Oder die Kinder werden groß und verlassen das Haus (man vermisst sie nicht nur, sondern steht plötzlich auch ohne Aufgabe da). Oder man geht in Rente. Oder man lässt sich scheiden, steht plötzlich als Witwe da, der Partner oder die Partnerin wird ernsthaft krank. Vielleicht muss man plötzlich die Kinder allein erziehen – und versucht nun, Vater und Mutter gleichzeitig zu sein, mit doppelt so viel Verantwortung und halb so viel Geld wie vorher.

So hatten Sie sich das nicht vorgestellt. Und deshalb müssen Sie nun vollständig umdenken und sich neu orientieren – ähnlich wie ein General auf dem Schlachtfeld, nachdem Unvorhergesehenes eingetreten ist.

Es gibt die verschiedensten Situationen, die eine radikale Umorientierung notwendig machen. Dazu gehört zum Beispiel auch ein unerwartetes großes Vermögen, das einem zufällt und alles verändert. Mein Freund Barney erbte eines Tages ein eben-solches großes Vermögen, das ihm eine Reihe von Möglichkei-ten eröffnete: »Ich weiß nicht, was ich damit tun soll«, sagte er. »Soll ich endlich reisen, wie ich es immer schon wollte, und das Geld ausgeben, bis es aufgebraucht ist? Oder soll ich meinen Job behalten und ein Haus kaufen? Oder sollte ich das Geld lieber gut investieren und fortan von den Zinsen leben? Aber was ma-che ich in diesem Fall mit meiner ganzen freien Zeit? Vielleicht sollte ich mit dem Geld ein neues Geschäft aufbauen? Aber was, wenn es schief geht und ich wieder ganz von vorn anfangen muss?«

Wenn Sie jetzt denken, dass Sie Barneys Problem gern hät-ten, dann schauen Sie noch einmal genau hin.

Sie haben das gleiche Problem wie er.

Wenn sich Ihr Leben plötzlich verändert hat, dann haben auch Sie eine Erbschaft angetreten. Das Geschenk darin mag sich momentan wie eine Katastrophe anfühlen, aber denken Sie einmal kurz über Ihre Situation nach. Plötzlich sehen Sie sich einer ganzen Reihe von neuen Möglichkeiten gegenüber-gestellt – das heißt, im Prinzip haben Sie gerade ein zweites Le-ben beziehungsweise die Möglichkeit dazu geschenkt bekom-men. Und nun geht es Ihnen wie Barney, und Sie haben keine Ahnung, wie Sie dieses zweite Leben gestalten sollen.

Laura, 43 Jahre: Über mich selbst nachzudenken ist mir ganz fremd. Ich habe mein Leben lang in der Autoindustrie gearbeitet und mich um meine Familie gekümmert. Jetzt steckt die Auto-industrie in einer ihrer größten Krisen. Ich muss vielleicht mei-ne Heimat verlassen, um anderswo Arbeit zu finden. Es fällt mir sehr schwer, darüber nachzudenken, was *ich* eigentlich möchte.

Rachel, 55 Jahre: Ich bin seit mehr als dreißig Jahren Haus-frau und Mutter. Nun bin ich so weit, dass ich einmal etwas wirklich nur für mich tun will, aber ich habe keine Ahnung, was es sein könnte. Außerdem habe ich keinerlei Ausbildung. Wo soll ich nur anfangen?

■ Der Umgang mit schmerzhaften Gefühlen

Wie fühlen Sie sich?

Sang- und klanglos hat man Sie gerade am Ufer eines neuen Landes abgesetzt. Egal, welches Leben hinter Ihnen liegt (ob gut oder schlecht), eine so große Veränderung versetzt dem Nervensystem erst einmal einen Schock. Zunächst stehen Sie nur da und sehen voller Horror zu, wie das Schiff, das Sie an dieses Ufer gebracht hat, wendet und Sie zurücklässt. Der Verlust einer gewohnten Lebensweise ist einer der schwierigsten Verluste, die ein Mensch bewältigen muss.

Es bringt nichts, das Elend, in dem Sie sich gerade befinden, zu verleugnen, aber Sie müssen unbedingt vermeiden, darin zu verharren. Wenn Sie Angst haben oder unsicher sind, welchen Schritt Sie als Nächstes unternehmen sollen, besteht die Gefahr, dass Sie in Gefühlen des Verlusts versinken. Obwohl schmerzhafte Gefühle in solchen Zeiten ganz normal sind, sollten Sie sich nicht von ihnen überwältigen lassen. Wenn Sie erst wissen, wie man mit Gefühlen, die Achterbahn mit Ihnen zu fahren scheinen, umgehen kann, wird Ihr Verstand kühl und klar bleiben und die Situation meistern können.

Im Folgenden schlage ich Ihnen einige hilfreiche Methoden für den Umgang mit schmerzhaften Gefühlen vor.

Methode 1
Wenn Sie meistens wissen, was Sie fühlen, aber denken, dass man sich nicht beklagen sollte

Beklagen Sie sich trotzdem.

Wann immer ich eine Phase großer Veränderungen in meinem Leben durchlaufe, achte ich darauf, mich möglichst oft zu beklagen und zu jammern, denn ich habe viel mehr Angst, als ich mir und anderen eingestehen möchte. Also bringe ich mich dazu, es einzugestehen. Laut und deutlich. Ich ziehe mich zurück und erlaube mir, in Panik auszubrechen: »Wenn ich nicht bald weiß, wo es langgeht, werde ich ganz allein da stehen! Ich werde alles verlieren! Keiner will mich mehr haben! Ich werde kein Geld haben! Ich werde verrückt!«

Wenn diese Stimmung Sie erfasst hat, klingt alles, was man Ihnen über neue Möglichkeiten und positive Aussichten erzählt hat, wie reiner Blödsinn. Es *fühlt* sich überhaupt nicht wie eine neue Möglichkeit oder Chance an, und es geht momentan tatsächlich um Gefühle, nicht um Tatsachen.

Methode 2
Wenn Sie dazu neigen, Gefühle zu verdrängen

Oft wissen Sie gar nicht, was Sie fühlen. Sie haben den Eindruck, »abgeschaltet« oder angespannt zu sein und sonst nichts. Dann gehören Sie vielleicht zu jenen Menschen, die Kummer zu bewältigen suchen, indem sie Gefühle kontrollieren und sich in Aktivitäten stürzen. *Aber Sie sollten Ihre Gefühle nicht ignorieren, nur weil Sie wissen, wie man sie kontrolliert. Denn wenn die Gefühle dann doch nach oben drängen, könnten Sie ein Kandidat für Panikanfälle sein.* Höchste Alarmstufe: Wenn Sie spüren, dass in Ihnen etwas gärt oder bald eine Sicherung durchbrennen könnte, ist es allerhöchste Zeit, einige Ihrer Gefühle herauszulassen.

Um Zugang zu Ihren Gefühlen zu bekommen, um Ihren emotionalen Puls zu messen, müssen Sie sich Zeit für sich nehmen, an einem Ort, an dem Sie ungestört sind. Ich selbst mache gern einen Morgenspaziergang, weil ich zu dieser Zeit meine Gefühle besonders gut wahrnehmen kann. Wenn ich mich schlecht fühle, dann lasse ich all die negativen Gedanken, die irgendwo in mir herumschwirren, ganz offen zu: Ich denke daran, wie schnell die Zeit vergeht, und daran, dass alle Menschen, die ich gern habe, älter werden, und ich denke an Projekte, die gescheitert sind. Ich bemitleide mich auch. Und dann versuche ich, spezielle Gefühle zu identifizieren.

Indem Sie die Liste der Gefühle eins nach dem anderen durchgehen – Freude, Ärger, Schmerz, Angst –, können Sie sich emotional verorten. Fragen Sie sich: Fühle ich mich glücklich? Oder ärgerlich? Bin ich traurig? Oder ängstlich? Lassen Sie allem, was in Ihnen hochsteigt, freien Lauf, begrüßen Sie Tränen oder Seufzer, denn die aufgestauten Gefühle müssen einen Ausdruck finden, und nur indem Sie die eingesperrten Gefühle ausdrücken, werden sie verschwinden und aufhören, Ihre Gedankenwelt zu vergiften.

Denken Sie daran: Man braucht vor Gefühlen keine Angst zu haben. Gefühle sind nie von Dauer. Sie auszudrücken und herauszulassen tut gut. Wann immer Sie Ihre Gefühle bemerken und einige Male »Ach ja« und »Oje, oje« geseufzt haben, geschieht etwas Wunderbares: Die Gefühle verändern sich. Aus Angst, einem wahren Eisblock in Ihrer Brust, wird ein leichter Nebel, und irgendwann ist sie verflogen. Schmerz lässt mehr und mehr nach und transformiert sich in eine sanfte Traurigkeit, einem Gefühl, mit dem man leben kann. Aus Ärger wird oft Gelächter oder ein Gefühl ruhiger Bestimmtheit, und ganz oft verschwinden negative Gefühle ganz und gar – wenn man ihnen erlaubt, sich auszudrücken.

Wenn Sie erst alle Gefühle in sich wahrgenommen und ausgedrückt haben, können Sie entspannen und die Gefühle langsam loslassen. Sie haben dann sozusagen Ihre emotionale Gymnastik absolviert und werden sich für den Rest des Tages viel wohler fühlen.

Wenn Sie mitten in einer schwierigen Situation stecken, werden Sie öfter mit Ihren Gefühlen in Kontakt treten müssen und dies manchmal über eine längere Zeit. Sollten Sie zum Beispiel mit einer schweren Krankheit kämpfen oder jemand, der Ihnen nahe steht, finanzielle oder gesundheitliche Probleme haben, dann müssen Sie sich selbst eine Menge Raum und Zeit geben, um den Schmerz zu fühlen und auszudrücken. Denn genau dafür hat die Natur Gefühle geschaffen: um die Schocks des Lebens abzufedern, aufzufangen und zu verarbeiten. Wenn ein Schock wie ein Blitz in uns einschlägt, müssen wir ihn durch unsere Gefühle wieder hinaustransportieren. Gefühle sind ein Geschenk der Natur für harte Zeiten. Das Unterdrücken beziehungsweise Nichtzulassen von Gefühlen ist ungesund und wird sich früher oder später doppelt rächen. Lassen Sie die Gefühle heraus, und für den Rest des Tages wird Ihnen alles gleich viel leichter fallen.

Methode 3
Wenn Sie in negativen Gefühlen versinken

Wenn die schmerzhaften Gefühle – nachdem sie die Chance hatten, sich zu zeigen und transformiert zu werden – dennoch nicht verschwinden wollen oder wenn sie immer wieder zurückkehren, dann müssen Sie gut darauf achten, ihnen kein dauerhaftes Zuhause zu geben. Ich kenne eine sehr intelligente 80-jährige Frau, die ihren Freunden, wenn diese zu mitfühlend werden, einfach sagt: »Ich jammere nur am Dienstag, bitte lasst uns das Thema wechseln.« Es beeinträchtigt das Urteilsvermögen, wenn man negativen Gefühlen für zu lange Zeit eine Heimstatt gibt. Wenn wir deprimiert sind, erscheint uns das Glück als dumm und kurzsichtig. Wir sehen dann alles von einer »höheren Warte«, denken große Gedanken und schauen weit zurück in die Vergangenheit und weit voraus in die Zukunft. Wir machen uns die »Was-soll-das-eigentlich-alles«-Gedanken, und es fällt uns schwer einzusehen, dass unsere Sicht der Realität in diesem Zustand einfach nicht klar ist. Egal, wie gerechtfertigt diese Sicht der Realität im Moment sein mag, insbesondere wenn Ihr gesamtes Leben auf den Kopf gestellt worden ist: *Verzweiflung und Bitterkeit sind immer das Ergebnis einer getrübten Sichtweise.* Man kann zwar schmerzhafte Gefühle nicht völlig ignorieren, doch man kann die Zeit begrenzen, in der sie einen beeinträchtigen – und für diesen Tag ist ihre Zeit um. Am nächsten Morgen kann man sich ja wieder mit ihnen beschäftigen.

Leichter gesagt als getan? Versuchen Sie es einmal mit Humor. Ich glaube, dass es tatsächlich die negativen Gefühle waren, die zur Erfindung von Witzen geführt haben. Schon im 16. Jahrhundert schrieb der französische Arzt und Satiriker François Rabelais zur Aufheiterung seiner Patienten lustige Geschichten, und die moderne Forschung von Norman Cousins in Krankenhäusern hat bestätigt, wie wichtig das Lachen für die Genesung ist. Ein herzhaftes Lachen hat die Kraft, Sie aus einem Loch, in das Sie geraten sind, hinauszukatapultieren.

Bereiten Sie sich jeden Abend auf einen guten nächsten Tag vor.

Bei den Indianern Nordamerikas gibt es den Brauch, sich kurz vor dem Einschlafen im Geist liebe und wichtige Menschen zu vergegenwärtigen. Versammeln auch Sie zur Schlafenszeit in Ihrer Vorstellung Menschen um sich, die Ihnen lieb waren oder sind, die Sie unterstützen und die im Schlaf über Sie wachen – das kann enorme positive Auswirkungen auf Ihre Stimmung am nächsten Tag haben. Denn zum einen stärkt dieser Kreis von lieben Menschen Ihr Selbstwertgefühl und zum anderen schlafen Sie mit dem Gefühl von Wärme und Sicherheit ein. Sie könnten sogar am nächsten Morgen frei von negativen oder schmerzhaften Gefühlen aufwachen. Vielleicht gehen sogar die nächsten *zwei* Dienstage ins Land, bevor Sie wieder das Bedürfnis zum Jammern und Klagen verspüren.

■ **Abwechslung tut gut**

Nachdem Sie dem Schiff hinterhergeschaut und gewunken haben (indem Sie trauerten und sich laut über das beklagten, was passiert ist), kommt die Zeit, *sich umzuwenden und einen Blick auf das neue Land vor Ihnen zu werfen.* Sie sind vollkommen fremd in diesem Land, aber Sie haben schon früher unbekanntes Gebiet betreten und es überlebt. Einen ähnlich radikalen Wechsel haben Sie erfahren, als Sie von der Grundschule zur Realschule oder zum Gymnasium wechselten, vom Gymnasium an die Universität oder von der Schule in den Beruf. Überall standen Sie zunächst als Anfänger oder Anfängerin da. Sie kennen also dieses Gefühl der Anspannung und Ungewissheit von früher. Und wir alle machen diese Erfahrungen mehrmals im Leben durch: vom Status des Profis zurück zum Status eines Anfängers. Jede Veränderung ist unangenehm, aber Veränderungen gehören zum Leben, und Sie haben bereits bewiesen, dass Sie damit umgehen können.

■ Wie Sie Ihren Weg ins neue Land finden

Zunächst bitte ich Sie darum, sich daran zu erinnern, wer Sie sind und was Sie lieben. Vielleicht ist es schon lange her, dass Sie darüber nachgedacht haben, aber bevor Sie nicht ein Gefühl für Ihren eigenen Stil, für Ihre angeborenen Begabungen und Fähigkeiten entwickeln, sind Sie nicht in der Lage, gute Entscheidungen über Ihre Zukunft zu treffen.

Entdecken, was Sie wirklich wollen, steht immer am Anfang. Erst danach können Sie herausfinden, was es – ganz realistisch gesehen – da »draußen« für Sie zu tun gibt. Mithilfe dieser beiden Informationen über das, was Sie haben *wollen*, und das, was Sie haben *können*, sind Sie dann in der Lage, eine Richtung auszuwählen und ein Ziel zu formulieren.

Und verschwenden Sie bloß nicht Ihre Zeit damit, zu denken, dass es zu spät für Ihre Träume ist. Ich habe noch niemals einen Menschen getroffen, der nicht tun könnte, was er will – wenn er sofort damit beginnt. Eine Freundin von mir, die gerade angefangen hat, tanzen zu lernen, sagte etwas sehr Weises zu mir: »Man kann zu jeder Zeit im Leben Neues lernen, wenn man nur willens ist, ein Anfänger zu sein. Am besten wäre es zu lernen, *gern* Anfänger zu sein, denn dann öffnet sich einem die ganze Welt.«

Also – lassen Sie uns herausfinden, was Sie wollen!

■ Route Nr. 1: Eine Fantasiereise zum Ziel

Wenn Sie sich gut Dinge vorstellen beziehungsweise einfach drauflos fantasieren können, ist es besonders leicht herauszufinden, was Sie wirklich wollen.

Übung 1
Eine Reise im Sessel

Machen Sie es sich bequem und legen Sie Papier und Stift bereit. Sie dürfen nun ein wenig tagträumen. (Beantworten Sie bitte im Folgenden auch unbedingt die Warum-Fragen.)

1. Mit wem würden Sie gern einmal einen ganzen Tag zusammen verbringen?
   Warum?
2. Welche berühmte Persönlichkeit wären Sie gern einmal für einen Tag?
   Warum?
3. Welches Tier wären Sie gern einmal für einen Tag?
   Warum?
4. Welche Zeit und welchen Ort in der Geschichte würden Sie gern besuchen?
   Warum?

Im Folgenden finden Sie einige Beispiele für Antworten auf diese Fragen:

Rachel, 55 Jahre alt, Hausfrau: »Ich würde gern einen Tag mit Amelia Erhart verbringen. Warum? Ich will wissen, wie sie auf die Idee kam, fliegen zu wollen. Welche berühmte Persönlichkeit ich gern wäre? Neil Armstrong, der Astronaut. Ich würde gern der erste Mensch sein, der etwas tut, was alle für unmöglich gehalten haben. Welches Tier ich gern wäre? Ein sehr mutiges Tier aus dem Dschungel, auf keinen Fall eine Katze oder ein Hund oder ein anderes Haustier. Und besuchen würde ich gern die Südsee, zu der Zeit, bevor sie von Touristen bevölkert wurde. Alles ist noch sauber, voller Ruhe, die Bevölkerung lebt in kleinen Dörfern, die Menschen fischen und tun all die Dinge, die sie tun wollen.«

Bewahren Sie Ihre Antworten noch einen Moment auf, denn sie werden Sie bald direkt zu Ihrem Ziel führen, ob Sie es glauben oder nicht.

■ Route Nr. 2: Eine Reise durch die Landschaft Ihrer Vorlieben

In meinen Workshops heben immer wieder einige Leute die Hand und sagen, dass sie nicht einfach drauflosfantasieren können. Sie denken gern über Hobbys und Freizeitaktivitäten nach, aber ihrer Fantasie freien Lauf zu lassen bereitet ihnen Probleme. Sie tun es auch oft als Verrücktheit ab und wollen sich lieber dem Ernst des Lebens widmen. Und damit haben sie Recht.

Oder: Sie hatten damit Recht.

Ihr ganzes Leben lang haben sie getan, was getan werden musste, ohne sich eine Alternative herbeizuträumen, denn sie haben niemals erwartet, dass sie die Freiheit haben könnten, eine Wahl zu treffen.

Wenn Sie zu diesen Menschen gehören, dann besitzen Sie zwei Ressourcen, die Ihnen dabei helfen können, herauszufinden, was Sie wollen. Die erste Ressource ist Ihr Gedächtnis; die zweite ist Ihre Fähigkeit, das zu verbessern, was Sie bereits erreicht haben – ohne sich dabei Dinge vorstellen zu müssen, die nicht existieren.

Zuerst wollen wir das Gedächtnis reaktivieren.

Bitte versuchen Sie, sich an Dinge zu erinnern, die Sie zu verschiedenen Zeiten Ihres Lebens gern getan haben.

Übung 2
Was haben Sie im Alter von 5, 10, 15 Jahren usw. gern getan?

Welche Tätigkeiten haben Ihnen in dem jeweiligen Alter Freude bereitet, was kommt Ihnen dazu in den Sinn? Schreiben Sie es auf, und zwar ohne Ihre Antworten einer inneren Zensur zu unterwerfen!

Ich selbst habe bei dieser Übung das Folgende notiert:

Mit 5 Jahren schaute ich sehr gern Bilderbücher an und liebte es, aus dem Fenster zu schauen, wenn es schneite.

Mit 10 Jahren fuhr ich sehr gern mit dem Fahrrad durch die Felder, ich sang und las gern.

Mit 15 Jahren fuhr ich gern mit älteren Freunden in deren Autos herum, und ich mochte es, in mein Tagebuch zu schreiben.

Mit 20 Jahren las ich sehr gern und liebte Spaziergänge am Strand.

Mit 25 Jahren fuhr ich mein Baby gern im Auto spazieren, und ich schrieb Gedichte.

Mit 30 Jahren genoss ich es, Schauspielunterricht zu nehmen und mir vorzukommen wie ein Star.

Mit 35 Jahren las ich gern, schrieb Tagebuch und liebte es, in freier Natur zu beobachten, wie das Wetter sich änderte.

Bewahren Sie die Liste mit Ihren Vorlieben in den verschiedenen Altersstufen gut auf. Sie könnten Sie auf den Weg bringen, der in eine strahlende Zukunft führt.

Jetzt lassen Sie uns Ihre zweite Ressource nutzen, um herauszufinden, was Sie gern tun: die Fähigkeit, das, was Sie bereits haben, zu verbessern.

Übung 3
Was tun Sie momentan sehr gern?

Was genießen Sie in Ihrem jetzigen Leben am meisten? Schreiben Sie alles, was Ihnen Freude bereitet, auf ein Blatt Papier. Wenn die Seite voll ist, schreiben Sie auf den Rand! Vergessen Sie auch die kleinen Details nicht, wie zum Beispiel: »Ich genieße es, mir um drei Uhr in der Frühe eine Tasse Tee zu bereiten und einen Toast zu essen.« Oder: »Ich freue mich, wenn ich den Schuh ganz hinten im Schrank finde, den alle anderen schon seit zwei Wochen suchen.« Und so fort.

Wenn Sie fertig sind, sollten Sie eine sehr ausführliche Liste mit scheinbar schlichten Dingen vor sich liegen haben, die Sie im Alltag gern tun.

Heben Sie auch diese Liste gut auf, wir werden Sie gleich noch brauchen. An dieser Stelle möchte ich Sie daran erinnern, wie wir angefangen haben: Sie waren ein Mensch, der keine Idee hatte, was er oder sie wollte – wissen Sie noch?

Und nun sehen Sie, wie viele Dinge Sie gern tun!

Wir werden jetzt noch einen Blick auf die Dinge werfen, die Sie überhaupt nicht mögen, die Sie vielleicht sogar hassen – denn auch das ist sehr wichtig.

Übung 4
Was tun Sie überhaupt nicht gern?

Wenn Sie beginnen, eine Zukunft für sich selbst zu entwerfen, dann müssen Sie auch die Dinge, die Sie nicht gern tun, sehr ernst nehmen. Diese Dinge sollten Sie aus Ihrem neuen Leben, wenn irgend möglich, entfernen beziehungsweise »wegplanen«.

Auf dem Weg zu unserem Wunschziel können wir alle ein gewisses Maß an Unbehagen aushalten, was auch förderlich ist, denn auf jedem Weg ist die eine oder andere raue und schwierige Strecke zu bewältigen. Aber erlauben Sie Dingen, die Sie dauerhaft stören und gegen die Sie eine Abneigung haben, keinen permanenten Platz in Ihrem Leben. Manchmal sind wir so daran gewöhnt, die Zähne aufeinander zu beißen und das zu tun, was getan werden muss, dass wir das Folgende vergessen: Es ist möglich, ein Leben zu führen, das erfüllt ist von Dingen, die wir lieben. Prüfen Sie Ihre Vorlieben. Wenn Sie Ihre Zeit nicht gern mit Ihren Verwandten verbringen, dann tun Sie es nicht! Wenn die Buchhaltung Sie nur Nerven kostet oder wenn Ihnen die Chefrolle nicht behagt – dann lassen Sie es.

Um in Übung zu bleiben, ist es gelegentlich sicher sinnvoll, sich auch Aktivitäten zu widmen, die man nicht mag, aber die stärksten Talente werden sich erst dann zeigen, wenn man das tut, was man tun will. Es ist einfach die intelligentere Lösung, die größten Anstrengungen auf die Dinge und Bereiche zu verwenden, die man liebt. Es bedeutet, Saatgut in fruchtbare Erde zu legen – anstatt auf steinigen Boden.

Einer der schnellsten und sichersten Wege, um herauszufinden, was Sie wirklich tun wollen, besteht darin, alles, was Sie nicht mögen, »auszusortieren«: Büroarbeit, Ordnung halten, zu viel unstrukturierte Zeit oder zu viel verplante Zeit. Nehmen Sie einen Stift zur Hand und erstellen Sie eine Liste von 20 Dingen, die Sie am wenigsten mögen – und dann kürzen Sie die

Liste, bis es anfängt, wehzutun: Übrig bleiben drei Dinge, die Ihnen wirklich unangenehm sind.

Wenn Sie diese drei Dinge herausgefunden haben, *schreiben Sie jeweils das exakte Gegenteil davon auf.* Wenn Sie zum Beispiel »Putzen« notiert haben, dann schreiben Sie auf, was Sie tun würden, wenn Sie nie mehr putzen müssten, etwa ein Tennis-Star werden, Gedichte schreiben usw. Wenn Sie »Herumkommandiert werden« notiert haben, dann mag das Gegenteil darin bestehen, selbst Anordnungen zu geben oder der eigene Chef zu sein.

■ Den Wesenskern erkennen

Sie haben nun entweder einige Wünsche herbeifantasiert oder all die Dinge zusammengesucht, die Sie brauchen, um Ihre Wünsche zu rekonstruieren. Sie haben mehrere Blätter Papier voll von Tagträumen und Vorlieben, von Lieblingsrollen und Lieblingsaktivitäten in der Hand. Bitte breiten Sie diese Blätter nun vor sich aus und schauen Sie genau hin: *Der Schlüssel zum Geheimnis dessen, was Sie wirklich wollen, befindet sich irgendwo auf diesen Blättern!* Selbst wenn Sie das Gefühl haben, Lächerliches oder Unmögliches notiert zu haben – oder Aktivitäten, die Sie längst nicht mehr ausüben wollen –, so können Sie trotzdem Ihre Zukunft auf der Basis dessen, was Sie geschrieben haben, aufbauen. Sie müssen nun einfach herausfinden, was im Zentrum oder im Herzen dessen liegt, was Sie gern tun. Sie müssen den *Wesenskern* finden.

Der Wesenskern ist der feine, delikate Kern aller Dinge, die Sie sich wünschen – das, was diese Dinge wirklich wichtig für Sie macht.

Alle Aktivitäten, die in Ihrer Fantasie wieder aufgetaucht sind oder die Sie seit Ihrer Kindheit lieben, und alles, was Sie heute gern tun und was die Kürzungen auf der Liste überstanden hat, sind ein entscheidender Hinweis auf den wahren Wesenskern.

Folgendes geschah, als ich meine Liste der Dinge, die ich seit meiner Kindheit gern getan habe, näher untersuchte: Die Wiederholungen waren nicht zu übersehen; die Liste zeigte beispielsweise ganz klar, dass ich gern las. Manchmal waren die Muster auch subtiler: Im Alter von 10 Jahren fuhr ich gern Fahrrad, mit 15 fand ich es toll, im Auto umherzufahren, und mit 20 machte ich gern Spaziergänge am Meer. Fantasien über London im Alter von 30 Jahren und über Aufenthalte auf dem Land mit 35 erinnerten mich an meine Liebe zum Reisen, Lesen und Schreiben.

Meine persönliche Geschichte ließ mir ein Licht aufgehen. Vielleicht konnte ich reisen und darüber schreiben? Ich experimentierte mit dieser Idee, indem ich bei jeder Geschäftsreise meinen Schreibblock mitnahm und mir Notizen machte – und ich entdeckte, dass es mir großen Spaß machte, über die Dinge zu schreiben, die ich unterwegs sah. Und zusammen mit dem Schreiben machte mir das Reisen fortan viel mehr Spaß!

Untersuchen Sie also genau, was Sie in Ihrer Gedächtnisreise durch die Altersstufen hindurch aufgeschrieben haben und was sich daraus ergibt.

Erinnern Sie sich an Rachel, die 55-jährige Hausfrau, die Neil Armstrong sein wollte? Sie liebte das Abenteuer und mutige Aktivitäten, das zeigte sich ganz klar in ihrer Vorliebe für ein Tier aus dem Dschungel. Und sie mochte die Südsee. Ihre Wünsche sprechen laut und deutlich zu ihr: Sie fühlt sich beengt und gefangen und so, als ob sie ihr Potenzial nicht verwirklicht hätte. Bevor sie nicht ihr großes Abenteuer erlebt hat, kann sie wahrscheinlich keine Entscheidung über ihre Zukunft treffen. Sie sollte zunächst kleine Schritte in Richtung ihrer wahren Wünsche gehen. Vielleicht könnten ein Urlaub auf einer kleinen Insel im Pazifik oder selbst ein Bildband mit wundervollen Fotos ein guter Anfang sein.

Aber was ist, wenn Sie etwas gern tun, was Sie nicht mehr tun können – oder einfach nicht mehr tun wollen? Kein Problem. Denn wenn Sie erst den darin verborgenen Wesenskern entdeckt haben, können Sie Dutzende von neuen Zielen finden, die den Wesenskern beinhalten!

Wenn beispielsweise etwas auf Ihrer Liste steht, das Sie nicht länger ausüben können – wie die Teilnahme an Schwimmwettkämpfen –, dann fragen Sie sich doch einmal, was Sie am meisten am Wettkampfschwimmen gemocht haben. War es die aufregende Atmosphäre? War es die Möglichkeit, der oder die Beste zu sein? Empfanden Sie es als besonders angenehm, ein Ziel zu haben, das alle anderen respektierten und für das man Sie bewunderte? Oder liebten Sie schlicht und einfach das stundenlange tägliche Schwimmen?

Jeder dieser Gründe – und jeder der vielen Gründe, die ich nicht genannt habe – kann der Wesenskern eines neuen Zieles sein. Finden Sie heraus, was der Wesenskern der geliebten Aktivität ist, und dann *lassen Sie die Sache am besten erst einmal eine Weile ruhen.* Wenn Sie wissen, was Sie wirklich und am meisten lieben, kann das den Blick auf Ihr gesamtes Leben verändern. Und Sie brauchen dieses Wissen für den nächsten Schritt, den ich mit Ihnen unternehmen möchte, und vielleicht ist das der wichtigste Schritt überhaupt.

▪ Hindernisse überwinden

Hier geht es um *echte* Hindernisse. Jedem Wunsch steht mindestens ein Hindernis im Weg – oder zwei oder drei. Vielleicht fehlt es Ihnen an Zeit oder Geld, vielleicht auch die Ausbildung, das Know-how oder die nötigen Beziehungen, um das zu tun, was Sie gern tun würden. Oder Sie sagen von sich selbst, dass Sie nicht mutig genug sind, einfach in ein neues Leben zu springen.

Ich mache im Folgenden einen Vorschlag, der Ihre Vorstellung von dem, was im Leben möglich ist, grundlegend und für immer revolutionieren könnte. Ich schlage Ihnen vor, sich diese eine Sache zu beschaffen, die Ihnen hilft, alle Hindernisse zu überwinden – die eine Sache, die das wahre Geheimnis des Erfolgs ist: *Sie brauchen ein Erfolgsteam.*

Isolation ist ein Traumkiller. Überlegen Sie: Unsere Lehrer und Eltern sorgten einst dafür, dass wir unsere Hausaufgaben machten, unser Chef sorgt heute dafür, dass wir pünktlich bei der Arbeit erscheinen, und unsere Familienpflichten sorgen indirekt dafür, dass wir am Monatsende Geld nach Hause bringen. Aber wenn es um unsere Träume geht – dann zeigt sich: Niemand sorgt dafür, dass wir sie verwirklichen. Wenn Sie niemals den Roman schreiben, den Sie schreiben wollen, oder niemals Südamerika besuchen oder lernen, Gitarre zu spielen, dann kümmert das niemanden. Und so wird auch niemand Sie drängen, Ihre Träume zu verwirklichen. Und deshalb bleiben Träume auch so oft unerfüllt.

Ich bin nicht der Meinung, dass wir Willenskraft entwickeln können oder sollten, um uns selbst anzutreiben. Bei mir hat das nie funktioniert, und deshalb habe ich im Jahr 1976 auch das erste Erfolgsteam gegründet. Damals sagte ich zu meinen Freundinnen und Freunden: »Ihr sagt mir eure Wünsche, und ich sage euch meine. Dann werde ich euch helfen und euch keine Ruhe lassen, bis ihr eure Träume verwirklicht habt, und dann helft ihr mir und lasst mir keine Ruhe, bis ich meine Träume verwirklicht habe.« Ein Erfolgsteam ist eine Gruppe von Menschen, die sich gegenseitig unterstützen, ihre Träume zu verwirklichen.

Es gibt nur wenige Ideen, auf die ich so stolz bin wie auf meine Erfolgsteam-Idee, obwohl es eigentlich die naheliegendste Sache der Welt ist!

Also: Wenn Sie ein ganz neues Leben beginnen müssen, dann brauchen Sie Unterstützung in einem Maße wie nie zuvor. Wie können Sie die Kraft schöpfen und den Mut fassen, die Sie brauchen, um das in die Wege zu leiten, was getan werden muss? Ganz einfach: Ihr Team wird Ihnen Kraft und Mut geben.

Ob es darum geht, Hausaufgaben zu erledigen, zu renovieren oder den besten Rechtsanwalt der Stadt zu finden – Sie benötigen stets zwei Dinge: Unterstützung und Informationen. Ein Team liefert beides schneller und besser, als Sie es jemals auf sich allein gestellt bekommen könnten. Die Teammitglieder werden Anteil nehmen an Ihrem Traum und seiner Verwirklichung; sie werden sozusagen Aktionäre Ihres Projekts und wünschen sich, dass Sie damit erfolgreich sind.

Mit einem Team eröffnet sich Ihnen eine neue Welt. Kein eisenharter Wille, keine bis an die Schmerzgrenze reichende Selbstdisziplin – das überlassen wir den Arnold Schwarzeneggers dieser Welt. Der Weg im Team ist ein warmer Weg, stark, geduldig, voller Sorgfalt – gemeinsam mit Menschen, die es kümmert, was die anderen tun, und die das, was sie angefangen haben, zu Ende bringen, weil es auf Liebe gründet. Nicht auf grandioser Liebe, die in den Himmel wächst, sondern auf einer einfachen, verlässlichen Liebe Tag für Tag, wie wenn man einem Kind bei den Hausaufgaben hilft oder eine Nachbarin zum Krankenhaus fährt.

Es gibt nichts Spannenderes, als das zu tun, was man wirklich tun will, und dabei von anderen Menschen unterstützt zu werden. Sicherlich kann es einem erst einmal Angst einflößen, all diese Hilfe anzunehmen, wenn man nicht daran gewöhnt ist, aber es wird das eigene Leben verändern. Und wir alle brauchen das. Wenn es um unsere Träume geht, sind wir alle ein wenig wie Waisenkinder.

Es ist nun also nicht die Zeit für Alleingänge. Sie brauchen ein Erfolgsteam, das hinter Ihnen steht, wenn Sie Ihre Nase in all das Neue und Interessante, was vor Ihnen liegt, stecken wollen.

Sie brauchen Menschen, die ernsthaft wissen wollen, wie es

Ihnen geht, Menschen, die mit Ihnen feiern, wenn es Ihnen gut geht, und die mitfühlen, wenn die Dinge nicht so gut laufen – und Menschen, die Ihnen sagen, dass Sie weitermachen sollen, auch wenn es gerade schwer ist.

Ziehen Sie gar nicht erst in Betracht, allein für sich herauszufinden, was Sie in Zukunft machen werden. Es wird Sie überfordern, und es ist auch äußerst unpraktisch. Denn zu viele Gelegenheiten werden ungenutzt vorüberziehen, wenn Sie nur zu Hause sitzen. Es gibt eine Menge Möglichkeiten in dieser Welt, und Sie werden nichts über sie erfahren, wenn Sie nicht dorthin gehen, wo Menschen miteinander darüber reden.

Ich selbst war lange Zeit Einzelkämpferin, bis ich schließlich meine Erfolgsteam-Workshops erfand – und als ich merkte, welchen Unterschied es für mein Berufsleben bedeutete, Freunde und Freundinnen zu haben, die mir zur Seite stehen, bedauerte ich sehr, die Teams nicht schon viel früher erfunden zu haben.[*]

▪ Übergangsphase Lebensmitte

Es kann sehr aufregend sein, die eigenen Wesenskerne zu entdecken, aber Sie müssen auch mit emotionalen Gegenreaktionen rechnen. Herauszufinden, was Sie wirklich wollen, kann eine »Midlife-Crisis« hervorrufen, selbst wenn Sie glauben, die Ihre schon gehabt zu haben. Immerhin kann dies das erste Mal seit Ihrer Teenagerzeit sein, dass Sie darüber nachdenken, etwas nur für sich zu tun und ein Leben ganz allein nach *Ihrem* Geschmack und *Ihren* Wünschen zu führen.

Bis zum mittleren Lebensalter kann man vergessen, dass die Rolle des Familienernährers oder die der Mutter beispielsweise nur eine Hälfte der Persönlichkeit ausmacht; die andere

---

[*] Informationen über Erfolgsteams in Deutschland erhalten Sie im Anhang auf Seite 378.

Hälfte ist – man selbst. In jedem von uns wirkt ein einzigartiger Geist, der nur uns eigen ist. Dieser Geist bringt kein Gehalt nach Hause und sorgt auch nicht für das Mittagessen; er ist frei genug, um die unglaublichsten Dinge zu wollen – einen Marathon in Rekordzeit zu laufen beispielsweise oder Schamanin zu werden.

Dieser Geist war für viele Jahre in einer schalldichten Kiste eingesperrt.

Wenn unsere Kinder erwachsen werden und uns immer weniger brauchen, können wir oft nicht damit aufhören, nur für sie da zu sein, oder wissen nicht, wie wir die neue freie Zeit füllen sollen. So gehen die Jahre dahin, bis etwas Dramatisches uns aufrüttelt: Unerwartet stirbt ein Freund, der Sohn oder die Tochter ziehen von zu Hause aus oder wir erkennen, dass wir auf dem Höhepunkt unserer Karriere angekommen sind, wo es nichts mehr gibt, was noch zu erreichen wäre. An diesem Punkt angekommen erwacht der freie Geist und sagt: »Weißt du eigentlich gar nicht, dass es zwei von uns gibt? Das Arbeitspferd – und mich!«

An diesem Punkt brechen viele Menschen in Panik aus und sind verzweifelt angesichts der Tatsache, wie wenig Zeit sie damit verbracht haben, das zu tun, was sie wirklich wollen.

Aber es geht nicht darum, dass Sie Ihr Leben anders hätten leben sollen. Wir alle müssen Verantwortung tragen, für andere sorgen, unsere Karriere aufbauen. Aber eines Tages ist die Zeit dafür reif, all das hinter sich zu lassen und ein neues Leben zu beginnen. Das erste Mal in Ihrem Leben bietet sich Ihnen möglicherweise die Gelegenheit, herauszufinden, wer Sie sind.

Diese wundervolle Einsicht, diese neue Hinwendung zu sich selbst, sollte sich wie wohlverdienter Luxus anfühlen. Aber der erste Gedanke wird sein: »Ich sollte das schon viel früher getan haben.« Und der zweite Gedanke kann Ihnen schon in der Startspur jeglichen Mut nehmen: »Was habe ich nur all die Jahre gemacht? Habe ich geglaubt, dass ich ewig jung wäre? Dachte ich, die Kinder würden immer Kinder bleiben? Wie konnte ich nur so dumm sein?«

Es können derart starke schmerzliche Gefühle entstehen, dass Sie der neuen Freiheit den Rücken kehren und auch kein neues Leben beginnen möchten.

Deborah hatte Jahre damit verbracht, ihr Geschäft aufzubauen. Sie hatte sechs hervorragende Mitarbeiter und genügend Aufträge. Tief in ihrem Inneren wusste sie, dass sie gern um die ganze Welt gereist wäre, und im Prinzip wäre das auch durchaus möglich gewesen. Aber Deborah verbrachte den größten Teil ihrer Zeit damit, nach dem richtigen Mann Ausschau zu halten.

»Ich habe davon geträumt, mir drei oder vier Monate freizunehmen und unterwegs zu sein, in Afrika, Asien, überall. Aber ich wartete auf einen Mann. Ich wollte nicht aufbrechen, bevor ich das nicht geregelt hätte. Jetzt will ich nicht mehr warten. Ich glaube sogar, dass ich eher unterwegs jemanden treffen könnte, und wenn nicht, ist das auch in Ordnung. Dann habe ich zumindest die Welt gesehen!«

Aber während Deborah das sagte, sah sie alles andere als glücklich aus, und sie eilte auch nicht sogleich ins Reisebüro, um das Ticket zu kaufen. Welches Problem hatte sie?

»Es ist ganz schön hart, den Tatsachen ins Gesicht zu sehen«, sagte sie, »ich habe viel Zeit vergeudet.«

Ich musste mich zurückhalten, um Deborah diesen schmerzhaften Gedanken nicht auszureden – denn mir war klar, dass sie die Trauer zulassen und verarbeiten musste, bevor sie wirklich frei sein würde.

Man muss der Tatsache ins Auge sehen, dass es im Leben Dinge gibt, die man bedauert. Erwachsen zu werden bedeutet zu akzeptieren, was man nicht ändern kann, es bedeutet, verdrängte Trauer zuzulassen und das Leben so anzunehmen, wie es ist, und nicht, wie man es gern hätte. Das Leben zu lieben heißt auch, sich Versäumnisse einzugestehen und das Bedauern darüber zuzulassen.

Lassen Sie sich nicht von der Aussicht auf derartige Gefühle abschrecken. Wir alle können auf Dinge zurückblicken, die wir gern anders gemacht hätten. Aber ich glaube, dass niemand von uns wirklich hätte anders handeln können – damals. Wir alle haben versucht, das Beste aus allem zu machen.

Aufgrund des Wissens, das uns damals zur Verfügung stand, und der Bedürfnisse, die wir hatten, konnten wir gar nicht anders handeln. Ein Freund von mir wurde kürzlich gefragt, warum er so viel Zeit an eine verlorene Sache verschwendet habe, und er antwortete: »Ich hatte die falschen Informationen.«

Wir alle hatten die falschen Informationen. Wenn wir unser Leben beginnen, sind wir nicht weise. Wir werden weise, indem wir Fehler begehen und daraus lernen. Die gute Nachricht lautet: Wenn Sie erst einmal das erreicht haben, was Sie sich wünschen, werden Sie die Vergangenheit weniger oder kaum noch bereuen. *Aber Sie müssen das, was nicht war, bereuen, um das zu bekommen, was Sie wollen* – und deshalb sollten wir nun einen Blick auf das werfen, was Sie sich so lange versagt haben, und es für eine bessere Zukunft nutzbar machen.

Nehmen Sie all Ihren Mut zusammen und schauen Sie sich die »Leerstellen« Ihrer Vergangenheit an – auch wenn es weh tut. Und dann versprechen Sie sich, dass Sie ab *heute* diese Leerstellen füllen werden! Gefühle des Bedauerns und der Reue lösen sich auf, wenn Entschlossenheit ins Spiel kommt.

Nun denn, worin bestanden die Leerstellen? Stellen Sie sich vor, Sie wären als Zwilling auf die Welt gekommen und nur einer von Ihnen hätte die Verpflichtung gehabt, eine Ausbildung zu absolvieren, beruflich erfolgreich zu sein oder Kinder großzuziehen. Der andere Zwilling aber hätte die Freiheit gehabt, *alles* zu tun, was er wollte – welches Leben hätte er gewählt?

Übung 5
Sie und Ihre andere Hälfte

Diese Übung besteht aus drei Teilen, und Sie brauchen wieder Stift und Papier. Sie sollen nun die Lebensgeschichte einer Person aufschreiben, die nie die Chance hatte, ihr Leben zu leben: der Zwilling, Ihre andere Hälfte.

Schritt 1: Schreiben Sie die Lebensgeschichte Ihres imaginären Zwillings.

Deborah schrieb: Mein Zwilling hätte sich nicht so viele Sorgen über ihr Aussehen gemacht und darüber, ob sie Männern gefallen würde; sie hätte auch nicht so viel Zeit in Beziehungen gesteckt, die sowieso keine Chance hatten. Sie hätte gesagt: »Ich will bestimmte Orte auf der Welt sehen und habe bestimmte Dinge zu tun!« Sie wäre durch Russland und die Mongolei gereist, sie hätte die Wüste Gobi und China kennen gelernt.

Schritt 2: Wo würde Ihr Zwilling heute sein?

Deborah schrieb: Sie wäre Expertin für Fernreisen. Sie hätte Freunde auf der ganzen Welt, sie hätte tolle Fotos gemacht und die großartigsten Reisebeschreibungen aus aller Welt gelesen. Sie hätte auch selbst zwei, drei oder vier Bücher geschrieben. Und sie hätte ihre persönliche Entwicklung nicht gehemmt, indem sie so viel Zeit auf das Thema »Männer« verschwendete.

Schritt 3: Was werden Sie in dieser Angelegenheit nun tun?

Deborah lächelte. »Ich werde mir wohl eine Kamera kaufen und ins nächste Reisebüro gehen.«

Wenn Sie Ihr Bedauern und Ihre Trauer verarbeitet haben, wird es in Ihnen hell. Sie beginnen, die Vergangenheit anders zu sehen.

Deborah: »Wenn ich es genau betrachte, dann sind eigentlich nur die letzten fünf Jahre eine Verschwendung gewesen. Ich wusste, dass es an der Zeit war, mich zu verändern, habe aber fünf Jahre auf dieselbe Art und Weise weitergelebt. Ich hatte Angst, mir einzugestehen, dass mein Leben nicht okay war. Ich musste erst Mut sammeln. Erst jetzt bin ich bereit für einen Neubeginn.«

Deborah weiß, was sie will, und sie weiß, wie sie es erreichen kann, aber nicht alle von uns sind in dieser Lage. Viele, die ein neues Leben beginnen wollen, sind auf einen Job angewiesen und wissen nicht, wo sie danach Ausschau halten sollen.

■ Was ist möglich?
(Wie man herausfindet, was man erreichen kann)

Wir müssen realistisch sein: Sie können sich nicht um das bemühen, was Sie sich wünschen, wenn Sie nicht wissen, was die Welt »draußen« überhaupt zu bieten hat.

»Ein Mangel an Information ist das Hauptproblem, das uns immer wieder begegnet«, sagt Anita Lands, die Kurse für Rentner an der New Yorker Universität im Rahmen der Fakultät für Erwachsenenbildung gibt. »Wir haben uns darauf spezialisiert, den Leuten dabei behilflich zu sein herauszufinden, welche realistischen Möglichkeiten sich ihnen bieten.«

Über Jobs und Berufe außerhalb unseres eigenen Fachgebiets wissen wir oft nur wenig. »Ich bin als Vertreter unterwegs und verkaufe Musik an Firmen, die im Radio werben wollen. Es ist kaum zu glauben, aber ich war vorher dreißig Jahre lang im Musikgeschäft tätig und hatte keine Ahnung, dass man auf diese Weise auch Geld verdienen kann.«

Wie kann man solche Dinge in Erfahrung bringen, wenn man kein »Insider« ist? Nun, Sie müssen ein Insider werden.

Und der beste Weg dahin ist wiederum der, ein Erfolgsteam

mit Freunden und Bekannten zu gründen. Bitten Sie sie, Ihnen beim »Netzwerken«, beim Knüpfen von Beziehungen und Kontakten, behilflich zu sein. Ein Netzwerk bringt Sie auf neue Ideen, vermittelt Ihnen einen Eindruck von den tatsächlich bestehenden Möglichkeiten und macht Sie über kurz oder lang zu einem Insider.

Sie müssen unbedingt in den Strom des Lebens eintauchen, und das heißt, dass Sie Organisationen beitreten müssen. Ich selbst bin zwar auch kein allzu großer Fan von Vereinen, aber ich habe auf die harte Tour erfahren müssen, dass man die wichtigsten Ereignisse und die schönsten Partys versäumt, wenn man allein für sich zu Hause bleibt. Sie finden heraus, was läuft, indem Sie mit Ihrem Team, mit Ihren Freunden in Kontakt und im Austausch bleiben. Auf diese Weise ist übrigens auch schon so mancher Job gefunden worden! Es geht mir gar nicht in erster Linie um das klassische Networking, bei dem auf Konferenzen im Anzug und Kostüm Visitenkarten ausgetauscht werden, sondern um eine informelle Art des Netzwerkens: Sie treffen sich mit Menschen aus den verschiedensten Bereichen, lernen sie kennen und finden heraus, was sie tun. Das mag wenig zielgerichtet klingen, aber wenn man noch nicht genau weiß, wo die eigene Reise hingehen soll, dann ist es besser, sich auf breiter Basis zu interessieren und zu informieren.

Aber wo genau können Sie all diese Menschen treffen? Nun, beginnen Sie einfach bei Gruppen, Vereinen oder Organisationen, die Sie bereits kennen: die Kirche, der Sportverein oder ein Weiterbildungsinstitut. Folgen Sie Ihren Neigungen und belegen Sie Kurse, die Sie schon immer interessiert haben. Fragen Sie in einer Bibliothek nach einem Verzeichnis aller möglichen Organisationen und Vereine. Stöbern Sie darin, und wählen Sie eine interessant klingende Organisation aus. Sie werden staunen, was es alles gibt!

Auch das Internet bietet gute Möglichkeiten fürs Netzwerken. Ich wünschte, jede und jeder hätte einen Computer und könnte online gehen. Es gibt gute Diskussionsforen, und ich habe über das Netz äußerst hilfreiche Menschen kennen gelernt, die mir großzügig und rasch Informationen zukommen ließen.

Sie haben keinen Computer? Ich hatte auch keinen. Ein Freund hat mir den Computer besorgt und installiert, und heute muss ich nur mit der Maus klicken, und schon erscheinen Nachrichten auf meinem Bildschirm, Tipps für gute Bücher, Restaurants usw.

Was ich kann, können Sie auch! Hören Sie sich um, bis auch Sie eine gute Seele finden, die das Gerät bei Ihnen zu Hause installiert.

Wo auch immer Sie netzwerken – per Internet oder in einer Organisation –, seien Sie freundlich! Für talentierte Netzwerker mag sich das seltsam anhören, weil es ihnen von Natur aus leicht fällt, aber ich musste es lernen und Sie vielleicht auch. Wenn Sie bei Versammlungen bislang zu unsicher waren, um jemanden anzusprechen, und beschlossen haben, sich das nie wieder anzutun, müssen Sie wissen, dass es allen anfangs so ergeht und dass das schlechte Gefühl verschwindet, sobald man mit jemandem ins Gespräch kommt.

Freundlich zu sein heißt, anderen etwas über sich selbst zu erzählen, auch über die Situation, in der Sie sich gerade befinden. Wenn Sie auf Jobsuche sind, lassen Sie es die Menschen wissen und vergessen Sie nicht zu fragen, welchen Beruf Ihr Gesprächspartner ausübt, wo er arbeitet, wie es ihm dort gefällt und wie er zu der Stelle gekommen ist. Meine Freundin Pamela sagt immer: »Wenn ich etwas brauche, dann erzähle ich das jedem, den ich kenne, und es funktioniert immer. Ich frage so lange, bis ich es bekomme.«

■ Die Puzzleteile zusammenfügen

Wenn Sie eine ungefähre Vorstellung davon entwickelt haben, was Sie lieben, und wenn Sie mit vielen Leuten gesprochen haben und wissen, was es für Sie zu tun gibt, dann sind Sie bereit, loszumarschieren. Sie können sich nun eine Arbeit schaffen, die genau richtig für Sie ist.

Ich glaube, dass man sich das eigene Arbeitsleben ganz genauso aufbauen und herrichten kann wie ein Haus, nämlich Stein auf Stein. So wie man für jedes Haus vor Baubeginn einen Plan entwirft, kann man auch einen Plan für den Weg zur künftigen Arbeitsstelle anfertigen. Was immer Ihnen vorschwebt und egal, wie wenig Sie darüber wissen, Sie können einen Schritt-für-Schritt-Plan dafür entwerfen. Wenn Sie erst einmal »draußen« in der Welt neue Kontakte geknüpft und neue Menschen kennen gelernt haben, werden Sie Möglichkeiten entdecken, die Sie vorher niemals wahrgenommen haben.

Ich kann mir jedoch vorstellen, was Sie jetzt einwenden werden: *Was ich will, ist doch zweitrangig – wer wird denn mich (noch) nehmen wollen?*

Allein durch die Bemühung herauszufinden, was man wirklich will, kommt man nicht sehr weit, wenn man Angst hat, keinen Job mehr zu finden. »Viele von uns sind froh, wenn sie überhaupt einen Job bekommen, und herauszufinden, was man will, ist doch reiner Luxus, den wir uns nicht leisten können.«

Brauchen Sie jetzt und auf der Stelle einen Job? Das bedeutet nicht wirklich einen Konflikt, Sie haben dann einfach *zwei Projekte*: ein kurzfristiges, das darin besteht, so schnell wie möglich einen Job zum Geldverdienen zu finden, und ein langfristiges Ziel, das darin besteht, die Arbeit zu finden, die Sie richtig gern tun. Auch für das kurzfristige Projekt gilt: Beschaffen Sie sich Informationen, indem Sie Netzwerke nutzen, machen Sie mithilfe dieser Informationen einen Schritt-für-Schritt-Plan und holen Sie sich Unterstützung in der Form eines Erfolgsteams, das darauf achtet, dass Sie die einzelnen Schritte Ihres Plans auch umsetzen. Wenn das Projekt »Job für Geld« erfolgreich verlaufen ist, gehen Sie das langfristige Ziel an: eine Arbeit zu finden, die Geld bringt *und* Freude.

Sollte der Arbeitsmarkt nichts hergeben, was zu Ihnen passt, machen Sie sich dennoch keine Sorgen. Es gibt einen Weg, das zu erreichen, was Sie sich wünschen.

Wie erschafft man den Arbeitsplatz, den man haben will?

Schichten! Tagsüber irgendeinen Job machen, abends das eigene Geschäft betreiben.

Alan war Manager in einer Druckerei. Er sagte: »Ich würde sehr gern Porträtfotos machen, die Gesichter von Menschen ablichten. Aber ich kann meinen jetzigen Job nicht aufgeben, um Fotograf zu werden.«

Wie kann Alan seinen Wunsch mit seinem Vollzeitberuf vereinbaren? Er kann, wenn er nicht arbeitet, seine Kamera überallhin mitnehmen und Fotos machen. Und er kann Abendkurse in Fotografie belegen, um mehr über die Welt der Fotografen und des Fotografierens zu erfahren.

Genau so fängt es bei vielen Menschen an.

Julia zum Beispiel lungerte immer wieder auf einem Segelflughafen in der Nähe ihres Wohnorts herum – und wurde schließlich Fluglehrerin. Martin half am Wochenende in einem Pferdestall – und züchtet heute in Australien Pferde. Ich selbst nahm an einer Konferenz über ein literarisches Thema teil, das mich interessierte, und wurde die Herausgeberin eines inzwischen sehr angesehenen literarischen Magazins!

Vertrauen Sie diesem Vorgehen. Es wirkt Wunder.

■ Eine Erfolgsgeschichte

Norman sah sich die Liste mit den Dingen an, die er gern tat, und entwickelte daraus einen tollen neuen Job für sich selbst. Norman, der indianisches Blut in seinen Adern hat, wuchs in Washington, D.C., auf und war von Beruf Programmierer. Seine indianische Herkunft hatte ihn schon immer interessiert. Er las Bücher darüber, hörte sich Vorträge an und besuchte Ausstellungen indianischer Kunst. Als Erstes setzte er sich das Ziel, seinen Urlaub im Südwesten der USA, in einem Indianergebiet, zu verbringen. Er hatte sechs Wochen Urlaub aufgespart und genügend Geld beiseite gelegt, als plötzlich sein Auto kaputtging. Von dem Geld, was er für seinen Urlaub gespart hatte, musste er ein neues Auto kaufen.

Nun bat er seine Freunde um Hilfe. Er lud sie zu sich ein, um mit ihnen gemeinsam zu überlegen, was er tun könnte, um doch noch irgendwie in den Südwesten der USA zu gelangen.

Sie fragten ihn nach speziellen Fertigkeiten und Kenntnissen. »Ich kann eigentlich nur Englisch unterrichten, sonst nichts«, sagte er.

»Aha, Englisch unterrichten?«, fragten seine Freunde.

»Ja, Englisch als Fremdsprache, ich bin dafür extra ausgebildet worden.«

Seine Freunde sagten: »Das Amt für indianische Angelegenheiten sucht wahrscheinlich händeringend nach Lehrern! Ruf sofort dort an!«

Norman rief an, wurde an die richtige Stelle weiterverbunden, und dort sagte man: »Wir brauchen Sie. Und zwar acht Wochen lang.« Norman hatte aber nur sechs Wochen Urlaub.

Er fragte erneut seine Freunde um Rat. »Was soll ich tun? Ich bekomme nur sechs Wochen Urlaub.«

Alle sagten: »Egal, geh trotzdem dorthin.«

Und Norman sagte: »Ihr habt Recht, ich gehe.«

Er sprach bei seinem Chef vor, dieser bot ihm zwei weitere

Wochen unbezahlten Urlaub an, und Norman reiste in den Süden. Er lebte acht Wochen bei einer indianischen Familie und hatte eine so schöne Zeit, dass er, kaum zurück, seinen Job kündigte und in das Reservat umzog. Heute ist er Lehrer in diesem Reservat.

Sie sehen also, wohin all dieses Wünschen führen kann. Egal, wie realitätsfern es zunächst aussehen mag: Herauszufinden, was Sie am liebsten mögen, ist das Realitätsnahste, was Sie tun können.

■ Eine neue Vitalität

Bei meinen Workshops für Menschen, die sich neu orientieren müssen, werde ich oft gefragt, was ich zu Leuten sage, die einfach keinen Ehrgeiz mehr in sich spüren.

»Ich glaube, ich könnte noch in vielen Dingen erfolgreich sein, aber was ist, wenn ich einfach nicht mehr will?«, fragte George, ein emeritierter Professor.

Zu George und allen anderen in seiner Situation sage ich: Herzlichen Glückwunsch. Sie haben den Ehrgeiz, der Ihre Jugend beflügelt hat, hinter sich gelassen und sind nun bereit, anzufangen zu leben. Sie wollen nicht länger die Welt dazu bringen, Ihnen das Lob und die Anerkennung auszusprechen, die Sie sich selbst nicht geben konnten. Und nun können Sie endlich tun und lassen, was *Sie* wollen.

Gibt es etwas, das Sie immer schon tun wollten, als Sie jünger waren, und das Sie immer noch gern tun würden? Was hat Sie damals gebremst? Prestigegründe? Das Bedürfnis, nicht aus der Reihe zu tanzen? Nun, schauen Sie sich um. Diese Hindernisse gibt es nicht mehr.

Ob Sie Schauspieler werden wollen, faul in der Hängematte liegen, nochmals zur Schule gehen oder den Ärmsten der Welt helfen möchten – *jetzt* können Sie es tun.

Jedes Lebensalter hält eigene Geschenke für Sie bereit. Bei älteren Menschen können Sie den gewissen Unterschied beobachten: Sie haben ein lebendiges Interesse an der Welt, aber nicht mehr den unstillbaren Hunger, der junge Menschen antreibt.

George ist 66 Jahre alt. Vor drei Jahren ging er in Rente.

»Am Anfang war es sehr hart für mich. Ich wollte zurück in den Beruf und konnte nicht glauben, dass etwas anderes genau so wichtig für mich werden könnte. Und dann begann ich langsam, mich umzuschauen, und verliebte mich in alles: in meine Frau, meine Enkelkinder, das Lesen, die Jahreszeiten. Ich habe mich niemals lebendiger gefühlt.«

Damit kann es enden, wenn man neu anfängt.

Keine schlechte Aussicht, oder?

Kapitel 11
Ich hatte meinen Traum –
und habe ihn verloren

Man *kann* Pech haben.

Es ist heute in Mode, zu behaupten, dass man nicht einfach »Glück hat«, sondern dass man für sein Glück selbst sorgt. Wir glauben tatsächlich, dass wir selbst für alles verantwortlich sind, was uns zustößt.

Aber: Wenn Sie ein wichtiges Ziel verfolgen und es erreichen – eine Spitzenposition im Unternehmen, eine Heirat oder die Chance, im besten Basketballteam des Landes mitzuspielen – und Sie dann plötzlich alles verlieren, aufgrund von Geschehnissen, die vollkommen außerhalb Ihrer Kontrolle liegen, dann kann man meiner Meinung nach von »Pech« sprechen. Das Unternehmen, in dem Sie arbeiten, wird verkauft und Ihre Abteilung komplett aufgelöst. Ganz plötzlich stirbt Ihr Partner, oder aufgrund einer Verletzung können Sie nicht an den Olympischen Spielen teilnehmen. Sie haben sich an die Regeln gehalten, machen alles richtig, die harte Arbeit zahlt sich aus, und dann geschieht etwas – eine Veränderung der Wirtschaftslage, ein unverschuldeter Unfall oder Sie werden einfach nur älter – und greift in ihr Leben ein, zerstört Ihren Traum.

Diese Art von Pech kann Ihnen das Herz aus dem Leib reißen und Sie orientierungslos zurücklassen. Sie wissen nicht mehr, was Sie wollen, weil Sie nichts von dem haben möchten, was Sie haben könnten. Sie wollen einzig und allein, dass die Vergangenheit zurückkehrt.

Diese Art von Pech bedeutet das Ende einer »Ära«.

Sie können nicht zurück. Und sind zu endloser Frustration verurteilt, wenn Sie das, was passiert ist, so behandeln, als wäre es ein Rückschritt, der wieder aufgeholt werden kann.

Mit dieser Art von Pech muss man anders umgehen.

Als Erstes sollten Sie sich von der Vorstellung befreien, dass Sie selbst eine Schuld an dem Unglück haben könnten. Selbst wenn Sie sagen: »Ich weiß genau, dass ich nichts dafür kann«, könnten Sie sich insgeheim doch für das, was geschehen ist, die Schuld geben, zum Beispiel durch Gedanken wie: »Ich hätte am Donnerstag einfach nicht ins Büro gehen sollen.« Es fällt Ihnen leichter, zu glauben, dass Sie etwas hätten tun können, als zu akzeptieren, dass Sie machtlos waren.

Man verliert in diesen Situationen das Vertrauen ins Leben. Wenn man den eigenen Fähigkeiten und Entscheidungen vertraut hat, hart gearbeitet hat und dafür belohnt worden ist – und wenn man dann diese Belohnung aus einem nicht nachvollziehbaren Grund wieder verliert, gerät das Vertrauen in sich selbst und der Glaube an eine gerechte Entlohnung ins Wanken.

Lassen Sie mich einige Beispiele nennen.

Bill war ein außerordentlich talentierter Athlet mit einer großen Zukunft. Seit seiner Kindheit glänzte er in allen Sportarten, aber ganz besonders gern spielte er Basketball – es war sein Spiel. Wie viele andere Kinder träumte er davon, in der nationalen Liga zu spielen, doch im Gegensatz zu vielen anderen hatte er tatsächlich das Zeug dazu und genoss auch die entsprechende Unterstützung, um sein Ziel zu erreichen. Eine der großen Basketballmannschaften des Landes engagierte ihn, als er noch die Schule besuchte, und er wurde Schritt für Schritt als Werfer aufgebaut.

Eines Tages im Frühling, er war gerade 21 Jahre alt, saß er in Florida bei einem Spiel seiner Mannschaft auf der Ersatzbank, und direkt neben ihm saßen berühmte Basketballspieler, die er seit langem bewunderte. »Es war himmlisch. Ich konnte kaum glauben, dass ich tatsächlich dort war«, erinnerte er sich.

In der ersten Woche des Trainings in Florida geschah es: Einer der Spieler stieß mit Bill zusammen, und Bill brach sich den

Ellenbogen. Die Schäden an seinen Bändern, die er sich dadurch zuzog, konnten operativ nicht behoben werden. Er hatte noch in keinem der großen Spiele gespielt – und würde auch niemals in einem spielen.

Ich lernte Bill zehn Jahre später kennen. Er arbeitete als Verkäufer in einem Geschäft für Autozubehör, und das Einzige, was er an seinem Beruf schätzte, war, dass dieser ihn keine Energie kostete.

Sein Leben verlief ohne Schmerz und ohne Freude. Er *glaubte*, dass er den Verlust seiner Sportkarriere verschmerzt hätte. Er *glaubte*, mich aufgesucht zu haben, weil er sich in seinem Beruf langweilte. Er erzählte mir, dass er einige Jahre nach seiner Verletzung unter Depressionen gelitten habe. Jetzt sei er nicht mehr depressiv; er könne sich nur an nichts mehr freuen. Die Jahre waren vergangen, und Bill hatte keine Arbeit gefunden, die ihm wichtig war und die ihm seinen Sport ersetzen konnte. Und er wusste nicht, warum.

Könnte das Ihre Geschichte sein?

Fragen Sie sich: *Erscheint Ihnen Ihre Vergangenheit um vieles besser als Ihre Zukunft?*

Wenn ja, dann sind Sie noch nicht bereit, das Morgen zu planen, weil Sie nicht aufhören können, an das Gestern zu denken. Und keine noch so aufbauende Affirmation wird Sie davon überzeugen, dass die Zukunft so schön werden kann wie die wundervolle Vergangenheit.

Nun, Sie stehen damit nicht allein.

John, Vizepräsident eines der größten Unternehmen der USA, war in seinem Job einer der Besten und bei seinen Mitarbeitern äußerst beliebt. Während einer besonders heftigen Wirtschaftskrise wurde er als Endvierziger entlassen.

Nina, 51 Jahre, Hausfrau und Mutter, musste zusehen, wie ihre geliebte kleine Welt sich in eine Rauchwolke auflöste, als zunächst das jüngste Kind das Haus verließ, um zu studieren, und ein Jahr später ihr Mann starb.

So wie Bill, John und Nina haben vielleicht auch Sie Ihr Bestes gegeben und sich voll und ganz einem Traum hingegeben. Und als Sie ihn verloren, gab es nichts, was Ihnen Rückhalt geben konnte.

Die Menschen in Ihrer Umgebung verstehen das nicht. Sie sagen: »Du musst wieder aufstehen und ins Spiel einsteigen.« Oder: »Klopf dir den Staub von den Kleidern und steige wieder auf das Pferd.«

Welches Spiel? Das Spiel ist vorbei.

Welches Pferd? Das Pferd ist verschwunden.

Um neu anzufangen, müssten Sie eine andere Person mit einem anderen Ziel sein. Nicht alle, die früher Sänger waren, wollen Gesang unterrichten. Nicht alle, die früher Sportler waren, wollen Trainer werden. Sie aber wollen genau das, was Sie hatten.

Wenn jemand Ihnen vorschlägt, einen vollkommen anderen Beruf auszuprobieren, kann sich das wie eine Beleidigung anfühlen. Es ist so, als ob man sagt: »Es tut mir leid, dass Sie Ihre Mutter verloren haben, wir besorgen Ihnen eine neue.«

Manche Dinge können nicht ersetzt werden.

Sie können diesen Traum nicht zurückgewinnen, aber Sie können Ihr Leben zurückgewinnen.

■ Comeback nach einem unwiderruflichen Abschied

Man kann sich einen großen Verlust nicht ausreden. Das Herz hört nicht zu – es ist zu unabhängig und zu intelligent. Es weiß, was es fühlt, und es fühlt Trauer.

Sie müssen trauern oder Sie werden niemals über die Vergangenheit hinwegkommen. Die folgende Fabel macht deutlich, was ich meine:

Es waren einmal zwei Mönche, ein junger Novize und ein älterer Mönch, die zusammen über die Lande wanderten; bis

Sonnenuntergang mussten sie sich an ein Schweigegelöbnis halten. Die Mönche kamen an einen Fluss, an dessen Ufer eine Frau stand, die nicht wusste, wie sie ans andere Ufer kommen sollte. Nun bestand ein weiteres Gelöbnis des Ordens der Mönche darin, keine Frau zu berühren oder in Kontakt mit ihr zu kommen. Aber ohne zu zögern packte der ältere Mönch die Frau und trug sie auf seinem Rücken über den Fluss, setzte sie ab, verbeugte sich vor ihr und wanderte weiter auf seinem Weg. Der junge Mönch war starr vor Schreck. Kaum konnte er den Sonnenuntergang abwarten, um über die Sache zu reden. Als die Sonne schließlich untergegangen war, schossen die Worte aus seinem Mund: »Wie konntest du das tun? Wie konntest du sie in dieser Art aufheben und tragen?«

»Ich habe sie auf der anderen Seite abgesetzt«, sagte der ältere Mönch, »du aber trägst sie noch immer!«

Die Moral der Geschichte? Sie können sich nichts von den Schultern laden, bevor Sie es nicht getragen haben. Sie können die Tränen nicht hinter sich lassen, bevor sie sie geweint haben. Sie können die Vergangenheit nicht loslassen, bevor sie um sie getrauert haben.

»Was soll das Trauern bringen? Meine Vergangenheit bringt es mir auch nicht zurück!« Das ist richtig.

Aber zu trauern wird Ihnen Ihre Zukunft zurückbringen.

Schmerz, dem nicht Ausdruck gegeben wird, hält uns in der Vergangenheit gefangen. Erst wenn Sie die Tränen über die Vergangenheit zulassen, können Sie frei werden für einen Blick auf die Zukunft. Die Vergangenheit wird dann immer noch in Ihnen lebendig sein, aber sie wird Sie nicht länger lähmen.

Die Wunden der Seele heilen ähnlich wie die Wunden des Körpers: in biologischen Zeiteinheiten. Sie können einem gebrochenen Knochen nicht vorschreiben, wie lange seine Heilung dauern darf, das müssen Sie der Natur überlassen. Der Prozess kann nicht beschleunigt werden. Was der Knochen von Ihnen verlangt, ist eine Zeit der Ruhe. Dasselbe gilt für emotionale Wunden. Sie verlangen, dass Tränen fließen. Vorher können Sie nicht optimistisch an eine neue Zukunft denken.

Und dann gibt es da etwas, womit Sie sich eventuell noch befassen müssen, bevor Sie mit dem Trauern beginnen.

Wenn Sie sich von Ihren Freunden bedrängt fühlen, die sagen, dass Sie Ihren Feinden vergeben, die Vergangenheit vergessen und den Kopf wieder heben müssen – *und Sie diese Bemerkungen auf das Höchste irritieren* –, und wenn Sie aufgrund dieser Vorschläge den Verdacht haben, von mehr oder minder Schwachsinnigen umgeben zu sein, dann müssen Sie sich wahrscheinlich noch mit dem Problem der Verbitterung befassen.

Sie sind noch nicht bereit, zu vergeben und zu vergessen.

■ Die Wahrheit über Bitterkeit

Sie haben viele gute Gründe, um verbittert zu sein. Freunde, die Ihnen raten, »weiterzumachen«, verstehen das nicht. Dennoch ist Bitterkeit kein ganz so unschuldiges Gefühl, wie es den Anschein hat. Sie können es glauben oder auch nicht, wir wählen Bitterkeit oft, weil sie leichter zu ertragen ist als Schmerz. Wir fühlen uns dann stark. Verbitterung gibt uns die Illusion, dass wir kämpfen, dass wir die Niederlage nicht annehmen. Aber Bitterkeit kommt einer Blockade gleich, sie versperrt den Weg nach vorn.

Lassen Sie uns diese Blockade mit einem guten und gesunden Gefühlsausbruch wegsprengen. Führen Sie die Übung auch dann durch, wenn Sie glauben, die Bitterkeit schon überwunden zu haben. Sie könnten eine Überraschung erleben.

»Lass mich in Ruhe mit deinen guten Ratschlägen, du Idiot«

Stellen Sie sich vor, wie jemand zu Ihnen sagt: »Nun, meine Liebe, du hast keinen Grund, um unglücklich zu sein, wahrlich nicht. Reiß dich zusammen und mache weiter.« Ruft das in Ihrem Inneren eine kleine negative Reaktion hervor? Bieten Sie diesen Positivdenkern einmal ordentlich Paroli – auf dem Papier (oder auch mithilfe eines Kassettenrekorders). Der Trick der Übung besteht darin, dass Sie so lange schreiben, bis Ihnen nichts mehr einfällt, was Sie noch sagen könnten. Niemand hört zu, also gehen Sie richtig aus sich heraus. Viel Spaß!

Noch etwas: Schreiben Sie bei dieser Übung so lange, bis Sie es kaum noch ertragen können. Und dann schreiben Sie noch ein bisschen länger. *Hören Sie nicht auf, bis das Thema Sie regelrecht krank macht.* Denn sonst kehrt die Bitterkeit in wenigen Stunden zurück und verbaut Ihnen bei dem, was Sie als Nächstes zu tun haben, erneut den Weg. (Wenn ein Teil von Ihnen sagt: »Was soll dieses dumme Zeug? Es wird auch nichts ändern«, dann ist das nur Ihre Bitterkeit, die sich vor einem Stück harter Arbeit drücken will. Sagen Sie »Hallo, Bitterkeit«, und führen Sie die Übung fort.)

Lesen Sie, wie andere diese Übung erlebt haben:

Olivia, 40, verlor ihren Job beim Fernsehen durch die Übernahme ihres Senders durch einen noch größeren Sender. Der neue Sender brachte seine eigenen Leute mit und kündigte allen Mitarbeitern. Bei keinem anderen Sender des Landes war eine vergleichbare Stelle für Olivia frei. Sie war aus dem Spiel, das war klar. Sie legte sich ein Notizbuch zu und schrieb vier Tage lang an der Bitterkeitsübung: »Ich nahm das Büchlein überallhin mit. Jedes Mal wenn mir wieder etwas einfiel, legte ich eine Pause in einem Café oder einem Restaurant ein und schrieb es auf. Immer wenn ich dachte, dass ich fertig bin, fiel mir noch etwas ein, worüber ich sauer war. Ich ging in zwanzig Restaurants und trank an diesen vier Tagen so viel Kaffee, dass ich völlig überdreht war!«

Nun, überdreht oder nicht, Olivia machte die Übung, und es funktionierte. »Ich habe jedem die Meinung gesagt«, berichtete sie. »Ich ging in alle Details, habe jede Person verflucht, die mir geschadet hat, und auch solche, die mir zwar nicht geschadet, aber auch nicht geholfen haben. Ich habe das Schicksal verflucht, das Böse und den Tag meiner Geburt. Mehrmals.«

Olivia gab mir 15 Seiten Text voller Verbitterung zu lesen. »Die Kraft darin lässt nach«, sagte sie, aber ich bestand auf weiteren Seiten. Schließlich warf sie mir das Büchlein vor die Füße und sagte: »Genug. Sie haben gewonnen. Es langweilt mich unendlich.«

Sie war nun bereit, in die nächste Phase einzutreten: sich daran zu erinnern, was wundervoll an dem war, was sie verloren hat.

Übung 2
Eine Lobeshymne auf die Vergangenheit

Schreiben Sie einen Brief oder eine Geschichte, in der Sie Ihre Vergangenheit preisen. Erzählen Sie von den besten Tagen Ihres früheren Lebens. Was daran mochten Sie besonders gern? Welche Momente waren Ihnen die liebsten? Erinnern Sie sich liebevoll an früher. Wie sah die Arbeit aus, wie roch sie, wie schmeckte sie? Wie fühlte es sich körperlich an, mit dieser Arbeit beschäftigt zu sein? Was war das Schönste im alltäglichen Geschäft? *Sie waren in Ihr Leben verliebt* – erinnern Sie sich deshalb bitte auch an die vielen kleinen Dinge, die Ihnen Freude bereitet haben.

■ Erinnerung an gute Zeiten

Olivia erinnerte sich: »Im Flughafen über die Laufbänder eilen, begleitet von meinem Assistenten, der aufschrieb, was ich ihm sagte. Ich war wie ein Werbespot über Erfolg. Ich fand es toll, Mitarbeiter zu haben, die mir halfen; es war einfach himmlisch, von ihnen gemocht und respektiert zu werden. Und mir Filmideen auszudenken, mit Produzenten zusammenzuarbeiten, das war eine großartige Sache.«

Nina erinnerte sich: »Ich wartete, bis die ganze Familie morgens aus dem Haus war. Dann machte ich innerhalb von zwei Stunden aus dem Durcheinander, das sie hinterließen, ein Bilderbuchhaus, mit Blumen in der Vase und allem, was man sich denken kann. Danach setzte ich mich ans Fenster und genoss eine Tasse Kaffee. Um halb drei begann ich mich nach den Kindern zu sehnen, machte mich auf den Weg zur Schule und holte sie ab. Ich liebte den Augenblick, wenn sie aus dem Schulhaus auf mich zu stürmten. Manchmal fuhr ich auch schon vor der Zeit hin und las ein Buch, während ich im Auto auf diesen Moment wartete.«

John, der Ex-Vizepräsident sagte: »Mir gefiel es, meinen Leuten zu helfen. Ich konnte ihnen gut zuhören. Wenn ich zu ihnen ging, wusste ich bereits, was sie brauchten. Und wenn ich einmal jemanden zu mir rufen musste, hatte ich meistens schon einen Plan, wie ich ihm aus der Patsche helfen konnte. Ich hatte den Ruf, dass man mit mir gut reden konnte. Wenn ich ihnen helfen konnte, Probleme oder Konflikte zu lösen, dann war das der Höhepunkt des Tages.«

Es sich zu erlauben, jedes noch so kleine wundervolle Detail zu beschreiben, wird Ihnen etwas zurückbringen, was Sie verloren haben: eine wertvolle Zeit in Ihrem Leben, die Sie verdrängt haben, weil es zu schmerzlich ist, sich daran zu erinnern. Indem Sie diese Zeit loben und preisen, retten Sie sie. Sie werden sie aus der Ecke holen, in die Sie sie vor langer Zeit verbannt haben. Und Sie werden in der Lage sein, Ihre Vergangenheit mit in die Zukunft zu nehmen. *Sie müssen sie mitnehmen, weil Sie niemals einwilligen werden, ohne sie zu gehen.*

■ Die eigene Vergangenheit retten

Irgendetwas in Ihnen ist viel zu loyal, um zu erlauben, dass Sie allem, was Sie einst liebten, den Rücken kehren und einfach davonmarschieren könnten. Egal, wie oft Ihnen andere Leute raten, die Vergangenheit ruhen zu lassen, es funktioniert nicht. Sie können nur dann mit ganzem Herzen in die Zukunft gehen, wenn Sie Ihre geliebte Vergangenheit mitnehmen.

Und so soll es geschehen.

Es gibt keinen Grund, eine glückliche Vergangenheit zu vergessen. Manchmal wenden wir uns von der Vergangenheit ab, weil wir das Gefühl haben, von ihr verraten worden zu sein. So als ob wir sie geliebt hätten, sie uns aber nicht. Also streiken wir und tun so, als ob es uns egal wäre, und bestrafen quasi unser Schicksal dafür, dass es uns schlecht behandelt hat. Dem Schicksal ist das natürlich egal, und so verletzen wir uns nur selbst.

Vor langer Zeit hat ein Mann, den ich sehr mochte, etwas sehr Schlimmes getan, und ich versuchte daraufhin, meine Gefühle für ihn zu revidieren. »Er ist kein guter Mensch«, sagte ich. »Ich weiß nicht, wie ich ihn weiterhin mögen und schätzen soll.«

Und eine sehr weise Frau sagte mir: »Deine Liebe gehört dir. Niemand darf sie antasten, selbst er nicht. Du kannst dich von ihm fern halten, aber versuche nicht, deine Liebe zu zerstören. Es ist deine Liebe. Behalte sie.« Und das tat ich und bin dieser Frau noch heute dankbar für ihren guten Rat.

Es bricht Ihnen nicht wirklich das Herz, wenn Sie sich an etwas erinnern, das Ihnen entrissen wurde. Es mag sich so *anfühlen.* Aber zu *fühlen,* dass Ihr Herz bricht, kann gut für Sie sein.

▧ Das Herz noch einmal brechen lassen

Die ganze Woche über, in der sich Bill schreibend an seine Karriere als junger Basketballstar zurückerinnerte, fühlte er sich schrecklich, aber er sagte: »Es war eine Erleichterung, mich zu überwinden und mich daran zu erinnern. Die Erinnerungen waren sowieso die ganze Zeit über da und haben mich geplagt, das weiß ich jetzt.« In seiner Lobeshymne auf die Vergangenheit erinnerte er sich daran, wie die anderen Spieler ihn freudig begrüßt hatten, so als wäre er Teil einer großen Familie. Er erinnerte sich an die Lichter und die nächtlichen Spiele, daran, wie sein Name über Lautsprecher verkündet wurde und er Kaugummi kauend das Spielfeld betrat.

»Was es für einen Spieler bedeutet, in der nationalen Liga zu spielen, das kann kaum jemand ermessen. Man gehört zu den Besten. Das macht einen innerlich ruhig, und man könnte immerzu lächeln«, sagte er.

Einige seiner Erinnerungen waren streng genommen eher Hoffnungen, die er einst hegte: bester Spieler des Teams und des Jahres zu werden. Die Aussicht, dass er es bis an die Spitze der Spitze schaffen könnte, machte ihm Freude.

Nachdem er seine Vergangenheit gepriesen hatte, fühlte Bill sich besser. »Ich kann jetzt aus irgendeinem Grunde leichter die Sportseiten in der Zeitung anschauen«, sagte er. »Sie regen mich nicht mehr so auf.« Die Erkenntnis, dass er noch immer seiner verlorenen Karriere nachtrauerte, war für Bill wie eine Erlösung. Und zu erkennen, dass es in Ordnung und notwendig ist, einen Verlust zu betrauern, erlaubte es ihm, seinen Schmerz zu respektieren anstatt ihn zu verachten.

Wie steht es mit Ihnen? Wie sah Ihr großer Traum aus? Vielleicht haben Sie bei der Übung Folgendes erlebt: Je mehr Sie darüber geschrieben haben, was Sie an Ihrer Vergangenheit besonders liebten, umso schwerer fiel es Ihnen, weiterzuschreiben. Zurückzublicken und das zu sehen, was Sie nie mehr haben werden, kann emotionalen Schmerz hervorrufen. Es ist schwer, sich ein Fotoalbum mit Bildern von Menschen anzusehen, die nicht mehr am Leben sind; es tut ein bisschen weh, die Songs aus unserer Teenagerzeit im Radio zu hören. Wir bekämpfen unsere Traurigkeit, als ob sie uns schaden könnte. Aber das Gegenteil ist richtig. Trauer kann uns heilen. Das Herz brechen zu lassen kann gut für Sie sein. Ich glaube, die meisten von uns haben Angst, dass eine Welle der Trauer uns überschwemmen und ertränken könnte. Jedes Gefühl, das zu lange unterdrückt wird, fühlt sich riesig und endlos an. Denken Sie einmal daran, wie es sich anfühlt, sehr hungrig zu sein. So wie eine Mahlzeit Ihren Hunger stillen kann, kann eine angemessene Zeit der Trauer ein großes Leid beenden.

Bill könnte in Zukunft beispielsweise einen Jahrestag für sein letztes Spiel in der nationalen Liga feiern, an dem er alte Zeitungsausschnitte hervorholt und seinen Freunden Geschichten über die großen Basketballspieler, die er kannte, zum Besten gibt. An diesem einen Tag kann er den verlorenen Glanz zurückholen, ihn mit anderen teilen, gemeinsam lachen. Aber zuerst muss er sich um seine verletzten Gefühle kümmern.

Auch Sie werden, ähnlich wie Bill, zugeben müssen, dass das Schicksal unsere besten Anstrengungen zunichte machen kann. Bitterkeit hat diese Tatsache immer nur verdeckt.

▪ Heldentum und Gram

Sich zu grämen und Schmerzen zuzugeben fällt geborenen Führungskräften besonders schwer. Sie neigen dazu, eine stoische Haltung einzunehmen, und sind stolz darauf, eine Art Puffer für die Menschen zu sein, für die sie verantwortlich sind. Sie wissen, wie man die Zähne zusammenbeißt und sich bei Angriffen nichts anmerken lässt. Genau deshalb sind sie Führungskräfte geworden: um die Kritik der Aktienbesitzer aufzufangen, die Ängste während der Krise zu beschwichtigen, ihre Leute durch harte Zeiten zu bringen. Wenn Sie Mutter und Ehefrau sind, dann haben Sie Ähnliches für Ihre Kinder und Ihren Mann geleistet, und wenn es denen gut ging, haben Sie sich um andere Menschen, um Ihre Verwandten und Freunde gekümmert.

Das alles war selbstverständlich in Ordnung. Aber ein Held oder eine Heldin zu sein ist eine Bürde, die Sie nun nicht länger tragen müssen. Und Sie wollen momentan auch keine Bürde tragen, weil Sie nämlich auf eine Reise gehen werden – und dabei nur leichtes Gepäck mitnehmen können. Sie werden Ihre wertvollen Erinnerungen zusammenpacken, Ihrem inneren Beschützer signalisieren, dass es keine Gefahr bedeutet, der Vergangenheit den Rücken zuzukehren, und Sie werden den ersten Schritt in die richtige Richtung – in die Zukunft – unternehmen.

Der erste Schritt in die richtige Richtung besteht darin, der Ablehnung, die Sie Ihrem gegenwärtigen Leben entgegenbringen, ein Ende zu machen.

▪ Der Gegenwart vergeben

Wenn Sie einen großen Traum verloren haben, kann es gut sein, dass Sie Ihr gegenwärtiges Leben absolut nicht mögen.

»Ich habe den erstbesten Job angenommen, den ich kriegen konnte. Und ich hasse diese Arbeit«, sagte Bill.

Sicherlich schadet es Ihnen nicht sehr, ein Leben zu führen, in das Sie nicht über beide Ohren verliebt sind. Aber wenn Sie so sind wie die meisten von uns, dann verschwenden Sie zu viel

Energie darauf, sich über die Dinge, wie sie sind, zu beklagen. Aus dieser Falle möchte ich Sie gern herausführen.

Zum einen sieht Ihr Leben schlimmer aus, als es ist, weil Sie das Gefühl haben, dass es dauerhaft so bleiben wird. Zu denken, es wird immer so sein, macht es unakzeptabel. Aber es sieht nur deshalb so beständig aus, weil Sie sich noch nicht von Ihrem großen Verlust erholt haben. Wenn das erst der Fall sein wird, werden Sie sehen, dass die Gegenwart nur eine Station auf dem Weg zu einem besseren Leben ist.

Zum anderen gilt Folgendes: Mit Ihrer Gegenwart im Krieg zu liegen kostet viel zu viel Konzentration, von Energie ganz zu schweigen. Sie sind müde und frustriert, und das ist die momentane Situation nicht wert. Sie benötigen jetzt alle Energie und Konzentration, die Sie aufwenden können, für die Gestaltung Ihrer Zukunft.

Schließlich wird es Ihnen gut tun, zu erkennen, dass die momentane Phase eigentlich Ihr Freund ist. Vielleicht nicht Ihr bester Freund und auch keiner, der vor Geist sprüht, aber ein wahrer Freund, der Sie mit Nahrung und Unterkunft versorgt. Das gegenwärtige Leben ist wie ein Floß, das just in dem Moment auftauchte, als Ihr Ozeandampfer unterging. Es mögen viele Dinge fehlen, die Sie auf einer Kreuzfahrt genossen hätten, aber das Floß hält Sie über Wasser.

■ Beklagen Sie sich – und wenden Sie sich dann den wichtigen Dingen zu

Wenn Sie sich einmal ordentlich über Ihr momentanes Leben beschweren müssen, dann tun Sie es! Wir können unsere negativen Gefühle nicht ständig mit Willenskraft vertreiben, und das müssen wir auch gar nicht. Sich zu beklagen ist eine gesunde und natürliche Art und Weise, negative Gefühle zu überwinden, solange man es richtig macht. Wenn Sie also das Gefühl haben, es nötig zu haben, nehmen Sie sich einfach zehn Minuten Zeit und sagen die gemeinsten Dinge über Ihr Leben. Fragen Sie eine Freundin oder einen Freund, ob sie Ihnen zuhören und applaudieren könnten. Seien Sie widerwärtig, heulen und schimpfen Sie, und lassen Sie es sich richtig gut dabei gehen.

Und dann hören Sie auf. Denn Sie haben nun wichtigere Arbeit zu erledigen.

Übung 3
Ihrer Gegenwart vergeben

Schreiben Sie einen Vergebungs- und Entschuldigungsbrief an Ihre Gegenwart. Zählen Sie darin alles auf, wofür Sie dankbar sind, und denken Sie an die Alternative, die darin bestanden hätte, allein im tiefen Wasser zu treiben.

Bill entdeckte Folgendes: »Einige Leute, die ich kenne, müssen während ihrer Arbeit immer lächeln, egal, in welcher Stimmung sie sind. Ich muss das nicht. Ich ziehe mich in mein Büro zurück, setze mich an den Schreibtisch, tue still meine Arbeit und kann so sein, wie ich mich fühle.

Es gefällt mir, dass ich in meinem Job kaum Stress aushalten muss. Ich weiß immer, was ich zu tun habe, und habe nicht unter Druck zu leiden. Es ist ein ehrliches Geschäft ohne Tricks.

Vieles hängt mit meinem Chef zusammen, der ein gutmütiger Kerl ist, nicht viel älter als ich. Manchmal denke ich, dass er der ideale Manager ist: quasi unsichtbar, unterstützend und immer für einen da, wenn man ihn braucht.«

Bill schrieb in diesem Stil weiter, bis er sich tatsächlich erlauben konnte, seine momentane Arbeit ein wenig zu mögen.

»Ich hätte nie gedacht, dass ich diesen Job einmal akzeptieren könnte. Ich habe ihn sehr lange aus Gewohnheit abgelehnt, ohne meine Beurteilung zu überprüfen.«

Sobald Unwille und Ablehnung nicht mehr Ihr Leben regieren, werden neue Gefühle auftauchen. Zum Beispiel kann sich ein seltsames Gefühl von Leere einstellen. Ihr gegenwärtiges Leben stellte eine Art von Drama dar, und dieses Drama bezog seine Lebenskraft aus Ihrem Ärger. Wenn der Ärger vergeht, vergeht auch das Drama. Es war kein besonders erbauliches Stück, dieses Drama, aber es gab Ihrem Leben Bedeutung. Wenn es vorbei ist, scheint es Ihrem Leben an Bedeutung zu fehlen. Es fühlt sich nicht schrecklich an, aber ohne Sinn und Form.

Das ist jedoch in Ordnung, ob Sie es glauben oder nicht. Denn auf offenem Gelände lässt sich ganz prima eine Zukunft aufbauen.

Der Wechsel von einem Sturm, dem Drama, in ein ruhiges Fahrwasser ist gewaltig – das wissen alle, die damit aufhören, rund um die Uhr Sport zu treiben, ständig Schulden zu machen, eine Freundin nach der anderen zu haben, in einem Krieg zu kämpfen, zu trinken oder zu rauchen. Selbst wenn Sie diesen Wechsel herbeiführen *wollen*, fühlt es sich so an, als verstünde jede einzelne Zelle Ihres Körpers nur nach dem alten, dramatischen Muster zu leben. Wenn es Ihnen so gehen sollte, dann müssen Sie eine weitere Übung machen, bevor Sie weitergehen und an die Zukunft denken können.

Übung 4
Ich weigere mich!

Schreiben Sie den folgenden Satz 25-mal auf ein Blatt Papier: *Ich weigere mich, mein dummes, leeres, totes … Leben zu mögen.* (Fügen Sie *Ihr* eigenes Adjektiv ein.)

Dies ist eine weitere Übung für harte Zeiten. Sich nach einem großen Verlust ein neues Leben zu erschaffen, fühlt sich so ähnlich an, als versuchten Sie, die *Queen Mary* im Hafen zu wenden. Sie müssen diese Aufgabe Stück für Stück und ganz langsam angehen; und Sie müssen Ihre Position ständig korri- gieren, bis Sie die Wendung vollbracht haben. Keine Sorge – an die kleinen Gefühlsausbrüche dann und wann werden Sie sich gewöhnen. Schließlich bewegen Sie eine schwere Fracht in Ihrem Inneren.

Schreiben Sie den Satz 25-mal auf Ihr Blatt Papier. Und meinen Sie das, was Sie schreiben: Ich weigere mich, mein mittelmäßiges Leben zu akzeptieren. Ich weigere mich. Ich weigere mich!

Fertig?

Okay, dann geht es weiter.

■ Ihre Zukunft: Einer Leerstelle ins Gesicht sehen

Es wird Ihnen nicht besonders gefallen, zu erkennen, dass Sie nicht sehr viel über Ihre Zukunft wissen. *Als Sie noch voller Wut und Groll waren, wussten Sie alles!*

Wenn Sie zugeben, dass Sie keine Ahnung haben, was auf Sie zukommt, dann begeben Sie sich in die Position eines Lernenden, was genau richtig ist. Es liegt eine besondere Chance darin, alles gehabt zu haben und es zu verlieren: Man lernt, dass man nicht alles wissen muss. Wenn das Schicksal Ihnen das Zepter aus der Hand nimmt, werden Sie in eine neue, unbekannte Situation katapultiert. Vielleicht zum ersten Mal in Ihrem Leben als Erwachsener erfahren Sie einen Zustand vollkommener Empfänglichkeit. John, der ehemalige Vizepräsident eines großen Unternehmens, drückte es folgendermaßen aus:

»Die Wirkung, die der Verlust meines Arbeitsplatzes auf mich hatte, war verblüffend. Es tat immer noch sehr weh, als gleichzeitig etwas Außergewöhnliches geschah. Ich fühlte mich irgendwann wie der klügste Mensch der Welt, und anstatt mich schlecht zu fühlen, war ich nur sehr neugierig, was als Nächstes passieren würde. Ich weiß nicht, wie ich es erklären soll, aber zum ersten Mal fühlte ich mich nicht allein. Ich fühlte mich, als ob ich etwas Wichtiges zu lernen hätte.«

John war auf der richtigen Spur.

Wenn erst einmal die schlimmsten Befürchtungen eingetreten sind, geschieht etwas Unerwartetes und Wertvolles. Mit den eigenen Grenzen konfrontiert zu werden öffnet uns für eine neue Stufe des Lernens. Man beginnt zu glauben, dass einem schon auf die eine oder andere Art und Weise mitgeteilt wird, wie das Leben weitergeht. Und so geschieht es tatsächlich.

Wenn irgendjemand es verdient, loszulassen, sich zu entspannen und aufzuhören, sich für alles verantwortlich zu fühlen – dann Sie.

■ Sich wieder verlieben

Nachdem Sie viele innere Trümmer aus der Vergangenheit und der Gegenwart weggeräumt haben, ist es nur natürlich, dass Sie sich in eine neue Zukunft verlieben wollen.

Sie verfügen über ein großes Potenzial an Liebe zu einer bestimmten Sache. Wenn Sie die erste Etappe Ihres Berufslebens gemocht haben, dann werden Sie eine weitere ebenso mögen, so wie jemand, der in seiner ersten Ehe gern verheiratet war, auch gern in einer nächsten Ehe verheiratet sein wird.

Ich kenne drei mögliche Wege zu einer neuen Zukunft, und einer davon sollte für Sie der richtige sein.

1. Sie können Ihre früheren Kontakte
für eine neue Zukunft nutzen

Wenn Sie früher im Sport oder im Geschäftsleben erfolgreich waren, wird Ihnen jeder raten, sich als Coach oder Berater selbstständig zu machen. Jeder denkt, Sie sollten Ihre Kontakte und Ihren Ruf nutzen, um erneut Erfolg zu haben. Und wenn Sie Ihre Vergangenheit genügend betrauert haben, merken Sie vielleicht, dass Sie *tatsächlich* in diese Richtung gehen möchten.

Suzanne Farrell, eine der ersten Tänzerinnen des New Yorker Balletts und eine Muse des Choreografen George Ballanchine, hörte nach einer zweiten Hüftoperation abrupt mit dem Tanzen auf. Und Suzanne Farrell *wollte* tatsächlich das, wovon alle anderen dachten, dass sie es tun sollte. Sie wollte ihre Zukunft mithilfe Ihrer Vergangenheit neu gestalten. Schon bald nach der Operation begann sie Ballettunterricht zu geben und George Balanchines Werke zu inszenieren.

Ich kenne einen ehemaligen Basketballspieler, der anders auf seinen Verlust reagierte als Bill. Steve liebt den Basketball nach wie vor und außerdem mag er junge Leute. Er nutzte seinen Ruf als Spieler dazu, eine Anstellung als Trainer an einem College zu bekommen.

2. Sie können einen Wesenskern aus der Vergangenheit für eine neue Zukunft nutzen

Bill wollte kein Coach werden. Und John versuchte sich zwar als Berater, aber ihm gefiel es überhaupt nicht, in einem Unternehmen nur als bezahlter Gast anwesend zu sein.

Im Folgenden zeige ich Ihnen eine Technik, mit der Sie sich ein vollkommen anderes Leben erschaffen können, *das Sie lieben werden.*

Übung 5
Den Wesenskern finden

Nehmen Sie den Zettel mit der Lobeshymne an Ihre Vergangenheit zur Hand. Stellen Sie sich vor, Sie könnten drei Elemente aus Ihrem alten Leben wiederhaben.

Erstellen Sie eine Liste mit all den Dingen, die Sie liebten, und streichen Sie dann eine Sache nach der anderen. Sie müssen die Liste kürzen, bis es wehtut; nur dann erkennen Sie, welche Elemente Ihres alten Lebens am wichtigsten für Sie waren. Unterstreichen Sie die Dinge, die absolut notwendig sind. Diese zwei oder drei sind Ihre *Wesenskerne*. Es sind Dinge, auf denen Sie ein neues Leben aufbauen können.

Hier einige Beispiele für Wesenskerne:

Bill: das Gefühl von Meisterschaft; sich in der Natur aufhalten; ein Star sein.

John: einen Platz in einer Gemeinschaft haben; der Sinn für ethisches Handeln; Probleme lösen.

Nina: ein freundliches und aufgeräumtes Heim schaffen; Kinder groß werden sehen; meinem Ehemann nahe sein.

Wenn Sie ein neues Leben anhand Ihrer Wesenskerne erschaffen könnten, würden Sie es tun wollen?

Eine interessante Frage. Die Antwort ist nicht so offensichtlich, wie es vielleicht scheint. Nina wollte in ihrem neuen Leben nichts aus der Vergangenheit haben.

Aber für Bill war die Wesenskern-Technik die richtige.

Nachdem er die Ablehnung, die er gegenüber seiner Arbeit verspürte, fallen gelassen hatte, verlebte Bill ein recht gutes Jahr. Er entschied sich, die Stelle als Verkäufer erst einmal zu behalten. In demselben Maße, in dem sein Herz leichter wurde, leistete er auch bessere Arbeit; er zog sich immer weniger in die Isolation seines Büros zurück und wurde zugänglicher. Ein Arbeitskollege lud ihn zum Essen zu sich nach Hause ein, und die beiden entdeckten eine gemeinsame Leidenschaft für alte Autos. Und nach einem Jahr spürte Bill, dass die alte Energie zurückkehrte. Seine Arbeit bereitete ihm keine Probleme mehr. Sein Weg lag jetzt klar vor ihm; er wollte sein Herz wieder an etwas verlieren und begann sich umzusehen, was es sein könnte.

Er entdeckte seine Wesenskerne und entschloss sich, einem davon nicht länger so viel Bedeutung zu geben: ein Star zu sein. »Das lasse ich weg«, sagte er, »beziehungsweise ich trage es in mir.« Er klopfte auf sein Herz. Die anderen Wesenskerne nutzte er: seine Freude an der Natur und sein Vergnügen daran, etwas richtig gut zu können. Er wollte das Gefühl von Vortrefflichkeit bei seiner Arbeit spüren. Etwas gut zu beherrschen war ihm ein sehr großes inneres Anliegen. Er musste also etwas finden, das ihm genau das gab – diszipliniertes Training und ein Gefühl wachsender Kompetenz –, was ihm einst der Basketball gegeben hatte.

Bill wurde Fotograf. Er begann damit, Jugendliche zu fotografieren, die auf einem öffentlichen Sportplatz Basketball spielten, und wurde rasch von den technischen Aspekten des Fotografierens in den Bann gezogen. Ein neuer großer Traum nahm seinen Anfang.

John ging zurück ans College und studierte Philosophie. Dort hoffte er, eine Gemeinschaft zu finden, die eine gemeinsame ethische Grundlage haben würde und in der man vielleicht sogar einige Probleme des Menschseins nicht nur erörtern, sondern auch lösen könnte. Er war schon immer an ethischen Fragestellungen interessiert gewesen, hatte aber nie die Möglichkeit gehabt, seinem philosophischen Interesse nachzugehen. Obwohl er sich auf das College freute, verunsicherte ihn der plötzliche Wandel in seinem Leben, und er hatte Schwierigkeiten, sich daran zu gewöhnen.

»Da war ich nun, ein alter Mann unter jungen Leuten – hatte ich überhaupt das Recht, dort zu sein? Keiner kannte meinen Namen, und es kümmerte auch niemanden, ob ich da war oder nicht. Keiner sagte: ›Guten Morgen, John‹, und niemand tippte meine Hausarbeiten. Von einem Jemand wurde ich zu einem Niemand. Das öffnete mir die Augen. Ich wusste, dass ich etwas finden musste, was für mich Bedeutung hatte, und ich wusste nicht, wo ich suchen sollte.«

Nach zwei Semestern wechselte John in das Gebäude auf der anderen Straßenseite, ins Seminar für Theologie.

»Dort waren meine Leute«, sagte er lächelnd. »Und mein neuer Weg.« John will nun Priester werden.

Wie steht es mit Ihnen? Jetzt, wo Sie wissen, was Sie am meisten an Ihrem alten Leben geliebt haben – möchten Sie einen neuen Traum daraus erschaffen? Wenn ja, dann ist das durchaus möglich. Schlagen Sie vielleicht gleich Kapitel 10 auf, dort können Sie weiter mit Ihren Wesenskernen arbeiten.

In der Vergangenheit hatten Sie vielleicht viele Passionen, die Sie nicht verfolgt haben, weil Sie mit Ihrem großen Traum beschäftigt waren. Indem Sie sich an die Vergangenheit erinnern, so wie John, können Sie sich nun dafür entscheiden, ihnen Nahrung zu geben. Als Nina sich ihre Vergangenheit ins Gedächtnis rief, erlebte sie einen überraschenden Sturm der Gefühle bei der Erinnerung an eine bestimmte Phase in ihrem Leben. Sie sagte: »Bevor ich geheiratet habe, liebte ich die Welt des Jazz über alles. Im College spielte ich Jazzpiano, und ich war im Kartenvorverkauf für Jazzkonzerte tätig. Als ich mit meinem Mann unsere Familie gründete, schien das alles fast vergessen.«

Nina fand ihren neuen Wesenskern in dieser Passion ihrer Vergangenheit. Sie begab sich erneut in die Welt des Jazz und ist heute als Agentin für Jazzkonzerte tätig – mit wachsendem Erfolg.

Aber es gibt noch eine dritte Möglichkeit, die Zukunft zu gestalten, nachdem Sie einen großen Traum verloren und betrauert haben.

3. Entspannen und den Duft der Rosen einatmen

Meine Freundin Joyce rief mich an und sagte: »Ich habe beschlossen, ein Mensch ohne Ziele zu werden.« Sie hatte bereits ein wunderbares Berufsleben als Lehrerin hinter sich, hatte aber nicht aufhören können zu versuchen, ein Ziel nach dem anderen zu erreichen: Gewicht abnehmen, eine Sprache lernen, mehr Geld sparen.

Heute sagt sie: »Jeder Tag, an dem ich ohne Ziel erwache, ist ein Triumph. Mein ganzes Leben lang habe ich versucht, perfekt zu sein. Jetzt ist es genug.« Da sie immer damit beschäftigt war, die Ärmel hochzukrempeln, um eine weitere neue Aufgabe zu erledigen, hatte sie nie die Zeit gehabt, sich umzusehen und die Aussicht zu genießen. Nun hat sie das erkannt, was ich den »Weisheitsfaktor« nenne.

■ Der Weisheitsfaktor

Sie waren von einer großen Zufriedenheit erfüllt, als Sie damals Ihr Bestes gaben. Ich spreche von den perfekten Momenten ungeteilter Aufmerksamkeit und vollkommener Ruhe, die man erlebt, wenn man sich mitten in dem befindet, was man am meisten liebt.

Wenn man Physikern Glauben schenkt, dann ist es gemäß mathematischer Berechnungen für einen Schlagmann beim Baseball unmöglich, zu sehen, wie der Ball die Hand des Werfers verlässt, und gleichzeitig genug Zeit zu haben, den Schläger zu schwingen und den Ball zu treffen. Also wie kommt es, dass der Schlagmann den Ball trifft?

Menschen, die Perfektion in einer Sache erreicht haben, kennen die Magie, die bei Höchstleistungen eine Rolle spielt. Sie wissen, dass man Kontrollversuche aufgeben und man dem eigenen Können *vertrauen* muss. Jeder Moment muss so genommen werden, wie er kommt; das Ergebnis mit Technik oder Willenskraft steuern zu wollen hat keinen Zweck.

Sie haben jetzt die Chance, Ihr gesamtes Leben wie diese wundervollen Momente sein zu lassen. Sie sind ein Mensch, der gelernt hat, wie man die Kontrolle aufgibt und sich selbst vertraut. Weise Menschen nehmen dieses Wissen mit sich, wenn sie den Kreis der Gewinner verlassen und sich nun am Duft der Rosen erfreuen.

Jetzt können auch Sie sich den Gezeiten öffnen, dem Wetter, Ihrem Hund, den kleinen und vollkommenen Gesten von Kindern, dem Reparieren Ihres Autos – dem Leben.

Ihre neue Situation ähnelt der eines Großvaters, der zu mir sagte: »Ich wünschte, ich hätte mit meinen eigenen Kindern so entspannt umgehen können wie mit meinen Enkelkindern. Nun, da ich nicht mehr dafür verantwortlich bin, dass etwas aus den Kindern wird, kann ich das Zusammensein mit ihnen einfach nur genießen. Ich wünschte, ich hätte das vorher gewusst.«

Nun, da Sie wissen, dass Sie nicht für alles verantwortlich sind, sind Sie frei, das Leben zu genießen.

Der Verlust ist ein großartiger Lehrer. Das Leben kann als eine Serie von Verlusten gesehen werden, die in der Kindheit beginnt. Jeder Verlust rüttelt an unserem Narzissmus und lässt uns erkennen, dass das Universum sich nicht um unsere Wünsche dreht. Sich auf sich selbst zu konzentrieren und eigene Ziele zu haben war notwendig, hat uns aber auch etwas verpassen lassen: bedeutsame Momente, Menschen, Schönheit, Gefühle, so viele Gelegenheiten, um wunderbare Dinge zu lernen, so viele gute Zeiten. Jetzt dehnt sich das Leben meilenweit vor Ihnen aus. Wenn Sie nicht mehr durch eigene Projekte und Pläne geblendet werden, eröffnet sich eine faszinierende Welt, die nur darauf wartet, dass Sie die Augen öffnen und sie sehen.

Kapitel 12
Nichts interessiert mich wirklich

»Nichts interessiert mich wirklich«, sagte Chris traurig. Er war 28 Jahre alt, hatte einen College-Abschluss in der Tasche und war als Kellner in einem Restaurant tätig. Er sagte: »Manchmal gibt es etwas, was sich ein bisschen interessant anfühlt, aber dann denke ich, warum überhaupt Mühe darauf verwenden? Ich werde nicht wirklich begeistert davon sein. Es gibt nichts, was mich wirklich mitreißt.«

Chris redete in der Sprache der chronisch negativen Verstimmung. Man erkennt diese Sprache an Sätzen wie dem folgenden: »Wenn das Leben gut erscheint, ist es nicht das wahre Leben, aber wenn alles sinnlos erscheint, dann ist das die wahre Realität.« Man spricht diese Sprache, wenn man das Wort »immer« benutzt, wie zum Beispiel: »Immer passiert mir so etwas«, oder wenn man »nie« sagt, zum Beispiel: »Bei mir nehmen die Dinge nie ein gutes Ende.« Diese Sprache ist gespickt mit Ausdrücken des Bedauerns und der Selbstanklagen: »Warum habe ich das nur gemacht?«, »Ich hätte es besser wissen müssen« und »Jetzt ist es zu spät«.

Wann immer Sie selbst in dieser Sprache reden, können Sie sicher sein, dass Ihre Sicht der Realität einen schlimmen Schnupfen hat. So hart es auch sein mag: Sie müssen sich selbst versprechen, dieser Art des Denkens keine Minute lang zu vertrauen.

Denn sie ist vollkommen falsch.

Unser Denken kann aus vielen Gründen die falsche Richtung nehmen, und in diesem Kapitel werde ich diese Gründe schonungslos darlegen. Aber zuerst müssen wir die negative Sprache aus Ihrem Kopf verjagen.

■ Erste Hilfe für chronische Verstimmung

Mit chronisch negativer Verstimmung ist nicht zu spaßen. Sie wirft Schatten auf den sonnigsten Tag und macht die kleinste Entscheidung schmerzhaft und schwierig.

Die Sprache der negativen Verstimmung hat ihren Ursprung in einem erschöpften, manchmal auch verzweifelten Geist.

Jede und jeder, der sich schon zu lange in einer solchen negativen Stimmung befindet, sollte die drei folgenden Dinge tun:

1. Klären Sie ab, ob eine physische Ursache vorliegt

Auch wenn Ihre unglückliche Situation durch konkrete Ereignisse hervorgerufen worden ist – durch einen erlittenen Verlust oder eine schwere Kindheit –, so kann Ihr emotionaler Zustand sich mit der Zeit auf Ihre Gesundheit auswirken. Wenn ein Gefühl überstrapaziert wird, bringt es die Chemie des Körpers durcheinander. Wenn Sie in einem Zustand ständiger Angst leben müssen, spielt der Adrenalinspiegel irgendwann verrückt. Ihr Körpersystem kann auch aus anderen Gründen, die wir noch gar nicht kennen, aus dem Lot sein. Deshalb rate ich allen, die unter lang andauernden emotionalen Beschwerden leiden, auch nach den physischen Ursachen zu forschen – selbst wenn der Kummer rein emotional erscheinen mag.

Auch Medikamente können manchmal die Situation positiv verändern, vor allem, wenn es sich um eine schwache Form der chronisch negativen Verstimmung handelt.

»Ich konnte mich einfach nicht überwinden, Medikamente zu schlucken«, sagte Rick. »Ich weiß nicht warum.« Er dachte kurz über sein Leben nach und sagte dann: »Wissen Sie, es ist kaum zu glauben, aber es dürfte etwa 14 Jahre her sein, dass ich einen wirklich glücklichen Tag hatte.«

Ich muss ziemlich erschrocken dreingeblickt haben, denn Rick entschloss sich tatsächlich, etwas zu tun. Er ging in die Bibliothek, las verschiedene Artikel und kam mit neuen Informationen zu mir zurück.

»Es könnte sein«, sagte er, »dass ich depressiv bin, weil ich zu wenig Sonnenlicht abbekomme.« Tatsächlich arbeitete Rick in großen, dunklen Filmstudios als Toningenieur. »Manchmal, wenn ich zum Mittagessen nicht nach draußen komme, fühle ich mich ziemlich scheußlich. Und im Winter, wenn die Tage so kurz sind, geht es mir besonders schlecht.«

Wenn es auch bei Ihnen ähnlich bedeutsame Hinweise gibt, ist es Zeit, einen Experten aufzusuchen – und das tat auch Rick.

Er ging zum Spezialisten, der ihm bescheinigte, dass er an einer saisonal bedingten Depression litt. Man verschrieb ihm eine Lichttherapie; Rick lässt sich nun jeden Tag von einer speziellen Tageslichtleuchte bestrahlen, bevor er zur Arbeit geht.

Rick hatte Glück. Er hat rasch die physische Ursache für sein Leiden gefunden. »Helfen Sie mir ganz schnell dabei, herauszufinden, was ich wirklich will, bevor dieses wunderbare Gefühl weggeht«, sagte er grinsend zu mir. (Seine gute Laune blieb bestehen, und er fand tatsächlich ein Projekt, für das er sich begeisterte. Lesen Sie einfach weiter!)

Sie sollten sich also informieren. Lesen Sie Artikel in Zeitschriften und Zeitungen und verschaffen Sie sich einen Überblick über den neuesten Stand der Forschung bezüglich leichter Depressionen und darüber, ob und welche Medikamente helfen können. Und nehmen Sie unter Umständen medizinische oder psychologische Hilfe in Anspruch.

Kommen wir zum zweiten Schritt.

2. Treiben Sie Sport. Jetzt.

Als ich mir vor zehn Jahren das Rauchen abgewöhnte, überfiel mich das schlimmste morgendliche Elend, das ich jemals erlebt hatte. Ich konnte das Gefühl kaum ertragen und ergriff ein für meine Verhältnisse radikales Gegenmittel: Ich fing an zu laufen.

Wenn ich etwas hasse, dann ist es das Sporttreiben. Meine Vorstellung vom Paradies besteht darin, vor einem Computer zu sitzen und zu schreiben, an einem Tisch zu sitzen und zu reden, unter einem Baum zu sitzen und zu lesen. Und meine liebste Fitnessübung ist ein gemütlicher Spaziergang durch die Einkaufsstraßen von New York.

An jenem Morgen, als ich mit dem Laufen begann, war mein Elend größer als meine Abneigung gegen den Sport. Aus purer Verzweiflung rannte ich eine Zeit lang jeden Morgen und versuchte, meinen schlechten Gefühlen davonzulaufen. Es funktionierte. Ich war zwar nicht gerade in blendender Stimmung, wenn ich von meinen Ausflügen zurückkehrte, aber das größte Elend war vorüber. Und gegen Nachmittag war das Schlimmste überstanden.

Am nächsten Morgen war das Elend wieder da, ich rannte, und es wurde besser. *Das ging ganze sieben Monate so.* Ich erinnere mich noch gut an den Morgen, an dem ich aufwachte und mich wieder froh fühlte. Dann kamen zwei gute Morgen hintereinander. Und dann war die schlechte Zeit vorüber. (Ich hörte sofort mit dem Laufen auf und ging wieder gemütlich spazieren.)

Ich machte dieselben Erfahrungen noch einmal, zwei Jahre später, als ich den Kaffee eine Zeit lang vom Speiseplan strich. Dieses Mal rannte ich mit einem Walkman, aus dem heiße Musik ertönte. Also die Art von Musik, die Tote auferweckt und tanzen lässt. Es bewirkte, dass ich in Höchststimmung von meinen Läufen nach Hause zurückkehrte!

Ein Antidepressivum, für das man kein Rezept braucht – das ist Laufen oder Gymnastik mit Musik, und ich lege Ihnen ans Herz, es damit zu versuchen. Legen Sie los. Stellen Sie die Musik an und bewegen Sie sich mindestens fünf Minuten danach. Selbst diese kleine Dosis ist sehr wirkungsvoll.

Ihnen wird niemals weniger nach Bewegung zumute sein als jetzt, wo Sie sie wirklich nötig haben – aber bewegen Sie sich trotzdem.
Wenn Ihr Motor nun in Schwung gekommen ist, brauchen

Sie noch etwas, was Sie von der Stelle und nach vorne bewegt. Zurzeit sind Sie nicht gut darin, sich selbst in Bewegung zu bringen. Deshalb verrate ich Ihnen nun den dritten Schritt.

3. Setzen Sie sich ein Ziel – am besten eines,
bei dem andere Menschen involviert sind

»Was, bitte schön, soll ich?!«, werden Sie jetzt vielleicht fragen. »Darum geht es doch gerade, ich *kann* mir kein Ziel setzen.«

Aber das stimmt nicht. Sie können kein Ziel finden, das Sie *begeistert*. Sie können sich aber sehr wohl ein Ziel setzen, das Ihnen nicht besonders wichtig ist.

Da Ihnen das Wünschen und Wollen zurzeit Probleme bereitet, können Sie in dieser Situation tatsächlich kein Ziel auswählen, das Ihnen wirklich wichtig ist. Selbst wenn Sie heute eines finden würden, wäre es schon morgen nicht mehr interessant. Sie wissen es, ich weiß es. Wählen Sie deshalb irgendein Ziel aus und verwirklichen Sie es. Es ist gar nicht wichtig, um welches Projekt es dabei geht. Ich schlage vor, dass Sie etwas nehmen, was Sie begeistern könnte, wenn es Ihnen gut ginge, denn Sie *müssen* es tun, ob Sie wollen oder nicht.

Warum ich möchte, dass Sie so handeln?

Weil es Ihnen gut tun wird, deshalb.

Denken Sie daran, es geht hier um Erste Hilfe. Noch sind wir nicht dabei, Ihre eigentlichen Ziele zu erarbeiten. Zunächst einmal möchte ich Sie nur wieder ins Leben zurückholen; also renovieren Sie ein Zimmer in Ihrem Haus, beginnen Sie, Tennis zu spielen, oder bringen Sie jemandem das Lesen bei.

Wenn es irgendwie möglich ist, wählen Sie etwas aus, was Sie in Kontakt mit anderen Menschen bringt. Selbst wenn nur eine einzige Person beteiligt ist, wird Ihnen das helfen, dabei zu bleiben, und Sie werden mehr Kraft schöpfen.

Sie müssen sich in Bewegung bringen. Und Sie müssen in Bewegung bleiben.

»Ich habe mir schon oft Dinge vorgenommen, habe sie aber wieder fallen lassen, weil sie mir so sinnlos erschienen«, sagen Sie jetzt wahrscheinlich.

Nun, dieses Mal wird nichts fallen gelassen.

Es ist nämlich an der Zeit, das entmutigende »Es-ist-sinnlos«-Gefühl von Ihrem Verhalten abzukoppeln. Wenn Sie aufhören, Ihr Verhalten an dieses Gefühl anzupassen, kann der Prozess, herauszufinden, was Sie wirklich wollen, beginnen – selbst wenn Sie in schlechter Stimmung sind.

Bevor die negativen Botschaften verschwinden können, werden Sie ein neues Projekt beginnen müssen, und genau dieses Projekt wird Ihnen dabei helfen, diese Botschaften aus Ihrem Kopf zu verjagen. Also wählen Sie das beste Ziel, das Ihnen einfällt, und machen Sie den Anfang. Sie brauchen diese Sache nicht zu *mögen*, Sie müssen sie einfach nur *tun*. Keine inneren Debatten mehr darüber, ob sie sinnvoll ist oder nicht. Denn Sie sind momentan gar nicht in der Lage zu entscheiden, was sinnvoll ist und was nicht.

Und wenn Sie dann denken: »Warum mache ich das überhaupt?« (was Sie ungefähr alle 10 Minuten tun werden), dann antworten Sie sich selbst, indem Sie sagen: »Weil ich gesagt habe, dass ich es tun würde.« Ende.

Sobald Sie Ihrer Stimmung nicht mehr erlauben, Sie vom Handeln abzuhalten, wird sie sozusagen von Ihrem Projekt abgekoppelt, und das wird Ihnen die Freiheit geben, tiefer in die Arbeit daran einzutauchen. Es wird eine Weile dauern, und es kann gut sein, dass es Ihnen anfangs weiterhin schlecht geht, aber nach einer gewissen Zeit werden Sie feststellen, dass *Sie sich zumindest nicht schlecht fühlen, wenn Sie an Ihrem Projekt arbeiten*.

Und dann beginnt der Prozess der Heilung. Wenn Sie sich in einer Phase depressiver Verstimmung mit einem Projekt beschäftigen, dann ist das so, als ob man einen schwachen Arm oder ein schwaches Bein trainiert: Je mehr man übt, desto stärker werden Körper und Geist.

Wenn Ihnen das ausgewählte Projekt überwältigend groß vorkommt, dann teilen Sie es in Etappen ein, setzen Sie sich kleine Zwischenziele, und zerlegen Sie auch diese Zwischenziele in viele kleine Schritte, bis Sie schließlich auf einen Schritt stoßen, den Sie heute erledigen können. Dann schreiben Sie jeden Schritt in Ihren Kalender. Die Schritte sind dann wie Verabredungen, und Sie müssen sie einhalten wie andere Verabredungen auch.

Versuchen Sie, eine Freundin oder einen Freund als Unterstützung hinzuzuziehen. Besprechen Sie zumindest Ihre Fortschritte regelmäßig mit ihr oder ihm. Ihr Wertesystem ist zurzeit nicht gefestigt, und ein wohlmeinender Mensch kann helfen, es zu stabilisieren.

Cornelia, 44 Jahre, ist Sprechstundenhilfe und eine meiner chronisch verstimmten Klientinnen. Sie schloss sich einer ökologisch orientierten Gruppe in ihrer Nachbarschaft an, die es sich zur Aufgabe gesetzt hatte, die Parks der Stadt zu säubern. Cornelia war entschlossen, das Ziel der Gruppe zu ihrem eigenen zu machen, egal, ob es sie begeisterte oder nicht (Letzteres war am Anfang der Fall):

»Ich wollte zwei Dinge lernen: Ich wollte lernen, Entscheidungen zu treffen und zu ihnen zu stehen; und ich wollte lernen, mit Frustrationen fertig zu werden. Ich entschloss mich also, an jedem Treffen teilzunehmen und an meinem Wunsch festzuhalten, dass der Park sauber sein sollte. Ich weiß, das Ziel scheint sehr unbedeutend zu sein, aber es über Wochen zu verfolgen eröffnete mir eine ganz neue Welt. Manchmal dachte ich, dass es nichts Unwichtigeres und Sinnloseres gab, als den Park zu säubern. Aber hin und wieder wurde ich richtig wütend, wenn jemand in meinem Park Müll hinterlassen hatte! Das veränderte alles. Ich hörte auf, darauf *zu warten, dass das Leben zu mir kam,* und ließ die Dinge durch meine eigene Kraft geschehen!«

Cornelia entdeckte etwas überaus Wichtiges. Wenn Sie chronisch verstimmt sind, sind Sie passiv. Sie warten. Aktiv zu werden kann Ihre Energie befreien und Ihr Leben umwälzen.

Eine weitere Vorsichtsmaßnahme: Sie sollten ein weiteres Projekt in Planung haben, noch bevor das gegenwärtige, erste Projekt endet. Lassen Sie keine Lücken entstehen! Bis sich Ihr Stimmungsbild verändert hat, ist es überaus wichtig, sich teilweise überlappenden Zielen oder Projekten zu widmen.

■ Verletzte Sehnsucht

Wenn Sie die oben beschriebenen Erste-Hilfe-Maßnahmen bei chronischer Verstimmung angewendet haben, können wir einen Blick auf das größere Problem werfen, das sich dahinter verbirgt: Ihre Fähigkeit, zu *wollen*, scheint verletzt zu sein. Wenn Sie nichts interessiert, sieht das Leben aus wie ein Strand voller zerbrochener Ruderboote: Sie können das Ufer nicht verlassen und Sie haben keine Reiseroute. Gleichzeitig schieben andere Menschen, die seltsamerweise voller Enthusiasmus und Begeisterung sind, dieselben Boote ins Wasser, steigen ein und rudern davon. Wie machen sie das? Worin besteht ihr Geheimnis?

Es ist eigentlich ganz normal, hin und wieder in ein Tief zu geraten, in eine Phase, in der alles grau aussieht. Eine große Enttäuschung kann das beispielsweise bewirken. Manchmal passiert es auch, wenn wir ein großes Projekt erfolgreich beendet haben. Unser Organismus scheint Zeiten, in denen wir »down« sind, zu brauchen. Nach einer Weile geht es uns wieder besser, und das Leben interessiert uns wieder.

Das ist jedoch etwas anderes als die mangelnde Fähigkeit, sich dauerhaft für etwas zu interessieren und einzusetzen. Wenn keine physische Ursache dafür festgestellt werden kann, deutet dieser seltsame Mangel an Begeisterung auf eine frühkindliche Ursache hin. *Sie könnten zu den Menschen gehören, deren*

*Fähigkeit, zu wollen und zu wünschen, in einem frühen Alter ver-
letzt worden ist.*

Sämtliche Kapitel dieses Buches handeln letztlich von blo-
ckiertem Wollen, aber ein Mensch, der sich niemals für irgendetwas interessiert, ist fast immer auf ganz dramatische Weise ab-
gebremst worden: Jemand oder etwas hat seine Fähigkeit, sich
etwas zu wünschen und sich dafür einzusetzen, lahm gelegt.
Wenn Sie glauben, dass Sie nichts wirklich interessiert, dann
bin ich sehr froh, dass Sie einen weiteren Versuch unternehmen, doch etwas zu finden (indem Sie dieses Buch lesen) –
denn es steckt viel mehr dahinter, als Sie glauben.

▪ Zum Wollen und Wünschen geboren

Wann immer Ihnen jemand begegnet, der für nichts wirklich
Interesse aufbringt, ist der Grund dafür eine große und echte
Verzweiflung.

Ja, Verzweiflung.

Es ist ein gewichtiges Wort, aber wir sollten nicht herunter-
spielen, was sich hinter dem Mangel an Interesse verbirgt. Eine
große Traurigkeit steckt dahinter. Woher kommt sie?

Menschen, die verzweifeln, haben ein großes Glück verloren.
Die Enttäuschung ist so heftig, dass das Glück, der Traum, großartig und erhaben gewesen sein muss. Wenn das bei Ihnen zu-
trifft, ist es wesentlich, dass wir nach Ihrem einstigen Glück
fahnden. Wir müssen herausfinden, wann Sie es zuletzt hatten,
wohin es gegangen ist und *warum* es verloren ging.

Wenn Sie sich an kein Vorkommnis erinnern können, das
Ihre negative Phase ausgelöst hat, wenn Sie vielmehr denken,
dass es »schon immer« so war, dann habe ich Neuigkeiten für
Sie. Von Geburt aus ist niemand an nichts interessiert!

Von Geburt aus sind Sie voller Neugier und Sehnsüchte. Die
Natur hat es gern, wenn wir Dinge wollen. Wünsche treiben

uns von klein auf an: der Wunsch nach Wärme, Nähe und Nahrung beispielsweise. Neugier folgt dem Wünschen auf dem Fuß. Als Baby haben Sie alles untersucht, worauf Ihr Auge fiel. Alles, was Sie erreichen konnten, haben Sie in Ihre Hände genommen und abgetastet. *Was also ist geschehen?* Wo sind Ihre Wünsche geblieben? Was ist aus all der ursprünglichen Begeisterung geworden?

Sie haben alles versteckt – aus Sicherheitsgründen. Ihre Begeisterungsfähigkeit ist vollkommen intakt. Als kleine Kinder schützen wir instinktiv das, was am wertvollsten ist. Wenn Gefahr droht, verstecken wir unsere Intelligenz oder unsere Originalität und, falls nötig, verstecken wir auch unsere Wünsche. Vielleicht wissen Sie momentan nicht, wie Sie wieder Zugang zu Ihrer verborgenen Sehnsucht finden können, aber tief im Inneren existiert sie noch – vollkommen, stark, einzigartig und bereit zu erscheinen, wenn das Ufer wieder sicher ist.

Als Sie ein Kind waren, ist Ihre Umwelt Ihren Wünschen irgendwann gefährlich geworden, und so haben Sie – sehr weise und sorgfältig – diese wertvollen Dinge vor der Gefahr versteckt. Als erwachsener Mensch möchten Sie, dass Ihr Appetit auf das Leben zurückkehrt, aber Sie finden keinen Zugang.

Machen Sie sich keine Sorgen. Es gibt einen Weg, ihn aufzuspüren. Zunächst schauen wir uns genau an, wie es dazu kam, dass Sie Ihre Sehnsucht verbargen.

Wenn wir uns als Kind für etwas begeistern, aber irgendjemand immer wieder mit einer Nadel in unseren schönen Luftballon sticht, so dass die Luft entweicht, und uns lächerlich dastehen lässt, dann schützen wir uns nach einer gewissen Zeit vor dieser schmerzhaften Situation, indem wir versuchen, unsere Begeisterung in Schranken zu halten. Wir lernen also die Situation zu kontrollieren, indem wir selbst zuerst die Nadel in unseren Luftballon stechen. Jedes Mal, wenn Begeisterung sich Bahn brechen will, bremsen wir uns selbst ab – *und wir tun es in der Sprache der negativen Verstimmung:* »Das ist lächerlich. Das hat keinen Sinn.« Selbst wenn niemand jemals genau diese Worte zu Ihnen gesagt hat – wenn man zu oft enttäuscht und frustriert worden ist, erfindet man sie selbst.

Sich selbst zu schützen, indem man den eigenen Enthusiasmus unterdrückt, ist unvermeidlich. Denn niemand kann eine Dosis Schmerz nach der anderen ertragen. Unglücklicherweise kann die Unterdrückung der eigenen Begeisterung zur Gewohnheit werden.

Ein Nachteil der kindlichen Überlebenstaktiken besteht darin, dass sie ein Eigenleben annehmen können. Wir wenden sie unbewusst weiterhin an, selbst wenn wir das gar nicht mehr brauchen. Wenn wir groß werden und in die Welt hinausgehen, lassen wir die Gefahren der Kindheit hinter uns, nicht aber, oder sehr selten, unsere Überlebensmechanismen. *Menschen, die sich für nichts wirklich interessieren, sind im Grunde genommen Menschen, die nicht damit aufhören können, ihren Enthusiasmus und ihre Begeisterung zu schützen.*

Was hat Sie dazu gebracht, Ihre Begeisterung zu verstecken? Was steckt hinter diesem Verhaltensmuster?

Wenn wir erst wissen, welche Gefahr *Ihnen* hier einst drohte, haben wir die Hälfte der Arbeit in Bezug auf die »Wiedergewinnung der Begeisterungsfähigkeit« geleistet.

Erwachsene können Kindern auf verschiedene Art und Weise »die Luft rauslassen«. Ich gebe im Folgenden einige Beispiele, die Sie an Ihre eigene Kindheit erinnern könnten.

Geschichte Nr. 1
Kritisiert werden

Jackie, eine äußerst intelligente junge Frau aus Idaho, bekommt ein Stipendium für ein Geologie-Studium in Moskau. Es geht ihr blendend dort. Als die Studienzeit vorbei ist, geht sie zurück in die USA und erhält eine Anstellung als Geologin in der Öl verarbeitenden Industrie – aber irgendetwas ist anders als früher. Ihre Liebe zur Geologie verschwindet just zu dem Zeitpunkt, als eine erfüllende Berufslaufbahn ihren Anfang zu nehmen scheint. Nach einigen Monaten kündigt sie das Arbeitsverhältnis und arbeitet danach in mehreren Jobs im Verwaltungsbereich, die ihr wenig Befriedigung verschaffen. Seit ihrer Rückkehr aus Moskau kann sie sich für keinen ihrer Arbeitsplätze begeistern und weiß nicht, was mit ihr los ist:

»Ich weiß nicht, ob ich die Wissenschaft überhaupt jemals gemocht habe. Vielleicht war Moskau einfach nur die Gelegenheit, von zu Hause wegzukommen. Ich war gern mit den Lehrern und anderen Studenten zusammen, und sie mochten mich. Aber als es darum ging, einen Job zu finden, merkte ich, dass ich nicht wirklich an der wissenschaftlichen Tätigkeit interessiert bin. Ich fühlte mich wieder ähnlich deprimiert, wie ich es zu Hause immer gewesen bin.

Ich werde zynisch, sobald ich ein neues Jobangebot bekomme: Auch wenn es einen guten Eindruck macht, vermute ich sofort einen Haken bei der Sache. Und genauer betrachtet, gibt es ihn auch. Die Arbeitsstelle ist nicht gut genug, die Bezahlung ist zu schlecht oder der Job ist zu unsicher oder zu wenig anerkannt. Inzwischen frage ich mich, ob ich mich überhaupt noch mit irgendetwas anfreunden oder für etwas begeistern kann.«

Jackie ist als Einzelkind allein von ihrer Mutter in einer Kleinstadt großgezogen worden. Ihre Mutter hatte ein hartes Leben und war deshalb extrem verbittert. Sie kritisierte Jackie bei allem und jedem, was sie tat. Wenn Jackie etwas gut gemacht hatte, fand ihre Mutter etwas Schlechtes daran. Wenn sie glücklich war, wurde sie von ihrer Mutter als egoistisch bezeichnet. »Wenn ich meine Mutter fragte, warum sie nie etwas Nettes zu mir sagen würde, erklärte sie, sie wolle mir doch nur Enttäuschungen ersparen. Es ist hoffnungslos, mit ihr zu reden.« Jackie zuckte mit den Schultern: »Sie faucht mich jedes Mal an: ›Du willst wohl, dass ich dich lieber anlüge, anstatt dir die Wahrheit zu sagen?‹«

Der Schlüssel zum Geheimnis von Jackies mangelnder Begeisterungsfähigkeit ist die endlose Kritik ihrer Mutter.

Ihre ständige Kritik hat dazu geführt, dass Jackie als Erwachsener der Mut fehlt.

Wenn ein Kind durch zu viel Kritik der Mut genommen wird, dann schaltet es von der natürlichen Bestrebung, die Welt kennen zu lernen, auf pure Überlebenstaktik um. Ähnlich wie ein Land, das sich im Kriegszustand befindet, lässt auch das Kind alle Bemühungen um ein schöpferisches Leben fallen und richtet alle Energien auf den Feind – und versucht ihm (hier: der Kritik) zu entkommen beziehungsweise sie gar nicht erst heraufzubeschwören.

Geschichte Nr. 2
Mitansehen müssen, wie andere kritisiert werden

Es gibt Menschen, die selbst nie kritisiert worden sind, die aber miterlebt haben, wie eine ältere Schwester oder ein älterer Bruder systematisch von einem Elternteil herabgesetzt wurde, und die daraufhin beschlossen haben, unauffällig zu bleiben, damit ihnen das nicht auch passiert. Anders als das Kind, das mitten im Drama steckt, hat das jüngere Kind den »Vorteil«, den Konflikt beobachten und eine Überlebensstrategie ersinnen zu können.

Ein Kind, welches derart schmerzliche Situationen miterlebt, richtet sich fortan nur nach einer Sache aus: nicht in Schwierigkeiten zu geraten. Die eigene Sicherheit ist dem Kind wichtiger als das kleinste Abenteuer. Es hat beschlossen, sich nicht auf das Leben einzulassen.

Wenn das Kind erwachsen wird und von zu Hause weggeht, seufzt es nicht vor Erleichterung auf und fängt auch nicht an zu leben. Wie die japanischen Soldaten, die nach dem Ende des Zweiten Weltkriegs nicht aus ihrem Schützenloch herauskommen wollten, kann es nicht glauben, dass der Krieg zu Ende ist.

Chris, der als Kassierer im Restaurant arbeitete, war das Kind einer Familie, in welcher der Vater die älteren Geschwister schonungslos und voller Wut kritisierte und herabsetzte. Im Alter von fünf Jahren beschloss Chris, für immer ein Kind zu bleiben; unauffällig durchs Leben zu gehen schien das Vernünftigste zu sein: »Ich beschloss, nichts zu wollen. Ich sah, dass meine Brüder und Schwestern attackiert und verbal missbraucht wurden, weil sie eigene Gedanken und Wünsche hatten. Das sollte mir niemals passieren.«

Ich möchte an dieser Stelle kurz unterbrechen und einige Worte über *Wut* und *Depression* sagen: Die Personen in den Geschichten Nr. 1 und Nr. 2 – das überkritisierte Kind und dasjenige, welches emotionale, psychologische oder physische Gewalt hat mit ansehen müssen – leiden an einem weit verbreiteten Kindheitstrauma, das es wert ist, hier etwas genauer untersucht zu werden: *Zu viel Wut in der Familie*.

»Meine Kindheit war ganz in Ordnung, glaube ich«, sagen viele Menschen. »Meine Eltern haben furchtbar viel gestritten und waren wütend aufeinander, aber nicht auf uns Kinder. Wir waren daran gewöhnt, dass sie stritten. Aber wir wussten, dass sie uns lieb hatten.«

Ich fürchte, dass diese Menschen keineswegs eine gute Kindheit hatten. Wenn man genau hinsieht, merkt man schnell, dass niemand aus einer Familie voller Ärger und Wut ins Leben gehen kann, ohne tief davon beeinflusst worden zu sein. Ärger und Wut sind Angst erregende Gefühle und erscheinen besonders kleinen Kindern als sehr gefährlich, selbst wenn sie nicht ihnen gelten. Eine Atmosphäre des Ärgers und der Wut macht ein kleines Kind früher oder später unglücklich. Manchmal zeigt sich dieses Unglücklichsein erst im späten Alter, wenn sich die Kindheitsfantasien vom glücklichen Leben nicht erfüllt haben – und sie können sich auch gar nicht erfüllen, da *unglückliche Kinder unrealistisch hohe Erwartungen an das Leben ha-*

ben. Ein paar Enttäuschungen genügen, um diese Kinder hoffnungslos und deprimiert werden zu lassen. Depression ist ein Überlebensmechanismus, ähnlich dem Verhalten kleiner Tiere, die schädlichen Einflüssen aus dem Weg zu gehen versuchen, indem sie müde werden, sich in ein sicheres und dunkles Loch verziehen und schlafen. Wenn wir in einen positiven Gemütszustand zurückspringen könnten, sobald die Gefahr vorüber ist, wäre Depression eine äußerst praktische und sinnvolle Reaktion. Unglücklicherweise ist eine Depression jedoch nur schwer abzuschütteln.

War Jackies Mutter voller Wut?

Jackies Mutter mag sogar selbst glauben, dass sie ihrer Tochter nur etwas über das Leben beibringen wollte, aber es stimmt nicht: Ihre Kritik war rücksichtslos und verletzend, nicht ermutigend.

Wenn jemand Kritik mit Abwertung verbindet, dann ist er oder sie wütend. Wütende Menschen müssen kritisieren, um ihre eigene Wut loszuwerden. Deshalb sollten Sie unfreundliche, abwertende Kritik auch immer zurückweisen. Die Absicht des Kritikers besteht in diesem Fall nicht darin, Ihnen zu helfen oder Sie zu belehren, sondern Sie zu bestrafen. Wenn Jackie nach einem Telefonat mit ihrer Mutter den Hörer hinlegt, fühlt sie sich bestraft. Und dieses Gefühl ist vollkommen korrekt.

Aber Wut und Ärger sind nicht die einzigen Dinge, die sich negativ auf unsere angeborene Begeisterungsfähigkeit auswirken.

Geschichte Nr. 3
Ständig gestört werden

Liebevolle Eltern können unbeabsichtigt die Entwicklung der Begeisterungsfähigkeit ihrer Kinder stören, indem sie diese zu oft bei dem, was sie tun, unterbrechen und stören.

Diese Eltern würden alles für ihre Kinder tun – außer sie allein lassen.

Sie zerren ihre Kinder zu interessanten oder »nützlichen« Aktivitäten, weil sie annehmen, dass Kinder ständig Unterhaltung brauchen. Manchmal glaube ich, dass sie sich unwohl oder schuldig fühlen, wenn ihre Kinder Zeit damit verbringen, vor sich hin zu träumen oder allein zu spielen – als ob das hieße, dass sie ihre elterlichen Pflichten vernachlässigten.

Aber es gibt einen ganz natürlichen Fluss der Gedanken in unserem Kopf, wenn wir allein sind. Man kann den Rhythmus bei spielenden Kindern beobachten. Wenn ein Spielzeug die Aufmerksamkeit eines Kindes erregt, so spielt es eine Weile damit, dann schaut es aus dem Fenster und denkt für einige Zeit nach, und dann steht es auf und sucht sich jemanden zum Spielen. Für die Entwicklung von Neugier und Enthusiasmus sind all diese Aktivitäten wichtig.

Wenn Kinder älter werden, verlängert sich auch ihre Aufmerksamkeitsspanne. Stundenlang beschäftigen sie sich mit der Reparatur eines Fahrrads, lesen ein Buch oder spielen mit Freunden, und diese Aktivitäten fühlen sich gut und wichtig an.

Aber immer wenn Cornelia als Kind allein spielte, kam ihre Mutter herbei und fing an zu reden. Mit den Jahren wurde aus Cornelia ein angespanntes und schnell erschöpftes Kind. Sie vergaß, wie es war, in die eigene Gedankenwelt einzutauchen.

Als sie zur Beratung zu mir kam, hatte sie sich angewöhnt, nichts von dem, was sie anfing, zu Ende zu bringen: »Ich interessiere mich beispielsweise für einen Beruf, aber sobald ich daran denke, wirklich etwas in der Richtung zu unternehmen, verschwindet mein Interesse. Einen Job suchen, einen Lebenslauf schreiben, Anrufe zu tätigen, alles kommt mir wie ein riesiges Projekt vor, so dass ich schon erschöpft bin, wenn ich nur daran denke.«

Warum verlässt Cornelia ihre Kraft? Weil es die Sehnsucht ist, die uns Kraft gibt, und weil das sehnsüchtige Verlangen bei

Cornelia keine Chance hatte, sich ungestört zu entwickeln. Wir alle müssen ein ganz »privates« inneres Selbst entwickeln, und wenn die Familie unsere Autonomie nicht anerkennt, wird unsere innere Balance zerstört. Wir gewöhnen uns daran, uns auf *sie* zu konzentrieren anstatt auf das, was uns interessiert.

Wann immer jemand glaubt, dass Sie oder Ihr Leben ihm gehört, ganz egal, wie warmherzig und großzügig er sein mag, handelt es sich um einen Tyrannen. Ein liebender Tyrann zu sein ist ein Fehler, den man leicht begehen kann. Wenn die Kinder klein sind, dann gehören sie einem auf eine gewisse Art und Weise tatsächlich: Man trägt Verantwortung für das, was mit ihnen geschieht. Und wenn sie größer werden, wird erwartet, dass man die eigenen Werte an sie weitergibt. Aber wenn man nicht lernt, das »Anderssein« der eigenen Kinder zu respektieren, wenn man sich zu sehr in ihre Zeit, ihre Spiele, die Schularbeiten, den Freundeskreis einmischt, dann wissen sie nicht, wie sie sich gegen die ständige Unterbrechung von außen abgrenzen sollen, selbst nachdem sie erwachsen geworden sind.

Geschichte Nr. 4
Nicht gehaltene Versprechungen

Manche Eltern können es nicht lassen und verführen ihre Kinder mit wundervollen Fantasiegeschichten. Die Begeisterung eines Kindes bereitet große Freude, und Erwachsene muntern sich selbst auf, indem sie Begeisterung in Kindern wecken. Wenn dem Kind klar ist, dass der Erwachsene nur etwas vorspielt, entsteht kein Schaden. Aber es ist sehr schädlich, wenn Erwachsene Versprechen geben, die sie nicht einzuhalten gedenken.

Sandras Vater sagte immer: »Wir fahren diesen Sommer in den Urwald, nach Peru!« Oder: »Okay, wir werden am Wochenende nach Disneyland fahren.« Aber sie fuhren niemals irgendwohin.

Immer wieder weckte Sandras Vater die kindliche Begeisterung, so dass die Kinder manchmal die ganze Woche über nicht schlafen konnten – bis schließlich das Wochenende kam und er alles vergessen hatte oder keine Zeit hatte. Wenn Sandra oder ihr Bruder dann aus Enttäuschung heulten, wurde er wütend. Oft stürmte er dann aus dem Haus und blieb zusammen mit dem Familienauto für den Rest des Tages verschwunden.

Vieles von dem, was Sandras Vater versprach, hätte er ohne weiteres einlösen können. Aber er tat es einfach nicht. Er unternahm weniger mit seinen Kindern als die meisten Eltern in der Nachbarschaft.

Also lebte Sandra in Fantasien. Ihre Probleme mit der Realität machten sich später bei der Arbeit und in ihren persönlichen Beziehungen bemerkbar. Sie half dabei, als Beraterin einen mittelständischen Betrieb aufzubauen, aber sie zollte ihrer Arbeit keinen Respekt. Sie war auch nicht an »normalen« Männern interessiert, sondern ließ sich auf kurze Episoden mit attraktiven, unehrlichen Männern ein – und litt schrecklich bei jeder Trennung und hatte Angst, niemals einen Ehemann zu finden, was eine für sie kaum erträgliche Erniedrigung bedeutet hätte. Das ständige In-der-Fantasie-Leben und die vielen Enttäuschungen ihrer Kindheit machten sie schließlich so verzweifelt, dass sie nur noch einen großen Traum hatte: Ein Prinz sollte kommen und ihr Leben verändern.

Sie gehörte zu den Menschen, die in die Fantasie flüchten, weil die Realität eine große Enttäuschung für sie darstellt. Manche glauben, dass die Realität immer eine Enttäuschung ist – und zwar für uns alle –, aber das ist nicht zutreffend. Nicht alle Menschen ziehen die Fantasie der Realität vor; nicht alle Menschen sind vom Leben enttäuscht. Wenn es bei Ihnen so ist, müssen Sie genau untersuchen, woher diese Enttäuschung stammt. Herauszufinden, was Ihnen zugestoßen ist, wird Sie zum Leben erwecken.

Die Enthüllung der Wahrheit ist der erste und größte Schritt, der Ihr Leben verändern und Ihre Begeisterungsfähigkeit und Ihre Wünsche wieder beleben wird.

▪ Erkennen, was traurig macht

Wenn Licht in die dunklen Ecken unseres Geistes fällt, dorthin, wo unsere ältesten Annahmen über das Leben lagern, dann sieht unsere gesamte Welt plötzlich anders aus. Zu wissen, was uns traurig macht, zu erkennen, dass alle Schwierigkeiten einen Namen und eine Ursache haben und ihnen eine Logik zugrunde liegt, ist befreiend. Nichtwissen macht hilflos, die Wahrheit befreit. Bei den Menschen, von denen ich berichtet habe, führte ihre Einsicht zu folgenden Problemlösungen:

Jackie: Ich hasste die Kritiksucht meiner Mutter, habe sie aber nie mit meinen Problemen in Zusammenhang gebracht. Ich wusste nicht, warum ich immerzu schlechter Stimmung war, selbst wenn ich sie monatelang nicht gesehen hatte. Heute weiß ich, dass ich selbst ihre Aufgabe bei mir erledigt habe.

Chris: Ich fühlte mich als großer Versager, weil ich so vorsichtig war und nie die Initiative ergriff. Mein Bruder und meine Schwester haben mit meinem Vater die Hölle erlebt; ich wusste nicht, dass ich beschlossen hatte, so unauffällig zu werden, dass er mich nicht erwischen konnte.

Cornelia: Ich habe immer geglaubt, dass ich faul bin, aber jetzt weiß ich, dass ich stets erwartet habe, gerettet zu werden. Wenn ich selbst für mich sorgte, fühlte ich mich schrecklich, so als ob ich verlassen worden wäre.

Jackie, Chris und Cornelia haben Glück, denn sie wissen jetzt, was ihren natürlichen Instinkt in Bezug auf das Wünschen und Wollen blockiert hat. Sie haben damit den größten Schritt getan, der nötig ist, um die Gewohnheit der chronischen Verstimmung abzulegen. Ich hoffe, diese Geschichten haben Ihnen geholfen, dasselbe zu tun. *Aber selbst wenn Sie die konkrete Ursa-*

che für Ihre mangelnde Begeisterungsfähigkeit nicht herausfinden können – Sie wissen jetzt zumindest, dass Sie vor keinem unlösbaren Rätsel stehen. Etwas ist Ihnen zugestoßen, das ist klar.

Lassen Sie uns nun untersuchen, was Sie tun können, damit Ihre natürliche Begeisterung für das Leben zurückkehren kann.

■ Die Welt sicher machen für Ihre Wünsche

Um Ihren Enthusiasmus aus seinem Versteck zu locken, genügt es meistens nicht, nur zu wissen, warum er sich verborgen hat. Ihre Vergangenheit hat viel Macht über Sie, und deshalb müssen wir Strategien entwickeln, die ihre Macht verringern.

Lösung Nr. 1
Geben Sie der Kritik nach

Wenn es Ihnen so wie Jackie ergangen ist und Sie sich nicht aus einer negativen Beziehung zu einem Menschen lösen können, dann brauchen Sie eine Strategie, die Sie davon abhält, sich in Spielchen verwickeln zu lassen. Eine meiner liebsten Methoden ist die folgende: Wenn jemand versucht, Sie davon zu überzeugen, dass Sie nichts taugen, dann stimmen Sie diesem Jemand einfach zu – und beobachten dann, wie dieser ganz überraschend von Ihnen ablassen wird.

»Der Kampf an sich ist Ihr Feind«, erklärte ich Jackie. »Wenn man den Kampf nicht gewinnen kann, dann verliert man ihn am besten für kurze Zeit. Entspannen Sie sich und seien Sie unglücklich. Nehmen Sie einen Job an, gehen Sie Ihren Geschäften nach und lassen Sie Ihre Mutter den Kampf gewinnen. Ich glaube, dass Sie dann eine große Überraschung erleben werden.«

Jackie fiel es zunächst sehr schwer, überhaupt nur daran zu denken, ihrer Mutter und deren Behauptungen zuzustimmen, aber schließlich wollte sie es zumindest einmal versucht haben. Beim nächsten Telefonat hörte sie auf zu erzählen, dass alles in Ordnung sei und nahm ihrer Mutter damit den Wind aus den Segeln. Sie erzählte ihrer Mutter, wie schrecklich ihr Leben war: »Ach, ich tauge einfach nichts. Ich habe nicht wirklich etwas erreicht, und viel Geld habe ich bislang ja auch nicht gerade verdient.«

Zunächst reagierte die Mutter wie üblich: »Es ist deine eigene Schuld, du hast alles ruiniert«, aber Jackie antwortete nicht mehr in der üblichen Art und Weise.

»Du hast Recht. Ich habe wirklich alles ruiniert«, sagte Jackie. »Ich weiß nicht, warum ich so dumm bin. Aber ich war schon immer dumm.«

Auf der anderen Seite war es still, bis Jackies Mutter schließlich sagte: »Also, dumm bist du nie gewesen«, und das Spiel kehrte sich um. Nach einigen Telefonaten in diesem Stil fing die Mutter an, Jackie zu ermutigen. »Du bist nicht dumm, dein Chef ist an allem schuld. Lass ihn bloß nicht damit durchkommen.«

»Zum ersten Mal in meinem Leben werde ich nicht von meiner Mutter kritisiert«, sagte Jackie. »Was ist nur los?«

Jackie hatte den Kreislauf durchbrochen. Ihre Mutter war wütend auf dieses »glückliche« Kind, weil ihr eigenes Leben vergleichsweise hart war, und jedes Mal, wenn Jackie ihrer Mutter zu imponieren versuchte, baute sie sich damit als Zielscheibe auf. In dem Moment, in dem Jackie den Schläger aus der Hand legte und die Bälle vorbeifliegen ließ, war das Spiel aus.

Lösung Nr. 2
*Schreiben Sie Loblieder auf Ihre Abwehrmaßnahmen
und Ihre »Unzulänglichkeiten«*

Ihre Probleme werden durch Ihre Abwehrmaßnahmen verursacht. Ihre Abwehrmaßnahme gegen Kritik oder ungewollte Störung bestand darin, sich passiv zu verhalten, unentschlossen oder träge. Lassen Sie uns zunächst diesen Taktiken unseren vollsten Respekt erweisen, denn sie haben uns am Leben erhalten und unsere wertvolle Fähigkeit, zu wünschen und zu wollen, vor dem Bombenhagel der Kritik und der Wut geschützt.

Übung 1
Ein Lob auf die Abwehrmaßnahmen

Teil A: Es ist an der Zeit, die Abwehrmaßnahme, die Sie zur Passivität verleitet hat, zu bewundern. Loben Sie sie dafür, dass sie so klug war, Ihre Wünsche vor brutaler Behandlung zu bewahren. Schreiben Sie Ihr Lob in Form eines Gedichts, eines Pop-Songs oder einer Arie. Ich weiß, dass es Ihnen vielleicht komisch vorkommen wird, so als ob man die Bremsen dafür lobt, dass sie einen nicht weiterfahren lassen, aber bedenken Sie, dass diese Abwehrmaßnahme Ihre Leidenschaften über all die Jahre hinweg sicher in Ihrem Inneren verborgen und vor Zerstörung bewahrt hat – sie verdient Lob und Dankbarkeit!

Teil B: Es gibt noch eine andere Methode, um den Kampf mit Ihrem Kritiker zu beenden: Schreiben Sie eine Hymne auf das, was man Ihnen ständig vorgeworfen hat. Wenn jemand Sie zum Beispiel als dumm bezeichnet hat, schreiben Sie eine »Hymne an die Dummheit«.

Zum Beispiel: Dumme Menschen sind höflich, witzig, nett und großzügig. Sie verletzen andere Menschen nicht. Sie sind oft gute Zuhörer. (Und sie sind gar nicht so dumm. Sie halten einfach nur ihren Mund geschlossen und ihren Geist offen.)

Wenn Sie als Angeber oder als zu schüchtern galten, dann schreiben Sie Liebeslieder über Menschen, die dynamisch, vorlaut oder Superstars sind – oder über stille Menschen und Zauderer. Schreiben Sie eine Hymne auf jene, die alles anfangen und nichts zu Ende führen. (Welche Vorstellungskraft sie doch haben! Welchen Mut!) Oder schreiben Sie eine Hymne auf

Menschen, die nicht mit Geld umgehen können. (Wie leicht sie durchs Leben gehen, wie großzügig, wie entspannt sie doch sind, wie anders als Menschen, die das Geld überaus wichtig nehmen!)

Das nächste Mal, wenn jemand es geschafft hat, dass Sie sich dumm vorkommen (oder laut, egoistisch, eingebildet), erinnern Sie sich an das Positive, das Sie schriftlich festgehalten haben, und sagen Sie laut: »Ich mag dumme Leute irgendwie. Sie sind meistens sehr nett, witzig … usw.« Nehmen Sie die Stille wahr, die dann auf der anderen Seite der Leitung eintritt. Ihr Kritiker mag glauben, dass Sie ein seltsamer Typ sind, aber Sie haben ihm die größte Waffe aus der Hand geschlagen – Sie geben nichts darauf, was er denkt!

Im Prinzip sagen Sie: »Ja und, was ist schon dabei?«

Wenn Sie sagen: »Ja und?«, dann richten Sie das Scheinwerferlicht auf den Kritiker und weg von sich selbst. Und Sie sagen: »Ich muss mich hier auf nichts einlassen, nur weil *du* das willst.«

Chris, der mit ansehen musste, wie sein Vater seine Geschwister lächerlich machte, hatte eine Heidenangst vor jeglicher Kritik entwickelt. Dann lernte er »Ja und?« zu sagen.

Und es geschah etwas sehr Interessantes: Er bemerkte, dass er sein Leben mehr und mehr akzeptieren konnte. Er hörte auf, sich ständig zu sagen, dass er nicht glücklich war, er hörte auf, sich immer wieder sein Versagen vor Augen zu führen, und er begann die Tage so zu nehmen, wie sie kamen.

»Gestern war ich Skilaufen, und es war ein schöner Tag«, sagte er. »Ich hatte zuvor auch schon schöne Tage erlebt, aber wenn ich dann nach Hause kam, wischte ich alles weg, indem ich dachte: ›Aber ich habe keinen Beruf, der mir gefällt, ich habe keine Frau und kein Leben, das ich liebe.‹ Nichts zählte, wenn ich nicht das absolute Glück erlebte. Dieses Mal machte ich es anders. Ich dachte nur daran, was es für ein schöner Tag gewesen war, und erledigte meine Aufgaben. *Ich beginne zu er-*

kennen, dass mein Leben gar nicht so schlimm ist, wie ich immer geglaubt habe.«

Das Leben ist kein Kampf um »Alles oder Nichts«, um Glückseligkeit oder Elend. Das Leben ist überhaupt kein Kampf. Das Leben ist das Leben. Manchmal ist es in Ordnung, manchmal ist es sehr schön, manchmal wundervoll, manchmal langweilig, manchmal unerfreulich. Wenn ein Tag nicht perfekt ist, dann bedeutet das kein Versagen und keinen schrecklichen Verlust. Es ist einfach nur ein Tag.

Lösung Nr. 3
Entlarven Sie Ihren Vater oder Ihre Mutter

Wenn Sie Licht ins Dunkel Ihrer Probleme gebracht haben, Ihrem Kritiker zugestimmt, ein Gedicht oder Liebeslied an Ihre charakterlichen Mängel geschrieben und »Ja und?« gesagt haben und Sie Ihr Leben dennoch nicht so akzeptieren können, wie es ist (so erging es Sandra), dann sollten Sie mit Ihrem Vater oder Ihrer Mutter Folgendes tun: Im Musical ›Der Zauberer von Oz‹ gibt es eine Szene, in der Toto, der Hund, einen Vorhang aufzieht, hinter dem der große und mächtige Zauberer von Oz sitzt – und dieser sich als schmächtiges, zitterndes, kleines Männchen entpuppt.

Sie müssen den Eltern ihre übergroße Macht nehmen, indem Sie erkennen, was wirklich hinter ihrem Verhalten steckte. Die folgende Übung wird Ihnen die Augen öffnen.

Übung 2
In die Rolle des Kritikers schlüpfen

Tun Sie einmal so, als ob Sie die Person wären, die Ihnen das Leben schwer gemacht hat. Dann nehmen Sie Stift und Papier zur Hand und schreiben *ihre* Geschichte auf. Erklären Sie aus der Position des Kritikers heraus, warum Sie so kritisch waren oder warum Sie Versprechungen nicht eingehalten haben.

Warum würde jemand Kindern etwas versprechen und sich dann nicht daran halten?

Sandra glaubte, dass sie eine Menge über das Leben ihrer Eltern wusste, aber mit dieser Übung holte sie ganz neue Informationen über ihren Vater ans Licht. (Sie nutzte die Informationen, die sie hatte, und erfand alles andere – was bei dieser Übung vollkommen in Ordnung ist.)

Hier spricht Sandras Vater:

»In den zwanziger Jahren, als ich Kind war, war mein Vater (Sandras Großvater) ein reicher Mann, und uns allen ging es sehr gut. Wir hatten eine Yacht, es gab viele Gartenfeste und sogar hin und wieder einen Kurztrip nach Paris. Aber dann investierte mein Vater in die falschen Aktien, und während des Börsenkrachs verlor er alles. Ich habe ihm das nie verziehen, begrub meine Träume und wurde ein vernünftiger, praktischer Mensch.

Ich dachte, ich würde Träumer hassen – aber dann verliebte ich mich in eine äußerst unpraktisch veranlagte Frau. Sie war wunderschön, viel schöner als alle praktisch veranlagten Frauen, die ich kannte. Am Anfang genoss ich es, der tüchtige Mann zu sein, der für sie sorgte, aber als dann die Kinder kamen, verlor sich der Charme ihrer verträumten Art, und ich wurde immer ungeduldiger mit ihr.

Meine Tochter Sandra erinnerte mich an mich selbst, wie ich als Kind gewesen war – sie war genau so ein Träumer wie ich damals. Ich liebte es, ihre Augen aufleuchten zu sehen, wenn ich ihr von tollen Dingen erzählte, die wir gemeinsam unternehmen würden, zum Beispiel in den Zirkus zu gehen. Aber wenn der Zirkus dann tatsächlich in der Stadt war, wurde ich ärgerlich und wütend. Wie konnten wir nur dort unsere Zeit verplempern? Es gab schließlich wichtige Dinge zu erledigen. Und meine Tochter würde womöglich eine Träumerin werden wie ihre

Mutter. Immer wenn sie unnütze Dinge wollte, zum Beispiel ins Kino gehen, wurde ich böse. Ich ärgerte mich, dass sie nicht praktischer veranlagt war, es machte mir auch Angst.«

Sandra war schockiert, als sie sich selbst diese Dinge sagen hörte. »Er kämpft mit sich selbst, wenn er mit mir kämpft! Die Identitäten sind vollkommen vertauscht – das ist schon sehr seltsam.«

Ich erklärte Sandra, dass vertauschte Identitäten – auch Projektionen genannt – bei Eltern sehr häufig vorkommen.

Als Sandra verstanden hatte, dass die Ursache all der nicht eingehaltenen Versprechungen die Ängste ihres Vaters waren und diese mit ihr nichts zu tun hatten, konnte sie an ihrem eigenen Leben arbeiten. Sie beschloss, sich von schicken Männern nicht mehr blenden zu lassen, und hielt nach einem normalen Mann Ausschau. Sie zog in ein Apartmenthaus voller Singles und versuchte so viele wie möglich von ihnen kennen zu lernen. Sie verbrachte viel Zeit am Swimmingpool, ging zu Grillfesten und gab selbst Partys in ihrem Apartment. Sie begann zu verstehen, was normale, nette Männer ausmacht.

»Zuerst fand ich es furchtbar. Ich mochte diese praktisch veranlagten Männer überhaupt nicht. Sie würden mich doch nur in ein langweiliges, wenig inspirierendes Leben verwickeln. Doch diese Männer wurden besser mit dem Leben fertig als ich und verdienten dafür eine Menge Respekt.« Sandra bemühte sich, diese neuen Bekannten und Freunde zu respektieren, und arbeitete härter als je zuvor in ihrer Beratungsfirma. Und sie trat einer Theatergruppe bei.

»Die Schlüsselperson, die ich zu respektieren lernte, war ich selbst«, sagte sie. »Als es im Beruf besser ging und sogar ein Artikel über meine Arbeit in der Zeitung erschien, merkte ich, dass ich in der realen Welt durchaus etwas galt. Danach fiel es mir leichter, andere Menschen zu respektieren.«

Sandra ist nicht die Einzige, die als Kompensation für Enttäuschungen unrealistisch hohe Erwartungen an ihre Umwelt und das Leben stellt. Das gesamte Konzept vom »Glück« verdient an dieser Stelle eine genauere Betrachtung.

▪ Glück

Es ist möglich, zu viel Glück zu wollen.

Es ist nicht unbedingt in Mode, etwas Derartiges zu behaupten, und meine Arbeit besteht im Prinzip darin, Sie zu ermutigen, Ihr Leben so schön wie nur möglich zu gestalten. Aber ich werde misstrauisch, wenn ich jemandem begegne, der mit allem unzufrieden ist, was nicht wie das absolute Glück aussieht.

Als ich Jackie kennen lernte, hatte sie bereits ein Dutzend Jobs ausprobiert. »Ich möchte eine Arbeit, die mich absolut glücklich macht«, beharrte sie.

Ich sagte: »Nun, Sie sind so unglücklich, wie wäre es denn mit einem Job, der Sie zumindest nicht unglücklich macht? Um das richtige Glück können wir uns später kümmern.«

»Nein«, sagte sie. »Ich möchte glücklich sein.«

Wann werde ich endlich glücklich sein?

Chronisch negativ verstimmte Menschen scheinen mehr Glück vom Leben zu erwarten als andere! Man würde meinen, dass ein chronisch trauriger Mensch damit zufrieden wäre, wenn es ihm einigermaßen gut ginge, doch das ist er oftmals nicht.

Er scheint nicht zu wissen, dass die meisten von uns nicht jede Sekunde des Tages in einem Zustand absoluter Glückseligkeit verbringen – und damit überhaupt keine Probleme haben. Ich war irritiert von Jackies Wunsch nach »absolutem Glück«.

Wir mussten uns ihre Geschichte noch einmal ansehen. Sie war in einen Kampf mit ihrer Mutter verstrickt. *Und es ging bei diesem Kampf ums Glücklichsein.*

»Wollte Ihre Mutter, dass Sie *unglücklich* sind?«, fragte ich.

»Nein, aber sie hörte nicht gern, dass ich glücklich war. Es störte sie irgendwie.«

Da war sie, die Dynamik, die ich vorher nicht wahrgenommen hatte. Man kann sie oft bei Menschen beobachten, die übermäßig kritisiert oder sehr oft in ihrem Tun gestört worden sind. Die Mutter oder der Vater fühlt sich tatsächlich beunruhigt, wenn das Kind ein von ihr oder ihm unabhängiges Glück erfährt. Wie kann das sein? Ganz sicher würde niemand seinem Kind Glück missgönnen, oder?

Bei manchen Eltern ist das jedoch durchaus der Fall.

Eltern sind auch nur Menschen und haben irrationale Gefühle und Gedanken:

— »Wenn sie glücklich ist, wird sie fortgehen und mich verlassen.«

— »Wenn ein Kind zu glücklich ist, bringt das Unglück; etwas Schreckliches wird passieren.«

— »Wenn mein Sohn glücklich ist, dann ist das sehr egoistisch von ihm. Was ist mit mir?«

Ohne es sich selbst bewusst einzugestehen, zeigen viele Eltern eine negative Reaktion auf das Glück ihrer Kinder.

Kein Wunder, dass so viele chronisch negative Menschen *auf dem großen Glück beharren, anstatt auf einfacher Zufriedenheit.* Sie waren in einen Kampf mit ihren Eltern verstrickt und sie brauchten das große Glück als Schutz- und Abwehrmaßnahme gegen die enorme, von den Eltern ausgehende Tendenz zum Unglücklichsein – ständiges Glück erschien als einzige Zuflucht vor ständiger Unzufriedenheit.

Den Eltern liebevoll das Loslassen beizubringen ist eine Arbeit, die erwachsene Kinder leisten müssen. Anstatt weiter die Kindesrolle beizubehalten, müssen Sie gegenüber Ihren Eltern die Rolle eines freundlichen, aber entschlossenen Erwachsenen einnehmen. Das sind Sie ihnen schuldig. Ihre Eltern haben Ihnen geholfen, Schule und Ausbildung zu absolvieren; nun helfen Sie Ihren Eltern, Sie loszulassen und Ihr eigenes Leben zu führen.

Jackie entwöhnte ihre Mutter auf sanfte Art. Sie schickte ihr häufiger Postkarten und reduzierte dafür die Telefongespräche und die Besuche. *Wenn sie mit ihrer Mutter redete, ließ sie diese mehr über sich selbst sprechen, anstatt wie bisher jedes Detail aus ihrem Leben vor ihrer Mutter auszubreiten.*

»Wir waren es gewöhnt, dass sie mich über alles und jeden ausfragte. Sie war so liebenswürdig, und es fiel mir schwer, ihr nicht mehr alles zu erzählen, was sie wissen wollte. Ich entwickelte dafür eine bestimmte Technik, die ich regelrecht einübte. Wenn sie mich mit der Frage ›Und wann heiratest du jetzt endlich?‹ unter Druck setzte, dann antwortete ich mit einer Gegenfrage: ›Wusstest du denn, dass du Vater heiraten würdest, als du ihn kennen lerntest?‹ Und schon war sie abgelenkt und erzählte ihre eigenen Geschichten. Es war ein Trick, aber ein sehr freundlicher Trick, und er funktionierte besser, als wenn ich ihr wehgetan hätte, indem ich mich vollkommen von ihr zurückzog.«

Nun verfügen Sie über einige Techniken, die Ihre Welt für das Wünschen und Wollen sicherer machen werden. Jetzt müssen wir nur noch Ihren Enthusiasmus davon überzeugen, dass es sicher für ihn ist, aus seinem Versteck zu kommen.

■ Wie Sie das Wagnis eingehen können

Es war ein sehr weiser Entschluss, Ihren Enthusiasmus für bessere Zeiten aufzuheben.

Jetzt sind die besseren Zeiten da.

Sie müssen sich wieder von etwas begeistern lassen. Das setzt Sie zwar dem Risiko aus, enttäuscht, kritisiert oder ausgelacht zu werden. Aber Sie haben das Recht zu tun, was Sie tun möchten, egal, was andere sagen. Genau das ist mit der Wendung »das Leben riskieren« gemeint: nicht halsbrecherische Abenteuer, sondern das Wagnis, etwas zu wollen, was Sie sich seit Ihrer Kindheit selbst ausgeredet haben. Das Wagnis, etwas zu versuchen. Das Wagnis, eventuell als Narr oder Närrin dazustehen.

■ Trauen Sie sich, ein Narr zu sein

Das Schlimmste, was Ihnen als begeisterter Erwachsener passieren kann, besteht darin, dass Sie Menschen, die es nötig haben, andere zu kritisieren, als Narr oder Närrin erscheinen. Aber lassen Sie mich Ihnen versichern: Ihre Begeisterung ist dieses Risiko wert. Wenn Sie sich wieder erlauben, enthusiastisch bei einer Sache zu sein, dann sind Sie so mit Wundern erfüllt, dass es Sie absolut nicht kümmert, was andere von Ihnen denken.

Isaac Bashevis Singer erzählt eine Geschichte über einen wundervollen Narren, über die Sie einmal nachdenken sollten:

Eines Tages bekam der Dorfnarr und seine Frau Besuch von einem Freund. Er sagte zu ihnen: »Ihr müsst einmal nach draußen gehen! Da läuft eine Kuh an den Wänden eures Hauses hoch!«
Der Narr stand auf und fragte: »Wirklich?«
Seine Frau sagte: »Er macht doch nur einen Spaß. Kühe laufen keine Häuserwände herauf, und das weißt du ganz genau.«
Aber der Narr lief aus dem Haus, um nachzusehen.
Als er zurückkehrte, fragte seine Frau: »Und, hast du eine Kuh unsere Hauswand hochlaufen sehen?«
Verschämt sagte der Narr: »Nein.«
Und der Freund schüttete sich aus vor Lachen.
»Warum hast du denn nachgesehen? Warum tust du es immer wieder?«, fragte die Frau.

Sanft lächelnd sagte der Narr: »Ich wusste schon, dass da sehr wahrscheinlich keine Kuh sein wird, die unsere Hauswand hochklettert. Aber nur mal angenommen, es wäre doch eine da gewesen? Das hätte ich nicht verpassen wollen.«

Im Leben wie in der Literatur zeichnen sich große Lebensläufe durch nicht zu beschämenden kindlichen Eifer aus – sowie der Bereitschaft, Gelegenheiten beim Schopfe zu packen und dabei, falls nötig, auch närrisch auszusehen.

Mozart und Shakespeare scheuten sich wahrlich nicht, Narren zu sein – und sie führten großartige Leben. Wenn Sie bereit sind, Ihr Leben sicher genug für Ihren Enthusiasmus zu machen, und er sich wieder herauswagt, dann können auch Sie ein großartiges Leben haben.

Wie schon in der Bibel geschrieben steht: »Hingehaltene Hoffnung macht das Herz krank, erfülltes Verlangen ist ein Lebensbaum.« (Spr 13,12)

Bleiben Sie in finanzieller, emotionaler oder sonstiger Hinsicht hinter Ihren Möglichkeiten zurück? Haben Sie ein oder zwei große Träume, die sich einfach nicht erfüllen wollen? Machen Sie Versprechungen, die Sie nicht halten können?

Sind viele Menschen böse auf Sie? Haben diese Menschen es satt, Ihnen zu helfen? Verlangen sie von Ihnen, dass Sie Ihre Rechungen selbst bezahlen, Ihre Probleme selbst lösen und dass Sie die Dinge tun sollen, die man als gewöhnlicher Mensch eben zu tun hat? Und Sie selbst: Ignorieren Sie die Ratschläge dieser Menschen oder sind Sie wütend auf sie und fühlen sich von ihnen missverstanden?

Wenn Sie diese Fragen mit »Ja« beantworten, dann weigern Sie sich, ein Leben wie alle anderen zu führen, und heben sich und Ihr Leben für ein ganz spezielles Schicksal auf. *Sie haben eine große Wut auf das normale, gewöhnliche Leben.*

■ Profil eines Wütenden

Jemand, der wütend auf das gewöhnliche Leben ist, kann seine Ziele in Blitzgeschwindigkeit benennen: »Ich möchte mit meinen Stoffdesigns Geld verdienen.« – »Ich möchte in einer Band spielen, die meine Klasse hat.« – »Ich bin ein außergewöhnlicher Künstler (Agent, Manager, Mensch) und will, dass die Welt mir das gibt, was ich verdiene (Ruhm, Geld, Anerkennung, die schönste aller Frauen, den Märchenprinzen).«

Wenn Sie auf das gewöhnliche Leben wütend sind, dann wollen Sie nicht einfach nur Malerin sein; Sie wollen die größte Malerin aller Zeiten sein. Sie möchten nicht einfach nur ein tatkräftiger Unternehmer sein, sondern *der* Unternehmer des Jahrzehnts. Ruhm und ein gewisser Glorienschein stehen dermaßen im Vordergrund, dass Sie mit den kleinen Details und Pflichten des Alltags nichts zu tun haben wollen. Sie verdienen es, einen großen Hit zu landen, und zwar sofort. Aber Sie haben nicht die Zeit und spüren nicht den Drang, sich die Fertigkeiten oder das Know-how anzueignen, welches es Ihnen ermöglichen würde, einen Hit zu landen.

Verstehen Sie mich nicht falsch: An den Träumen eines oder einer Wütenden gibt es nichts auszusetzen. Sie sind großartig und sie sind es auch wert, verwirklicht zu werden. Aber die Träume von Menschen, die auf das gewöhnliche Leben wütend sind, enthalten Fallstricke. Einer davon ist, dass sich alles, was sich unterhalb der obersten Spitze befindet, sinnlos anfühlt. Die Vorstellung, klein anzufangen und sich langsam zur Meisterschaft hochzuarbeiten, kann nicht toleriert werden; ein auf das gewöhnliche Leben wütender Mensch braucht es, sich als Meister zu fühlen, bevor er wirklich ein Meister seines Faches ist – was eine sichere Garantie für Frustration darstellt.

Große, schmerzliche Gefühle nagen im Inneren eines Wütenden. Der Druck, den sein prekärer Lebensstil erzeugt, die Frustration aufgrund der nicht vorhandenen Anerkennung, die er seiner Meinung nach verdient, lassen den wütenden Menschen mit der Zeit gereizt, defensiv, ungeduldig oder ängstlich werden. Wenn Sie selbst ein Mensch sind, der auf das gewöhnliche Leben wütend ist, könnte es sein, dass Sie dieses Gefühl hinter Kritiksucht und Zynismus verstecken und deshalb auch mit Beziehungen zu anderen Menschen eher Schwierigkeiten haben. Sie streiten mit genau den Menschen, die Ihnen helfen könnten, Ihre Träume wahr werden zu lassen. Schuld an den Konflikten – das glauben Sie jedenfalls – sind immer die anderen. Man versteht Sie einfach nicht. Viele ärgern sich über Sie, und auch Sie ärgern sich über viele – und am meisten ärgern Sie sich über das Schicksal.

Wenn also Ihre Träume größer sind als die von anderen, dann sind auch Ihre Katastrophen größer – so kommt es Ihnen jedenfalls vor. Andere Menschen sind vielleicht der Meinung, dass Sie hoffnungslos unrealistisch und selbst der Verursacher vieler Ihrer Schmerzen und Probleme sind. Fast immer balancieren Sie am Rande eines Abgrunds – und entkommen ihm immer um Haaresbreite.

Der Ruf eines Wütenden als verkanntes Genie, kombiniert mit vielen Beinahe-Katastrophen und atemberaubenden Geschichten, kann die an sich schon beträchtliche Attraktivität dieser Menschen noch steigern.

Wütende gehören zu den charismatischsten Persönlichkeiten, die es gibt. Wenn ein wütender Mensch Angst und Probleme hat, lässt seine Attraktivität allerdings ganz schnell nach – dann kommt er uns leicht zu beeinflussen und sehr egoistisch vor. Aber wenn ein Wütender glücklich und gut gelaunt ist, kann er äußerst bezaubernd sein!

Es ist dieser Charme, der andere Menschen gern in seiner Nähe sein lässt, auch wenn er sie wiederholt in seine eigenen Probleme hineinzieht – und Wütende haben viele Probleme: Das Geld für die Miete fehlt oder die Zeit, ein Referat bis zum nächsten Morgen zu tippen, oder sie leihen sich Ihre besten Kleider aus oder Ihr Auto – und zwar nicht einmal oder zweimal, sondern ständig. Es ist ihre Art zu leben.

Wütende wollen sich einfach nicht um die Details kümmern.

Sie sind durchaus der Meinung, dass sie sehr hart für ihren Erfolg arbeiten – ob es sich um Schauspielerei, Immobiliengeschäfte oder das Programmieren von Computern handelt. Aber wenn es darum geht, Dinge ganz praktisch in die Wege zu leiten, kümmern sie sich einfach nicht darum.

Das ist eine Tragödie, denn es handelt sich oft um sehr begabte und talentierte Menschen.

Für andere Menschen ist das Verhalten von Wütenden nur schwer zu verstehen. Wie können sie es nur ertragen, am Rande eines Abgrunds zu leben? Warum setzen sie sich immer wieder Beinahe-Katastrophen aus, wenn alles, was sie tun müssten, darin besteht, ein bisschen im Voraus zu denken und zu planen? Warum wollen sie nicht besser für sich sorgen? Sie sind so begabt und intelligent; auf die Hilfe anderer Menschen sind sie doch eigentlich gar nicht angewiesen. Das Verhalten der Wütenden gibt ihren Freunden und Familien große Rätsel auf.

Dabei sind sie nicht faul.

Wütende Menschen arbeiten tatsächlich sehr hart.

Sie verlangen von sich selbst, mehr zu arbeiten als andere, da sie stets eine doppelte Anstrengung vollbringen. Sie arbeiten zum einen ständig an ihren Projekten, ihren Zielen, ihren Erfindungen – oder denken zumindest ständig darüber nach. Außerdem sind sie damit beschäftigt, eine Katastrophe nach der anderen zu verhindern, indem sie Geschichten und Szenarien erfinden, die andere Menschen dazu bringen sollen, ihnen aus der momentanen Krise zu helfen.

■ Wie man ein außergewöhnliches Leben führt

»Einen Moment mal«, sagen Sie vielleicht. »Was ist mit Michelangelo und Muhammad Ali und allen anderen, die Außergewöhnliches erreicht haben? Haben sie sich vielleicht mit einem gewöhnlichen Leben begnügt? Große Gewinner müssen auch große Risiken eingehen, nicht wahr?« Geht es hier womöglich darum, passiv und wie die Lemminge in Richtung Mittelmäßigkeit voranzuschreiten?

Nein, natürlich nicht.

Dennoch machen die Wütenden unter uns einen großen Fehler. Sie verwechseln ihre Wut auf das gewöhnliche Leben damit, *ein außergewöhnliches Leben zu führen*. Ein solches besonderes Leben, in dem große Erfolge und Leistungen erbracht werden, besteht immer auch aus tausend und mehr scheinbar banalen Details, aus harter Arbeit und geduldigem Bemühen. Auch berühmte Wissenschaftler müssen ihre Stromrechnung bezahlen und mit ihren Hunden Gassi gehen. Auch erfolgreiche Schauspieler müssen im Supermarkt an der Kasse Schlange stehen. Alle Menschen müssen Tag für Tag ein ganz gewöhnliches Leben führen.

Außergewöhnliche Menschen verschwenden keine Zeit darauf, sich über das Gewöhnliche aufzuregen – es kümmert sie überhaupt nicht, was gewöhnlich und was nicht gewöhnlich ist. Sie sind viel zu sehr damit beschäftigt, einen kleinen Schritt nach dem anderen zu tun. Vielleicht sind Sie ja tatsächlich ein Naturtalent, doch je talentierter Sie sind, umso härter und länger müssen Sie arbeiten, um etwas zu erreichen, was Ihrer Vision entspricht. *Es gilt, Talent mit Geduld zu verbinden – das wird Ihnen erlauben, Ihr Handwerk zu meistern, und erst die Meisterschaft bringt Ihnen den ersehnten Erfolg.*

»Viele Menschen, die weniger Talent haben als ich, bekommen einen Arbeitsplatz, wie ich ihn gern hätte,« mag ein Wütender einwenden. »Man braucht Beziehungen und man muss den Leuten nach dem Mund reden, um an gute Jobs zu kommen! Talent und Meisterschaft nutzen einem gar nichts.«

Egal, ob darin ein Körnchen Wahrheit liegt oder nicht, wenn man nur ein wenig an der Oberfläche eines Wütenden kratzt, findet man darunter immer einen Menschen, der nicht so etabliert und anerkannt ist, wie er seiner Meinung nach sein sollte – und der auch nicht hart genug dafür arbeitet. Einmal fragte ich eine Schauspielerin, die diesem Typ entspricht: »Sind Sie denn so gut, wie Sie sein sollten?« Sie wurde unruhig und antwortete irritiert: »Vielleicht nicht ganz, aber andere Leute, die auch nicht besser spielen als ich, kriegen Engagements.« Wenn es Wütenden schon schwer fällt, an ihren Fertigkeiten zu arbeiten, wie schwer muss es ihnen dann fallen, Jobs anzunehmen, die unter ihrer Würde sind, mit denen sie aber ihre Ausgaben für die Miete usw. bestreiten könnten?

Jeder, der einmal versucht hat, sich einen Traum zu erfüllen, weiß, wie frustrierend es ist, seine Zeit mit langweiligen Dingen zu verbringen, wie zum Beispiel Rechnungen bezahlen oder irgendeinen Job um des Geldes willen anzunehmen. Ich selbst habe jahrelang als Kellnerin gearbeitet, um damit mein Studium zu finanzieren, und ich mochte die Arbeit nie besonders gern. Meine Füße taten weh, die Köche waren ekelhaft zu uns Kellnern, und die Gäste waren oftmals gereizt und anstrengend.

Niemand arbeitet gern unter solchen Bedingungen! Aber jedes Mal wenn ich meinen Lohn erhielt, wusste ich, wofür ich es tat. Ich schenkte mir damit eine gute Ausbildung. Ich wusste, woher mein Studiengeld für das nächste Semester kam. Ich war oft müde, aber *dafür hatte ich auch niemals Geldsorgen.*

Die meisten Menschen jammern über die Pflichten, die das Leben nun einmal mit sich bringt, aber sie erledigen sie, weil der Lohn dafür klar auf der Hand liegt.

Wenn Sie eine (mehr oder weniger bewusste) Wut auf ein gewöhnliches Leben haben, sehen Sie diesen Punkt allerdings anders: Für Sie ist es nicht einfach nur unerfreulich, die notwendigen Dinge des Lebens zu erledigen, sondern es erscheint Ihnen unfair, erniedrigend, ja geradezu unerträglich. *Diese schmerzhaften Gefühle bewirken bei Ihnen eine Weigerung, für sich selbst zu sorgen, und treiben Sie in die Passivität.* Und weil Sie sich weigern, Samen zu streuen und Ihren Garten zu bestellen, *wissen Sie auch nicht, wo die nächste Ernte herkommen soll.*

»Ich bin etwas Besonderes«, denken Sie – und die Wahrscheinlichkeit, dass Sie damit Recht haben, ist groß. Aber mit dem nächsten Schritt Ihrer Logik begeben Sie sich in einen dicken Morast: »Ich bin etwas Besonderes, und deshalb sollte ich nur das tun, was *ich* will. Wenn ich etwas anderes tue, nimmt mir das meine Besonderheit.«

Diese Logik müssen wir genauer untersuchen.

Sie lautet ungefähr so: Jeder gewöhnliche Mensch kann irgendeinen Job annehmen, um sich über Wasser zu halten. Wenn ich das auch tue, bedeutet es nur, dass ich kein bisschen besser bin als die anderen. Es bedeutet, dass auch ich nur ein ganz normaler, gewöhnlicher Mensch bin.«

Sie vermitteln wahrscheinlich den Eindruck von Geschäftigkeit: Sie malen, zeichnen oder fertigen Tag und Nacht Entwürfe an. Aber Sie unternehmen nicht die Vielzahl der Arbeitsschritte, die notwendig wären, um Ihre Bilder in Galerien auszustellen oder eine Ihrer Erfindungen den richtigen Leuten zu präsentieren. Es ist gut möglich, dass Sie niemals irgendwohin kommen, weil Sie den damit verbundenen »Kleinkram« nicht ertragen – und das wissen Sie auch.

Wann immer Sie Gelegenheit haben, mit gewöhnlicher Arbeit etwas Geld zu verdienen, fühlen Sie sich absolut unwohl.

– »Ich kam mir total erniedrigt vor«, sagte Yona, eine 29-jährige Restaurantbesitzerin, die Probleme hatte, ihre Miete zu bezahlen. »Als ich letzten Monat versuchte, für ein anderes Restaurant zu kochen, um damit ein wenig Geld zu verdienen, konnte ich es kaum ertragen. Lieber gehe ich betteln.«

– »Sie sagen, dass Sie nicht kriechen werden, um das zu bekommen, was Sie haben wollen. Was meinen Sie denn damit?«, fragte ich Sylvia, eine 32-jährige Musikstudentin.

»Ich meine damit, einen schlechten Job anzunehmen.«

»Was meinen Sie mit schlechtem Job?«

»Jeden Job.«

– Einen Bildhauer namens Patrick fragte ich einmal: »Was würde es Sie emotional kosten, einfach nur jemand zu sein, der das herstellt, was sich die Kunden wünschen, und der damit seine Miete bezahlen kann?«

»Es wäre so, als ob Sie Coco Chanel oder Yves Saint Laurent bitten, als Schneider/in zu arbeiten«, sagte er.

»Aber warum ist es nicht möglich, ein großer Designer und gleichzeitig ein Schneider zu sein?«, hielt ich dagegen. »Haben beide nicht genauso angefangen, nämlich ganz unten?«

Patrick wurde rot und er schüttelte entschieden den Kopf. »Ich sollte das einfach nicht tun müssen«, sagte er mit absoluter Aufrichtigkeit.

Im Gegensatz zu dem, was Patrick glaubt, haben Genies absolut nichts gegen einfache Arbeiten einzuwenden. Einstein arbeitete beim Patentamt und fand das in keiner Weise entwürdigend.

Solange Sie gegen ein gewöhnliches Leben rebellieren, haben Sie keine Chance, Ihre wahren Träume zu verwirklichen. Trotz Ihres mächtigen Verlangens, etwas zu erreichen, bewahren Sie sich systematisch davor, ein außergewöhnliches Leben zu führen. Woher ich das weiß? Lassen Sie uns die Geschichten von Yona, Sylvia und Patrick genauer betrachten.

■ Lebensläufe von Wütenden

Yona: Nur Arbeit, kein Vergnügen

Yona ist die Restaurantbesitzerin, die sich weigerte, einen zusätzlichen Job als Köchin anzunehmen, um damit etwas mehr Geld zu verdienen. Ihre beste Freundin Patricia arbeitete ebenfalls in einem Restaurant. Obwohl Patricia lange Arbeitszeiten hatte und oft müde war, half sie Yona öfter noch spät abends aus, weil sie ihr leid tat. Sie lieh ihr auch Geld, obwohl Yona dieses nur mit Widerwillen, fast mit Ärger annahm. »Yona arbeitet härter und verdient weniger als alle anderen, die ich kenne«, sagte Patricia einmal zu mir.

Patricia verdiente 600 Dollar pro Woche. Die Hälfte davon sparte sie, und von der restlichen Hälfte lebte sie Jahr für Jahr. Dann kaufte sie sich ein eigenes Apartment. Ihr Arbeitgeber gewährte ihr mit der Zeit mehrere vierwöchige bezahlte Urlaube. Als ich die Bekanntschaft von Yona machte, war diese seit ihrer Kindheit nicht mehr in Urlaub gefahren.

Sylvia: Beutezüge

Sylvia lebte wie in einem Theaterstück: Alles, was sie tat, hatte Klasse. Sie trug Juwelen, nippte auf eleganten Partys am Champagnerglas, studierte im Ausland Gesang und arbeitete an keinem Tag ihres Lebens. Es gab immer eine Schar Gläubiger, die hinter ihr her waren, darunter Vermieter, die drohten, sie auf die Straße zu setzen. Das kostete viel Nerven, aber sie weigerte sich, sich ein regelmäßiges Einkommen zu verschaffen. Wann immer die Probleme zu groß wurden, rief sie Freunde und ihre Familie an, damit diese ihr aus der Patsche halfen.

Wie schaffte sie es, dem Ruin so nahe zu sein und dennoch wie ein Star zu leben? *Sie konnte jeden dazu bringen, alles für sie zu tun.* Sie war attraktiv, eloquent, hatte eine elektrisierende Wirkung auf andere und war nur auf sich selbst fixiert. Und so schaffte sie es immer wieder, dass »gewöhnliche« Menschen ihr halfen. Keine Minute lang dachte sie daran, selbst arbeiten zu gehen.

Ich lernte Sylvia kennen, als sie tatsächlich aus ihrer Wohnung geworfen worden war und die Gutmütigkeit ihrer Freunde und Verwandten so weit ausgenutzt hatte, dass sie bei niemandem mehr willkommen war.

»Sie sind eine Art Diebin«, sagte ich zu ihr. »Sie leben oben in den Bergen. Unten im Tal leben die Farmer, die ihre Felder bestellen, schöne Häuser bauen und verantwortungsbewusst leben. Aber Sie können die Arbeit auf der Farm nicht ausstehen – es ist unter Ihrer Würde. Also tun Sie Folgendes: Wenn die Ernte eingebracht ist, begeben Sie sich nach unten und bedienen sich. Sie greifen sich das Essen und die Kerzenständer von den Tischen der Farmer und verschwinden damit in die Berge. Dort leben Sie wie eine Königin mit silbernen Kerzenleuchtern, die nicht Ihnen gehören, sondern den Leuten, die dafür geschuftet haben. Fühlen Sie sich denn gar nicht schuldig, anderen das zu nehmen, wofür sie hart gearbeitet haben?«

»Nein. Wenn sie mir nicht hätten helfen wollen, hätten sie es auch nicht getan«, sagte sie.

»Und Sie würden lieber tot sein als selbst eine Farm zu bewirtschaften, habe ich Recht?«

Sylvia sah mich einen Moment an: »Sie haben verdammt Recht damit«, sagte sie.

Patrick: Blick zurück im Zorn

Patrick war der bärbeißige, unzufriedene Sohn eines Arbeiters. Er war auf eigenen Wunsch zur Kunstschule gegangen, die er aber nach einem Semester wieder verließ. Er war ein äußerst begabter Bildhauer; außerdem war er arrogant, temperamentvoll und wie Sylvia kurz davor, auf der Straße zu landen. Jahrelang hatte er in New York gelebt, und wie viele andere Künstler hatte er sich von anderen Menschen, darunter Frauen, aushalten lassen. Nur als Hilfsarbeiter hätte er wohl eine Chance gehabt – denn eine Ausbildung hatte er nicht. Aber Patrick weigerte sich, Hilfsarbeiten zu verrichten, wie etwa Büros zu putzen oder als Verkäufer hinter der Theke zu stehen. Diese Jobs waren unter seiner Würde, obwohl sie ihm Geld für seine Farben und Werkstoffe hätten einbringen können und ihn über Wasser hätten halten können, bis er sich einen Ruf als Künstler gemacht hätte. Gelegentlich arbeitete er auf Baustellen, aber meistens legte er sich dort mit seinen Auftraggebern an und verhinderte so, dass er Folgeaufträge erhielt.

Als Patrick mich aufsuchte, lebte er in einer Kellerwohnung und war zwei Monate mit der Miete im Rückstand. Kurz bevor der Vermieter ihm dieses Mal endgültig die Kündigung überreichte, nahte die Rettung in Gestalt eines Gebäudemanagers, der die Eingangshalle eines größeren Wohnhauses neu gestalten wollte und dafür einen Bildhauer suchte; ein Bekannter hatte ihm Patricks Adresse gegeben. Der Mann wusste genau, was er wollte, und zeigte Patrick einige Zeichnungen, die sein

Vorstand abgesegnet hatte. Von dem Verdienst hätte Patrick vier Monate lang seine Miete zahlen können.

Patrick nahm den Job an – aber auf dem Weg zur Besichtigung der Eingangshalle geschah etwas Seltsames. Je intensiver er sich mit seinem Auftraggeber über die Struktur des Gebäudes und der Halle unterhielt, desto stärker fühlte er einen großen Ärger in sich aufsteigen. Patrick wusste aufgrund früherer Erfahrungen, dass sich das Klima in Kürze ändern und alles sehr unangenehm werden würde. Es würde Streit und Diskussionen geben, man würde sich anschreien, und er würde den Job und seine Wohnung verlieren. Und er hatte doch bereits fast alle Freunde verloren. Bevor die Katastrophe eintrat, suchte Patrick Hilfe.

■ Was geht in wütenden Menschen vor?

Schauen Sie sich noch einmal genau an, was wütende Menschen sagen. Versuchen Sie, zwischen den Zeilen zu lesen. Was wollen sie wirklich?

Sylvia: Ich bin eine talentierte Sängerin und jemand sollte mich finanziell unterstützen. Ich bin zu etwas Besonderem geboren. Ich kann das nicht einfach aufgeben und als gewöhnliche Sekretärin arbeiten.

Patrick: Die meisten Jobs, die ich kriegen kann, sind erniedrigend. Ich werde mich nirgendwo versklaven, bis die Welt aufwacht und sich entschließt, endlich meine Kunst zu kaufen. Ich habe hervorragende Ideen. Ich verdiene es, ein Stipendium zu bekommen.

Yona: Ich bin eine großartige Köchin und gut genug, um Chefköchin eines feinen Restaurants zu sein. Schlimm genug, dass ich für Partys kochen muss; ich werde ganz bestimmt nicht in einem zweitklassigen Restaurant Eier braten, um meine Miete zu zahlen. Ich verhungere lieber, als für Leute zu kochen, die meine Kunst nicht schätzen können.

Hören Sie eine wiederholte Bitte? Ich höre sie.

Die Botschaft lautet: *Jemand sollte mich retten.*

Aber *warum* sollte jemand sie retten?

Wenn man eine oder einen Wütenden lange genug kennt, bekommt man den Eindruck, dass ihr verwirrendes Verhalten den Versuch darstellt, eine alte Rechnung zu begleichen. Der Wütende handelt, als ob ein altes Unrecht wieder gutgemacht werden müsste. Und diese Wiedergutmachung hätte er gern in Gestalt einer »großen Rettung«. (Bis diese eintrifft, benötigt er endlos viele kleine Rettungen, aber kleine Rettungen stellen ihn niemals wirklich zufrieden.)

Wenn Sie zu den Wütenden zählen, wissen Sie wahrscheinlich selbst nicht, warum Sie nach derart zerstörerischen Regeln leben; Sie wissen nicht, warum Sie glauben, dass ein altes Unrecht wieder gutgemacht werden müsste. Sie denken einfach nur in alten Gewohnheiten. Jeder normale Mensch kann laufen; ein Genie dagegen fliegt. Gleichzeitig fühlen Sie sich äußerst unwohl, weil Sie tief im Innern wissen, dass Sie zu alt dafür sind, um gerettet zu werden.

Yona verlor fast ihr Restaurant, bevor sie sich aufrappelte und ihre Verhaltensmuster veränderte.

»Ich habe alles selbst aufgebaut – aber so richtig ins Laufen bekommen habe ich es nie. Ich wollte morgens nicht aufstehen und auch nicht um Gäste werben. Einmal war ich fast bankrott. In Wahrheit hasste ich es, für mich selbst zu sorgen. Wenn ich für mich selbst sorgte – so meinte ich –, würde dies nur beweisen, dass ich es nicht verdiente, von jemand anderem versorgt zu werden! Wenn man erstklassig ist, muss man nicht arbeiten wie jeder andere. Dann ist man wie eine Prinzessin. Der Gedanke, dass ich selbst mir meine Welt gestalten könnte, widersprach allen meinen Vorstellungen vom Leben.«

Mehrere Jahre nachdem sie ihre Wut überwunden hatte, sagte Sylvia: »Damals dachte ich immer, dass dieses eine Mal sicher etwas ganz Wunderbares geschehen würde. Und dann hätte ich mich niemals mehr um gewöhnliche Probleme kümmern müssen. Ich rechnete – ganz wie im Märchen – mit einem Happy End.«

»Ich dachte immer, dass ich entweder entdeckt werde oder im Lotto gewinne«, sagte Yona.

Kommt Ihnen die Hoffnung auf die große Rettung bekannt vor?

Schauen wir uns einmal an, welche Art von Rettung Sie sich insgeheim wünschen.

Übung 1
An welches Märchen glauben Sie?

Teil A: Das Märchen

Sie wissen bereits, wovon Sie träumen. Jetzt schließen Sie bitte Ihre Augen und kosten Sie einmal den schönsten Moment Ihrer Traumfantasie voll aus. Wie sieht dieser Moment im Detail aus? Welche Szene stellt den Höhepunkt im Spielfilm Ihres Lebens dar?

Wenn Sie die Fantasie lange genug genossen haben, öffnen Sie wieder die Augen. Notieren Sie in ein paar Sätzen, was Sie gesehen haben.

Yona stellte sich Folgendes vor: »Ein reicher, attraktiver Mann aus einem anderen Land heiratet mich und nimmt mich mit auf seine Reisen um die ganze Welt. Manchmal koche ich ganz groß für uns beide, aber ich muss niemals mehr für jemand anderen arbeiten, kochen oder ihn bedienen.«

Sylvia: »Ich bekomme einen Brief, in dem steht, dass mich jemand auf einer Party singen gehört hat und mir fünfzigtausend Dollar für einen Auftritt in der Mailänder Scala anbietet.«

Patrick: »Der Leiter des Museum of Modern Art sieht meine Werke und sagt: ›Bringt diesen Künstler sofort her. Er ist ein Genie. Wir wollen seine Skulpturen in unserem Garten haben.‹«

Zugegeben, das sind ziemlich schöne Fantasievorstellungen. Und jeder gibt sich doch dann und wann solchen Tagträumereien hin, oder?

Sicherlich. Aber es gibt wichtige Unterschiede zwischen gelegentlichen Tagträumern und Menschen, die sich verzweifelt nach einem solchen märchenhaften Happy End sehnen.

Schauen wir genauer hin.

Teil B: die Analyse

Schauen Sie sich Ihr Happy End noch einmal genau an. Stellen Sie sich die folgenden Fragen:

1. Kann Ihre Fantasie nur durch die Tat oder das Auftauchen eines Außenstehenden wahr werden?
2. Handelt es sich bei der Rettung oder der Belohnung am Ende um etwas, das nur besonderen Menschen widerfährt?
3. Werden Sie in Ihrer Fantasie »gefunden« oder »entdeckt«?
4. Und ganz wichtig: Hat Ihr Leben ohne dieses Happy End keinen Sinn?

Wenn Sie diese Fragen mit »Ja« beantwortet haben, dann bereiten Sie sich auf ein Desaster vor, denn Sie müssen auf ein erstaunlich großes Glück warten, damit aus Ihrem Leben noch etwas Gutes werden kann.

Sie verbieten es sich, selbst hinauszugehen und sich das zu holen, was Sie wollen. Aus irgendeinem mysteriösen Grund haben Sie das Gefühl, *dass alles ruiniert sein wird, wenn Sie es selbst tun müssen.*

»Ich sollte nicht darum kämpfen müssen, Erfolg zu haben«, sagte Patrick einmal zu mir. »Das kann jeder.«

Mit seiner Vorstellung davon, wie sein Traum wahr werden könnte, sabotierte Patrick sich selbst. Wenn Sie ein Wütender sind, dann verhindert ein Schwur, den Sie sich selbst gegeben haben, jeden Handschlag zugunsten des eigenen Wohls, ob es darum geht, sich ein eigenes Einkommen zu verschaffen, ein Projekt zu Ende zu bringen oder sich um die entscheidenden Details dieses Projekts zu kümmern. Irgendwo in Ihnen gibt es einen heimlichen Plan. Wenn Sie nach den Regeln eines Wütenden leben, dann schauen Sie allen anderen zu, wie sie heraus ins Leben gehen und das erreichen, was sie sich wünschen, aber Sie selbst müssen da bleiben, wo Sie sind, und darauf warten, dass es zu Ihnen kommt – und das Schicksal verfluchen, wenn es nicht kommt.

Sie haben sich selbst in eine Zwangsjacke gesteckt. Solange Sie nur passiv abwarten, können Sie nicht für Ihren Traum kämpfen und verpassen Tag für Tag Ihr Leben.

Wenn Sie ein Wütender sind, hat man Ihnen sicher schon mehr als einmal gesagt, dass es für Ihr Verhalten keine Entschuldigung gibt – und vielleicht gibt es die wirklich nicht. Aber es gibt einen Grund für Ihr Verhalten.

Es gibt für alles einen Grund.

Sie machen sich das Leben selbst schwer, weil Sie die Hoffnung oder den Glauben nicht zerstören wollen, dass eines Tages jemand kommt und Sie rettet. *Und tatsächlich ist es Ihnen wichtiger, gerettet zu werden, als Ihren Traum zu erfüllen.* Denn gerettet zu werden wird ein für alle Mal beweisen, dass Sie eine wertvolle Person sind. Und die Rettung wird endlich die Ungerechtigkeit aus früheren Tagen wieder gutmachen, sie wird die Dinge richtig stellen und alles zu einem guten Ende bringen.

Wieso es sich um eine Ungerechtigkeit aus Ihren Kindertagen handelt? Weil Ihr Verhalten das Verhalten eines Menschen ist, der in der Kindheit stecken geblieben ist.

▪ Ursachen für Ihr Verhalten

Wie kann sich jemand erlauben, in solche ungünstigen Umstände zu geraten? Immer in Schwierigkeiten, immer unzufrieden, immer drauf und dran, andere zu verärgern? Immerzu auf ein Märchen fixiert, während das Leben vorbeiläuft?

Hört sich das an wie ein Fall gehemmter Entwicklung? Ist es auch! Wenn sich ein Erwachsener in derartiger Weise wie ein Kind beträgt, dann ist in seiner Kindheit etwas schrecklich schief gelaufen, und er verharrt dort, um es wieder in Ordnung zu bringen. Das, was damals passierte, stellt nach wie vor das größte Drama seines Lebens dar.

Menschen, die sich so verhalten, sind den Stürmen des Lebens in einem Alter ausgeliefert worden, in dem man sie davor hätte beschützen müssen. Irgendein trauriger Umstand, ein Geschehnis, hat einen gravierenden Mangel an Vertrauen und Selbstachtung bewirkt, der dadurch kompensiert wird, dass man der Vorstellung nachhängt, eine Art Gott zu sein.

Die erste Erfahrung, die früheste Lektion, die wir lernen, besteht darin, dass jemand anderes sich dafür entschieden hat, für uns verantwortlich zu sein. Als Babys sind wir so liebenswert, dass uns jemand füttert, warm hält, umarmt, mit uns lacht. Das frühe Gefühl, dass jemand für uns sorgt, bestimmt ein Leben lang die Art und Weise, wie wir die Welt sehen. Wenn wir älter werden, wird uns klar, dass wir unsere Abhängigkeit aufgeben müssen. Aber wenn wir zu früh aus der Kindheit vertrieben werden (durch die Geburt eines jüngeren Geschwisters, durch zu frühe Verpflichtungen, durch den Verlust eines Elternteils oder durch irgendeine Art von Missbrauch), dann ketten wir uns so an die Kinderwelt, wie sich einst Farmer, die von ihrem Land vertrieben werden sollten, an ihre Häuser anketteten.

Entgegen jeder Vernunft weigern wir uns, die Kindheit hinter uns zu lassen – auch wenn wir älter werden. Über die Jahre mögen wir die eigentliche Ursache vergessen, die uns dazu brachte, uns an die Kindheit zu fesseln, aber die Ketten sind nichtsdestotrotz da.

Wenn Sie zum Beispiel in einem frühen Alter auf ein Elternteil verzichten mussten – durch Tod, lange Krankheit oder Vernachlässigung – oder Sie mit ansehen mussten, wie ein Elternteil zurückgestoßen oder in anderer Weise gedemütigt wurde, dann ist das Kind in Ihnen schwer verletzt worden und, nach Meinung des Kindes, auf unfaire Weise! Diese Ungerechtigkeit muss wieder gutgemacht werden, und zwar in Form einer großen Belohnung, die man *bekommt* und keineswegs selbst verdienen muss. Man *muss* ein Star und »entdeckt« werden, nicht weil man talentiert ist – was der Fall ist –, sondern weil das nur gerecht ist.

Man geht durch das Leben mit dem Gefühl, als Kind beraubt worden zu sein, und nun schuldet einem die Welt etwas Besonderes. Oder man meint, indem man etwas besonders Großes erreicht, könnten die Dinge richtig gestellt werden beziehungsweise die schrecklichen Karten, die das Schicksal einem selbst oder den Eltern zugemutet hat, neu verteilt werden.

Wenn Sie zu den Wütenden gehören, dann sind Sie ein Mensch, der von einem kleinen Kind tyrannisiert wird, das Sie ein Leben führen lässt, *das kein erwachsener Mensch freiwillig wählen würde*. Sie sitzen in der Falle, denn Ihr Leben in die eigene Verantwortung zu nehmen würde Sie nur mit tiefer Verzweiflung erfüllen. Wenn Sie eine einfache Arbeit annehmen und dadurch ein wenig Sicherheit erfahren würden, würde sich das Kind in Ihnen lebendig begraben vorkommen.

Und man kann diesem Kind nicht einfach sagen, dass es verschwinden soll.

Zum einen kann niemand genau sagen, was in Ihnen diesem Kind entspricht. Zum anderen wäre es gefährlich für Sie, wenn Sie seine Absichten einfach ignorieren würden. Dieses Kind in Ihnen hat seine Entscheidung in einem Alter getroffen, in dem das Ego fast nur aus Eigensinn und Beharrlichkeit besteht und der Preis oder die Kosten keine Rolle spielen. Haben Sie jemals versucht, mit einer übermüdeten Zweijährigen zu diskutieren? Lassen Sie es besser sein. Wer den stärkeren Willen hat, steht außer Frage. Ein zweijähriges Kind kümmert sich nicht um die Konsequenzen, die eine Entscheidung mit sich bringt. Es muss seinen Willen haben, egal, worum es sich handelt.

Das Kind in Ihnen ist wie eine Zweijährige. Genau wie Sie möchte dieses Kind Liebe und Ruhm oder was Sie sich auch immer erträumen. Aber Sie sollen es auf die Art und Weise des Kindes bekommen – was nicht möglich ist. Sie können nur scheitern, wenn das Kind weiterhin Ihr Leben steuert.

Dieses störrische Kind in Ihnen müssen Sie ernst nehmen.

Aufgrund seiner Existenz kämpfen Sie ständig aufs Neue alte (Schein-)Kämpfe, und fast Ihre gesamte Energie fließt in die Vergangenheit, auch wenn Sie es gar nicht bemerken. Sie mögen überzeugt davon sein, dass Sie hundert Prozent Ihrer Energie darauf verwenden, vorwärts zu kommen, aber in Wirklichkeit wiederholen Sie immerzu ein altes Drama. Jede Aktion, jeder Rückschlag oder jede Leistung wird im Kontext dieses Dramas betrachtet. Wenn Sie das Stipendium nicht bekommen, beweist es nur, wie ungerecht die Welt ist. Wenn Sie es bekommen, beweist es Ihr Recht auf Ruhm und Erfolg. Und wenn Sie Ihr altes Drama durchgespielt haben, haben Sie keine Kraft übrig, um Verantwortung für Ihr gegenwärtiges Leben zu übernehmen. Wenn Sie keinen Weg aus diesem Drama finden und Sie Ihre Energie nicht in das stecken, was Sie *jetzt und in der Gegenwart* wollen, werden Sie niemals irgendwohin kommen.

»Sagen Sie, was Sie wollen, ich kann mich nicht ändern«, sagte Sylvia. »Ich kann nicht und ich will nicht. Das Kind in mir füllt mich vollkommen aus. Es ist nicht schön, meine Eltern und meine Freunde auszunutzen, aber wenn man sich so fühlt wie ich, dann kann man einfach nicht anders.«

Patrick, der inzwischen sein Leben geändert hat und zum Vollzeit-Bildhauer mit regelmäßigen Ausstellungen geworden ist, hatte Folgendes dazu zu sagen: »Ich war süchtig nach der Manipulation anderer geworden. Das Bedürfnis, das, was ich mir wünschte, sofort zu bekommen, war so übermächtig geworden, dass ich meine Freunde nur noch benutzte – auch wenn ich genau wusste, dass ich die Schulden, die ich bei ihnen machte, niemals zurückzahlen könnte. Ich war angewiesen auf ihre Hilfe – es war wie eine Droge, die ich unbedingt brauchte.«

Kinder haben kein Verständnis für Konsequenzen. Ihr inneres Kind kann die Folgen seiner Sturheit nicht ermessen. Aber *Sie* stecken tief in dem Schlamassel. Wie hoch müssen die Kosten noch werden, damit Sie aufhören, den Forderungen Ihres störrischen, tyrannischen Kindes nachzukommen?

Wenn wir doch nur die Kindheit hinter uns lassen könnten. Leicht gesagt, schwer getan.

Aber es gibt einen Weg, wie Sie die Macht der Vergangenheit abschwächen können. Er besteht darin, *die Gefühle des Kindes bis zu ihrem Ursprung zurückzuverfolgen.*

Erzählen Sie die Geschichte des großen Betrugs.

■ Der Ursprung der Wut

Es kostete einiges an Zeit und Arbeit, bis wir zur Quelle von Sylvias Unmut vordrangen und entdeckten, warum allein schon der Gedanke, für sich selbst und ihr Leben aufzukommen, sie in bittere Verzweiflung und Depressionen stürzte. Obwohl sie wirklich etwas ändern wollte und mich freiwillig aufsuchte, benahm sie sich in den Sitzungen mit mir wie ein äußerst unwilliger Zeuge vor Gericht. Auf meine vorsichtigen Fragen nach ihrer Kindheit, der Schule und dem Familienleben erhielt ich abweisende Antworten oder ein gelangweiltes »Ich weiß nicht«. Ich schaltete in eine härtere Gangart um: »Sylvia, hören Sie gefälligst damit auf, Ihre Freunde auszunutzen. Es ist unmoralisch. Besorgen Sie sich eine Arbeit und bezahlen Sie Ihre Schulden!«

Das brachte sie in Schwung. »Das werde ich nicht tun!«, fauchte sie und klang dabei wie ein Vorschulkind. »Warum sollte *ich* einen lausigen Job annehmen? Wollen Sie vielleicht, dass ich mein Leben in einer Fabrik verschwende? Oder macht es Sie glücklich, wenn ich als Kellnerin schufte, andere bediene und von ihnen wie der letzte Dreck behandelt werde?«

Wenn Sie einer Meinung mit Sylvia sind – wenn der Gedanke, den eigenen Unterhalt zu verdienen, Sie wütend oder traurig macht –, dann nehmen Sie jetzt bitte ein Blatt Papier und einen Stift zur Hand. Wir gehen auf eine kleine Reise.

Übung 2
Blitz-Therapie

Schließen Sie Ihre Augen und suchen Sie sich irgendeinen Beruf oder Job aus. Je weniger er Ihnen gefällt, desto besser. Stellen Sie sich vor, dass Sie morgens aufstehen und mit dem Auto oder Bus zu Ihrer Arbeitsstelle fahren. An Ort und Stelle angekommen, starren Ihnen acht lange Stunden Arbeit ins Gesicht. Versuchen Sie, es sich so lebendig wie möglich vorzustellen, tauchen Sie völlig in die Situation ein. Wie fühlt es sich an? Schrecklich? Zum Davonlaufen? Ungerecht? Furcht einflößend? Lassen Sie das Gefühl stark und deutlich werden.

Und nun denken Sie an die Zeit zurück, in der Sie dieses Gefühl zum ersten Mal hatten. Wie alt waren Sie? Nehmen Sie die erste Zahl, die Ihnen in den Sinn kommt. Jetzt nehmen Sie Papier und Stift zur Hand, gehen zurück in diese Zeit und zu diesem Gefühl und beschreiben die damaligen Umstände. Korrigieren Sie sich nicht, während Sie schreiben, lassen Sie es aus sich herausfließen, notieren Sie die Worte so, wie sie Ihnen in den Sinn kommen, als Bewusstseinsstrom. Wo befanden Sie sich damals? Zu Hause? In der Schule? Wer war dabei? Die Eltern? Ein Lehrer? Eine Clique oder Freunde? Und vor allem: Was verärgerte oder regte Sie so auf? Schmerzhafte Momente auf diese Art und Weise einzufangen ist nicht leicht; seien Sie auf mentale Widerstände gefasst. Aber versuchen Sie mittels der Bilder, die Ihnen einfallen, sich die Details der erinnerten Situation ins Gedächtnis zu rufen.

Diese Übung ist eine kraftvolle und effiziente Methode, um das Geheimnis der leidvollen Gefühle aus der Vergangenheit zu lüften. Sie hilft Ihnen, diese Gefühle in einem Kontext zu äußern, *in dem sie Bedeutung haben.* Wenn Sie nicht über die Sache weinen, die Sie einst wirklich traurig gemacht hat, dann werden Sie ewig weinen, und zwar über die falschen Dinge! Sie werden merken, wie wahr das ist, wenn Sie eine emotionale Überreaktion oder ein chronisch wiederkehrendes Gefühl bis zu ihrem Ursprung zurückverfolgen. Ganz plötzlich wird Ihnen heiß, und die Gefühle werden für einen Moment sehr intensiv, *weil sie endlich an den Ort zurückgekehrt sind, an den sie gehören.* Gefühle, denen nicht Ausdruck gegeben wurde, nisten sich dauerhaft in Ihrem Leben ein und sorgen dafür, dass Sie die Realität nicht mehr so erleben, wie sie ist, sondern verzerrt durch die Gefühle. Sie werden jedoch spüren, dass sich etwas ändert, sobald Sie Ihre Gefühle im Zusammenhang mit der Situation zum Ausdruck bringen, die sie ursprünglich hervorgerufen hat.

Wenn Sie die Übung oben durchgestanden haben, dann haben Sie wahrscheinlich einige befreiende – und überraschende – Einsichten in Ihr eigenes Verhalten gewonnen. Lesen Sie einen Auszug aus Sylvias Erinnerungen:

»Ich war zweieinhalb Jahre alt. Wir lebten damals in Kanada, und meine Mutter ging nicht zur Arbeit, weil sie krank war. Wir waren uns sehr nahe, sie und ich. Es war Sommer und sehr heiß, und fast jeden Abend lagen wir auf ihrem Bett, unter dem großen Ventilator, und sie las mir ›Winnie der Puh‹ vor und sang mit mir lustige Lieder. Oft schlief ich in ihren Armen ein.

Aber dann kam der Tag, an dem sie mich nicht mehr in das Zimmer meiner Mutter ließen. Die Tür blieb fast immer geschlossen. Manchmal ging mein Vater oder eine meiner Tanten ins Zimmer meiner Mutter, und ich versuchte, an ihnen vorbei hineinzukommen, aber sie warfen mich jedes Mal wieder hinaus. Einmal schaffte ich es bis ans Bett meiner Mutter, krabbelte zu ihr hoch und werde nie ihr trauriges und zugleich süßes Lächeln vergessen. Aber schon rissen sie mich weg von ihr, und ich schrie und schlug wild um mich. Irgendwann sagten sie, ich sei ein böses Mädchen, und schickten mich fort zu meiner Tante Alma nach Quebec.

Ich konnte es damals nicht wissen, aber meine Mutter hatte eine schlimme Krankheit und verstarb innerhalb eines Jahres. Ich sah sie erst beim Bestattungsunternehmer wieder, wo ich – so erzählte es mir mein Vater – erneut versuchte, zu meiner Mutter hochzuklettern, ohne Erfolg natürlich, ich bekam gleich wieder eins hinten drauf, und jemand brachte mich nach Hause.«

Sylvia wurde im Alter von zwei Jahren ihrer Rechte beraubt. Ihre Familie ist nicht gut mit ihr umgegangen, und von ihrer Mutter wurde sie in einem Alter verlassen, in dem ein Kind äußerst verletzlich ist und, wenn es irgendetwas nicht bekommt, stundenlang weinen kann. Sylvia hat die Hartnäckigkeit einer Zweijährigen ins Erwachsenenalter mitgenommen, um einzutreiben, was man ihr noch schuldig war.

Stets damit beschäftigt, die Reparationen für dieses alte Unrecht einzutreiben, also das zurückzufordern, was ihr nach ihrer

Meinung mit Recht zustand, entwickelte Sylvia keine wahre Selbstachtung. Sie wusste nicht, wie es sich anfühlte, auf eine Leistung stolz zu sein, weil sie niemals eine ihrer Begabungen oder ein eigenes Projekt vorantrieb oder zu Ende führte. Sie liebte den Gesang und übte gelegentlich oder nahm Unterricht – aber sie hörte immer gleich wieder damit auf, wenn kein sofortiger Erfolg damit verbunden war.

Indem Sylvia ihre Gefühle dorthin brachte, wo sie entstanden waren und hingehörten, entdeckte sie ihren heimlichen Lebensplan, die unerledigte Angelegenheit aus ihrer Kindheit: Sie glaubte und fühlte, dass die Welt ihr aufgrund des Verlusts, den sie als Zweijährige zu erleiden hatte, ein glanzvolles Leben schuldete.

Als Patrick die Übung durchführte, brachte ihn die Vorstellung, jeden Abend als Putzhilfe zu arbeiten, schnell in Kontakt mit seinen Gefühlen. Ihn packte ein großer Ärger, und Patrick ging der Spur seiner Wut bis zu ihrem Ursprung nach – einem Erlebnis, das er im Alter von sieben Jahren hatte:

»Ich bin in dem Haus, in dem ich aufgewachsen bin. Im Wohnzimmer stehen viktorianische Möbel, an den Wänden hängt eine Rosentapete. Meine Mutter ist da. Pam, meine kleine Schwester. Und mein Vater, der seinen Kopf tief gesenkt hat. Er redet mit gebrochener Stimme. Er sagt: ›Sie haben mich fallen gelassen. Smitty, Bud, Cy – alle haben mich fallen gelassen.‹ Es ging um das Sägewerk, in dem er arbeitete. Mein Vater hatte sich für die Wahl zum Betriebsrat aufstellen lassen. Er hatte gute Chancen – und er verdiente sie auch. Er war ehrlich und fair, und jeder wusste das. Und er wollte unbedingt Betriebsrat werden. Aber er hatte die Schule nicht beendet, und einige andere Mitarbeiter, die in der Gewerkschaft waren, dachten, dass so jemand für ihr Image und das Auftreten gegenüber der Geschäftsleitung nicht gut wäre. Sie taten sich zusammen und organisierten Stimmen für einen anderen Kandidaten, einen Vorarbeiter namens Dennis, der radikaler war als mein Vater und der in die Abendschule ging. Sie verbreiteten Lügen über meinen Vater, dass er nicht lesen könne und anderen Unsinn. Er verlor schließlich die Wahl – knapp zwar, aber es reichte. Diese Mistkerle haben ihn hintergangen, und selbst einer seiner ältesten Freunde war dabei.«

»Was hat Ihr Vater danach getan?«, fragte ich Patrick, nachdem ich den Bericht gelesen hatte.

»Was konnte er schon tun? Er schluckte alles runter. Er musste weiter dort arbeiten, es gab keine andere Arbeit. Aber es hat ihn zerbrochen; man merkte ihm das an, er war niedergeschlagen und manchmal sprach er überhaupt nicht mehr. Mein Vater ist ein sanftmütiger und bescheidener Mensch und er glaubt nicht wirklich an sich. Andere Männer hätten zurückgeschlagen oder wären in die Schule gegangen – er war ja damals noch jung. Mein Vater hätte vielleicht sogar Vorarbeiter oder Aufseher werden können, aber für ihn war damit alles gelaufen.«

»Und welche Gefühle hat all das in Ihnen ausgelöst?«

»Ich hätte sie alle umbringen können«, sagte Patrick, »all die Leute, die ihm so wehgetan haben. Ich könnte sie heute noch umbringen.«

Patrick erkannte, dass er seine Zeit damit verbrachte, seinen Vater zu retten beziehungsweise zu versuchen, die Demütigung ungeschehen zu machen, die den Mann zerbrochen hatte, den er liebte und verehrte. Er würde etwas Großartiges mit seinem Leben anfangen, dann zurück zu seiner Familie gehen und für sie auf einem Berg ein riesiges Haus bauen – und es damit den Leuten, die seinen Vater vor 35 Jahren betrogen hatten, ordentlich heimzahlen.

Patrick glaubte, ganz oben anfangen zu müssen, weil der Weg von ganz unten nach ganz oben zu lange dauern würde. Aber natürlich stellt niemand einen Anfänger für eine Position an der Spitze ein, und so wurde Patrick von der Welt zu Fall gebracht, ähnlich wie sein Vater von der Welt zu Fall gebracht worden war. Einen ganz normalen Job anzunehmen hätte für Patrick bedeutet, seinen Vater zu verraten – es wäre nicht großartig genug gewesen, um alles wieder gutzumachen. Wann immer Patrick also eine ganz normale Arbeit zu erledigen hatte – selbst wenn sie ihm das Geld einbrachte, das er dringend benötigte –, erwachten sein Ärger und sein Hass, die sich eigentlich gegen Smitty und Cy und all die anderen Arbeiter richteten, die seinen Vater hintergangen hatten.

Wenn Sie Ihre Gefühle bis zu ihrem Ursprung zurückverfolgt haben, wissen Sie, *warum* Sie Probleme damit haben, sich selbst auf normale und effektive Weise zu helfen. Sie fühlen sich vielleicht ruhiger. Sie hatten eine Einsicht, gekoppelt mit einer lange überfälligen emotionalen Reaktion, und ein großer Teil Ihrer Anspannung konnte sich lösen.

Nachdem Yonas Wut sich etwas gelegt hatte, war sie in der Lage, Folgendes zu erkennen: Ich habe mich dagegen gewehrt, eigenständig sein zu müssen. Meine Eltern waren unfähig, für mich zu sorgen, und ich war für mich selbst verantwortlich, seit ich sechs Jahre alt war. Ich glaube, ich war viel zu früh eigenständig, und ich mochte es überhaupt nicht. Es bewies doch nur, dass ich es nicht verdiente, geliebt zu werden. Ich habe mich immer betrogen gefühlt.

Sylvia: Ich lebe auf Kredit, weil ich glaube, dass es einfach unerhört ist, wenn ich, die als Kind schon so viel gelitten hat, immer noch weiter leiden soll. Mir wurde etwas angetan, und »sie« sollen dafür bezahlen, nicht ich.

Patrick: Die Welt hat meine Familie kaputtgemacht. Aber mich wird sie nicht kaputtmachen. Ich werde niemandes Sklavenarbeiter sein. Dafür bin ich zu gut.

Das Zurückverfolgen Ihrer Problem-Gefühle bis zum Ursprung wird diese nicht für immer zum Verschwinden bringen, aber das versteckte Drama, welches diese Gefühle verursacht hat, ist nun klar ersichtlich. Ganz plötzlich können Sie erkennen, warum Sie unfähig sind, auf einem einfachen und geraden Weg zu dem zu gelangen, was Sie gern hätten. Sie erkennen, warum Ihr Leben so kompliziert und schwierig ist. Und nur wenn Sie erkennen, was hinter Ihrem impulsiven Verhalten steckt, können Sie sich davon befreien.

Wie sieht *Ihr* heimlicher Lebensplan aus?

Was ist der wahre Grund für das schlechte Gefühl, das die Aussicht, selbst für sich zu sorgen, Ihnen bereitet?

■ Nach dem Zusammenbruch

Wenn Sie erst einmal die ursprüngliche Absicht entdeckt haben, die hinter Ihrem Ärger auf das Leben steckt, erwartet Sie eine gute und eine schlechte Nachricht.

Die gute Nachricht lautet, *dass Sie all das haben können, was die oder der Erwachsene in Ihnen sich wünscht.* Sie können einen tollen Job bekommen. Sie können das tun, was Sie lieben, berühmt werden, anerkannt werden, gute Leistungen bringen und Freude erleben. Sie können großartige Dinge bewirken, fremde Länder sehen, einen Gefährten oder eine Gefährtin finden, eine Familie gründen, ein Star sein. Jeder herrliche erwachsene Traum, den Sie haben, kann erfüllt werden.

Und die schlechte Nachricht?

Sie können nicht das bekommen, was das Kind in Ihnen haben will. Sie können niemanden mehr dazu bringen, das Unrecht, das man Ihnen vor so langer Zeit angetan hat, ungeschehen zu machen; Sie können nicht die Sorgen und die Traurigkeit Ihrer Eltern »reparieren«; Sie können nicht die Liebe gewinnen, die man Ihnen in der Kindheit nicht freiwillig gab. Sie können Ihre kranke Mutter nicht gesund machen. Selbst wenn Sie die Liebe, die Sie sich als Kind gewünscht haben, noch bekommen könnten, könnten Sie diese Art von Liebe gar nicht mehr annehmen. Sie werden es niemals schaffen, einem uralten Drama ein anderes Ende zu geben oder altes Unrecht in Recht zu verwandeln.

Aber es gibt noch weitere gute Nachrichten.

Wenn Sie erst einmal das alte Drama aufgedeckt haben und Ihre Gefühle im Zusammenhang mit den passenden Ereignissen erleben, werden diese Gefühle aufhören, Sie und Ihr jetziges Leben so stark im Griff zu haben wie bisher. Sie werden die heutigen Probleme nicht länger im Licht Ihrer Vergangenheit missinterpretieren. Das innere Kind macht sich bereit, Sie loszulassen. Und es gibt etwas, was Sie tun können, um ihm dabei zu helfen, den alten Kampf aufzugeben.

Loben und preisen Sie es!

Übung 3
Ein Loblied auf das innere Kind

Sie müssen das kleine beharrliche Kind in Ihnen bewundern. Es hat Ihnen zwar viele Probleme bereitet, hat Sie daran gehindert, ein komfortables Leben zu führen und beruflich voranzukommen, aber es hat niemals vor dem Feind kapituliert. Es hat sich geweigert, die Vergangenheit zu vergessen und hat darauf beharrt, das, was man Ihnen schuldet, zu bekommen. Es ist ein ganz erstaunliches Wesen. *Es hat Integrität!* Bevor Sie also überhaupt an nächste Schritte denken, glaube ich, dass es an der Zeit ist, diese kleine Person zu bewundern und ihr ein Loblied zu schreiben.

Mir selbst wurde die heilende Wirkung von Lobliedern klar, als ich einen Workshop über schlechte Gewohnheiten konzipierte, für Leute also, die nicht mit dem Rauchen oder Fingernägelkauen aufhören konnten oder die hoffnungslos unordentlich waren. Im Workshop gingen diese Leute hart mit sich ins Gericht. »Ich weiß nicht, warum ich es tue. Ich bringe mich selbst damit um und ich hasse mich dafür, aber aufhören kann ich auch nicht.«

Diese Selbstkritik kam mir plötzlich sehr seltsam vor, obwohl ich sie auch von mir selbst kenne. Zu sagen: »Ich hasse mich selbst dafür«, ist schon komisch. Es ist, als ob man zwei Personen gleichzeitig wäre. Die eine ist die schlechte Person und die andere die schimpfende. Kein Schauspieler würde einen Bösewicht auf diese Art und Weise spielen. Er würde den Bösewicht in sich nicht hassen, sondern er würde einen Bösewicht nur richtig verkörpern können, wenn dieser sein Verhalten für vollkommen gerechtfertigt hält.

Ich gab also der »Schlechte-Gewohnheiten«-Gruppe die Anweisung, die Person mit der schlechten Angewohnheit als eine Person anzusehen, die von der Richtigkeit ihres Verhaltens überzeugt ist.

Gestehen Sie ein, dass Ihr inneres Kind immer versucht hat, Sie zu schützen. Nun müssen Sie ihm Dank dafür sagen.

Sagen Sie: »Da gibt es ein Kind in mir, das sich weigert, mit dem Rauchen aufzuhören (oder sich weigert, Rechnungen zu bezahlen oder den Streit mit den Kollegen zu beenden), und dieses Kind wird keinen Zentimeter nachgeben. Es versteht nicht, dass es mit seinem Verhalten Schaden anrichtet. Es hält an seinen Prinzipien fest und wird seinen Standpunkt weder gezwungenermaßen aufgeben noch sich auf einen Kompromiss einlassen.«

Sie können diese Übung mit allen Dingen durchführen, die Sie am liebsten nicht tun würden: sich die falschen Männer aussuchen, müde werden, wenn die Hausaufgaben gemacht werden müssen, Ja sagen, wenn man Nein sagen möchte usw.

Nehmen Sie ein Blatt Papier und einen Stift zur Hand und führen Sie ein Interview mit Ihrer »schlechten« Seite durch, indem Sie sie nach ihrem »schlechten« Verhalten fragen. Zuerst stellen Sie noch einmal die Tatsachen fest. Sie lässt mich keinen Beruf ergreifen, sie lässt mich nicht zuverlässig sein usw.

Dann stellen Sie ihr Fragen, bis Sie eine Antwort darauf erhalten, *warum* sie das tut, was sie tut.

Und dann müssen Sie ihr danken.

Es folgt ein Beispiel-Interview aus dem »Schlechte-Gewohnheiten«-Workshop. Wir arbeiteten mit der Methode von Fritz Perls, bei der man für sich selbst und die »schlechte Seite« je einen Stuhl aufstellt, und man je nachdem, welche Seite gerade redet, die Stühle wechselt.

Frage: Du bist die Raucherin in Cheryl. Warum hörst du nicht auf damit?

Antwort: Ich will nicht.

Frage: Warum lässt du sie nicht mit dem Rauchen aufhören?

Antwort: Ich will nicht.

Frage: Warum nicht?

Antwort: Sie tut immer, was alle von ihr wollen. Und dieses eine Mal wird sie es nicht tun.

Frage: Bist du böse auf sie?

Antwort: Ein wenig. Aber ich versuche ihr zu helfen. Zu helfen, all die anderen zur Hölle zu schicken.

Frage: Du bist also ganz auf ihrer Seite, nicht wahr? Du verdienst Achtung dafür.

Antwort: Sie muss einfach mal was Schlechtes tun und sich nicht wieder zu etwas anderem überreden lassen.

Nachdem ein Raucher seinem inneren Kind Anerkennung entgegengebracht hat, wird der Widerstand gegen das Aufhören mit jeder Zigarette, nach der er greift, kleiner. *Weil der Konflikt verschwunden ist.* Wenn das Rauchen Ihre Art ist zu sagen: »Ihr könnt mich alle mal«, und Sie dies *wissen*, werden Sie sich bei der nächsten Zigarette ein wenig lächerlich vorkommen. Sie haben damit den ersten Schritt in Richtung Nikotinentwöhnung unternommen. (Wenn Sie Ihre schlechte Gewohnheit nach dieser Übung nicht sofort unterlassen können, könnten

Sie sie mit etwas ersetzen, was Ihnen weniger schadet, aber immer noch die Botschaft »Zur Hölle mit euch allen« ausdrückt. Ich kenne eine Frau, die mit dem Rauchen aufhörte und anfing, kitschige Romane zu lesen – anstatt literarisch anspruchsvolle.)

Nun gut. Sehen wir uns *Ihr* Interview an. Was fällt Ihnen daran auf?

»Es hat viel Mut«, sagte Yona über ihr inneres Kind. »Es weiß, was richtig für es ist, und nichts – weder Schimpfen noch Drohen – wird es davon abbringen. Es weiß genau, dass Ärger droht. Aber die Rebellion war der einzige Weg, um meine Mutter davon abzuhalten, mich völlig zu vernachlässigen, als ich noch ein Kind war. Und dieses Kind in mir versucht immer noch sicherzustellen, dass ich nicht vernachlässigt werde.«

Da ist noch etwas, was Ihr inneres Kind von Ihnen braucht, damit es sich den Schmerz, den es erleiden musste, eingestehen kann und erkennt, dass das Spiel vorbei ist. Sie sollten ihm einen verständnisvollen Erwachsenen – einen Engel – an die Seite stellen.

Übung 4
Dem Kind die Neuigkeiten beibringen

Tun Sie so, als ob Sie als Erwachsener in das Haus Ihrer Kindheit zurückkehren, um das Kind, das Sie einst waren, zu besuchen. Gehen Sie in das Haus oder in die Wohnung und registrieren Sie, welche Möbel im Wohnzimmer stehen, wie das Zimmer des Kindes aussieht, welche Kleidung es trägt und mit welchem Spielzeug es spielt. Wo ist das Kind? Was tut es? Sehen Sie ihm eine Weile zu. Wie fühlt es sich? Wenn Sie heute einem Kind wie ihm begegnen würden und Sie etwas zu ihm sagen könnten – was würden Sie sagen?

Dann sagen Sie es laut.

Yona sagte: »Sie sieht so traurig aus! Sie ist dick. Sie sitzt im Sessel, isst Kekse und liest Abenteuerromane. Sie ist ungepflegt. Ihre Haare sind ganz durcheinander. Wenn ich etwas sagen könnte, würde ich ihr die Wahrheit sagen: Du bist ein liebenswertes Kind in einer schlechten Lage. *Es ist nicht deine Schuld, dass sich niemand um dich kümmert.*«

Sylvia sagte: »Sie klettert nachts aus dem Fenster ihres Zimmers, halb angezogen, auf der Suche nach Abenteuern. Am Morgen wird die Tante sie anschreien und ausschimpfen. Sie wird erschöpft sein. Ihre Hausaufgaben hat sie nicht gemacht, der Tag in der Schule wird die Hölle sein. Sie ist sehr einsam; sie klettert aus dem Fenster, weil sie auf der Suche nach Freunden und Erlebnissen ist. Ich will ihr sagen: Du verdienst es, in deinem eigenen Bett zu schlafen und von deiner Familie gemocht und versorgt zu werden. Du solltest dich selbst nicht in Gefahr bringen müssen, um das zu kriegen, was du brauchst. *Es ist nicht deine Schuld, dass du dich so verhältst.*«

Das Kind in Ihnen ist stets falsch verstanden und ausgeschimpft worden – selbst von Ihnen. Schließlich wurde von Ihnen erwartet, dass Sie sich wie ein Erwachsener benehmen, und dieses Kind hat Sie kindisch handeln und auch so wirken lassen. Aber missverstandene Kinder werden sehr müde. Sie wollen sich ausruhen, und das gelingt ihnen erst, wenn jemand sie so sieht, wie sie sind, und Mitgefühl und Verständnis für sie aufbringt.

Wenn das Kind in Ihnen merkt, dass seine Klagen gehört und respektiert werden, kann es sein, dass Sie beide ein wenig weinen und dann ein kleines Nickerchen machen (wie ein Baby) – und sich beim Aufwachen besser fühlen. Und dann können Sie beginnen, sich von vergangenem Unrecht zu lösen und Ihr Leben so gestalten, wie Sie es sich wünschen.

■ Gefühle von Leere

Wenn Ihr inneres Kind beginnt, die ständige Beschäftigung mit einer Ungerechtigkeit sein zu lassen, sollten Sie sich – so müsste man meinen – eigentlich sehr gut fühlen. Aber zunächst fühlen Sie sich keineswegs nur gut. Sie haben sich an Ihren Schmerz gewöhnt, an Ihre Verstimmungen, denn schließlich haben Sie fast Ihr ganzes Leben mit ihnen zugebracht. Ohne diesen Schmerz fühlen Sie sich anders. Etwas fehlt. Sie fühlen sich leer.

»Ich habe versucht mich zu ändern. Es fühlte sich schrecklich an«, sagte einmal einer meiner Klienten.

Wenn das Lebensdrama, eine alte Ungerechtigkeit wieder gutzumachen, und die alltäglichen Dramen nicht enden wollender Krisen vorbei sind, fühlt sich das seltsam an.

Patrick sagte: »Ich hatte zwar ständig Angst und war der Gnade meiner Kreditgeber und meiner wenigen verbliebenen Freunde ausgeliefert – aber das Leben war so voller Bedeutung. Als ich schließlich meinen Freunden sagte, dass sie mir dadurch, dass sie mir Geld liehen, keinen Gefallen taten, wurde alles schlimmer anstatt besser. Ich bin heute sehr froh, dass ich mich verändert habe, aber am Anfang war es wirklich hart.«

Nachdem sie in ihrer Vorstellung ihrer Kindheit einen Besuch abgestattet hatte, sagte Sylvia: »Ich mochte dieses Kind wirklich gern, und als ich mir erlaubte, es meine Zuwendung und mein Verständnis spüren zu lassen, verschwand für ein paar Minuten meine übliche Abwehrhaltung. Und dann empfand ich nur noch Traurigkeit.«

Sehen Sie der Tatsache ins Gesicht – es ist schon schwer, nur erwachsen werden zu *wollen*.

Wenn Sie damit beginnen, fühlt es sich wie ein großer Verlust an. Wenn Sie nicht mehr an Ihr Märchen glauben, wird die unangenehme Wahrheit umso deutlicher: Sie leben in einer Welt, in der niemand sich verpflichtet fühlt, Ihnen sein Le-

ben zu widmen, und in einer Welt, in der es nicht immer fair zu-
geht.

In gewisser Weise ist ein erwachsener Mensch immer allein;
er hat die Illusion aufgegeben, dass Eltern, Lehrer oder andere
Personen ständig für ihn da sind, und er hat den Glauben daran
verloren, dass alles immer gut ausgeht. Es ist eine Art Handel –
ein erfolgreicher Handel allerdings, denn nur, wer erwachsen
geworden ist, hat die Kraft, sich selbst ein gutes Leben zu schaffen.

Rettung durch Altruismus

Um erwachsen zu werden, müssen wir alle immer wieder eine
schwierige Lektion lernen: Wir müssen den narzisstischen
Drang, im Mittelpunkt stehen zu wollen, aufgeben, um wahre
Mitglieder einer erwachsenen Welt zu werden – indem wir an-
deren Menschen gute Partner werden und unser Bedürfnis nach
Manipulation und Kontrolle in den Griff bekommen.

Wenn Sie zu den Wütenden gehören, dann ist diese Lektion gleichermaßen besonders lohnend und besonders schwierig, denn Sie müssen harte antinarzisstische Arbeit leisten.

Die Wütenden unter uns sind ängstliche Menschen. Wenn
Sie zu den Wütenden gehören, dann konnten Sie sich kein sta-
biles Leben aufbauen, egal, wie viel Hilfe Sie von anderen Menschen auch bekommen haben mögen.

Ich schlage nun im Folgenden etwas vor, was Sie überraschen
wird. Der beste Weg für einen Wütenden, sich selbst zu stabilisieren, besteht darin, jemand anderem aus einer Notlage heraus
zu helfen. In dem Moment, in dem Sie sich um jemand anderen
kümmern, bauen Sie für sich selbst quasi ein Ponton, ein Boot,
das nicht umkippen oder instabil werden kann.

Übung 5
Jemand anderen retten

Ich möchte, dass Sie, bevor Sie tatsächlich in die Welt hinausgehen und jemandem helfen, zunächst auf dem Papier üben, für
jemand anderen da zu sein. Also nehmen Sie bitte erneut einen
Stift zur Hand. Sie werden nun die Probleme eines anderen
Menschen lösen.

In Ihrer früheren, narzisstisch verärgerten Vergangenheit
könnten Sie vergessen haben, dass Ihre Freunde und Familien-
angehörigen ihre eigenen Krisen und Sorgen haben. Es ist an
der Zeit zu erkennen, dass die Welt größer ist als Ihre Probleme.
Denken Sie daran, jemandem zu helfen ist *keine Strafe*, sondern
eine *Perspektive*. Über den Tellerrand Ihrer eigenen Probleme
zu blicken wird Ihnen dabei helfen, sich aus der Umklamme-
rung des Narzissmus zu befreien.

Wählen Sie jemanden aus, der in ernsthaften Schwierigkeiten steckt, ohne etwas dafür zu können. Eine Freundin, die ihren Ehemann verloren hat und Kinder allein großziehen muss.
Eine kranke Tante, die der Vermieter aus ihrer Wohnung werfen möchte. Oder ein Freund, dessen Karriere nirgendwohin
führt und der jemanden braucht, der ihn wieder zurück auf seine Spur bringt.

Entwerfen Sie nun ein Szenario, in dem Sie intensiv mit dem
Problem oder Projekt dieser Person zu tun haben. Ermitteln Sie
Strategien und Lösungen, bieten Sie praktische Hilfe oder eine
Schulter zum Ausweinen an. Aber egal, was Sie tun, erlauben
Sie sich auf keinen Fall, sich selbst in den Mittelpunkt zu stellen.

Sylvia entschloss sich, ihrem Vater zu helfen. Er hatte ein
schlecht laufendes Werkzeuggeschäft in Edmonton, Kanada. Zu
allem Unglück hatte ihn auch noch seine zweite Frau verlassen,
und er hatte angefangen zu trinken. Sylvia hatte immer nur
eine flüchtige Beziehung zu ihm gehabt, aber sie liebte ihn, und
er hatte sie all die Jahre über standhaft finanziell unterstützt.

Als er sie darum bat, heimzukommen und ihm bei der Führung des Geschäfts zu helfen, hatte sie das abgelehnt. Der Gedanke, zurück nach Kanada zu gehen und in einem eintönigen, gewöhnlichen Job gefangen zu sein, erschreckte und verärgerte sie, und schließlich war ihr Vater derjenige, der erlaubt hatte, dass man sie einst aus dem Krankenzimmer ihrer Mutter entfernt und nach Montreal geschickt hatte. *Er schuldete ihr etwas.*

Aber schließlich konnte sie erkennen, dass ihrem Vater eine Absage zu erteilen das Unrecht, das sie als Kind erlitten hatte, nicht wieder gutmachen würde. Sie ging zurück nach Edmonton und übernahm unentgeltlich den Vollzeitjob der Geschäftsführerin im Laden ihres Vaters. Sie nutzte ihr Talent zum Verkaufen und zum Lösen von Problemen für den Laden anstatt für sich selbst und entdeckte, dass kein Geschäft langweilig ist, wenn es einem selbst gehört. Sie sparte ihrem Vater nicht nur 20 000 Dollar Gehalt für einen Geschäftsführer ein, sie schaffte es auch, den Laden wieder zum Laufen zu bringen – dank ihrer unglaublichen Energie, die sie durchaus aufbringen konnte, wenn ihr etwas wichtig erschien. Sie war wunderbar kreativ (zur anfänglichen Verwunderung ihres Vaters) und startete eine »Frauen-Schreiner-Woche«, deren Höhepunkt darin bestand, dass eine Gruppe Frauen ein Holzhaus baute und der lokale Fernsehsender jede ihrer Bewegungen mitschnitt. Der Umsatz ihres Vaters verdoppelte sich in dieser Woche.

Und was noch wichtiger ist: Sylvia bewies bezüglich ihrer Gefühle eine ebensolche Großzügigkeit wie bezüglich ihrer Arbeitskraft. Sie gab ihrem Vater die moralische Unterstützung, die er aufgrund seiner persönlichen Schwierigkeiten dringend nötig hatte, und überredete ihn, einem Club für Singles über 50 beizutreten.

Halten Sie Altruismus für eine zu simple Strategie? Versuchen Sie es, und Sie werden Ihre Meinung ändern. Wie Sie beginnen können? Schauen Sie sich um. Gibt es ein Krankenhaus, das Hilfe in der Abteilung für Kinder gebrauchen kann?

Ein Nachbar, dem man das Lesen beibringen könnte? Irgendwo in Ihrem Leben gibt es einen Weg, anderen zu helfen, der richtig für Sie ist und Ihr Leben bereichern wird.

Yona, die einmal in der Woche für eine Stunde eine Suppenküche für Rentner in einem Armenviertel ihrer Stadt eröffnete, sagte: »Ich habe dadurch mein Herz zurückgewonnen. Ich hörte auf, mich zu bemitleiden. Nun mag ich mein Leben. Ich verschwende nicht länger meine Zeit damit, wütend zu sein.«

Patrick gab Kindern in der Innenstadt Kunstunterricht. »Ich fühle mich zur Abwechslung einmal wie der Gute«, berichtete er.

Großzügig werden, jemand anderen für eine Weile tragen, hat erstaunliche Auswirkungen auf Ihre Selbstachtung.

Jede Selbstsucht – auch die, die aufgrund einer erlittenen Ungerechtigkeit entstanden ist – führt zu mangelndem Respekt vor sich selbst und bewirkt Scham. Einer der Gründe dafür, warum Sie über so wenig Möglichkeiten verfügt haben, sich selbst zu retten, war Ihre leicht zu erschütternde Selbstachtung. Aus ihr resultierte der Widerstand gegen Jobs, die Sie als unter Ihrer Würde ansahen. Man braucht ein starkes Ich, um irgendeinen gewöhnlichen Job anzunehmen und sich dennoch bewusst zu sein, dass man noch man selbst ist; ein solches Ich hatten Sie nicht. Wenn man sich allein über einen Job definiert, ist das Selbstbild nicht stabil. Aber wenn Sie Ihre Lebensbotschaft von »Ich bin beraubt worden« in Richtung »Ich habe Gutes in dieser Welt bewirkt« verändern, wird sich auch Ihr Selbstbild in diese Richtung verändern.

Der französische Schriftsteller André Gide hat in seinen Tagebüchern, die mit dem Nobelpreis ausgezeichnet wurden, Folgendes über den konstruktiven Altruismus geschrieben:

»Jeder dieser jungen Schriftsteller, der sein Leiden aufgrund mystischen Trachtens oder innerer Unruhe, oder aufgrund von Langeweile … analysiert, würde schnell geheilt werden, wenn er danach strebte, die realen Leiden der Menschen um ihn herum zu verringern. Wir, die wir bevorzugt leben, haben kein

Recht, uns zu beschweren. Wenn bei allem, was wir haben, wir dennoch nicht wissen, wie wir glücklich sein können, dann liegt das daran, dass wir eine falsche Vorstellung von Glück haben. Wenn wir verstehen, dass das Geheimnis des Glücks nicht im Besitzen, sondern im Geben liegt, darin, andere glücklich zu machen, werden wir selbst glücklicher werden.«

■ Wunderbarer Träumer

Nun haben Sie eine Handhabe gegen die Wut und den Ärger auf ein gewöhnliches Leben. Heißt das, dass es sich bei Ihren Träumen nur um den Versuch gehandelt hat, die Vergangenheit zu heilen? Sollten Sie diese Träume also vergessen?

Auf keinen Fall. Diese Träume kamen direkt aus Ihrem Kern und sie waren gut. Sie haben jedem Ihrer Träume jedoch eine Bürde aufgeladen, indem sie ihn dazu benutzten, ein altes Unrecht wieder gutzumachen, und diese Bürde war mehr als hinderlich.

Ihr Traum ist zu wertvoll, um eine solche Bürde auf seinen Schultern tragen zu müssen – besonders wenn diese Bürde Sie zum einen von der Erfüllung Ihres Traums abhielt *und* zudem keinerlei Wirkung auf Ihre Vergangenheit hatte.

Nun wird die Vergangenheit Sie langsam loslassen. Nun hat Ihr Traum endlich die Freiheit, Wirklichkeit zu werden.

Sie sind ein großartiger Träumer, eine großartige Träumerin; jetzt müssen Sie den Traum auf die richtige Art und Weise verfolgen. Geben Sie Ihren Träumen die Gelegenheit zu kämpfen. Sie haben bereits bewiesen, dass niemand Sie aufhalten kann. Machen Sie nun unaufhaltbare Fortschritte. Wie? *Werden Sie ein Farmer, und geben Sie die Beutezüge auf.*

Seien Sie so verantwortungsvoll und arbeiten Sie so hart wie ein Farmer. Nehmen Sie einen Job an und verdienen Sie Geld. Sie müssen sich selbst die Lektion erteilen, dass Sie in der Lage sind, Ihr eigenes Leben in den Griff zu bekommen; Sie müssen lernen, dass Geld, Können und Wissen Schritt für Schritt anwachsen, über eine längere Zeit hinweg; Sie müssen lernen, wie man Belohnungen aufschiebt.

Lernen Sie etwas von der Pike auf und hören Sie damit auf, so zu tun, als wären Sie jemand Besonderes, der sich nicht an die Regeln zu halten braucht. Sie müssen lernen, zu planen und es zu genießen, ein Ihnen wichtiges Ziel zu verfolgen anstatt darauf zu warten, dass es Ihnen in den Schoß fällt. *Sie haben das Recht, hinauszugehen und sich das zu holen, was Sie haben wollen.*

■ Geduld mit dem Gewöhnlichen

Veränderung ist ein hartes Stück Arbeit. Aber lassen Sie mich erneut André Gide zitieren:

»Wie oft habe ich meine Aufmerksamkeit, mein Studium auf diese oder jene Fuge von Bach gelenkt ... gerade weil sie mich anfangs entmutigt hat ... und geleitet durch dieses obskure Gefühl, dass das, *was uns schwer fällt und unsere größten Anstrengungen erfordert, auch das ist, was uns am meisten lehren kann.*«

Yona ist heute Teil der Belegschaft einer neuen Kochschule in North Carolina. Sie schreibt eine Kolumne für einen Newsletter, der an Gourmet-Kochclubs verschickt wird, und aus der Kolumne wird höchstwahrscheinlich bald ein Buch werden.

Sylvia ruft mich jedes Jahr an, um mir zu erzählen, wie gut die Dinge stehen. Die Abwendung vom Narzissmus und Hinwendung zum Altruismus hat ihr Leben drastisch verändert. Je länger sie bei ihrem Vater blieb, desto mehr bemerkte sie, wie gern sie in Edmonton lebte. Sie begann wieder zu singen, und eines Tages nahm sie auch wieder Gesangsunterricht, dem sie sich ernsthaft widmete. Sechs Monate später bot man ihr eine Halbtagsstelle an der Hochschule für Musik an. Das war vor zwei Jahren.

Als Patrick die wahre Ursache für seinen Ärger verstanden hatte, hörten die Kämpfe und fruchtlosen Diskussionen mit seinen Kunden auf. Er setzte sich mit einigen früheren Auftraggebern in Verbindung und lernte dadurch auch andere Maler, Fotografen und Schriftsteller kennen, die ebenfalls im Baugeschäft tätig waren. Von ihnen lernte er, dass auf dem Bau arbeiten für einen Künstler keinen Abstieg bedeutet. Ja sicher, er musste auch einige weniger angesehene Aufträge annehmen, aber seine Künstlerkollegen führten ihm sehr anschaulich vor Augen, wie hart Künstler für ihre Kunst arbeiten, und er war sehr berührt von etwas, was für ihn ganz neu war: Bescheidenheit. Er akzeptierte, dass es trotz seines angeborenen Talents vieles gab, was er nicht wusste und kannte, Techniken und Tricks beispielsweise, die Profis nutzten. Drei Jahre lang ging er zweimal pro Woche zur Kunstschule und saß dort Seite an Seite mit Studenten, die halb so alt waren wie er.

Es dauerte fast drei Jahre, bis er seine alten Muster abgelegt und sich neue angeeignet hatte. »Ich lebte lange Zeit in einem Haus mit lauter Spiegeln und verlor mich darin, und heute bin ich hier draußen, zusammen mit allen anderen, und achte auf die Stoppschilder und Verkehrsampeln.«

So wie Patrick haben auch Yona und Sylvia die Bühne verlassen und das wirkliche Leben betreten. Zum ersten Mal sind sie stolz darauf, für sich selbst zu sorgen und anderen Menschen Mitgefühl entgegenzubringen. Was ist aus ihren prächtigen Träumen geworden?

»Ich habe etwas für mich vollkommen Neues gelernt«, sagte Yona. »Und zwar Geduld. Das Gegenteil von Wut und Ablehnung, das hat sich mir gezeigt, ist Geduld. Ich arbeite zum ersten Mal und mit viel Geduld an meinem beruflichen Weg.«

Geduld mit dem Gewöhnlichen – das hat einen schönen Klang. Geduld mit dem Gewöhnlichen führt Yona, Sylvia und Patrick jeden Tag ein Stück näher zur Erfüllung ihrer Träume. Und zu einem außergewöhnlichen Leben.

Kapitel 14
Der rote Hering –
oder der Versuch, etwas zu wollen,
was man nicht wirklich will

Es dauerte sehr lange und bedurfte vieler Gespräche, bis Linda endlich mit der Wahrheit herausrückte.

Linda war zu mir gekommen, weil sie einen neuen beruflichen Weg einschlagen wollte, und wir beide waren seit Wochen frustriert, weil wir kein Ziel finden konnten, das sie zufrieden stellte. Wir hatten herausgefunden, welche Dinge Linda gern hatte. Sie liebte Gärten, Musik und das Schreiben von Sketchen. Aber selbst wenn es uns gelungen war, alle ihre Vorlieben in eine einzige neue Karriere zu packen, die sie eigentlich hätte begeistern müssen, sah Linda weiterhin sehr unglücklich aus.

»In dieser Stimmung werden Sie große Mühen haben, Texte für Sketche zu schreiben«, sagte ich.

»Ich weiß«, sagte sie.

»Mögen Sie diese Dinge denn wirklich? Lieben Sie Gärten, Musik und das Schreiben von Sketchen?«

»Ja, ich mag diese Dinge wirklich sehr gern.«

»Sind Sie sich ganz sicher?«

»Ja, ich bin mir sicher.«

Schließlich ging ich einer Eingebung nach.

»Linda, ist das die ganze Wahrheit?«

»Was meinen Sie damit?«

»Entschuldigen Sie, wenn ich jetzt persönlich werde, aber wie steht es eigentlich mit Ihrem Liebesleben?«, fragte ich.

Da begann Linda zu weinen.

Die Wahrheit war: Linda wollte keine neue Karriere. Sie *versuchte* eine Karriere zu wollen. Was sie wirklich wollte, war

Steve. Steve war ein sanfter, schüchterner Mathematiker, mit dem Linda zwei Jahre liiert war. Er hatte vor kurzem die Beziehung beendet, als er in eine andere Stadt versetzt worden war.

»Warum haben Sie das verschwiegen? Warum stand das auf Ihrer Wunschliste nicht ganz oben?«, fragte ich.

»Weil es unmöglich ist«, sagte sie. »Er will mich nicht. Und ich fühle mich wie eine Versagerin, weil ich es wichtiger finde, einen Mann zu haben als eine Karriere.«

Ich hatte die richtige Eingebung gehabt: Bei Lindas Suche nach einem neuen beruflichen Weg handelte es sich um einen so genannten »roten Hering«. Der Ausdruck »roter Hering« stammt von dem alten Brauch, einen geräucherten Hering quer über eine Spur zu ziehen, so dass Spürhunde den Geruch und die Spur der gesuchten Person verlieren. Heutzutage ist damit ein irreführender Hinweis gemeint, der absichtlich gegeben wird, um die Aufmerksamkeit in die falsche Richtung zu lenken. Linda wollte sich selbst von der Spur abbringen, weil sie sich schämte, dass ihr ein Mann wichtiger war als Erfüllung im Beruf. Sie versuchte verzweifelt, ein »politisch korrektes« Herz zu haben – was nicht möglich ist. Falls Sie sich wie Linda ständig vor sich selbst rechtfertigen müssen, weil Ihnen die Liebe wichtiger ist als der Beruf, dann möchte ich Sie an ein paar Tatsachen erinnern, die wir alle kennen – und immer wieder vergessen.

Tatsache eins: Sie können Ihrem Herzen nicht sagen, was es will. Ihr Herz wird es Ihnen sagen.

Wenn Sie Ihre Gefühle zwingen, sich Ihrem Verstand zu unterwerfen, dann ist das so, als ob Sie die Wegbeschreibung zu einem glücklichen Leben wegwerfen.

Es ist eine unglaublich wirksame Methode, um sich zu verirren.

Ihr Herz ist das Zentrum eines Millionen Jahre alten Systems zum Überleben. Wenn es nach Liebe verlangt, hat das einen guten Grund.

Wenn es Ihnen also einfach nicht gelingt, sich mit einer Sache zu beschäftigen, die Sie tun *sollten,* weil etwas anderes Sie immer wieder ablenkt und verwirrt, dann legen Sie am besten eine Pause ein und beginnen damit, den Botschaften Ihres Herzens zu lauschen.

Linda sehnte sich zuallererst nach Liebe und verbot sich selbst diesen Wunsch – wie manche andere Frau auch. Denn »Liebe« kann sich ein wenig anfühlen wie die alte Botschaft, die uns unsere Mütter und Großmütter mit auf den Weg gaben: »Frauen sind für die Liebe geboren, Männer dafür, in die Welt hinauszugehen.« Und diese Botschaft hat vielen Frauen geschadet, die sich nach einer bedeutungsvollen Arbeit sehnten und die gern das tun wollten, wovon sie überzeugt waren, dass sie es gut könnten. Wir tun gut daran, der alten Propaganda nicht auf den Leim gehen zu wollen. Aber wir sollten uns auch nicht verwirren lassen; das Recht auf Arbeit, die uns etwas bedeutet, ersetzt nicht das Bedürfnis, jemanden zu lieben.

Kein Mann würde auch nur einen Moment daran zweifeln, dass es möglich ist, zu lieben *und* gleichzeitig im Beruf erfolgreich zu sein.

Natürlich gibt es Menschen, die sehr zufrieden damit sind, allein zu leben. Ich bin sehr froh, dass die Zeiten vorbei sind, als die Gesellschaft uns glauben machte, dass Männer oder Frauen ohne Partner nur halbe, bemitleidenswerte Menschen wären. Dieses Märchen haben wir zum Glück hinter uns gelassen. Wenn Sie jedoch der Meinung sind, dass allein lebende Menschen wunderbare Gelegenheiten zur Verbundenheit mit anderen verpassen, wenn Sie zu denen gehören, die ein echtes Talent für gute Beziehungen haben, *dann werden Sie allein nicht glücklich werden.* Wenn Sie Liebe wollen, dann müssen Sie sich auf die Suche nach Liebe machen; Sie müssen es zumindest versuchen und dabei Ihr Bestes geben.

Tatsache zwei: Wenn Sie sich auf den Weg machen und versuchen, sich das zu holen, was Sie sich am meisten wünschen, dann sind Sie auch in einer guten Position, um alles andere, was Sie gern hätten, zu erreichen.

Gewinnen Sie Klarheit über Ihre Prioritäten. *First things first* – kümmern Sie sich zuerst um die Dinge, die Ihnen am wichtigsten sind. Wenn Ihr Magen leer ist, besorgen Sie sich etwas zu essen. Wenn Ihr Kopf leer ist, gehen Sie noch einmal zur Schule. Wenn Ihr Herz leer ist, kümmern Sie sich um Ihr Liebesleben. Ein erfülltes Liebesleben kann eine der besten Maßnahmen für beruflichen Erfolg sein.

Schließlich müssen Sie – wenn Sie in Sachen Liebe erfolgreich waren – noch etwas anderes zu tun haben; Sie werden nicht nur ausrufen: »Wow, ich habe es geschafft«, und für den Rest des Lebens zurück auf das Sofa sinken.

Wenn Sie Liebe wollen, dann müssen Sie versuchen, sie in Ihr Leben zu holen. Das wird auch Ihr Berufsleben entscheidend verbessern.

■ Die Liebe

Ich möchte unsere Definition von »Liebe« erweitern. In Fällen, in denen es sich um einen roten Hering handelt, bezieht sich »Liebe« nicht immer allein auf die romantische Liebe. Sie könnten sich nach *allem* sehnen, wovon Sie glauben, dass Sie es nicht haben können, und die Suche nach einem geeigneten Beruf als roten Hering benutzen, um sich selbst davon abzulenken. Wie zum Beispiel Celia: Celia arbeitete zehn Jahre daran, Opernsängerin zu werden. Sie fand eine perfekte Lehrerin und studierte fleißig Gesang; der Beginn ihrer Karriere war absehbar; in weniger als einem Jahr hätte sie jedes Publikum von ihrer Stimme überzeugen können.

Ich war einigermaßen schockiert, als Celia einen Termin mit mir vereinbarte, um über einen Berufswechsel nachzudenken. Sie musste meine Überraschung bemerkt haben, denn das Erste, was sie sagte, war: »Mit dem Singen ist es vorbei. Ich will nicht darüber reden. Helfen Sie mir, etwas anderes zu finden.«

Ich hielt mich an ihre Anweisungen und stellte ihr die üblichen Fragen: ob sie weiter Musik machen wollte? Wollte sie nicht. Wollte sie in einem Unternehmen arbeiten? Nein.

Schließlich fragte ich: »Celia, was ist hier los?«

»Meine Lehrerin hat mich rausgeschmissen«, sagte sie und fing an zu weinen.

Ein paar Tage vorher hatte Celias Lehrerin, wie aus heiterem Himmel, den Klavierdeckel heruntergeklappt und angekündigt, dass sie weder Celia noch sonst jemanden weiter unterrichten werde. Sie habe genug und wolle andere Dinge tun. Die Entscheidung sei endgültig. Celia bettelte, bot mehr Geld an, aber die Lehrerin blieb hart. Und Celia legte sich zwei Tage lang ins Bett und konnte nicht aufhören zu weinen.

»Ich hasse es, mich so schwach zu fühlen. Ich muss einfach darüber hinwegkommen«, sagte sie.

»Es könnte sein, dass dieses schnelle Tempo Sie überfordert«, antwortete ich.

■ Bevor Sie einen Traum aufgeben

Es gibt zwei Dinge, die Sie tun müssen, bevor Sie einen Traum fallen lassen.

Erstens: Prüfen Sie, ob noch Leben in Ihrem Traum ist. Werfen Sie auf jeden Fall noch einen zweiten Blick auf Ihr Wunschziel, wenn allein der Gedanke, es hinter sich zu lassen, Sie krank macht.

Zweitens: Versuchen Sie nicht länger, wie ein Spartaner zu leben, sondern lernen Sie, ein Mensch zu sein. Ein Spartaner lebt mit dem Mangel. Ein Mensch wagt es, um das zu bitten, was er haben möchte. Ein Spartaner hat eine bestimmte Art von Mut: Ohne mit der Wimper zu zucken, hält er schreckliche Schmerzen und Entbehrungen aus. Ein Mensch hat mehr Mut als ein Spartaner: Er kann seinen Stolz überwinden und sein Herz sprechen lassen.

Bevor Sie also einem Traum den Rücken kehren, müssen Sie den Mut haben, Ihr Herz sprechen zu lassen. Es ist das Beste, was Sie tun können.

Übung 1
Die Wahrheit sagen

Diese Übung ist einfach (aber nicht immer leicht) und geht ganz schnell. Nehmen Sie ein großes Stück Papier und schreiben Sie mit einem dicken Stift die folgenden Worte darauf: »Ich will _____, und ich schäme mich nicht, es zu sagen.« Die leere Stelle füllen Sie aus.

Jetzt befestigen Sie dieses Stück Papier an der Wand.

Guter Gott, wo ist Ihr Stolz geblieben?

Sie haben gerade zugegeben, dass Sie sich nach jemandem sehnen, der Sie zurückweist. Warum sollte ich so etwas von Ihnen verlangen?

Um Sie daran zu erinnern, dass Ihre Liebe Ihnen gehört.

Selbst wenn sich herausstellt, dass Sie keine Beziehung mit diesem bestimmten, geliebten Menschen haben können – oder haben sollten –, heißt das nicht, dass Sie ihn nicht trotzdem lieben.

Ihre Liebe liegt nicht in den Händen von jemand anderem. Sie gehört Ihnen. Sie hat ihren Ursprung in Ihrem liebevollen Wesen, in Ihren Vorstellungen und in Ihren besten Absichten. Wenn diese Person Sie nicht will oder Ihre Liebe nicht verdient, werden Sie diese Liebe dennoch nicht abtöten können, und *Sie sollten es auch gar nicht versuchen.*

Sie müssen sich fern halten von Menschen, die Sie nicht wiederlieben oder denen man Ihre Liebe nicht anvertrauen kann.

Aber es gibt keinen Grund zu versuchen, Ihre Gefühle »abzu-schalten«. Ihre Liebe ist vollkommen in Ordnung, nur Ihr Ge-liebter ist es nicht.

Wenn Sie einmal alt und weise geworden sind, werden Sie sich an der Galerie von Schurken und Engeln erfreuen, denen Sie erlaubt haben, Ihr Herz zu berühren.

Liebe ist kein Wettkampf. Stolz sollte man aus dem Spiel las-sen. Selbst wenn das Schlimmste passiert und Sie auf deutliche Weise zurückgewiesen werden, liegt eine große Würde darin zu sagen: »Ich habe sie geliebt, und sie hat mich nicht geliebt. Ist das nicht unendlich schade?« Stolz ist ein dünner Ersatz für auf-richtige Würde. Ein derartiges Verhalten mag sich riskant an-fühlen, aber es zeigt sich eine bewundernswerte innere Stärke darin.

■ Ihre momentane Situation

Lassen Sie uns mit kühlem Kopf Ihre Situation betrachten.

Haben Sie zu früh ein »Nein« als Antwort akzeptiert?

Wenn Ihnen in nüchternen, klaren Momenten eindeutig bewusst ist, dass die andere Person wirklich keine Beziehung mit Ihnen haben möchte, dann müssen Sie sich zurückziehen. Sie wissen letztlich sehr genau, wann Sie sich eine ganz persön-liche, unerfüllbare Fantasie zusammenbrauen, und ich will Sie keineswegs dazu ermutigen. Bei den meisten Fällen von »roten Heringen« handelt es sich allerdings um Menschen, die psy-chisch stabil sind und *voreilig* den Schluss ziehen, dass es keine Hoffnung gäbe. Sie haben nicht in nüchternen Momenten Klarheit darüber gewonnen, dass man sie nicht will, sondern dies in Momenten beschlossen, in denen sie sehr verletzt wa-ren. Wenn man verletzt ist, verliert man seine Urteilskraft. Man will in ein Loch kriechen und den Eingang hinter sich ver-schließen. Nur ab und zu kommt man daraus hervor und murmelt bittere Kommentare über die Hoffnungslosigkeit der Liebe und des Lebens.

Wenn Sie sich sagen hören: »Was soll's? Ich bin wohl nicht dazu bestimmt, das zu bekommen, was ich mir vom Leben erträume«, dann spricht Schmerz aus Ihnen und nicht der Verstand.

Sie wissen, dass Sie noch einmal versuchen sollten, das zu erreichen, wonach Ihr Herz verlangt, aber gleichzeitig haben Sie den Drang, sich zu schützen, und wollen außerdem Ihre Frustrationen loswerden. In dieser Situation hat es keinen Sinn, um Vernunft zu ringen, weil Gefühle stärker sind als alle Vernunft. Warum lassen Sie nicht den Schmerz aussprechen, was er zu sagen hat, und reinigen dadurch die Luft?

Übung 2
20 Gründe dafür, warum es keine Hoffnung gibt

Fertigen Sie eine Liste an.

Ja genau, schreiben Sie 20 Gründe auf, warum Sie das, was Sie wollen, nicht haben können. 20? Ja. Wenn Ihnen bei Nummer sechs nichts mehr einfällt, schreiben Sie trotzdem weiter, bis Sie zur Nummer 20 kommen, selbst wenn dort Geringfügigkeiten wie »Ich mag Sushi und er nicht« stehen sollten.

Haben Sie keine Angst vor Negativität. Sie werden nicht darin versinken, das garantiere ich Ihnen. Ich liebe es geradezu, hin und wieder ordentlich zu jammern und mich sehr laut zu beschweren. Sich der Negativität voll und ganz hinzugeben und sie immer stärker werden zu lassen, bis sich plötzlich alles lächerlich und übertrieben anhört – das ist eine sehr gute und wirksame Methode, um Negativität zu überwinden. Versuchen Sie es einmal und beobachten Sie, wie die Gewitterwolken von dannen ziehen.

Nehmen Sie einen Stift und ein Blatt Papier und schreiben

Sie in die erste Zeile: »Ich will X, aber ich habe keine Chance, es zu bekommen, weil ...« und lassen es dann aufs Papier fließen.

Sie könnten schreiben:

... »ihre Eltern mich nicht mögen.«

... »ich nicht genug Geld verdiene.«

... »er sagte, dass er mir niemals vergeben könne.«

... »sie sagte, dass sie es sich nicht vorstellen könne, noch einmal zu heiraten.«

Gehen Sie bis an die Grenzen.

»Ich bin ein Halunke, und man sollte mich erschießen. Sie hat vollkommen Recht.«

»Er hat wahrscheinlich gerade Besuch von 20 Models. Was soll er mit einer Niete wie mir.«

Und, fühlen Sie sich besser?

Eine Jammer-Session bringt all Ihre negativen Annahmen an die Oberfläche. Wir betrachten sie, anstatt ihnen zu erlauben, im Dunkeln ihre viel zu große Macht auszuüben. Jetzt schütteln Sie bitte die Negativität ab, wie ein Hund das Wasser aus seinem Fell schüttelt. Denn es ist Zeit, einen Plan zu entwerfen.

■ Ein Aktionsplan

Lindas Geschichte ging folgendermaßen weiter.

Als ich ihr vorschlug, den Versuch zu wagen, wieder mit Steve zusammenzukommen, protestierte sie zunächst.

»Er hat mir gesagt, dass er keine Beziehung haben *will*«, sagte sie. »Soll ich ihn vielleicht zwingen, mich zu heiraten?«

»Liebt er Sie denn nicht?«, fragte ich.

»Doch, das tut er. Aber seine Familie mag mich nicht. Wenn wir zusammen sind, sind wir sehr glücklich miteinander. Deshalb ist das alles ja auch so furchtbar.«

»Linda, kann es denn sein, dass er Angst hat?«

»Ja, das könnte sein. Aber nun hat er sich entschieden.«

»Wie oft hat er Ihnen gesagt, dass es vorbei ist?«

»Einmal. Aber das genügt bei ihm. Sein Wort gilt, da kann man nichts machen.«

»Ich hätte aber einen Vorschlag, was Sie machen könnten«, sagte ich.

»Welchen?«

»Ziehen Sie in seine Stadt.«

Linda starrte mich an. Ich erklärte ihr, was ich meinte: Wenn sie in seine Nähe zog, könnten die beiden sich besuchen und sie könnte feststellen, ob er wirklich bei seiner Entscheidung bleiben würde. Ihren Job in New York hatte Linda schon länger schleifen lassen, so dass sie nichts dort hielt. Ihr Apartment konnte sie untervermieten und sie konnte eine Zeit lang von ihren Ersparnissen leben, während sie ihr Ziel mit der obersten Priorität verfolgte: Steve.

Linda versprach, diese Idee mit ihm zu besprechen. Sie rief ihn an, erzählte ihm von ihrem Vorhaben, nun ebenfalls in seine Stadt zu ziehen, und fragte ihn, ob er ihr bei der Wohnungssuche behilflich wäre. Wenn er »Nein« gesagt hätte, hätte sie das respektiert, aber er willigte sehr schnell ein.

Sie lud ihre Katze und ihre Schreibmaschine ins Auto und zog dreihundert Meilen weiter in ein Apartment, das er für sie gefunden hatte – ganz in der Nähe seines eigenen Hauses. Nach wenigen Tagen hatte sie sich einer Gruppe von Schriftstellern angeschlossen und begann damit, Sketche zu schreiben.

Steve konnte sich nicht von ihr fern halten. Er hatte sie bereits schrecklich vermisst, aber auch er hatte seine Entscheidung, sich zu trennen, mit allen möglichen vernünftigen Gründen gerechtfertigt. Nach einer Weile verflüchtigten sich seine Ängste und er machte Linda einen Heiratsantrag. Sie sind inzwischen seit zehn Jahren verheiratet und haben es nie bereut. In den letzten zwei Jahren hat Linda zwei Romane geschrieben und arbeitet nun an ihrem dritten.

Auch Celias Geschichte ging weiter.

Nachdem Celia mir die traurige Geschichte mit ihrer Gesangslehrerin erzählt hatte, fragte ich sie: »Was werden Sie nun tun?«

»Tun? Was kann ich denn tun? Sie hört mit dem Unterrichten auf, das hat sie laut und deutlich gesagt.«

»Wie hat sie ausgesehen, als sie das gesagt hat?«, fragte ich. »Ich meine, hatten Sie den Eindruck, dass es sich um eine wohl überlegte Entscheidung handelt? Hat sie Sie vorher informiert? Hat Sie Ihnen Tipps gegeben, wie Sie weitermachen können?«

»Nein. Sie hat mich rausgeworfen. Ohne Warnung.«

»Finden Sie das nicht seltsam? Was kann sie denn so aufgeregt haben?«

»Ich weiß es nicht. Ich habe ihr gesagt, dass ich sie brauche. Ohne sie würde ich um etliche Jahre zurückgeworfen. Aber das hat sie nur noch ärgerlicher gemacht«, sagte Celia.

»Ist sie denn die Art von Mensch, die ständig gibt und gibt, und zwar viel mehr, als man normalerweise erwarten würde?«

»Oh ja, das ist sie«, sagte Celia. »Sie ist unglaublich. Aus jeder Unterrichtsstunde macht sie ein wunderbares Ereignis. Es gibt keine bessere Gesangslehrerin als sie.«

»Ah, dann weiß ich, was zu tun ist.« Ich lächelte.

»Und was?«, fragte Celia.

»Bringen Sie Ihr ein Dutzend Rosen«, sagte ich.

Was ich von Celias Lehrerin gehört hatte, klang nach jemandem, der überarbeitet ist, sich unterbewertet fühlt und unbedingt Anerkennung braucht.

Am nächsten Tag kaufte Celia Rosen und klopfte an die Tür ihrer Lehrerin. Sie wusste, was sie sagen wollte, und sie meinte jedes einzelne Wort ernst. Sie sagte, dass sie zu wenig anerkannt habe, wie schwer der Job einer Gesangslehrerin sei, und dass ihr das leid tue, vor allem bei einer so brillanten und hilfreichen Lehrerin, wie ihre Lehrerin es war.

»Ich möchte Sie nicht überreden, mich wieder als Schülerin

anzunehmen, weil ich Ihre Entscheidung respektiere. Aber ich möchte eine Gelegenheit haben, etwas für Sie zu tun«, sagte Celia. »Ich kann Geld auf Ihr Konto überweisen, Ihr Haus putzen, für Sie kochen oder Briefe beantworten. Sie haben mir so viel gegeben, und ich bin glücklich über die Zeit, in der ich mit Ihnen arbeiten durfte. Nun möchte ich Ihnen etwas geben dürfen.«

Ihre Lehrerin war sehr gerührt. Wie viele Menschen, die unterrichten, hatte sie keinen Weg gefunden, anderen mitzuteilen, dass sie zum einen überarbeitet und zum anderen auch ein wenig verletzt war ob der vielen gedankenlosen Ansprüche, die Schüler oftmals an ihre Lehrer stellen. Als sie Celias ehrliches Bedauern und ihre echte Anteilnahme spürte, hatte sie nicht länger das Gefühl, dass ihre Leistungen als selbstverständlich hingenommen werden. Ihre Energie kehrte zurück, und sie nahm Celia wieder als Schülerin an.

»Als ich mit ihr sprach, merkte ich, dass ich ihr wirklich helfen wollte, völlig unabhängig davon, ob sie mich wieder unterrichten wollte. Sie hätte nichts von mir angenommen, aber darum geht es gar nicht. Ich habe sie wie eine Maschine behandelt und nicht wie einen Menschen, der viel gibt. Ich werde das, was sie leistet, nie mehr für selbstverständlich halten.«

Man kann Menschen wirklich dazu bringen, ihre Entscheidungen zu revidieren, wenn man nicht zu früh aufgibt.

Linda und Celia haben verhindert, was herzzerreißende und unnötige Tragödien hätten werden können.

Verletzte Gefühle sowie ein falsches Gefühl von Hilflosigkeit hatten Linda und Celia aus der Bahn geworfen, aber sie konnten sich wieder fangen und ihr Leben auf die einzig richtige Art und Weise weiterführen – indem sie versuchten, das zu bekommen, was sie liebten.

Sie können nicht genau dasselbe tun wie die beiden, weil Ihre Situation eine andere ist. Sie werden Ihren ganz individuellen, auf Ihre Situation zugeschnittenen Aktionsplan erstellen müssen.

■ Ihren eigenen Aktionsplan entwerfen

Wie sollten Sie also vorgehen? Sie brauchen frische Gedanken und neue Ideen. Und der beste Weg dahin besteht darin, ein paar Freunde einzuladen, die Ihnen helfen können.

Übung 3
Zeit für eine Ideenparty

Wenn Sie allein für sich versuchen, auf neue Gedanken und Ideen zu kommen, ist die Wahrscheinlichkeit, dass Sie damit keinen Erfolg haben, sehr groß. Höchstwahrscheinlich türmen sich die Hindernisse in Ihrem Kopf zu unübersehbaren Höhen auf, und angesichts Ihrer emotionalen Beteiligung dürfte es Ihnen schwer fallen, die echten Hindernisse von denen zu unterscheiden, die nur in Ihrem Geist existieren. Die Zeit ist reif für eine Ideenparty*.

Sie gehen folgendermaßen vor: Rufen Sie Ihre Freunde an und sagen Sie ihnen, dass Sie ihre exzellenten Köpfe für eine Ideenparty benötigen. Aus irgendwelchen Gründen weiß fast jeder, was eine Ideenparty ist, selbst wenn er noch nie davon gehört hat. Und fast jeder ist gern bei einer Ideenparty dabei. Bitten Sie Ihre Freunde, ein oder zwei weitere Gäste mitzubringen. Nach meiner Erfahrung sind Fremde oft außerordentlich gute Ideengeber und können mit überraschenden Einsichten und Informationen aufwarten. Bitten Sie auch alle, etwas zu essen mitzubringen. Die Gäste entspannen sich, und es bricht das Eis, wenn man in der Küche gemeinsam das Essen auspackt und nach Tellern und Besteck sucht. Ein gemütliches Chaos ent-

---

* Eine ausführliche Beschreibung der Ideenparty finden Sie in Barbara Shers Buch ›Wishcraft. Lebensträume und Berufsziele entdecken und verwirklichen‹. Siehe Anhang, S. 377.

steht, man ist schneller Teil der Gruppe, und jeder hat das Gefühl, Mitveranstalter des Abends zu sein.

Sie starten den Brainstorming-Teil des Abends, indem Sie in einfachen Worten erklären, was Sie sich wünschen, und dann die Gründe aufzeigen, warum Sie es anscheinend nicht erreichen können. Dann bitten Sie um Vorschläge. Sie sollten diesen ersten Austausch von Ideen jedoch auf eine halbe Stunde begrenzen. Wahrscheinlich werden in dieser Zeit noch keine besonders innovativen Ideen auftauchen. Deshalb schlagen Sie nach einer halben Stunde das folgende Spiel vor. Es geht hier um blitzschnelles Denken, so blitzschnell, dass Ideen nicht zensiert und für sich behalten werden können.

Schritt 1
Der Ideensturm

Finden Sie jemanden, der schnell mitschreiben kann, oder stellen Sie einen Kassettenrekorder an, damit Ihnen kein Kommentar entgeht. Sie brauchen weiterhin einen kleinen Küchenwecker. Bitten Sie alle Teilnehmer der Ideenparty, sich in einen Kreis zu setzen und sich auf Sie zu konzentrieren, während Sie die Hindernisse auf dem Weg zu Ihrem Ziel eines nach dem anderen aufzählen. Stellen Sie sich vor, dass Sie jedes dieser Hindernisse wie eine Tonscheibe in die Luft werfen und die Anwesenden das Hindernis mit guten Ideen beschießen müssen. Man kann das sogar durch entsprechende Gesten unterstützen; wenn jemand zum Beispiel sagt: »Ich müsste meine Wohnung untervermieten, aber mein Vermieter wird es nicht erlauben«, dann tun die anderen so, als legten sie ein Gewehr an, und »schießen« dann eine Minute lang mit guten Vorschlägen und Ideen auf das vorgestellte Objekt in der Luft: »Vermiete es an deine Mutter«, »Heirate«, »Lass sie leer stehen«, »Bitte deinen Vermieter um einen Mietnachlass«, »Bleib hier« usw.

Lassen Sie alle für eine Minute auf das Hindernis »schießen«.

Nach einer Minute werfen Sie das nächste Hindernis in die Luft. Wenn Sie die Liste der Hindernisse durchgegangen sind, werden Sie einen Zettel oder eine Kassette voller Vorschläge für die Überwindung jedes einzelnen Hindernisses haben. Nun sind Sie bereit für den nächsten Schritt.

Schritt 2
Die Liste bearbeiten

Ihre Liste wird mehr Ideen enthalten, als Sie jemals verwenden können, aber Sie müssen die Liste mittels einer weiteren Übung bearbeiten, um aus der einen oder anderen Idee Nutzen ziehen zu können. Die Liste besteht zurzeit aus Ideen, die nicht sorgfältig durchdacht worden sind. Aber lassen Sie sich nicht täuschen – *jede einzelne dieser Ideen kann nützlich sein.*

Das garantiere ich Ihnen.

Zuerst müssen Sie in jeder Idee einen guten Kern finden, irgendeine Sache, die Sie daran gut finden. Es mag zunächst vielleicht nicht danach aussehen, aber es gibt keine Idee ohne guten Kern.

Angenommen, Sie haben ein Geschäft, aber kein Geld, um dafür Werbung zu machen. Dann könnte jemand vorschlagen: »Rufen Sie den Lokalsender an und erzählen Sie den Leuten dort, dass Sie Ihr Haus anzünden werden, wenn morgen keine Kundschaft kommt.« Worin besteht der gute Kern dieser Idee? In der kostenlosen Werbung. Sie müssen nur noch einen besseren Weg finden, an kostenlose Werbung zu kommen.

Wenn Sie einen guten Kern in einer Idee gefunden haben, wenden Sie sich dem Teil der Idee zu, von dem Sie wissen, dass er nicht funktionieren wird, und behandeln ihn als ein weiteres Hindernis, das man überwinden kann, und nicht als Grund aufzugeben. Im oben angeführten Beispiel würden Sie sagen: »Die kostenlose Werbung ist großartig, aber was tue ich, wenn ich mein Haus nicht niederbrennen möchte?« – und eine neue

Runde Brainstorming wird weniger radikale Ideen hervorbringen, wie man kostenlos Publicity erhält.

Während Sie diese Übung durchführen, wird Ihnen eine der neuen Lösungen, eine, an die Sie vorher nie gedacht haben, besonders viel versprechend erscheinen. *Dies wird Ihr neues Ziel.*

Sie werden nun dieses Ziel in einen Aktionsplan verwandeln, indem Sie es in kleine praktikable Schritte unterteilen. Und dann erledigen Sie einen Schritt nach dem anderen. Sie brauchen wahrscheinlich etwas Unterstützung bei dieser Sache, für den Fall, dass der Mut Sie verlässt – was dann und wann geschehen wird. Aber nachdem Sie einen Raum voller Freunde mit Ihrem Problem beschäftigt haben, sollte es Ihnen nicht an Unterstützung mangeln. Nach diesem Abend werden eine Menge Leute ein Interesse daran haben, dass Sie Ihr Ziel erreichen, denn sie haben Ihnen geholfen, es zu finden! Fragen Sie einige dieser Freunde, ob sie bereit wären, die Rolle eines Mentors einzunehmen, den Sie ab und zu anrufen können, zum Beispiel dann, wenn ein schwieriger Schritt ansteht, oder der Sie anruft, um zu hören, ob alles nach Plan läuft.

Es ist wunderbar, Freunde zu haben, die Sie dazu bringen möchten, das zu tun, was Sie tun wollen. Verfallen Sie nicht in den Fehler, sie am Telefon in zu lange Gespräche über Ihre Probleme zu verwickeln. Denken Sie daran: *Zu viel über etwas zu reden ist oft nur ein anderer Weg, es nicht zu tun.*

Halten Sie die Anrufe mit Ihrem Mentor kurz und seien Sie konkret. Sagen Sie: »Bitte sag mir, dass ich kein Narr bin, wenn ich Eleanor anrufe, um sie daran zu erinnern, wie sehr sie mich liebt.« Und Ihr Freund-Mentor sagt: »Du bist kein Narr, wenn du Eleanor anrufst, um sie daran zu erinnern, wie sehr sie dich liebt – du bist ein Mensch. Los, ruf an!«

Und schon sind Sie in der Lage, den Anruf zu tätigen. Oder ein Dutzend Rosen zu senden.

■ »Wenn Halbgötter gehen, kommen die Götter herbei«

Als Nächstes bitte ich Sie, etwas zu finden, was Sie gern tun möchten – etwas, was nicht dem Ziel, an dem Sie gerade arbeiten, zuwiderläuft –, und einen Aktionsplan zu entwickeln, um auch dieses Ziel zu erreichen. Wenn man Samenkörner in die Erde steckt, bleibt man auch nicht davor stehen und treibt sie zum Wachsen an, sondern man erledigt in der Zwischenzeit andere Dinge.

Und deshalb brauchen Sie ein zweites Projekt. Wenn Sie keines haben, suchen Sie sich eines und beginnen damit – jetzt gleich.

Man kann zwei Spiele gleichzeitig spielen. Sich mit einem beruflichen Ziel zu beschäftigen wird verhindern, dass Sie sich leer oder verzweifelt fühlen. Ein zweites Ziel zu haben wird Sie auch geduldiger machen, und Geduld brauchen Sie zurzeit mehr als je zuvor. Wenn es darum geht, mit dem Widerstand anderer Menschen umzugehen, ist außerdem die Wahl des richtigen Zeitpunkts, das »Timing«, sehr wichtig.

Wenn Linda sich nur mit dem Projekt »Steve erobern« beschäftigt hätte, wäre ihre Geduld schnell am Ende gewesen und sie hätte auch nicht das richtige Timing gefunden. Also machte sie sich parallel zur Eroberung von Steve an die Eroberung eines neuen Berufsfeldes und versuchte sich als Autorin von Komödien. Sich dieser neuen Aufgabe zu widmen machte ihr deutlich, dass, obwohl ihr Bedürfnis nach Liebe zu diesem Zeitpunkt das Wichtigste in ihrem Leben war, Liebe nicht das *Einzige* war. An beiden Zielen gleichzeitig zu arbeiten stärkte ihr Gespür dafür, wer sie war.

Außerdem ist es immer sehr viel leichter, sich einer Sache zu widmen, die einem nicht ganz so sehr am Herzen liegt. Ich kenne viele Schriftsteller, die kein Problem damit haben, ein Buch zu schreiben, dessen Thema man ihnen vorgegeben hat, die aber mit dem Roman, den sie schon seit Jahren unbedingt schreiben wollen, keinen Schritt vorankommen. Dies ist ein weit verbreitetes Leiden, und Sie können es nun in einen Vorteil verwandeln. Wählen Sie ein berufliches Ziel, schreiben Sie die Hindernisse auf, versorgen Sie sich mit neuen Ideen, machen Sie einen Plan und schaffen Sie sich ein Unterstützungsteam – genau wie Sie es mit dem »Liebesziel« getan haben.

Nun können Sie zum Projekt »Leben« zurückkehren und werden sich dabei viel besser fühlen, weil Sie wissen, dass es im Hinblick auf die Liebe, nach der Sie sich sehnen, Hoffnung gibt.

Aber was, wenn es kein Happy End geben sollte?

Wenn Ihr Liebesprojekt gut läuft und Sie mit der gewünschten Person glücklich werden, brauchen Sie keinen weiteren Rat von mir. Aber was, wenn es nicht funktioniert? Was, wenn die Person, die Sie lieben, tatsächlich nichts von Ihnen wissen will? Sie haben alles getan, was Sie tun konnten, und sind zu der Erkenntnis gekommen, dass es in diesem Punkt tatsächlich keine Hoffnung mehr gibt. Das Spiel ist aus.

Was geschieht dann?

Wenn Sie die Liebe eines Menschen, den Sie sehr mögen, nicht erringen können, dann stecken Sie Ihr schönes, liebendes Gefühl wieder in Ihre Tasche und gehen weiter.

Ein Herz wie das Ihre wird wieder lieben.

Ein Gedicht von Ralph Waldo Emerson beginnt mit den Worten: »Opfere der Liebe alles, folge deinem Herzen.« Und wenn Ihre Liebe Sie verlässt? Auch darauf weiß Emerson eine Antwort: »Wisse, wenn Halbgötter gehen, kommen die Götter herbei.«

Wenn Sie versuchen, das in Ihr Leben zu holen, was Sie sich aus ganzem Herzen wünschen, dann ist es das immer wert. Es ist besser, geliebt und die Liebe verloren zu haben, als niemals geliebt zu haben. Selbst wenn Sie nicht bekommen, was Sie wollen, können Sie sich einer Sache sicher sein: Wenn Sie Ihr Bestes versucht haben, werden Sie sich auf geheimnisvolle Weise dennoch erfüllt fühlen und fähig sein, weiter zu leben. Es wird wehtun – aber Sie könnten auch überrascht sein herauszufinden, dass es weniger schmerzhaft ist als Sie es für möglich hielten.

Das Herz mag keine unfertigen Geschichten.

Man kann das Spiel der Liebe nicht beenden, wenn man tief im Inneren weiß, dass noch nicht alle Karten ausgespielt worden sind. Wenn Sie alle Karten ins Spiel gebracht haben, wird Ihr Herz Sie frei lassen.

Denken Sie also nicht zu viel über das Ergebnis Ihrer Bemühungen nach. Wenn Sie wie Linda und Celia die Liebe erringen, die Sie sich wünschen, werden Sie Höhenflüge erleben. Und wenn nicht – dann kommen die Götter herbei.

| Epilog

Wenn Sie jedes Kapitel gelesen haben (und ich hoffe, Sie haben es getan), dann haben Sie eine lange und erlebnisreiche Reise hinter sich, voller neuer Gefühle und Erkenntnisse. Ich hoffe, dass Sie nun besser verstehen können, weshalb Sie bislang Schwierigkeiten hatten, sich auf den Weg zur Verwirklichung Ihrer Wünsche und Ziele zu machen beziehungsweise überhaupt zu wissen, was Sie eigentlich wollen. Dieses Buch handelt samt und sonders von Wunschträumen, die wir vor langer Zeit »vergraben« haben. Bei all den Gefahren, die unsere liebsten Träume überstehen mussten – Kritik, Erwartungen, die Sorge, andere Menschen unglücklich zu machen, Mangel an Unterstützung und Information –, ist es nicht verwunderlich, dass wir sie aus Schutzgründen verborgen und vergessen haben.

Die gute Nachricht lautet, dass es Ihnen erstaunlich gut gelungen ist, diese Träume zu schützen. Wie Sie jetzt wissen, haben sie alle überlebt, vollkommen intakt und so schön wie eh und je.

Verstehen führt zum Handeln. Das sollte bei der Lektüre jedes einzelnen Kapitels geschehen sein: Sie haben herausgefunden, was Sie blockiert hat, und die Übungen haben Ihnen geholfen, die Blockade zu durchbrechen.

Wenn Sie auch nur einen einzigen bedeutsamen Durchbruch erlebt haben, während Sie diese Seiten durcharbeiteten, sollten Ihre Wünsche sich bereits bei Ihnen gemeldet haben, vielleicht schüchtern, vielleicht auch selbstbewusst, indem sie laut an Ihre Tür klopften und ihre Erfüllung einforderten.

Doch die Aufgabe, sich Ihren inneren Blockaden zu stellen, wird niemals ein für alle Mal abgeschlossen sein. Jedes Mal, wenn Sie damit beginnen, ein Ziel zu verfolgen, das Ihnen wirklich am Herzen liegt, werden Ihre alten Schutzmechanismen erneut aktiv. Diese sind nach wie vor darauf eingestellt, Ihnen zu helfen; sie werden sich niemals davon überzeugen lassen, dass die Gefahren der Vergangenheit vorüber sind.

Wann immer Sie feststellen, dass Ihre alten Schutzmechanismen aktiv werden, sollten Sie dieses Buch erneut zur Hand nehmen und auch die Kapitel lesen, die nicht direkt auf Sie zuzutreffen scheinen. Diese Seiten und Ihre eigenen Notizen dazu zu lesen, wird Ihnen wieder Klarheit bringen, wann immer Sie Ihren Traum aus den Augen verlieren.

Sie müssen nie mehr hoffnungslos auf der Stelle treten; Sie können sofort damit anfangen, Bewegung in Ihr Leben zu bringen: Lernen Sie singen, fahren Sie nach Alaska, eröffnen Sie ein eigenes Geschäft, finden Sie einen Partner oder eine Partnerin, oder tun Sie alles gleichzeitig – alles, was Ihre Augen zum Leuchten bringt. Und Sie können diese Dinge tun, ohne sich für den Rest des Lebens festzulegen, ohne Ihre Sicherheiten aufzugeben oder ohne jemand anderen zu verletzen.

Langston Hughes sagte einmal, dass ein aufgeschobener Traum vertrocknet, wie eine Weinbeere in der Sonne zur Rosine vertrocknet. Er verkümmert wie ein nicht benutztes Glied unseres Körpers. Ein gelebter Traum dagegen, ein Traum, der jeden Tag genährt und gepflegt wird, wird Tag für Tag kräftiger. Und schöner, gesünder, standhafter.

Und wer weiß schon, wohin ein solcher Traum Sie tragen wird? Novalis, ein Dichter des 18. Jahrhunderts, schrieb, unser menschliches Schicksal sei es, zu lernen und in unbegreifliche neue Welten geschleudert zu werden.

Ich wünsche Ihnen eine gute Reise.

Dank

Mein Dank geht an all die Menschen, die Stunden ihrer Zeit opferten, um dieses Manuskript zu lesen und wertvolle Anregungen und Kritik zu geben. Es sind zu viele, um jeden Einzelnen mit Namen aufzuführen, aber jeder, den ich im Sinn habe, wird das wissen und sich in diesen Seiten wiederfinden. Vier Leserinnen schulde ich besonderen Dank: Susan Brauser, einer großartigen Leserin und Kritikerin, und Julie Schonfeld, einer hervorragenden Autorin (sowie Julies Vater, der ihr beibrachte, was ein gutes Leben ausmacht – Sie finden ihn in der Einführung zitiert). Judith Riven ging das Manuskript Zeile für Zeile durch und war mir eine große Hilfe. Die vierte Leserin ist meine wunderbare Mutter, Nettie Sher, die von diesen Seiten fasziniert war. Nach der Lektüre schaute sie mich an und sagte: »Du hättest als Zwillingspaar geboren werden sollen.«

Kris Dahl und Leslie Schnur sind meine Schutzengel, die mir der Himmel gesandt hat – meine Agentin und meine Herausgeberin. Ich danke ihnen für eine wundervolle Erfahrung und wünsche ihnen ein langes und gutes Leben.

Der größte Dank gebührt meinen Klientinnen und Klienten, die immer den Mut hatten, sich mit ihrem eigenen Leben auseinander zu setzen und es in ein Leben zu verwandeln, das sie lieben. Jahr für Jahr haben diese Menschen mich inspiriert, und indem ich mit ihnen arbeiten durfte, ermöglichten Sie mir das Leben, das ich liebe.

B. Sher

Mit Dank an Jane und Elaine, an Maura Walker, sowie in Erinnerung an Stella Smith.

B. Smith